丛书主编／张树华　赖海榕

《国外社会科学》精粹

人文卷（1978-2018）

高媛　主编

中国社会科学出版社

图书在版编目（CIP）数据

《国外社会科学》精粹：1978－2018. 人文卷／高媛主编．—北京：中国社会科学出版社，2020. 2

ISBN 978－7－5203－6336－5

Ⅰ.①国… Ⅱ.①高… Ⅲ.①社会科学—研究—国外—文集 Ⅳ.①C11－53

中国版本图书馆 CIP 数据核字(2020)第 065429 号

出 版 人 赵剑英
责任编辑 喻 苗
责任校对 李 莉
责任印制 王 超

出 版 中国社会科学出版社
社 址 北京鼓楼西大街甲 158 号
邮 编 100720
网 址 http://www.csspw.cn
发 行 部 010－84083685
门 市 部 010－84029450
经 销 新华书店及其他书店

印 刷 北京明恒达印务有限公司
装 订 廊坊市广阳区广增装订厂
版 次 2020 年 2 月第 1 版
印 次 2020 年 2 月第 1 次印刷

开 本 710×1000 1/16
印 张 30.75
字 数 504 千字
定 价 169.00 元

引领新时代哲学社会科学的创新和发展

李培林*

中国特色社会主义进入新时代，我国改革开放度过了40个春秋，《国外社会科学》也迎来创刊40岁的生日。面对国际形势和世界经济政治格局的深刻变化，《国外社会科学》也需要认真总结40年来的办刊经验，在新形势下为加快构建中国特色哲学社会科学，加强中国特色新型智库建设，发展面向现代化、面向世界、面向未来的中国特色哲学社会科学做出新的贡献。作为这个刊物的编委会主任，我谈一点体会。

一　40个春秋的基本经验

《国外社会科学》创刊于1978年改革开放初期，那时我国的哲学社会科学还比较封闭，国内多数学者的外文水平较低，获得国外信息的渠道有限。在这种情况下，《国外社会科学》的主旨就是介绍国外哲学社会科学最新的学术理论、学术议题、学科进展、研究方法和发展趋势等。反映的信息非常强调一个“新”字，即新理论、新思潮、新流派、新方法、新成果等。这适应了当时我国哲学社会科学发展之急需，受到学界极大的欢迎，甚至一时“洛阳纸贵”。创刊40年来，可以说《国外社会科学》不忘本来、借鉴外来、面向未来，在推动我国哲学社会

* 中国社会科学院原副院长、《国外社会科学》编委会主任。

科学发展繁荣方面取得了学界公认的骄人成绩，也积累了一些基本的办刊经验。

1. 坚持马克思主义的立场、观点、方法。随着时代的发展，国外哲学社会科学各种新的资料和信息爆炸式的扩展，各种学术流派、学术思潮、学术议题层出不穷，各类学术成果数量呈几何式增长，其中也鱼龙混杂、泥沙俱下、真伪难辨，甚至有的是在学术旗号下进行意识形态侵蚀和维护霸权。正是由于坚持马克思主义的立场、观点、方法，《国外社会科学》始终能够坚持正确的政治方向和学术导向，结合我国国情和发展需要，引领我国国际学术前沿信息的传播和借鉴。

2. 紧密联系我国发展的重大理论和现实问题。《国外社会科学》始终紧扣时代发展的脉搏，在介绍和借鉴国外学术成果的过程中，紧密联系聚焦我国发展的重大理论和现实问题，为推进中国特色社会主义发展和哲学社会科学繁荣服务。比如在建立确立中国特色社会主义市场经济体制的理论基础过程中，《国外社会科学》刊发了相关的系列文章，包括《不平等的市场经济》《走向可调节的市场经济之路》《向市场经济过渡的远期与近期后果》《世界市场经济的发展趋势》《苏联市场经济发展前景》《法国学者认为应把市场经济和资本主义区分开来》等，受到国内理论界的普遍关注。近年来《国外社会科学》围绕21世纪马克思主义、新型城镇化、依法治国、收入分配、老龄化等重大议题问题，组织了一些关于国外相关研究的专题文章，这些文章对我们思考这些重大问题，具有重要的启发作用，产生了广泛的影响。

3. 把握国际学术发展的前沿问题和发展趋势。40年来，《国外社会科学》刊发了13000多篇文章，内容涵盖经济、政治、文化、社会、生态各个发展领域，广泛介绍和评析哲学社会科学各学科的前沿问题和发展趋势，让国内学者通过这个窗口，可以准确把握世界学术发展潮流，全面了解学术发展最新成果，及时洞察学科发展最新动向。

40年辛勤耕耘，40年春华秋实，40年砥砺前行。《国外社会科学》的成绩得到了国内学术界的公认，多年来一直位居人文社会科学核心期刊、全国中文核心期刊、中文社会科学引文索引来源期刊的前列，也是国家社科基金首批重点资助期刊。与此同时，在新的起点上，《国外社会科学》的未来发展也面临一些新的挑战。

二 国际新格局下面临的挑战

当今世界正处于大发展大变革大调整时期，世界多极化、经济全球化、社会信息化、文化多样化深入发展，全球治理体系和国际秩序变革加速推进。和平和发展仍是时代主题，打造人类命运共同体，弘扬共商共建共享的全球治理理念，促进国际经济秩序朝着平等公正、合作共赢的方向发展，共同应对全球性挑战，日益成为人类社会追求的共同目标。但是，世界经济增长仍然乏力，国际贸易保护主义抬头；全球治理体系深刻变革，大国博弈日趋激烈，冷战后形成的单极体系的结构平衡正在打破；地区冲突热点此起彼伏，占领运动、恐怖袭击、生态危机、网络攻击、难民潮、核扩展等传统安全与非传统安全威胁复杂交织。在这种国际新形势下，我国对国际社会科学介绍、借鉴、评析、吸收、融入也面临一些新的挑战。

一是如何在国际社会科学研究不断细分的情况下把握发展大势。随着现实的发展，一些传统的学科发生嬗变，一些新兴的学科则异军突起，社会科学的研究日益专门化，研究领域细分的趋势非常明显，“宏大叙事”的研究往往会被贴上“非科学”的标签，“小圈子学问”盛行。在这种情况下，如何在纷杂多样的学科进展中把握发展大势，并把这些规律性的大势介绍给国内学界，是需要认真面对的。

二是如何在引进国外社会科学优秀成果过程中坚定文化自信。我国已经走过了改革开放初期在社会科学领域大量地、单向地引进的阶段，国内学者在国际上发文量大幅度地增长，“中国研究”成为了热门话题。在这种情况下，怎样在借鉴外来的同时不忘本来、面向未来，怎样在引进中形成学术对话，怎样参与构建社会科学的国际话语体系，都是我们要认真思考的。

三是如何在海量国外社会科学信息中突出重点。互联网的迅速普及、信息存储能力无限增强，使学术信息的总量爆炸式扩展。在这种情况下，怎样筛选有效、有益、有用的学术信息，如何抓住重点，怎样突出重点，突出什么样的重点，都成为需要面对的关键选择。

类似的挑战还有许多，要把《国外社会科学》的办刊质量推上一个新的台阶，就要认真研究这些挑战的应对举措。

三 面向未来的办刊选择

习近平总书记在哲学社会科学工作座谈会上的讲话中指出，“国外哲学社会科学的资源，包括世界所有国家哲学社会科学取得的积极成果，这可以成为中国特色哲学社会科学的有益滋养”。他同时强调，“对人类创造的有益的理论观点和学术成果，我们应该吸收借鉴，但不能把一种理论观点和学术成果当成‘唯一准则’，不能企图用一种模式来改造整个世界，否则就容易滑入机械论的泥坑”。这些论述，应当成为《国外社会科学》办刊的基本遵循。

要认真总结40年来办刊的基本经验，坚持这些基本经验，在未来的发展中发扬优势，积极应对新挑战，再创新的辉煌。要特别注意加强对以下几个方面的关注。

一是聚焦国际社会科学重大议题、前沿问题和我国现代化建设的重大问题。要筛选出一批国际社会科学的重大议题，有系统有步骤的讨论；要跟踪重要学科的学术前沿问题，把握这些前沿问题的新进展；要结合我国现代化建设的重大问题，主动设定学术议题；要加强对国际智库成果的关注，组织有深度的评析文章。刊物不能被动地跟着热点走，要通过揭示学术发展的规律性趋势起到引领作用。

二是把“引进来”和“走出去”紧密结合起来。正如习近平总书记所说，“当代中国的伟大社会变革，不是简单延续我国历史文化的母版，不是简单套用马克思主义经典作家设想的模板，不是其他国家社会主义实践的再版，也不是国外现代化发展的翻版”。在引进国外社会科学成果的过程中，要结合我国发展的需要，在比较、对照、评析、批判基础上吸收和升华，形成真正的学术对话，形成有国际影响力的学术议题，为中国学术的走出去建设一个重要平台和窗口。

三是注重探索网络时代的办刊规律。随着互联网技术在学术出版领域的应用和发展，学术期刊的编辑和出版业态发生了深刻变化，学术成果的电子版、数字化和通过新媒体快速传播已经成为未来的发展趋势，传统的纸质学术期刊的发行量不断下滑。要顺应信息化时代的这种变化，积极探索新的传播方式，特别是注重研究如何利用新媒体扩大学术成果的知晓度和影响力，提高引领学术发展和服务学术发展的能力。

历史表明，社会大变革的时代，一定是哲学社会科学大发展的时代。《国外社会科学》要在认真总结过去40年办刊经验的基础上，把握发展大势，发挥独有优势，找准定位，办出特色，在新时代续写刊物新辉煌，为实现中华民族伟大复兴的中国梦贡献力量。

以国际学术交流促进人类文明互鉴（代总序）

张树华*

2019年是新中国成立70周年。70年风雨彩虹，70年春播秋种。

欣逢盛世，看九州方圆，普天同庆；揽四海苍穹，共襄盛举。

40年前，伴随着中国改革开放的脚步，《国外社会科学》顺利创刊了。在科学的春天里，当时的中国社会科学院情报研究所在短短两年的时间里先后创办了《国外社会科学》《国外社会科学著作提要》《国外社会科学快报》《国外社会科学论文索引》等刊物，加上原有的《国外社会科学动态》，一共形成了5种信息情报系列刊物。这些刊物相互补充，又各具特色，在当时的学术界产生了良好的影响。

创刊初期，《国外社会科学》特别关注和介绍了当时国际上一些前沿学科或研究方向，如未来学、科学学、生态学、情报学、社会心理学、交叉和跨学科研究、全球化问题、控制论、国外中国学研究等新兴学科和专业，推动了我国相关学科的创建，填补了一些学术领域的空白，并促进了相关研究的深入和专业领域的拓展。

1978年至2018年，《国外社会科学》杂志走过了40个春秋。40年间，《国外社会科学》杂志共出版330期，发表文章1万余篇，数千万字。作为中文社会科学引文索引来源期刊、全国中文核心期刊、中国人文社会科学核心期刊、国家社科基金首批资助期刊，《国外社会科学》在

---

* 张树华，中国社会科学院政治学研究所所长、研究员。

坚持正确的办刊方向和学术导向的基础上，积极借鉴和吸收世界上有益的学术成果，为推动中国哲学社会科学学科创新和学科发展做出了应有的贡献。

40 年砥砺奋进，40 年春华秋实。伴随着改革开放和中国特色社会主义的伟大实践，《国外社会科学》参与并见证了中国哲学社会科学事业的繁荣与发展。可以说，在国内外专家学者的支持和浇灌下，在一代又一代编辑人员的辛勤努力下，《国外社会科学》这一大家共有的园地里花团锦簇、硕果累累。

立足中国，打开世界。

2016 年 5 月 17 日，习近平总书记在全国哲学社会科学工作座谈会上的讲话中指出："国外哲学社会科学的资源，包括世界所有国家哲学社会科学取得的积极成果，可以成为中国特色哲学社会科学的有益滋养。"40 年来，我们始终坚持自己的办刊理念，秉持中国立场，拓展国际视野，洞察全球语境，贴近学术界的关心与思考，跟踪国外学术和理论动态，积极吸收或借鉴先进、适用的人类文明的优秀成果。知己知彼，洋为中用。

打开心灵之窗，世界会进来。打开学术之窗，智慧会进来。

2017 年 5 月 14 日，习近平总书记在首届"一带一路"国际合作高峰论坛开幕式上的演讲中指出，我们"要以文明交流超越文明隔阂、文明互鉴超越文明冲突、文明共存超越文明优越，推动各国相互理解、相互尊重、相互信任"。这一论述深刻地阐释了人类文明繁荣进步的真谛，勾画了构建人类命运共同体的宏伟蓝图。

我们相信，伴随着信息化、全球化和人工智能技术的发展，孤立主义、种族主义、排外思潮等雾霭终将散去，人类文明多元化和国际关系民主化的步伐定将加快。各国文化将变得更加丰富多元，人类文明花园定会绽放得五彩缤纷、多姿多彩。

在迎接新中国 70 周年华诞之际，我们精选 40 年来不同学科和领域的优秀论文，汲取精华，分类结集。我们希望通过编辑出版这套"《国外社会科学》精粹（1978—2018）"丛书，回望国际学术发展历程，把握国际理论创新脉搏，梳理全球学术热点和态势，推动国内外学术沟通和对话，拓宽海内外学术交流的平台和渠道。这是40年来《国外社会科学》广大作者、译者、读者和编者齐心合力、携手并进的答卷，未来我们愿与学界同仁一起砥砺前行，为将《国外社会科学》杂志构筑为连接国内外学术界的桥梁和窗口而共同努力。

谨为序。

于2019年3月4日

第十三届全国政协第二次会议上

目　　录

哲学篇

宗教学、美学、伦理学、逻辑学篇

历史学篇

民族学与人类学篇

语言学篇

哲学篇

法国近二十年来哲学发展概述

——哲学恰似地狱*

[法] D. 哥里索尼　李培林　译

20 世纪 50 年代末 60 年代初，法国一代文化智人逐渐成熟，震撼了法国思想界。作为系谱学者问世的哲学家福柯（Michel Foucault），重新转入历史研究中去探索我们理性的处女地，剖解我们智力凝固的症结，向人们揭示我们情绪压抑的真实所在。被称为精神分析学家的巴尔特（Roland Barthes），铸造了“新批判”的武器。他作为一个思想敏锐的百科全书式的人物，酷爱阅读富于想象力的作品，向他的同代人教授阅读以及书写文学作品的艺术。拉康（Jacques Lacan）已属于过去时代的人物，但刚刚才引人注目。作为一个有谋略的精神分析学家，他将语言学引入精神分析学领域，在弗洛伊德主义一片灰烬的火炉里又燃起熊熊的火焰。曾手执教鞭的阿尔都塞成了一个严肃的哲学家。他用一种新的语言来解释马克思主义的基本理论，从而激怒了正统的红色传教士们。最后，还有另一个先驱人物列维－斯特劳斯，他在人种学领域徜徉一阵之后，重新来修正我们关于家庭结构、历史演化和人类社会机能的观念。

人类思想的历史，这时是一个热门，它比较迅速地把这一代人集结在结构主义的旗帜下。至于结构主义这个名字是否恰当，目前还无关紧要。总之，我在这里要指出的是，他们都为哲学思维的进步做出了贡献，

---

* 本文译自法国《文艺杂志》1983 年 6 月号。

在不谋而合的艰难求索中，无论在精神上还是肉体上，他们都付出了沉重的代价。正因为如此，近年来福柯变得沉默不语了。他没完没了地去完成一本浩繁巨著《性的历史》。该书的第1卷已在1976年出版。尽管它在出版界曾轰动一时，但已有迹象表明，倘若该书继续写下去的话，那么福柯将会把自己在读者眼中变成一个唠叨旧话题的老朽。至于巴尔特，已听凭自己滑入死一般沉寂。虽然他还年轻，却被隐约预感到的未来枯竭的威胁所慑服。同样，在艰难岁月中耗尽了精力的拉康，也退出了舞台。阿尔都塞的引退方式是最为不幸的——癫狂。这样，只剩下列维-斯特劳斯，这位智者中的智者，他耕耘着他那神话学的园地，新近出版了一本文集——《遥远的展望》。这是件很少有什么危险、局限于整理已有知识的工作。当人们对此深思时，不禁为这五个人的命运感到忧虑。更令人不安的是，他们的不幸结局却似乎是他们那一代人留给他们后继者的遗产之一。的确，这一切好像向人们证明，从此将有一种规定着能量交换的法则，在乏味的哲学概念世界里，艰苦的思维劳动、创造性的努力，都将耗尽与此相当的精力和体力。这就使哲学变成一个地狱。

我所说的不无真理。如果观察一下60年代末出现的后一代，我可以预言他们将会有同样的困境和失败。普兰查斯（Nicos Poulantzas）自杀了。德勒兹（Deleuze）也干瘪了，他的《反俄狄甫斯·一千场戏》的第二部分已经说明他血管中富有希望的血液枯竭了。利奥达（Lyotard）由于不能完成他的伟大著作《性欲经济学》因而也销声匿迹了。当然阿尔都塞的影响还存在着：巴里贝（Balibar）没有停止钻研马克思主义的文章；马歇雷（Macherey）一心致力于他教授的职责。他们是唯一能平安逃出哲学地狱的思想家。这可能是因为他们的著作是沿一条较少危险的道路传播的，或是由于他们只是处在他们前辈从事的另一种哲学探索的边缘，这些前辈包括思想家德里达（Jacques Derrida）、德桑狄（Jean-Tonssaint Desanti）、塞尔（Michel Serres）、吉拉尔（René Girard）和鲍德里亚（Jean Baudrillard）。然而，他们自身也深感作为未来父辈责任之重。因为，他们幸免于难，只是由于他们的著作不那么咄咄逼人，不那么光彩夺目罢了。

但悲剧并没有伴随这过渡的一代而闭幕。随之而来的“新哲学家”们也饱尝了同一法则的鞭子。这些“新哲学家”起初有多少呢？如果我们只算有前途的那些，也就是七八个人。到现在只剩下三个了。格鲁克斯曼（André Glucksmann）、列维（Bernard-Henri Lévy）和让贝（Christian Jambet）。其他的已经消失或正在消失。内莫（Philippe Némo）跌进了神秘主义的陷坑。多雷（Jean Paul Dollé）已退缩到小说中去。波纳瓦兹（Jean Marie Beneist）去写些令人窒息的小册子。盖兰（Michel Guérin）重新在社会主义国家机构（指法国目前政权。——译者）中谋得职位。

哲学恰如地狱，人们在那儿像蜡烛一样慢慢燃尽，而地狱循环往复，永无尽头……

（选自《国外社会科学》1983 年第 10 期）

发展模式与新发展哲学

陆象淦

一　非意识形态化与全球模式

近 20 年来，发展问题成为国际学术界和政治家们最关注的重大课题之一。联合国、联合国教科文组织、联合国国际贸易和发展组织、联合国国际粮农组织、联合国国际工业发展组织和东京的联合国大学等国际机构主持召开了一系列关于开发问题的专题会议、学术讨论和圆桌座谈，编写和印发过大量的有关文件和报告。在西方国家，相继出现了一些著名的研究团体和机构，如美国的赫德森研究所、罗马俱乐部、巴黎的未来研究世界联合会、日内瓦社会远景世界协会和瑞典的哈马舍尔德基金会等。第三世界国家在这方面也急起直追，建立自己的地区性的或国际性的研究系统，如阿根廷的巴里洛克基金会、墨西哥的第三世界经济和社会研究中心以及非洲地区的达喀尔非洲计划研究中心等。在苏联和东欧，苏联科学院的社会、政治、经济和技术科学预测实验室，罗马尼亚布加勒斯特大学的未来和开发研究方法论国际中心，波兰的 2000 年研究协会和华沙综合技术中心等研究机构，开展着相当活跃的活动。各种各样的全球模式、发展理论和新技术系统评估应运而生。

20 世纪 60 年代末 70 年代初，美国哈佛大学教授 D. 贝尔和已故的赫德森研究所所长 H. 卡恩相继提出了“后工业社会”和关于 2000 年的世界的构想，在西方学术界和舆论界引起很大的反响。从此，在西方出现了一股借助数量经济学、宏观社会规划、运筹学、系统论和电子计算机等手段制定全球模式的热潮。随着罗马俱乐部的一系列报告的问世，对“全球问题”和“全球模式”的探索和研究在国际学术界确立了自己的地位。在这些模式中，不乏认真的探索，或是提出问题，引起人们的关注和思索，或是引进新的研究手段，在方法论上给人以启迪。

但是，随着时间的推移和新技术特别是微电子信息技术的迅速发展，一方面，诸如此类的全球模式和未来开发蓝图越来越多，从70年代末以来出现了迎合西方社会需要和读者心理的“商业化”生产的势头。仅在1980年这一年，就A. 托夫勒的《第三次浪潮》、J-J. 塞旺－施雷贝尔的《世界面临挑战》、R. 加罗蒂的《仍是生存的时代》和K. 哈夫曼的《早晨》等多种著述成为美国和西欧的畅销书。另一方面，很大一部分研究者对多数全球模式，特别是对那种“一分钟”（“à la minut”）设计出来的未来蓝图或快速未来测定（quick-fix futurism）的价值表示怀疑，从方法论和思想、社会经济内涵的角度提出了责难和批评。

“非意识形态化”和“非政治化”作为一种思潮，曾在西方的未来开发研究和模式中有着重要影响。新技术的发展将促使社会“非意识形态化”和“非政治化”，这是D. 贝尔的后工业社会理论的重要论点之一。H. 卡恩和赫德森研究所制定未来模式的基本方法是通过过去和今天的趋势曲线构想出未来，有人称之为探测性（explorative）方法。卡恩认为，未来是在过去和现在所获得的数据的基础上画出的趋势曲线的延长。我们无须有任何目标。趋势的力量大于人的干预，不可逆转地将我们引向某种未来结构，往往同我们的某些规范南辕北辙。例如，在他的名著《今后二百年：美国和全世界的蓝图》（1976年）一书中，在谈到向“后工业社会”“大过渡”的动力时写道：“‘大过渡’的历史动力是这种多方面的趋势。西方社会习惯称之为‘进步’。它的基本形式是以科学技术为基础的从精神时代向世俗时代发展的单向的上升道路。”这一学派的观点至今仍有很深的影响。从罗马俱乐部的《增长的极限》和《人类处在十字路口》到托夫勒的《第三次浪潮》，都不难发现其踪迹。撇开社会政治体制的重要因素，强调技术本身的发展趋势能改变社会，是这种思潮的症结。在80年代初法国《新观察家》举办的一次题为“1980—2000

年：将推翻一切的20年”的征文中[①]，G. 博诺力排众议，得出结论说：今天的世界处于危机——真正的严重的文明危机——之中，但是科学成果，特别是本着系统论精神应用的微电子信息技术将在今后20年里“推翻一切”，导致一个“新的世界组织”的确立。他这番话颇能代表“非意识形态化”和技术决定论思潮的逻辑。但是，不少西方学者对此提出了异议和批判。就在上述同一次征文中，法国著名学者、法国政府报告《社会的信息化》（1978年）起草者之一A. 曼克斩钉截铁地说：“任何一种技术，包括微电子信息技术在内，不能建设一个社会。任何一个工具本身不能决定社会的命运。”

托夫勒说：“未来研究是艺术，而不是科学。”[②] 对于大部分全球模式的制定者来说，很难说有一个首尾一致的、确定的社会发展理论。因此，在他们谈到未来构想的性质时，往往闪烁其词。托夫勒在《第三次浪潮》中尽管对未来的社会作了无限美好的描述，但对第三次浪潮文明或正在形成的“新的世界”的性质却语焉不详。颇有讽刺意味的是，在这本书刚出版不久，法国学者M. 博斯凯不无挖苦地说：托夫勒所描述的社会远远“超过了社会主义”，其实就是“马克思所说的共产主义”。[③] 联邦德国的P. 哈斯在他的博士论文《世界模式批判：全球模式制定者们的哲学观点》（慕尼黑—柏林，1980年）中，列举了一系列比较著名的模式或蓝图所表述的要旨和观念：

（1）“预防世界危机”（D. H. 米都斯等人的《增长的极限》）；

（2）“和谐的”“有机增长”（M. 梅萨罗维奇和E. 彼斯特尔的《人类处在十字路口》）；

（3）“文化革命”（罗马俱乐部主席A. 贝切伊的《人的质量》）；

（4）“另一种发展”（哈马舍尔德基金会报告《现在怎么办：另一种发展》）；

（5）“驾驭可能性和管理不可预见的东西”（经济合作和发展组织关于国际未来的报告《面向未来：驾驭可能性和管理不可预见的东西》）；

---

① 见法国《新观察家》，第782、783、784期。

② 托夫勒，法国《读书》杂志，读书杂志社1983年，第99期。

③ M. 博斯凯，法国《新观察家》，1980年，第829期。

（6）“形而上学的革新”（E. F. 舒马赫的《恢复人的面貌》）；

（7）“生态唯物主义”（C. 艾默里的《作为政治的自然》）；

（8）能够表达和促进创造性的“推理和符号的新学说”（R. 荣克的《一千年的人》）；

（9）一生接连从事不同职业并参加不同的共同体的“能动的人”（J. 加尔通的《未来社会》）；

（10）根据不同道德价值调节生活的人的进步（贝·德·儒弗内尔的《阿卡狄亚：论生活环境》）；

（11）“可以共居的社会”（I. 伊利什的《自我的界限》）；

（12）“生态发展”（I. 萨克斯的《外部界限与人的需要》）；

（13）“推翻一切”（G. 博诺的《1980—2000 年：将推翻一切的 20 年》）；

（14）“微处理机革命”（J－J. 塞旺－施雷贝尔的《世界面临挑战》）；

（15）由微处理机、信息技术和机器人等新技术引起的彻底的“文化革命”（A. 托夫勒的《第三次浪潮》）。

显而易见，这些公开表达的观念与其说是科学理论，毋宁说是一种假想。它们的侧重面和说法各有不同，但可以看到，其出发点都是西方的所谓工业文明，有的是为了保持这种文明的现状，使之避免陷入各种各样的危机；有的则从科学技术的发展来推断工业文明发展的潜力，实际上是把资本主义的西方文明看成过去、今天、未来的唯一的文明，都没有超出贝尔所说的前工业社会——工业社会——后工业社会的框架。

从方法论的角度来说，任何全球模式和蓝图都是原型——复杂的社会、“人类”、“世界”——的简化图像，以便突出被假设为对未来的发展具有重大影响的某些特殊的相互关系。一般说来，这样的“简化”是将原型分解为一定数量的变量，即模式的组成因素。在这些变量之间，假设有一定的相互作用，从而可以在模式内部重新组成“集合”（即一定的关系）。变量通常是用数字来表示。因果关系、刺激—反应、投入—产出、反馈等是使用得比较频繁的关系。

诚然，任何抽象都是一种简化，模式也不例外。特别是就社会过程而言，由于它们的复杂性，不可能直接研究对象（即原型），也不可能采用自然科学的实验手段。问题是以什么样的原理和准则来确定这些变量。

一些全球模式的作者虽然强调趋势曲线，但并不承认社会发展有任何规律性。他们在选择作为模式支柱的变量时往往凭借“直觉”、“预感”或超出一般常识的“智慧”，带有一定的任意性，而且把对于社会发展具有重要意义，但被他们认为具有政治或意识形态色彩的社会经济因素完全排除在外。

归纳起来，西方学者认为这些全球模式的主要缺陷是：

（1）任何同全球模式有关的模拟技术都不得不进行大刀阔斧的缩减（简化）；①

（2）“构造系统的运动”的过程并不创建新的社会观念。这种过程试图解释和探测正在发生的东西，以便设计出“机械论的、贫乏的技术治国论”的蓝图；②

（3）“建造模式今天和将来始终是一种艺术和游戏：把数学、直觉、健康的判断、自己和前人的经验结合在一起的艺术；以探索和失误的规则为基础的人类智慧与大自然之间的游戏。”③

换言之，“全球模式”虽然应用数量化的资料，有时还使用相当抽象的符号语言，但往往是建立在未经论证的假设的基础上的。

二 国际经济新秩序与第三世界开发模式

挪威学者 J. 加尔通教授曾指出，在迄今为止的许多未来研究模式中，未来似乎是只看见工业活动的恶果的发达国家的一个思辨课题，但对于发展中国家来说，作为一项急迫任务的克服落后状态是至关重要的优先研究对象。从 60 年代初开始，联合国提出了两个“开发的十年”计划。但是，在两个“开发的十年”之后，不发达国家和发展中国家与发达国家的经济发展差距非但没有缩小，反而进一步加大。根据某些“全球模式”的最乐观的估计，最早到 21 世纪中期，这种差距才能相对地有所缩

---

① ［德］W. 胡格尔：《放在试验台上的全球模式》，巴塞尔—斯图加特，1974 年，第 74 页。

② ［美］W. L. 汤普森：《灾难与世界秩序》，见［英］H. A. 林斯托内和［荷］W. N. C. 西秉兹编《未来研究》，伦敦—阿姆斯特丹，1977 年，第 12 页。

③ ［罗马尼亚］V. 彼得卡：《技术变化的宏观运动》，卢森堡，1977 年；转引自《当代政治思想冲突》，布加勒斯特，1982 年，第 405 页。

小。有些人则认为消灭这一现象是不可能的。例如，H. 卡恩认为，只有保持国际经济差距才能最终消灭差距，因此在近期内要实现这个目标是不现实的。他在《今后二百年》一书中写道："一般认为，似乎只有加快发展中国家的增长速度才能克服这一差距，但在实际上，几乎可以肯定，对于人类的绝大部分来说，这种算术差距将加深。"因此，结论是"无论如何，缩小或者消灭绝对贫困显然比缩小相对贫困更可取。保持甚至加大差距也许是实现这一点的最佳途径"。毫无疑问，这样的观点很难得到广大第三世界国家的赞同。

在发展战略问题上，不发达国家和发展中国家曾经历过一个曲折的过程。在50年代初，当许多国家刚刚摆脱殖民统治的时候，曾把重点放在依靠外援上。在这个最初阶段，一种流行的观点认为，不发达是不可避免的，发达国家作为一种恩赐姿态，将把一部分福利的剩余让与落后国家，以便这些国家的居民能够在人口"爆炸"的压力下生存。但是，这种观念很快就被包括西方发达国家的许多学者在内的经济学家和政治家所否定。实践证明，不能把外援当作推动和保持经济发展过程的首要因素。这种援助往往非但不能帮助克服不发达国家的落后状态，反而加深了它们对发达国家的依附。

在此之后的一个阶段，许多不发达国家试图把对外贸易作为主要手段来获得迅速发展，也就是说试图以既有的结构为基础大量增加传统产品的出口。但这样做的结果是造成了单一化的生产，加深了一些发展中国家经济的片面发展。

到60年代，主张以改变不发达国家的国民经济结构为基础的发展观念取得了越来重要的地位。这种观点认为，外援的主要形式应当是技术援助和帮助培养管理干部和技术人才。在这个第三阶段初期，联邦德国的舒马赫等人曾提出过所谓"中间技术"理论，即主张发展中国家只应该引进"非暴力"（不破坏自然的）的、"小型的"、"廉价的"和"简单的"技术。这种理论虽然至今仍有一定的影响，但国际学术界越来越多的人开始强调先进的科学技术对于开发第三世界国家和消除它们与发达国家的经济差距的巨大潜力。

同时，许多学者在现存国际经济和政治秩序方面寻找造成不发达状态和经济差距的根源。法国社会学家 A. 巴雷尔在总结战后世界经济发展时指出，存在着一种产生分化发展的世界经济结构，其表现为：

——处在贫富两个极端的国家之间的差距幅度加大；

——各个国家集团之间的重要差距保持在按人口的平均产值消长趋势相等的水平上；

——发展中国家的经济结构本质上没有改变；

——发展中国家集团的内部分化加剧；

——处在低水平的不发达国家和发展中国家在推动和保持进步方面遇到了极大的困难；处在高水平的发展中国家则取得了非常迅速的进步。①

换句话说，各个国家和国家集团之间的差距和不平等仍在加剧。“这个相互依存的世界处在产生和再生不发达状态的结构机制的王国统治下。”② 不改变这种国际秩序，发展中国家的开发问题难以取得成效。从70年代中期以来，建立国际经济和政治新秩序的要求变得日益强烈。1974年，联合国发表了有关的呼吁和声明。1976年，在罗马俱乐部的主持下，以诺贝尔奖获得者、荷兰经济学家让·廷伯根为首的21名专家撰写和出版了R. I. O. 报告，即《重建国际秩序》。这个报告分析了世界财富的不平等状况，着重指出建立“一切人都能受益的”国际新秩序的必要性。报告认为，“建立一个新的国际经济秩序本身将带来社会在政治、社会、文化和其他方面的根本变化”。但是，要建立这样的新秩序，必须确保每个国家具有自由发展的3个基本条件：（1）在规划和建设未来方面利用自己的力量；（2）根据满足每个人的基本需要的要求来确定发展的方向；（3）确立与环境的健康关系。③ R. I. O. 报告的主要功绩在于以批判的态度评述了当前的国际关系，把不发达国家和发展中国家的发展问题与建立新的国际经济秩序的迫切性紧密地联系起来。但是，报告没有超出一般模式中常见的增长—资源—环境的框架。

在R. I. O. 报告问世的同一年，阿根廷的巴里洛克基金会发表了题为

---

① ［法］A. 巴雷尔：《分化的发展》，巴黎，1978年，第58页。

② ［法］P. 阿波斯托尔：《前工业社会观念对于工业化的影响》，巴黎，1978年，第7页。

③ ［美］《重建国际秩序》，纽约，1976年，第288页。

《是灾难还是一个新的社会?》的研究报告①，一般被称为巴里洛克模式或者拉美模式。这是发展中国家学者制定的第一个世界未来发展的模式。它的特点在于：（1）打破了卡恩所提倡的只描述趋势的探测性方法，而主张规范性的方法，即认为模式必须说明为了达到明确规定的目标，人们应该做些什么；（2）一反当时流行的“生活质量”观点，把满足人类的合理的基本需要作为出发点；（3）公开表示赞成“社会主义”的发展模式，虽然其实际含义比较接近于斯堪的纳维亚的社会民主观念。

巴里洛克模式认为：当代社会所遇到的问题“不是自然的问题，而是社会—政治问题。这些问题的基础是各国之间和国家内部的权力分配的不平等”。因此，它提出“一条人类发展的新道路”。这条道路的出发点有如下4个前提。

（1）一些流行的模式（不论是数学模式或者其他类型的模式）认为，如果当前的趋势继续下去，在不太遥远的将来将爆发世界性的灾难。但是，它们所说的灾难对于大多数人类来说，已是严酷的现实：饥饿、文盲、夭亡、不合适的住房——贫困的生活条件构成了不发达国家大部分居民的共同命运。克服这种状况应该在任何关于世界及其未来的观念中占据最优先的地位。

（2）不发达国家不能重复发达国家所走过的各个阶段。这不仅因为在当前的社会政治条件下上述过程是不可能实现的，更重要的是因为它不可取。重复发达国家走过的道路意味着重复那些导致今天的不合理的和浪费性消费状况的错误，加剧环境的社会性退化。

（3）在每个人达到可以接受的生活水平之前，任何保护环境的政策（包括减少自然资源的消费）都很难在世界范围内真正得到实施。由于世界广大的贫困地区的居民的消费水平很低，要求他们关心遥远的未来，未免荒谬。

（4）人类的特权阶层，特别是发达国家的特权阶层必须降低经济增长速度，以减缓对于自然资源和环境的压力，并抵制过度消费所引起的异化后果。发达国家的部分经济剩余应该用于帮助第三世界国家克服当

① ［加拿大］阿米尔卡尔·O. 海雷拉主编：《是灾难还是一个新的社会？——拉丁美洲的世界模式》，渥太华，1976年。

前的停滞。因为，这种停滞状态主要是它们所受的剥削的结果。

在这些前提下，实现最终目标：无论在一个国家的范围内或者在国际范围内都是以平等为基础的社会。这个社会的基本原则“是承认每个人只要生存在世界上，就有满足基本需要——食品、居住、保健、教育的不可剥夺的权利”。

巴里洛克模式的制定者从他们切身的经验出发，提出了发展中国家在开发问题上亟待解决的某些课题。他们通过“基本需要”概念把人放到了中心的地位。但是，应该说，人的需要比模式中所包括的要广泛和复杂得多。同时，模式把基本需要作为轴心，相对地说，忽视了对于克服不发达状况至关重要的其他一些问题，如国民财富的增长及其再分配、基本需要与责任等。

三　新发展哲学

越来越多的专家承认，发展问题在未来研究中占有优先的地位。脱离了人类的绝大多数所关心的急迫问题，研究未来不啻是一句空话。近二十多年来，“另一种类型的发展”“新的国际经济秩序”“新的国际政治秩序”“信息领域里的新秩序”“新的发展”等一系列口号和概念的出现，不但反映了解决发展问题的迫切性，而且也是对既有的资本主义发展模式的否定。但是，作为一种理论，对于发展问题的研究还远远落后于实践的需要。为了弥补这一缺陷，一些著名的学者和国际机构正在展开探索和努力。1979 年 8 月末，联合国教科文组织在厄瓜多尔首都基多举行学术研讨会，讨论和分析“新的发展”理论及其具体方法。作为这次学术讨论会的成果，教科文组织委托法国著名经济学家、法兰西学院名誉教授、法国数学科学和应用经济研究所所长弗朗索瓦·佩鲁撰写一本从哲学和理论高度论述这个问题的著作。这就是两年之后出版的《新发展哲学》[1] 一书。

佩鲁教授在书的前言中明确写道：“我个人的信念是，对于发展问题

---

① ［法］F. 佩鲁：《新发展哲学》，巴黎：联合国教科文组织出版社 1981 年版，法文版。

的关注预示着经济学及其所应用的分析工具领域里的彻底修正。”[①] 因此，他不但对“纯”经济理论进行批判，认为以市场、供求关系、经济动因的活动为轴心的“纯”经济增长分析是“因循和任意的还原主义”，而且对增长的数学模式提出了异议。诚然，今天数学模式有了很大的发展，走过了从以生产函数为基础的简单模式到同时考虑到知识积累、科学、技术和外贸等具有后效的因素的比较复杂的模式的道路。但它们实际上并没能改变经济政策，而只是给研究者提供了一个更加完善的手段，以揭示现实关系的复杂性。人们曾经对数量经济学的发展寄予很大的热情，希望它能促进经济科学的发展，使经济科学更加严密。然而，经过一个不长的阶段，怀疑主义开始露头。越来越多的批评矛头指向数学，虽然其中的许多批评并不正确。问题在于制定“数学模式”之前必须有明确的“逻辑模式”。

联系到罗马俱乐部所制定的一系列“全球模式”，佩鲁教授指出，这些模式局限于以增长—资源—环境的相互关系为出发点，它们的立论是不能令人满意的。因为，它们把人—社会、人—文化、价值、体制结构等极其重要的关系和因素排除在研究之外。必须改变出发点，从经济—社会—政治—技术—社会学的前提来分析现象。

传统的观点往往错误地认为，经济增长即是发展。佩鲁教授指出：经济增长不一定等于发展，经济的进步也不一定等于社会—人的进步。在增长—发展—进步三者的关系中，“文化价值”起着关键的作用：“文化价值是决定减缓或加速增长以及检验增长目标是否合理的基础。”没有发展的经济增长是危险的，在工业化的资本主义国家中，这种状况的消极后果表现为“地域空间”和“社会空间”的不平衡发展。在发展中国家，“资本主义企业一旦插足，它们就充分利用自己的优势，把富人和权贵拉进自己的利益范围和势力范围，使他们脱离人民，为他们提供赚钱的交易和西方的生活方式。发展的不平衡性带来的结果是进步的不平衡性”。[②] 因此，“市场和资本主义的自发作用不可能确保正常的生活

① ［法］F. 佩鲁：《新发展哲学》，巴黎：联合国教科文组织出版社 1981 年版，法文版。
② 同上。

条件”。[①] 资本主义的现实说明，经济增长和国民总收入的提高并不意味着全体社会成员经济条件和社会政治条件的改善。但是，反过来说，没有经济增长也不可能设想社会—人的进步。

基于上述观点，F. 佩鲁教授认为，“新的发展”应该是整体的、综合的和内生的发展。

——整体的，即应该有一个整体的观点，既要考虑到作为“整体”的人的各个方面，又要看到在他们相互依存关系中出现的问题的多样性；

——综合的，即各个部门、地区和社会阶级的协调一致；

——内生的，即应该充分地和正确地依靠和利用本国的力量和资源。

发展中国家受到发达国家为了自己的利益而设置的经济和社会结构的影响，今天正在为了本民族的利益而投身到改造这种结构的经济和政治斗争中去。它们所进行的结构改造不应该局限于经济空间，而应该扩大到整个社会。如果说经济只是一个手段，目的是社会—人，那么任何发展战略的出发点应该是社会—人的需要。但是，与巴里洛克模式的不同之处在于：这里所说的社会—人的需要不仅仅是指物质需要或满足人的基本需要，而是指与每个民族的价值和传统相一致的一系列复杂的社会、文化和精神需要。F. 佩鲁教授认为：“经济的事实和体制只有经过文化价值的检验才能站得住脚”，“如果脱离了它的文化基础，任何一个经济概念都不可能得到彻底的深入思考”。[②]

这就是说，任何发展的战略和政策必须从本国的实际出发，不应该照搬外国的模式。

“新的发展”不是也不可能是西方所能输出的模式。因此，“新的发展”与“国际经济新秩序”是两个互为制约的侧面。如果没有“新的发展”，就不可能建立国际经济新秩序；反过来说，如果不建立国际经济新秩序，就不能保障发展中国家获得持续的、长期的发展。

从经济中心类型的增长观念过渡到以社会—人为目的的社会中心类型的增长观念，这是“新发展哲学”的基本观点。应该说，这种转变不仅仅是语义的变化，而首先是内容的变化，或者说是一个新的范型：人

---

① ［法］F. 佩鲁：《新发展哲学》，巴黎：联合国教科文组织出版社 1981 年版，法文版。

②

及其需要和愿望成为经济增长和发展问题的中心。但是，佩鲁教授并不认为自己的观点是规范性的，不希望在批判一种增长模式的同时，推行另一种模式。

随着发展问题和未来研究的逐步深入，可以越来越清楚地看到，把某种发展模式说成是世界通用的唯一模式的任何企图都是徒劳的。每个国家的人民都有充分的自由，选择符合自己需要和利益的发展模式，制定适合本国社会历史实际的发展策略、方式和手段。“自然的伟大事业”必然伴随有“人的伟大事业”，这是佩鲁教授在其著作的结束语中表达的信念。

（选自《国外社会科学》1985 年第 2 期）

美梦还是噩梦

——关于“人工智能”的哲学遐想

杨熙龄

计算机早已能模拟人的一部分“智能”，但在将来，计算机的“智能”能否提高到类似人智的水平，或者说，科学能否使一台“非人”的机器产生“人一样的智能”？对于这个问题，西方曾出现过所谓乐观派和悲观派这两种相反的见解。乐观派认为计算机能模拟人的智能，他们和18世纪的法国哲学家拉·梅特里一样，认为“人是机器”，人脑也不过是一台复杂的计算机；计算机的局限性，也是人智的局限性；计算机能够、应该而且将会做人能做的一切。悲观派则认为人的智能远非计算机所能企及，计算机永不可能达到人的智能水平。但近几年来，却又出现了另一种乐观和悲观的对立，双方都以机器思维最终将能够与人智并驾齐驱这一假设为前提，尽管这个假设的可信程度还低。

为什么一个同样的设想会造成两种完全相反的梦境——美梦和噩梦呢？因为如果机器能和人一样“思维”，那可了不得；机器能和人一样“思维”，那可不得了！认为“了不得”的，就进入美梦；认为“不得了”的呢，自然做起噩梦来了。

可是，别忘了，无论美梦噩梦，都仅仅是梦而已。西方的科学或“理智”能否摆脱自己造成的这些梦境呢？它至今还未能脱离这种梦境。问题的讨论实际上是围绕一些矛盾现象展开的。因此，对问题的说明似也应从说明矛盾入手。

什么矛盾呢？人们早已发现，“人工智能”这个名称就是一个 oxymoron，即一个自相矛盾的词。人工智能，或机器思维，这些概念本身是矛盾的。正如“机械手”这个名词。用机械构成的“手”，只能是起重机、吊车一类东西的发展或精巧化，它至多具有人手或人臂的某些功能罢了，能叫作“手”么？能推理的电子计算机，怎么能叫作“脑”？“电脑”既是“人工”制造物，也就不会是“智能”；如是“智能”，则只能属于人脑。不过，固然是矛盾，但又是活生生的事实。无论“机械手”或“电脑”这些“矛盾词”，又显然有其正确反映事实的一面。即使我们不使用“电脑”这类通俗名称，但矛盾的事实仍存在。

人工智能研究的科学实践逐步暴露了自己理论中的一大堆矛盾。这些矛盾，在有的哲学家眼里，渐渐成为不可解的问题，最后就怀疑到西方科学迄今深信不疑的、渊源于莱布尼茨的所谓“理智原则”了。

曾被人挖苦地叫作“人工知识分子”或“人工知识分子阶层”（Artificial Intelligentsia）的“人工智能”技术专家们却不理睬这些矛盾，他们就像歌德的诗剧《浮士德》中，浮士德的门徒瓦格纳在实验室中焦头烂额地制造“人造人”何蒙古鲁士一般，埋头制造“人工智能”。他们中的有些人说：“让哲学家们去吵闹，我们研究我们的！”有些学者（例如英国的提摩太·克拉克）认为，这些人工智能技术专家中间流行着某种形态的实用主义思想，因为他们的某些技术越来越带上“试试看”或者叫作“试错法”（trial and error）的性质。但这类人工智能的技术专家们，如果被称为“乐观派”，自有其乐观的根据，他们也有理论，而且并非“实用主义”一语所能概括，至少拉·梅特里的“人是机器”就是一条并非实用主义的理论，而大家公认，流传了200多年的这条理论，还并没有被证明为谬论。如果说，某些技术专家在做“美梦”，则这种梦境也不是无缘无故地出现的。

可是，不少哲学家却是新的悲观派。他们接受了乐观派的一个设想：人工智能或机器思维将来终能同人类思维或人类智能相媲美。但是他们从概念上分析并得出了悲观的结论：如果这样，那可“不得了”。

法国哲学家德里达（Derrida）近年来提出了一种“人智模拟”（mimesis）的学说，姑且把它叫作“模拟论”。他说，“模拟”这个概念是一个“坏概念”。为什么是个“坏概念”呢？

“模拟”就是仿照某一“原物”制作一个“模拟物”；而模拟物能做到“像”原物，是因为它还“不像”原物；如果它与原物百分之百“像”了，那就不再存在“像”的问题，因为这样它已不成其为“模拟物”，而成为一个与原物属于同一类的“原物”了。模拟物之“不像”原物，则又因为它有点“像”原物。

德里达认为，“模拟”所以能出现，是因为它“先天地”依赖它自身的缺陷（不能够像原物），无此缺陷，它就不能存在。依靠自身缺陷才能存在的事物，当然是“坏”的。不过，它也有“好”的一面，但德里达说，“它之所以好，就是由于它坏”。

我们可以不同意“模拟”是个“坏概念”这种见解，但德里达看到了矛盾，这还是值得注意的。

德里达认为，假设一台机器在一切方面都具备和人智类似的智能，则它将不再仅仅是人智的“模拟物”，而将成为一种“智能”。原来被它模拟的人脑呢，则由于已出现了和它具有同等功能的机器，而失去了自己的“独一性”，即唯一具有智能之物的地位，不能再独占“智慧”的称号。德里达说，模拟物的“智能”一旦与被模拟者（人的智能）完全一样或水平相当时，人的智能或智慧将失去其本质的独特性或其特有本质。“人在镜殿中失去他自己。”人的本质将会被忘记。犹如临摹一幅画，临摹得和唯一的原画完全一模一样，到了“乱真”的地步，假定如此，则原画和复制品弄得无法区分，则那幅原画实际上等于“失踪”，或至少失去其原来的“独一无二”的价值。

因此，德里达和其他一些哲学家（也有一些人工智能专家）担忧一旦出现酷似人智（且不说超过人智）的“人工智能”，人类将把自己放在什么地位。他们料想，在那种情势下，人将遭到排斥和剥削。

有些学者和科学家并不是像德里达这样从哲学上分析种种有关的概念，而是根据他们从事人工智能研究的实践所得到的丰富经验，得出了类似的见解。约瑟夫·魏泽堡（Joseph Weizenbaum）就是这样一位学者。

约瑟夫·魏泽堡是最早在人工智能研究领域取得实际成就的学者之一。闻名的“艾丽莎程序”，就是他的巧妙创造，据说这是第一个能与人用自然语言（英语）对话的计算机程序。

“艾丽莎程序”（“艾丽莎”之名来自萧伯纳的剧本《卖花女》）是一

位“机器大夫”，这种机器（程序）担任一个心理治疗医生的角色，与“她”对话的人，可以作为接受心理治疗的“病人”第一次求诊。所以这个程序也叫作“大夫”。

下面是一位“女病人”去找这位“机器大夫”时同机器的一小段“对话”（病人通过打字机把话输入机器，机器回答的话也通过打字机输出给病人）：

女孩：男人都是一个样。
机器：这是怎说的呢？
女孩：他们总是这样那样惹人厌烦。
机器：你能说个具体例子吗？
女孩：嗯，我的男朋友叫我来找你。
机器：你的男朋友叫你来找我？
女孩：他说我最近精神萎靡不振。
机器：听你说萎靡不振，我很难受。
女孩：真的，我心里不痛快。
机器：你以为来这儿就能帮助你，使你不再不痛快？
女孩：我需要点帮助，这是肯定的。
机器：如果你得到点帮助，对你怎样呢？
女孩：那样也许我能同我妈一起过得好一些。
机器：再讲点关于你家庭的情况。
女孩：我妈是关心我的。
机器：你家还有谁关心你？
女孩：我爸。
机器：你爸？
女孩：你倒有点像我爸。
机器：怎么像？
女孩：你这人不嚣张，但我想你是有意不让我觉得。
机器：你为什么认为我不嚣张？
女孩：你不跟我抬杠。
机器：你凭什么说我不跟你抬杠？

女孩：你怕我。

机器：你以为我怕你，这就使你高兴？

女孩：我爸怕所有人。

机器：当你一想到你爸的时候，还想起些什么？

女孩：废话。

机器：这同你的男朋友叫你来此有何关系？

在追求时髦和善于起哄再加轻信的美国社会，这个“大夫”程序当年在麻省理工学院一出现，就引起了轰动。有许多医院当局硬是认为需采用这种程序来顶替真的大夫，因为心理治疗大夫为数太少，忙不过来。甚至有的病人表示宁愿要这种机器大夫，而不要真的大夫给他们进行心理治疗。许多曾同这位“机器大夫”对话过的人更是认为“她”具有“智能”。甚至魏泽堡教授本人的一位女助手也如此，她同这台机器对话时不知说了些什么“私房话”。一天魏泽堡想检查一下这个“程序”在前一段时间内曾做过些什么对话时，这位女助手忽然竭力反对，说这样做是有意要知道别人的“阴私”。可是这位女助手又明明知道这个程序是如何编成的。

于是，魏泽堡一再声明他所编制的这个“大夫”程序，并不真正“理解”求诊者们的思想，希望大家不要当真。这个程序是一种既巧妙而又简单的设计。它会按规则首先抓住同它对话者的语句中的一个或几个“关键性”词，然后又用一定的词作为那几个“关键性词”的反应。此外当然还能按规则把对方话中的“你”变成“我”，“你的”变成“我的”等等，构成句子，作为回答，发给对方。

例如，对话者说“你是傻子”，机器就回答“我是傻子”，也许再按规则加上惊叹号或问号。再如求诊者说“我恨冰淇淋”，机器就回答“恨总归不好”。它一遇到“恨”字，总是这么回答。当然，“艾丽莎程序”掌握相当大数量的词汇，并有一套巧妙的规则。

假固然是假的，但是从一定角度看，“艾丽莎程序”又的确在较低程度上“学到了”人们在对话时的某些真实规律。例如，魏泽堡自己承认，这个程序的意义是强调了“上下文对语言理解的重要性”，抓住对方话语中的“关键”词，把“我”变成“你”、把“你”变成“我”等等这些规则，可以说已经在低水平上反映了人的对话智能。

人工智能的科学实践，据说就像追逐一个逃遁着的目标。这个目标一旦达到，立刻又飞走了。因为当每次人们编成一种程序，能完成本来需要人的智能才能完成的任务时，人们当然已经明白这个程序是如何工作的。这种程序往往是循序渐进，简单明了，似乎并不像人的头脑活动那么“复杂”，虽然这种程序能顶替人的部分智能，能很好完成一定的任务，但也就降低到一种仅仅是“自动化”水平的设计成果，而不被看作“智能”了。因此，怎样才算“智能”，标准很难定。有的人说，够得上“智能”的程序不但要能“哄得过”一般使用者，还需要能“哄过”程序的设计者。这种例子倒真有过，如 A. L. 萨缪尔设计的一个下跳棋的程序，曾把作者自己打败了。但萨缪尔却用这个程序来说明机器不可能具有智能。

什么是机器“智能”的标准？图灵很早（1950 年）就提出了一个判断某一机器程序够得上够不上“智能”之称的标准，那就是“图灵测验”。这个测验的办法是：参与者共为三方：（1）一台被测试的机器；（2）一个人；（3）向上述两方提问题并作出判断的人。三方面都不准直接“见面”，而是用“匣子”方式隔离开来。测验开始后，第三方，即测试主持者，向（1）（2）方提出问题，然后由（1）（2）方回答问题，最后由第三方判断（1）（2）两方中哪一方是机器。（1）（2）方必须尽全力使测试者相信自己是人，而不是机器。如果最后测试者无法正确判定（1）（2）方何方是机器，则这台受测验的机器就算作“够得上”具有“智能”的标准。对于这种测验，也有人认为有问题。例如，测验者本人的智力水平如何，再者，那第（2）方即真的人可以有意使自己的“智能”表现呆笨，伪装“机器”，但这已违反图灵的规定。一般认为这个测验方法是合理的。其特点是只凭被测双方的“输出”来判断是否具备人的智能，而不管被测者是如何达到这种“智能”水平的。

那么，按这种标准，像“艾丽莎程序”这种比较简单的机器智能也已经能够通过某种有限的、要求较低的“图灵测验”了，即在一定意义上可算作有“智能”的。如果我们认为，在 80 年代中期的今天，较“艾丽莎程序”更“高明”的程序也已纷纷出现，“艾丽莎”一类较简单、较老的程序早已毫无价值，则又不然。据迈克·詹姆斯说，“艾丽莎”在今天，仍然被普遍当作计算机智能的一个范例而存在着，“她”还未成为一个历史的陈迹，公众（包括许多计算机科学家在内）仍常常被“她”哄过。

“艾丽莎程序”所引起的反应，使得这个程序的创造者魏泽堡深感不安。他说他只懂得计算机科学和人工智能（计算机科学属下的一个部门）方面的事，他不是哲学家。但他根据科学实践的经验提出的一些见解很接近一些哲学家的看法。他说：

> 人工智能这个新的领域中，必须展开讨论。最终必须在人的智能和机器智能之间划出一条界线。如果没有这样一条界线，那么，那些主张用计算机来代替心理治疗大夫的人们，还只是一个未来时代的预报者，到了那个时代，人终于会被仅仅当作是钟表一类的东西。……人把自主权交给了一个机器世界；这种普遍的意义可是值得深入考虑了。……而且，计算机仅仅是一种更普遍得多的现象中的一个特殊例子……今天，当我们比如说起一所大学，或几乎任何别的社会政治结构，我们面前显现的形象往往就是一个自动机似的过程。(见《计算机的力量和人类的理性》一书，第8—10页)

魏泽堡的一些见解，正如人们已指出的，颇有一些自相矛盾之处。他认为计算机不可能模拟人的许多智能，例如不能具备人的感情；有些“活的真理”，也不是计算机所能获得的。但他又说过他可以承认某类高级计算机系统已经很像“有机体”，甚至“活的生物”。他也认为没法划定计算机能力的上限。但是他始终坚持，不管计算机能否做到人能做的某些智力活动，决不应当让计算机去做这类工作，例如让计算机做法官、做医生等等。他认为这是个“应该不应该”的伦理学上的大问题。

真的，人为什么非要让机器“完全”具备人的智能不可呢？为什么不让机器只做一部分“协助”人的工作，如下矿井、登太空一类工作，而一定要让机器下棋、作诗、作曲呢？总之，让机器具备全面的智能有何必要？

但这却是科学发展规律和客观的必要所决定的。从研究机器翻译开始，人工智能的研究就不得不一步步地深入探讨人的思维功能的奥秘。

翻译，原来并不像一些无知者所想象的那么简单，凭一部词汇量极大的字典或词典，再加一些精确的语法规则（但无论哪一种自然语言的语法都是不精密的），就能由机器有效地完成。在机器翻译和其他许多领域中碰了钉子以后，人工智能和有关学科的学者就更加重视研究语言、思维、人脑、认识论或哲学了。所以，现在一般论述人工智能的书中说，人工智能研究的最终目的是“使非人的机器中产生类似人的智能”，倒不是没有道理的。浅尝辄止已不可能了。

那么，假设有一天达到了这个目的，又怎样呢?

哈佛大学的数理哲学家希拉里·普特南（Hilary Putnam）有一篇论文《机器人：是机器，还是人造的生命?》。据T. 克拉克说的，普特南假定机器人模拟人的心理，可以达到完全相同的程度，他的文章的结论是："作为本文题目的那个问题（机器人是机器，还是人造的生命），并不是要求发现什么的问题，而是要求作出一个判断，即这样的机器人，是机器，还是人造的人。”

用“图灵测验”来处理未来的（不论多少年后）和人智水平相当的“智能机”时，会出现完全无法（不论如何提问测验）判定的情形。普特南的文章就是预示这样的境地。那时，图灵测验中的第三方，即作为主持者的测验者，只能凭空猜测。而且，在那种情况下，需要判定的实际上已不是被测的两方中何方是机器，而是需要判断机器人本身是机器，还是人造的人。这就是普特南文章标题所示的问题。但这个问题将是不可判定的。

这就回到了德里达的问题，即“模拟物”或“类比物”本身是否是“模拟物”和“类比物”的问题。

从德里达较早的著作《论文法学》以及最近的论文《理智原则：学生眼中的大学》等著作中，可以看到他所论述的有关“人的模拟”（mimesis）的完整理论。德里达研究了“语言”“写作”“符号”“模型”“类比”等概念，也阐述了他对“信息”“技术”“科学”“可计算性”“理智原则”等的看法，此外又涉及许多社会政治和伦理学上的现象。

海德格尔在《理智原则》（1957年）一书中说：“现代技术正向着最大限度的完善性发展。达到这种完善的基础就是：对象的完全可计算性。而对象的可计算性又以理智原则的普遍有效性为前提。因此，按这种理解的‘理智原则’的统治，就成了目前这个技术时代的特征。”

海德格尔心目中的“科学”是一种对世界的“技术的理解”，也就是把世界看成可计算对象的总和。德里达认为，这种科学观已经与传统的科学观不同。传统的看法是：科学的应用才是技术。而按照海德格尔的新看法，则已无所谓科学，也无所谓技术，而只能有“技术—科学”的概念。

德里达认为，使得科学和技术二者化为一体的一个决定性概念就是“信息”。“信息”也已成为一切科学间的“媒介语言”（lingua franca，或译为混合语）。海德格尔提出“客观性”，即“可计算性”或“符号代表”的“精确性”。那么，“信息”概念就是其中的一个关键。这种见解，早在莱布尼茨的思想中已露端倪。

海德格尔认为，计算机宣布了莱布尼茨“没有理智就没有一切”这一原则的一个新版将统治一切。但德里达认为“理智仅仅是各种类型思维中的一种——这样说，不等于说思维是非理性的”。他的关于“模拟”的一整套理论推翻了海德格尔的见解。

如果对海德格尔或莱布尼茨的“一切可计算”的“理智原则”作“技术的解释”，则首先由于海德格尔的理论把科学和技术、理论和应用、发明和发现统统混为一谈，这种混淆已不仅仅是天天看到的经验事实，而且使人不得不从理论上重新认识什么是“科学”“技术”等等的实质，最后引出一个根本性的问题：为什么要进行科学研究？德里达在《理智原则：学生眼中的大学》一文中说：在美国的一些高等学府里，基础研究（纯理论研究）和应用研究的界限越来越难划，这两方面已不可区分。“过去从来没有像目前这样，在基础研究中充塞了具有军事目标的研究。”连工具和使用者这些概念都已被弄得含糊不清。

对“理智原则”作“技术解释”的第二个后果是，德里达通过对“写作”和“模拟”概念的分析，竟使得“信息”这个关键性概念也不可避免地成了问题，即变得“不稳定”了。这么一来，海德格尔的“科学”和“理智原则”等概念也就立足不稳了。同样，在德里达理论的大框架中，人工智能的具体问题也落进了“科学的局限性”、“理智的局限性”和“可怕的政治问题”这些小框框之中了。人工智能不是讲“模拟”吗？“模拟”已经变成了一种“社会约束”。在当前西方的所谓“科学哲学”的论争中，只能看到打引号的“真”概念和“现实”概念；“真”或“不真”已经不是符合客观事实的问题，而是同行之间认可的问题，是在一个“系统”中能否自圆其说的问题。因此“真理”的标准成了某些学术和科研社团或群体的认可问题。一种理论或技术只要“模拟”得和这些社团的权威见解相似，就是“真”，就被“认可”。因此，“模拟”成了一种“社会约束”。

同样，认识论也变成了一种技术，哲学也成为一种技术。在技术统治一切的条件下，一切都染上技术的色彩，甚至都化为技术。你要理解人的思维过程，那就取决于你能否制造出一个人智的模型；造成了，就理解了；而且在制造成功以前，是无法理解人智的实质的。认识论变成一种复制智能的技术。科学和哲学理论都成为特殊社会和政治前提下的种种“工程”。因此，科学家都是工程师。

德里达的“模拟论”是一种否定的理论，在这种理论的照射下，西方科学的“理智原则”等都瓦解了。可他的这种“模拟论”又正是根据“理智原则”本身推导出来的。

德里达认为，人的思维内部就有“可模拟性”，或者说人的思维就是由“可模拟性”所构成。心理活动的每一层次都有机械的模拟活动，思维本身就包含着种种模拟活动。和许多西方学者一样，他也认为语言就是一种技术，甚至是一种“机器”。比如，一个人写一张条子给自己备忘，这就是一种自我复制。一切认识过程不能排除这种通过符号的模拟活动。思维内部既包含着种种模拟，又怎能把人工模拟思维的模型同人的思维作本质的区别？原型和模拟物不能从本质上加以区分。

按照德里达的说法，模拟物一出现就使原型一分为二，1加1不再等于2，而至少等于3。这是一种“模拟的特殊逻辑”。模拟的结果至少有三个东西：（1）原型；（2）失去了独有本质与模拟物成为一类事物的原型；（3）模拟物。

模拟活动中最基本的要素是符号。而符号，据德里达说，是唯一能够逃脱“是什么”这个问题的事物。符号不是它所代表的东西，如这样它就不成其为符号；它必须代表它不是的东西，它不反映它自身。它逃脱了“是什么”的问题。德里达这种说法已近乎诡辩，但符号本身是个矛盾却是事实。

在信息论、人工智能、计算机科学等现代科学理论中，符号概念当然是极其重要的。这么一来，由于“信息”概念成问题，西方的“科学”“技术”概念也都成问题了。

在人工智能这门具体科学中，当然更有大量的矛盾现象可以发现。例如关于“学习机”的问题，就带来许多矛盾。人工智能需要使机器能够“学习”知识，即由未知到已知。按照很久以前哈贝马斯（J. Habermas）的观点，自然科学的模型就是一台学习机，要能不断地自我纠正和自我调节。

人工智能的“学习”不仅意味着运用理智，而且意味着建造出“理智”的模型。建造“学习机”本身是一个学习的过程，但这就成了苏格拉底同曼诺对话的一个极端的例子。曼诺提出的问题是怎样从已知通向未知。但人工智能的“学习机”是一种“类比”，而“类比”的两边都还是“未知”。一边是人的思维（还弄不清楚），另一边是机器程序的计算语言（也还不知道自身是否符合人的思维）。如果说由一方解释另一方，则究竟哪方解释哪方？计算语言的程序是已知的，但无从知道自身是否符合思维的运动。

让 - 弗朗索瓦·利奥塔（Jean-François Lyotard）在他的《后现代状况》一书中说：“科学越来越清楚地看到精密计算的不可能性了。”

德里达说：“哲学依靠区别。但对于既相同又不是等同的现象，哲学的思维变成瞎盲。”从他的“模拟”理论来看，当前西方流行的“技术”“科学”“信息”等概念都成问题，都不“稳定”，从而给“理智原则”带来了“危机”。

危机，是德里达给西方“理智”的现状提出的一个词。“危机”这个词的希腊语源 krinein 的意义是“判定”，现在具体说来，就是要判定符号（代表）的客观性和确实性。但是，这个“判定”却使“理智”由于其自身的作用，而处于危机之中。这个“判定”（符号的客观性）使“理智”自身成为盲目，到了不成其为理智的程度。

德里达发展了胡塞尔提出的危机观。胡塞尔认为，危机是指“忘掉原本”，在客观主义的名义下，把理智和“意义”置于危机之中。理智由于其自身的巩固而落入险境。但德里达认为，危机就是这种“判定”。

随着世界越来越“计算机化”，就在“理智原则”占据统治地位的过程中，“理智”和“客观性”越来越深地陷入危机。本来仅仅属于科学的“外围问题”的种种伦理和政治问题，也显得越来越突出。德里达认为，人工智能的概念预示着巨大的伦理问题。

但是，人工智能，人类开拓的最新科学园地，难道真像德里达等西方学者在他们的噩梦中所梦见的那样，会生长出“知识的毒果”，使人类沦入德里达所谓“绝对的危机”吗？“理智”，既如德里达所说，并非人类思维的全部，那么，“理智”的危机，难道就是人类理性的危机吗？

※ ※ ※

在技术占统治地位的今日西方社会，“理智”，真像德里达所说，已经陷入“绝对的危机”了吗？

关于“理智”的问题，随着“人工智能”研究的开展，也越来越显得突出。“人工智能”要模拟人的智能，就必须切实弄清楚人脑活动的种种功能和本质。从“人工智能”的要求出发来谈认识论，就不能纸上谈兵了，不能像以往西方的一些哲学家那样，尽说空话。

“人工智能”研究的专家魏泽堡曾说过：“培根误解了科学的真正前途。从那时起，人们被他的误解所诱惑，就一味盼望一个理性时代的到来，并为其到来而努力。但是，人们心目中的这个理性，是一个被可悲地歪曲了的形象，因为他们把理性同逻辑性混为一谈了。”

诚然，西方许多科学家和哲学家心目中的所谓“理智”，其实就是形式逻辑思维。虽然德里达自己说过：“理智仅仅是思维的一种（形态）——这并不意味着（人的）思维是‘非理性的’。”但当他发现“理智”遇到不可解的问题时，又把这看作整个人类认识的危机。这种“理智”是否等于理性，或者主宰着理性，这个问题随着对人类思维和智能研究的发展，也就成了需要明白阐释的问题。

魏泽堡一再表示反对这样一个等式：人类理性 = 形式逻辑思维。他反对把人的理性仅仅看作“永远正确”的形式逻辑推理能力。他说：关于计算机能不能做人所能做的一切这个问题，实质上就是“人类思维的一切方面能否被归结为一个逻辑形式系统的问题，或人类思维是否完全可计算的问题”。“现代科学所产生的精神宇宙观，则是沾染着‘逻辑必然性’的病菌……一言以蔽之，人们已把真理篡改成为‘可证性’了。”（见魏泽堡：《计算机的能力和人类理性》，第12—13页）因此，他的问题就是：人的理性仅仅是一台图灵机吗？

我们回过头去一看，也就发现，“人工智能”问题的讨论一开始，鲁卡斯（J. R. Lucas）1961年发表的《心灵、机器和哥德尔》一文，就引起了关于这个问题的一场论争。这一论争至今似乎还没有明确的结论。同鲁卡斯争论的学者为数不少，其中包括班纳塞拉夫（Paul Benacerraf）、葛德（1. J. Good）、霍夫斯塔德（D. Hofstadfer）等。

鲁卡斯认为机器“思维”的能力永远不能胜过人，因此，“人工智能”是不可能实现的。能进行推理的机器无非是逻辑形式系统的具体化，而形式系统的局限性早由哥德尔著名的“不完全性定理”证明了。对于具有足够能力的形式系统来说，必有真命题不能由该系统来判定。鲁卡斯认为，站在系统之外的人却能认识到机器的这种局限性，并超出这种局限性，所以机器永远不如人。

霍夫斯塔德在他的《不朽的金绦》一书中详述了他自己和其他学者反驳鲁卡斯的种种论据。其中有两种反驳最生动而有趣。

第一个论据，那简直是一个笑话。假定鲁卡斯先生在大街上走，遇见一个女人，鲁卡斯就对这个女人说：你们女人不行，有局限性，因为你看不见你自己的脸。而我，鲁卡斯，却能看到你的脸。当然，那女人就会这样反唇相讥：“我看不到自己的脸？我可看到了你的尊容，你自己看得见么？你还高明呢！”挖苦鲁卡斯的这个比喻，也无非是说，机器固然有局限性，人也有同样局限性。用霍夫斯塔德的话来说，机器“跳不出”自身，人也“跳不出”自身。

反驳鲁卡斯的第二个论据，却是惟妙惟肖地模拟了哥德尔证明其第一条定理时起关键性作用的那句所谓“哥德尔语句”。这是一位叫作怀特利（C. H. Whitely）的学者想出来的：“鲁卡斯不能读出本语句，否则自相矛盾。”

就是这么一句话，请鲁卡斯读出声来。鲁卡斯如果读了出来，那他不是“不能读”，而是“能读”，但是读出来的又是“不能读”，岂不自相矛盾？所以鲁卡斯为了避免陷入自相矛盾，只好不读。可是这句话便成了一句“真话”了：鲁卡斯就是不能“读”它，否则自相矛盾。这是句“真话”，而鲁卡斯不能读出。于是怀特利就证明了鲁卡斯自己也同被哥德尔证明为“不完全”的形式系统一样，作为一个“读出文句”的“活系统”，也是“不完全”的，鲁卡斯并不比机器更高明一点。就某一特定功能而论，人往往还不及自己制造的东西，例如人的两腿远不如自己制造的汽车跑得快，人的举重能力当然远不如起重机。怀特利对鲁卡斯的反驳，当然也只说明人如果按形式逻辑规则思维，必然也带有形式逻辑的局限性；而且人的这种推理能力在准确性和速度上还远不及机器推理。但是，人可以超越这种思维方式。例如，鲁卡斯竟这么说：这个句子中的“不能读”，读了，的确会造成自相矛盾，但这个自相矛盾与逻辑矛盾不同，因为我是“能读”这个“不能读”的，这是个真实的、辩证的矛盾。把矛盾当作真实，当然违反形式逻辑的法则，但人可以超越所谓“知性”阶段的认识，而进入辩证理性的认识阶段。不过，人既能有此种辩证理性的认识，有一天机器也许也能照样模拟。因为即使拿辩证理性的认识来说（如认为有的矛盾是“辩证矛盾”），也总是要按机器的逻辑（即形式逻辑）来表述和解释的（如区别辩证矛盾的两个矛盾方面），也绝不允许出现逻辑矛盾。因此，看来人的思维虽然并不等同于形式逻辑思维，但又摆脱不了形式逻辑“无矛盾原理”的约束。辩证矛盾也必须按照“无矛盾”原则来表述。这也是目前一些所谓“非古典逻辑”或“非标准逻辑”研究的重要问题之一。至于鲁卡斯提出的关于机器永不能胜过人的论点，尽管遭到种种反驳，并没有人对它作出最后的结论。

关于机器思维的问题，哥德尔曾说过这样的话：他的理论所说明的是：“人类心灵不能把自己所有的数学直觉都形式化（或机器化）。这就是说，如果人的心灵把一部分这种直觉形式化了，那么，这一事实（即把一部分数学直觉形式化了）本身就又会产生出新的直觉知识。”哥德尔又说：“要么存在一些形式的问题，人和机器都不能解答，要么人类能解答有些形式问题，而机器则不能解答。”（见魏泽堡《计算机的能力和人类理性》，第221页）

在鲁卡斯的理论引起了一场争论之后，又有美国哲学家德雷福斯（H. L. Dreyfus）用了所谓“现象学”的重炮，猛轰“人工智能”营垒。他认为人绝不仅仅是一台电子数字计算机。计算机没有人的躯体，如何能达到人的智能水平？他指出了机器模拟人智必会遇到的种种矛盾。德雷福斯的名著《计算机不能做什么——人工智能的极限》一书的新版已有汉译本（生活·读书·新知三联书店1986年版）。

机器能写出莎士比亚写的那样的诗吗？机器能像肖邦那样作曲吗？人工智能的乐观派们听到这样的问题，往往笑着说："还没有得到证明。"那就是说，也还没有被否证。

魏泽堡在许多看法上和德雷福斯一致，例如，他也认为计算机没有人的种种"感受"，不可能达到人智的水平。话也说得有理。不要说机器，人要是没有崇高的感情，能写出好诗吗？机器的确能写"诗"（例如日本"俳句"体的诗），但那也不过和我们见到的"朦胧诗"差不多。"朦胧诗"这个名称其实是用错了的，应该叫作"无意义诗"（其唯一意义就是"无意义"），因为"朦胧"是一种意境，诗真能写到"朦胧"的梦幻式境地，倒又好了。机器写出的"诗"也仅仅是毫无意义的"朦胧诗"。魏泽堡说，机器如果没有一个漂泊在巴黎的异邦人的孤独感、对异国夜色的种种感触，又怎能写出肖邦的夜曲？许多只能意会而不可言传的所谓"活的真理"，均非机器所能"理解"，因为这些都是"不可计算的"。人的"理性"不仅仅是形式逻辑思维；人的心灵除了"理性"，还有感情、意向等，最后还有与"意识"相对立而存在的"下意识"心理层次。

但是"人工智能"的"乐观派"们认为计算机的能力不可限量。例如，霍夫斯塔德在反驳鲁卡斯的见解时说："人工智能研究中发展起来的许多程序……当然是心灵的模型。在它们的最高层次——非形式层次——上，可以有'意象'（images）的活动，可以进行种种类比，可以把观念忘掉，也可以把概念混淆，使区别模糊化，等等。但这并不违反这样的事实，即这些活动依靠硬件精确功能的作用，正如人脑依靠神经细胞（neurons）的正确作用一样。因此，人工智能程序仍然是'形式系统的具体体现'——但这些程序已非按鲁卡斯解释的哥德尔定理所能约束。鲁卡斯的论据仅仅适用于这些程序的最低层次。人工智能程序——不管这种智能已达到多高水平——并不依赖这个最低层次。"

"完全可能的是，逻辑思维过程，例如命题推理，不是事先设计包含在这类人工智能程序中，而是作为结果出现在人工智能程序的'一般智能’之中。在人的思维中，情况正是如此，而且我们并没有特殊的理由来假设那种严格的命题演算，连同其硬性规则，以及它们所包含的十分愚蠢的关于无矛盾性的定义，将会出现在这样的人工智能程序之中。”(见《不朽的金缘》，第 578 页)

那些在实验室里埋头制造着“人造人”的浮士德的门徒“瓦格讷”们，做着“人工智能”美梦的乐观派们，实际上也在日夜同矛盾搏斗着。

他们在设计人工智能的种种程序时，不得不面对两个局限。第一个局限就是上边已提到的所谓人和机器都无法摆脱的“逻辑局限”，基本上是一种“理论上”的局限。那就是有一类问题，可以问，但是不可解，即没有任何有效程序可解答这类问题。例如，可以问：能否造一台机器，专门测试各种计算机计算任何合适的数据时，是否会停机。但这样的机器是绝对造不出来的。这就是上文鲁卡斯提出的“不可判定”的问题。这给了计算机一个很大的局限。但任何计算者，包括人在内，都受此局限。从实用观点来看，这类问题关系还不太大。因为某一特定的计算问题，能停机与否，往往可以找到解答。只是不存在判定所有这一类问题的程序。

霍夫斯塔德把这个问题提到哲学的高度，他说这是人和机器都不能解决的难题，即机器“跳不出”机器自身，人也“跳不出”人自身。他说，哥德尔定理第二条证明，具有一定能力的形式系统不能证明其自身无矛盾；除非它自身是矛盾的，才能证明自身“无矛盾”。一个人能证明他自己的心理是“清醒”的吗？能证明他自己的“逻辑”是健康的吗？一个人能体验他自身不再存在时的情况吗？一个人一想到他自身不再存在的时候，就陷入了矛盾，因为他既能想，也就证明他自己还存在。因此，他“跳不出”自身。霍夫斯塔德把这种矛盾名之曰“自我超越”。这个难题有点像我们的庄周提出的“庄生梦蝶”的比喻。也颇近似贝克莱主教的“存在就是被感知”命题：人跳不出自己的感觉。霍夫斯塔德却找到了我国的禅宗，企图从禅宗学说来领悟这个难题的实质。但禅宗是怎么告诉他的呢？据他说：禅的心灵对这种不可调和的（难题）十分欣赏。东方的信仰是：“世界和我是一体，我自身不存在的想法只是一个名义上的矛盾。”(见《不朽的金缘》，第 698 页）找到禅宗，可是他的幸运！

人工智能的乐观派迈克·詹姆斯（M. James）说，他认为“人也不过是一台计算机”，“计算机有多少局限性，人也都有”。在回答“智能可以计算吗?”这一问题时，他也提出了和霍夫斯塔德类似的问题。他说：“把一切事物，无论动物和人都归约为机器的这种论点在稳步发展，这在一定意义上说来，是鼓励人相信智能是可计算的。但是，这个稳步前进的过程，却遇到了某种中断和停顿，即在它遇到了智能问题的时刻。重要的区别是，智能和计算机都是人脑的产物，人脑能理解人体，理解其他机器的运行，而一提到人脑能理解它自身这个想法，却令人感到诧异！诚然，人脑考察它自身，就类似‘停机问题’了……而停机问题是不可计算的!”但是，他还要辩解说：“我在这里并不是提出智能不可计算这种观点，而是说，目前关于智能的问题，还仅仅是一个信仰问题：相信人工智能研究的稳步前进将会最终造成智能机。”（见 M. 詹姆斯：《Basic 语言的人工智能》，英国纽恩斯科技丛书，1984 年，第 120 页）

“人工智能”乐观派面临的第二个困难则是个非常实际的问题，那就是所谓“组合爆炸”问题。那种一味“求全”的“盲目搜索算法”往往不可避免地会陷入“指数式时间”增长，因为要穷举问题中元素的每一种可能的组合，组合的总数往往大到连最高速度的电子计算机也望尘莫及。光靠提高计算机速度是根本克服不了这个困难的。

第一个局限可说是计算机或“知性思维”对付不了自己造成的“恶无限”，而第二个局限却说明计算机连“有限”的问题也对付不了。譬如说，有个问题仅仅要求计算机计算 100 年，就必能得到解答，这一计算实际上即成为不可行的了，更不必说需要更长时间的计算问题了。

除了这两大局限外，当然还有许多实际问题不容易解决。例如，人脑使用的种种判定过程都能转化为“有效程序”或“算法”吗? 目前的神经生理学、语言学、心理学等等与人工智能密切相关的学科研究水平，还远远落后于人工智能的要求。

于是，人工智能的实践家们不得不研究一种叫作 heuristic 的程序设计。heuristic 这个词现在有几种译法：启发法、启示法、探试法。按照传统的讲法，一个“程序”就是一张指令表，上面一步一步给出一个问题的明确解答，或者给出一个不存在解答的解答。这张表就叫作“算法”。

但人工智能研究所碰到的许多问题往往找不到“算法”，或者虽有“算法”而不“能行”。所以其所采用的往往不是严格的、有保证的“算法”，而是实行一套“松散”的规则，这种办法只是“看来”能收效而已。一种规则看来有可能使计算接近一个问题的解答者，就叫作“启发式”规则。“如果没有启发式程序的办法，我们将绝望地陷入‘组合爆炸’的绝境。仅凭这一点，也就可以为使用启发式程序找到论据了。”（见利奇：《人工智能》，美国麦克格劳－希尔，1983 年版，第 36 页）“未来的计算机科学和程序设计，几乎可以肯定，将更注重启发式或以启发法—算法相结合的方法为主的解决问题的途径。”（见詹姆斯：《Basic 语言的人工智能》，第 11 页）正如 T. 克拉克所说：“毫无疑问，过去认为人工智能就意味着一切‘思维’可以从一个根据形式原则工作的系统中推导出来，这样的想法早已成为过去。”（见美国《今日哲学》杂志，1985 年冬季号，第 302 页《作为通用模拟机的计算机》一文）

启发法一语，源出古希腊语 heuriskein，意为“去发现”，它也是 eureka 一词的希腊语语源。eureka 是阿基米德突然发现称金冠难题的解法时喊出的那个词，意为“发现啦!”现在对于启发法的研究已形成一门学问，叫作 heuretics，或可译作“启发学”。

启发学看来是值得研究的一门学问；有的启发规则的确很有意义，例如，下述这个在“某一特殊领域”发现有“意义概念”的启发法。

如果有一个有意义的函数 f（x，y），试假设其中 x，y 二变项为同一，则能得到什么？在数学领域中，如果 f 是“乘”函数，那么，这条启发规则就能引导人发现“平方”概念；如果 f 是“集合”的“并”概念，即能发现“恒等”函数的概念。在不那么形式化的领域中，如果是“思考”则这条启发规则能引导到“内省”概念的发现，如果 f 是“杀”，则将发现“自杀”概念。

启发规则的实质可用一些成语来表达，例如：“小洞不补，大洞吃苦”，“一只鸟在手，胜过两只鸟在枝头”，“失败是成功之母”，等等。总之，笼统叫作“试错法”（trial and error）的一类方法，实际上确是人解决问题的经验中的一部分。只许对，不许犯错误，是不符合辩证法的片面想法，要求步步正确，结果总是适得其反，便落入种种局限性之中了。

但是，启发法虽然已有专门的研究，到底还是一种不够系统的理论，是几乎纯凭经验来试行的方法。目前许多“人工智能”程序都是建立在这种光凭经验法则（rules of thumb）的启发法基础上的，此外再靠随时添加点应急措施。这种策略归根到底，仅仅是在系数可以预料的条件之下，看上去“能工作”或“有效”的方法而已。

魏泽堡甚至说，这类方法不是什么科学的东西，无非是小聪明的技术杂凑罢了。他说：“即使17世纪最聪明的钟表匠，也永远不能靠制造越来越精巧的钟表而发现牛顿的定理。”（见魏泽堡：《计算机的能力和人类理性》，第197页）

不过，他也认为有些启发式程序是有价值的。他说，例如某个“人工智能”程序在最初设计时，还没有后来成为其总的基础的理论，或者这种理论还未能按“有效程序”的要求来充分表述，但在全过程中，设计者先从有关学科的专家的知识中汲取“启发式”规则，故这种程序最初仅仅是一种算法和启发式规则的混合体，其中算法部分是从已经充分理解的方面取得的。随着工作的进展，程序中的启发式规则部分越来越被理解，整个程序随之逐步得到修正，最后全部建立在理论的坚实基础之上，而不再是依靠经验的了。

启发法规则的研究说明人工智能的实践家们在根据“一切可计算”的“理智原则”引导下，碰了钉子，转向研究现实中人的解决问题的经验方法。他们的经验方法还没有什么理论。但是已有一种哲学，或者说认识论，就应运而生了。这就是认为“科学就是一种发现活动”的“理论”。目前，英美有一些哲学家研究所谓“发现方法”，被叫作“发现之友”。他们反对把方法论和狭义的逻辑等同起来，也否认培根的传统意义的发现逻辑的存在。他们提倡“没有‘发现逻辑’的发现方法论！”结果也就如克拉克所说的，科学理论和应用不分，科学仅仅是提出问题和解决问题的活动。J. 辛梯卡（Hintika）把科学研究的逻辑看成是问题、答案和问答序列的“逻辑”。所以，最近有的哲学家如罗蒂（Rorty）说：“认识论死了！”（我国的江天骥同志说：“这个科学哲学中的最新方向同逻辑经验主义相比较，实在是180度的大转弯。”）

那么，德里达说“理智”陷于危机，是因为他发现许多概念如“模拟”“符号”“类型”“类比”等本身就是矛盾的，因而许多问题无法

"判定"，"不可计算"。他从海德格尔的"一切可计算"的"理智原则"出发，从而得出了"理智"陷入危机的结论。跟着"理智"走，却走进了"理智"的绝境。德里达的哲学遐想结果如此，而那些深信能制成"人造人"的乐观家的哲学遐想结果又如何？他们是被"理智"自身的双重局限（理论上的和实际上的）推落到"无理论"的经验主义（启发法规则的研究）黑暗中去了。没有理论，岂不违反自己的"一切可计算"论了吗？乐观者和悲观者是从同样的对"理智"的信仰出发，而做着截然相反的梦，结果仍然是"殊途同归"："理智原则"教他们抛弃"理智原则"。也许他们应该超越知性思维，进入辩证理性的境界。但是他们一时还不会梦醒。他们之中运气最好的也不过在梦中摸着了《六祖坛经》或《无门关》的古老而神秘的书页而已。

人的"理性"是否等于形式逻辑思维能力？人是否等于一台图灵机？至今还找不到定论。魏泽堡说："每一台现代计算机，原则上都是一台通用图灵机。"（见魏泽堡：《计算机的能力和人类理性》，第63页）

图灵机的实质究竟是什么？图灵自己说出了这个秘密：

"（离散状态机器）的运动方式，是从一个十分确定的状态突然跳到或变到另一个确定状态。这种前后状态之间的差别，足以使我们忽略它们间产生混淆的可能性。严格说来，这样的机器是没有的。一切事物的运动事实上都是连续的。但有许多种机器，把它们看作离散状态机器，是有好处的。例如，在考虑照明系统的开关问题时，把每一次开关都当作必然是确定的'开'或'关'是一种便利的幻想。在开关之间必有中间状态，但是从大多数用途着想，我们可以把这种中间状态忘掉。"（见图灵《计算机器和智能》一文）

图灵机是可计算性的一个体现，也可以说是形式逻辑推理的体现，也就是莱布尼茨"理智"的体现。它是离散概念间纯外部关系推演的机械化。它只是一个幻想。图灵说得很明白："这样的机器是没有的，"是不可能存在的，因为脱离了"连续"的"离散"，除了在人的头脑里可以幻想以外，宇宙间是没有的。固然我们可以把事物连续性的一面忘掉，但又只能暂时忘掉。把大自然的现象（包括人的思维在内）用钟表、经纬仪、度量衡规定、数，一句话，人的概念，加以"离散"的理解和表述，不仅仅是一种"抽象化""片面化"；也如人们说过的，是一种"贫乏化”。

但是，列宁解释了这种“贫乏化”的意义：“如果不把不间断的东西割断，不使活生生的东西简单化、粗糙化，不加以割碎，不使之僵化，那么我们就不能想象、表达、测量、描述运动。思维对运动的描述，总是粗糙化、僵化。不仅思维是这样，而且感觉也是这样：不仅对运动是这样，而且对任何概念也都是这样。”（见列宁：《哲学笔记》，人民出版社，第285页）

这不但是一种人的认识所必经的阶段和必须使用的方法，它本身也形成了一种认识论。认识论、辩证法和逻辑是一回事。图灵机所体现的形式逻辑，是一种认识论，其中也包含着辩证法——它能反映自身的矛盾和局限。这种认识在哲学史上也曾使人们看到了种种辩证的矛盾。例如，柏拉图的曼诺悖论：从已知如何通向未知。还有霍夫斯塔德提出的种种“跳不出”自身或“自我超越”的难题。其实知道“跳不出”自身，已经处在自身和外部的界线上了，可以说已经“跳出”自身了。费尔巴哈在谈到主观唯心论者用这种片面的认识论划下感觉和客观世界之间不可逾越的鸿沟时说：“承认神父们所划下而为哲学教授们所袭用的某种不可逾越的鸿沟，是何等荒谬。”可以把这种界限打破：“幻想的产物也是自然界的产物，因为幻想的力量，和人的其他一切力量一样，就其基础和起源来说，归根到底是自然界的力量，但是人毕竟是跟太阳、月亮和星辰……一句话，跟人用自然界这个一般名词所标明的那些存在物有区别的存在物。”（见列宁：《唯物主义和经验批判主义》，人民出版社，第109页）他的意思是有区别，又没有区别（至少没有不可逾越的鸿沟）。如果说“自在之物”不可知，那又怎么知道它“不可知”的？

这一种“理智”的“认识论”发展到极致，就会给我们带来一连串的矛盾。德里达的矛盾和“危机”就是这种认识论的必然结果：符号当然是一个矛盾，它不能仅仅是它自身，它必须代表另一事物，但它又并不等于它所代表的事物。它不仅仅是用印刷或其他方式表示的一个痕迹，它又同它以外的其他一切事物不同，它必须是它自己，但又必须不是它自己。只有用矛盾才能全面说明它，如果不准用矛盾来解释它，那它的确是逃脱“是什么”这个问题的事物。模拟物既像又不像原型，本来是正常现象。那种 1 +1 =3 的“特殊逻辑”才是荒谬的结论。模拟物的出现岂会使原型失去“独特”的本质？相反，当人的智能之外，又出现另一种（机器）智能的时候，人类智能的本质将显得更为“独特”。一种颜色有了另一种颜色来衬托，将更为鲜明。绝对的等同只是在哲学的遐想或狂想中才有。人会不会遭到“人造人”或机器人的排挤或迫害？“我们的社会越来越依赖计算机系统，这是很严重的问题。计算机系统本来是用来‘帮助’人进行分析和判断的，但是计算机系统早已成为使用者所不能理解的东西，而且成为他所不可缺少的东西。”（见魏泽堡：《计算机的能力和人类理性》，第 236 页）人制造的东西（如机器），会反过来控制人，这种情形历史上并不罕见。但归根到底还是由于人还处于控制不了自己命运的境地。人还不是自己的主宰的时候，当然也主宰不了自己的制品。美国的老百姓说：“我们都是机器人。”他们实际上是美元统治下的牛马。在阶级社会，用不着哲学家的遐想，眼前就有“机器排挤人”的现实。因此哲学家们在议论关于“人工智能”引起的“伦理”问题时，与其抱怨科学技术的发展，不如多多探讨西方社会制度的痼疾。

“进行抽象的、因而是进行分离的知性，它在它的分离中僵化了。它与理性相反，是作为普通人的知性而活动的……认识所走的这种弯路，虽然好像是损失和退步，却是有深刻的东西为基础；……理性的提升就是依靠这种基础。这种成了普通的观念，其基础须在对知性的规定必然互相冲突这一觉察里去寻找。——上述的反思，就是要超出具体的直接物之上，并且规定它，分离它。但是，这种反思同样也必须超出它自己的那些进行分离的规定之上，并且首先要联系它们。在这种联系的立场上，那些规定的冲突便发生了。这种反思的联系，本身就是属于理性的；超出那些规定之上，提高到洞见它们的冲突，这是达到理性的真正概念的伟大的、否定的一步。但是，这种不曾透彻的洞见却落入错误了解之中，仿佛陷于自相矛盾的，却是理性的；这样的洞见并不认识矛盾正是对知性的局限性的超越和这种局限性的消解。认识不从这最后一步走往高处，反而从知性规定令人不满意之处逃回感性的存在，错误地认为在那里会有坚固的、一致的东西。”（见黑格尔：《逻辑学》上卷，第 26—27 页）

黑格尔这一段话简直生动地描画出了“人工智能”研究在知性思维

引导下走的一段弯路，这种弯路在哲学史上并不少见。这一回大致就是从所谓“逻辑主义”走向了“发现之友”们的纯经验主义。发现了矛盾，而又不能认识到“矛盾正是对知性的局限性的超越和这种局限性的消解”，却大呼“理智的绝对危机”已来到。不向光明的高处走，遂堕入了黑暗的深渊，那就只好在那儿做梦了。

（选自《国外社会科学》1987 年第 5、6 期）

哈贝马斯论后形而上学

艾四林

现代与后现代之争是当代西方思想界的热点。而争论的焦点实质上就是如何对待理性的问题。理性在多样性的呼声中还能维护其自身的统一吗？当代健在的最知名的西方思想家之一哈贝马斯在对后形而上学思想及其困境审视后，对这个问题做出了颇耐人寻味的回答。

一　形而上学思想的三个主要观点

形而上学、反形而上学、后形而上学在哈贝马斯的论述中有着特定的含义。哈贝马斯用形而上学指称起于柏拉图止于黑格尔的唯心主义哲学思想。而以亚里士多德为代表的古希腊唯物主义和怀疑论、中世纪晚期的唯名论以及近代经验论被哈贝马斯称为反形而上学的。黑格尔之后的西方哲学思潮被称为后形而上学的。后形而上学思潮主要是具有世界性影响的当代四大哲学运动：分析哲学、现象学、西方马克思主义、结构主义。这四种哲学运动之所以被称为当代的或后形而上学的，主要是从思想的主旨、动机而言，在探讨后形而上学思想之前，哈贝马斯对形而上学思想进行了提纲式解说。在他看来，形而上学思想纵然千差万别，但始终未超出三个方面：统一思想或同一性思想、唯心论或理念论、理论优于实践论。

1. 同一性思想或统一思想

哈贝马斯认为，古希腊哲学脱胎于神话，由此它从神话那里承袭了对整体的探讨，所不同的是，它不再是凭借想象而是通过概念将一切东西都关联到“一”和“统一”上。换言之，随着世界观的世俗化，产生了唯心主义的统一思想。本原、始基作为原初的东西不具有直接的直观性。这种开端、超时空的维度被抽象为第一性的东西。这个第一性的东西作为无限的东西与有限的世界相对并作为有限的世界的基础。表现于多样性的世界之内的事物被视为特殊实体、个别的存在物，被视为整体的部分。一和多的关系实际上被抽象地理解为同一性和差别的关系。哈贝马斯认为，形而上学思想本质上将一和多的关系同时理解为逻辑的和本体论的基本关系。“一”既是多的原则、原理，又是多的本质根据和原因。

2. 理念论或唯心论

“一”和整体产生于思想的刨根究底。一俟从概念描述水平过渡到根据几何学的典范进行演绎性阐释时，存在的思想就产生了。所以，在哈贝马斯看来，自巴门尼德以来，能抽象的思想及其产物、存在之间就形成一种内在的关系。巴门尼德就提出了“思想和存在是同一的”命题。这种将存在和思想等量齐观的存在论以不同的变种始终存在于形形色色的形而上学思想中，柏拉图就从巴门尼德的存在论引出理念。存在即理念，非存在即现象。柏拉图的理念既非纯概念，亦非纯图像，而是从直观繁多性中引出的种类。柏拉图的理念论还有一个等级系列，呈金字塔形，塔顶为善的理念。善的理念将所有其他理念包含于自身。因此，理念论与统一思想是紧密相连的。

哈贝马斯认为，当唯心主义哲学从存在论或本体论过渡到意识哲学的范式时，同一性思想和理念论在新的主体性基础上得到改造。自我意识自笛卡儿以来是开启内在的和绝对可靠的表象领域的钥匙。于是，德国古典唯心主义中的形而上学思想能够具有主体性理论的形态。自我意识或作为先验功效的自发源泉被置于一个基础地位（康德），或作为精神自身上升为绝对（黑格尔）。理念的本质、实体转变为一个能创造的理性，以致一切都在一个真正反思的转变中被关联到能创造的主体性的“一”和“统一”上。总之，在近代，理性或者被理解为基础主义的，即被理解为一个使世界成为可能的主体性；或者被理解为辩证法的，即被理解为一个通过自然和历史而过程化、不断展开的精神。在这两种情形中，理性被证明是一种既整体化又自我关联的反思。所以在哈贝马斯看来，意识哲学就其保障同一性对差异的优先性和观念对物的优先性而言，仍然接受了形而上学的遗产。黑格尔的逻辑学试图将“一”和多、无限和有限、普遍和时间、必然和偶然对称地调和起来，但最后仍不得不确认“一”、普遍、必然的唯心主义的统治地位。①

3. 理论优于实践论

在哈贝马斯看来，任何影响巨大的世界性宗教均表现为一个明显不同的、具有特殊内涵的个体灵魂获救的途径，譬如，佛教游僧的救赎途径、基督教隐士的救赎途径等。而哲学家则将献身于冥想的生活即毕生献身理论活动作为救赎途径。哲学家高于政治家、教育家、医生等，他处于古希腊生活方式的顶端。理论本身使哲学家的生活方式上升为典范。少数人掌握通向真理的优先权，通向理论认识的大门对多数人来说是关闭的。而理论要求拒绝对自然的认识，仅与超日常事物打交道。这种理论对实践的优先地位在中世纪更是发展到极端。尽管在近代这种状况略为改观，然而，在对唯物主义和“实用主义”的蔑视中仍然形成一种绝对主义的理论观，即理论不仅超越经验和各门科学，而且因其完全消除了所有尘世的经验痕迹而是“纯粹的”。于是，在近代意识哲学中，理论的生活方式的独立性被理想化为一个绝对自给自足的理论。

二 后形而上学的思想主旨和动机

形而上学直到黑格尔仍在发生影响。但随着历史、社会的发展，形而上学的思维方式发生了动摇。在哈贝马斯看来，动摇形而上学思维方式的后形而上学的思想主旨和动机主要表现在四个方面：理性的科学化、历史化与个体化、语言化、实践化。

1. 程序合理性

程序合理性是随着17世纪以来的经验科学方法和18世纪以来体现在道德—法理论以及宪法国家制度中的形式主义而逐步达到的。这种新的

---

① ［德］J. 哈贝马斯：《后形而上学思想》，法兰克福：苏尔坎普出版社1988年版，德文版，第39页。

程序、方法合理性使旨在统一和整体的整体化的形而上学成了问题。

形而上学思想将理性设想为一个实质理性，设想为一个构成世界内容以及从这些内容可以觉察到的合理性。一个自身合乎理性的整体，或是世界，或是形成世界的主体性，保障其个别成分或因子合乎理性。理性实质上是整体及其部分的统一。与此相反，现代经验科学使理性或合理性从内容的合乎理性消解为结果的有效性。理性由此从实质的理性缩小为形式的合理性。结果的有效性或形式的合理性依赖于人们据此解决问题的程序合理性和方法合理性。而程序、方法合理性并不像实质理性那样能保障形形色色的现象的在先的统一性。

2. 理性情境化

19 世纪以来，随着历史意识的觉醒，有限性、时间性、历史性维度在人们的意识中扎下了根。这动摇了形而上学高扬的非情境化的、超时空的理性观念，并由此出现传统的形而上学基本概念的非先验化，也就是先验主体的历史化、个体化。在这里，首先应提到的是狄尔泰。他批判了历史理性，改造了先验主体概念。显得具体而无结构的生命的创造性代替了先验的综合。而胡塞尔的存在论现象学在有限性、时间性、历史性的名义下剥夺了理性的古典性质。在他看来，先验意识应体现在生活世界的实践中。舍勒的人类学现象学以行为和语言作为补充完善了这一思想。维特根斯坦的语言游戏论、伽达默尔的有效历史的传统关系网络、列维－斯特劳斯的深层结构、黑格尔式的马克思主义者卢卡奇的历史整体性等都进行了种种努力，以使抽象地捧上天的理性回归到上下文关系中，并在这种关系中使理性的作用情境化。在这里，还应提到海德格尔。他将筹划世界的主体性本身理解为“在世界之中的存在”，理解为个别的、存在于历史的实际氛围之中的此在。先验的主体屈从于历史事实的条件和世内的生存。

3. 语言学转向

对交往和生活方式的物化和功能化的批判，以及对科学和技术的客观化的自明性的批判，自 19 世纪以来广泛传播。这些批判归根结底是对将一切纳入“主体—客体关系”之中的哲学的基础的批判，也就是对意识哲学的批判，并在这种批判中实现了向语言学的转向。

意识哲学在当代至少受到来自以下几个方面的批判。第一，自费希特以来，那种将自我意识作为分析的出发点的做法就受到责难。在反对者看来，自我意识压根就不可能是原初的现象，因为没有客体的自我意识的自发性是无法实现的。第二，自弗雷格（Frege）以来，逻辑学和语义学给予了那个从意识哲学的概念中引出的对象理论以沉重打击。对象永远只是意向性对象，即能判断、能行动和能历险的主体的行为能够指向的对象。第三，自然主义怀疑：将意识视为基础，视为无条件的、原初的东西一般是否可能？康德如何能与达尔文联系起来？稍后随着弗洛伊德、皮亚杰和索绪尔的理论呈现出意识哲学的基本概念的二元论之外的第三个范畴：身体、举止、行为和语言。

对意识哲学的批判所导致的语言学转向首先是在命题语义学和索绪尔的符号学范围实现的。随后，不仅分析哲学和结构主义，而且胡塞尔的意义理论，甚至批判理论也难逃语言学转向。随着从意识哲学向语言哲学的转向，意识为语言所取代，“主体—客体关系”为语言与世界、命题与事实之间的关系所取代；构造世界的功效从先验的主体性过渡到语法结构。在哈贝马斯看来，语言学转向似乎将哲学思想置于一个更坚实的方法论基础上，似乎露出从意识哲学的困境中走出来的希望。也就是说，“从意识哲学向语言哲学的过渡不仅带来方法上的益处，也带来实际上的好处，它引导我们走出形而上学和反形而上学即唯心主义和唯物主义之间反复不断而又毫无希望解决的争论循环”。

4. 对理论至上论的克服

在20世纪，形而上学所信仰的理论对实践的古典优先性越来越经受不起检验。从皮尔士经米德和杜威直到奎因的实用主义、皮亚杰的发生心理学、狄尔泰直到伽达默尔的哲学解释学、舍勒的知识社会学、胡塞尔的生活世界剖析，从梅洛－庞蒂直到阿佩尔的认识人类学和自库恩以来的后经验主义的科学理论都从不同的角度揭示了知识起源、发生和有效性之间的内在联系，发掘出前科学实践中的科学理论形成的感觉基础，证明了深奥的认识功效实际上根源于前科学地同物和人打交道的实践中。而马克思对理论和实践的古典关系的转变在哈贝马斯看来也起了巨大作用。马克思明确提出实践是认识的基础，认识产生于实践的需要，实践是认识的目的，实践是检验认识真理性的标准等。尤其是马克思关于哲学现实化的论述尤为深刻。这种理论和实践关系的启蒙在哈贝马斯看来，归根结底促使哲学思想走出独立的自给自足的封闭性幻觉。

三　后形而上学思想的困境

后形而上学思想的主旨、动机既引发了新的见解和思想，但同时也带来新的问题。(1) 程序、方法合理性取代实质性理性将哲学推到一个非常困难的境地。一方面，经验科学的威信迫使哲学自19世纪中叶以来便开始同经验科学相同化。自马赫以来的实证主义意欲建构一个自然科学的世界观，狄尔泰和历史主义将哲学消解为哲学史和世界观类型学，维也纳学派将哲学置于方法论和科学理论的狭窄范围。所有这些努力都旨在使哲学放弃对整体的认识。另一方面，经验科学的威信使得哲学将转向非理性作为最后的避难所。哲学或表现为澄明存在和哲学信仰（雅斯贝尔斯），或表现为补充科学的神话（戈拉科斯基），或表现为神秘的存在思想（海德格尔），或表现为治疗学的语言讨论（维特根斯坦），或表现为解构活动（德里达），或表现为否定的辩证法（阿多尔诺），所有这些人的反科学主义在哈贝马斯看来，仅仅还允许说，哲学不是什么或不应是什么。在这种情形下，哲学自身的性质变得不确定。究竟如何走出科学的合理性给哲学带来的困境？在当今，首先应对哲学和科学的关系作出新的规定。在哲学放弃了第一科学或百科全书的要求之后，哲学既不能通过同化变为个别的、示范性科学，也不能通过同科学保持孤傲的距离来确定其在科学体系中的地位。哲学既不能要求对真理拥有优先权，也不应要求独特的方法。唯有如此，哲学才能将其顽强坚持的普遍化的问题和合理的程序联系在一起；并使自己处在一个非闭塞的开放状态中。

(2) 理性的情境化、非先验化导致一种理性怀疑，并由此产生对理性的彻底批判不断升级。这种批判不仅是针对工具理性的高扬，而且将理性本身与压制等量齐观，结果很多理性批判者走向悲观主义，沉醉于历史宿命论和幻境中。另外，几乎所有试图将理性历史化和个体化的努力最终还是未彻底摆脱先验哲学的概念规定。孤独的个体仍然是他们关注的焦点，主体性仍处于他们的视野之外，所以他们不得不在孤独的个体中去寻找社会化的先验根源。理性的非先验化引发的问题，在哈贝马斯看来，随着过渡到一个新的范式即相互理解的范式、交往行动范式而得以消除。具有言行能力的主体凭借一个共同的生活世界彼此就世内的某事达成相互理解。交往的参与者通过语言中介，既处在相互独立又处在相互依存的关系中：他们能够使用使其实践成为可能的共同的语法规则系统，同时达到自己的目的。因此，在新的范式下，一方面，诸主体始终处于一个由语言构成和开启的世界即生活世界中，另一方面，由语言建构而成的生活世界仅仅在一个语言共同体的相互理解实践中找到立足点。交往行动从其中获取源泉的作为储备的生活世界和作为交往行动产物的生活世界之间形成一个顺畅的循环过程，所以，哈贝马斯说，在这个新范式中，先验的主体没有任何立足的地盘。

（3）命题语义学本质上是一种对命题形式的分析，主要是对肯定命题形式的分析，它撇开了言语情境、语言使用及其上下文关系，也撇开了言语者的需求、愿望、态度。语义学的这种抽象实际是牺牲了主体。而索绪尔的结构主义符号学以完全类似的方式陷入抽象的错误推论中。结构主义将主体及其言谈降格为某种纯偶然的非本质的东西，具有言行能力的主体的个体性和创造性仅仅是某种残余现象，这些残余现象，或者被忽略不计，或者被贬斥为自恋者的症状（拉康）。另外，在哈贝马斯看来，语言学转向也引发一种存在主义的语言观（海德格尔）。语言的这种展示世界的功能独立于世内的学习过程，并且使语言图式的转变神化为一个诗一般的原始发生过程。哈贝马斯认为，他所创建的普遍语用学（Universal pragmatik）不失为一条走出困境的途径。所谓普遍语用学就是分析说话行为，研究语言的交往职能，探讨说话者和行为者之间的关系，阐述他们如何通过语言达成相互理解和一致的学说。普遍语用学区别于其他语言学的地方就在于：它的侧重点是分析语言的交往职能，不是去表现说话者完成语法句子的能力，而是表现说话者所具有的交往能力。因此，在哈贝马斯看来，普遍语用学使语言学重新赢得了已失去的主体的个别性和创造性。

（4）哈贝马斯认为，在对理论优于实践的观点的克服中，很多思想家又陷入另一误区：他们把劳动绝对化，视为决定一切的力量，这实际上是将实践还原为劳动，从而陷入唯生产论。在哈贝马斯看来，将实践还原为劳动，实际上掩盖了理论与语言构成的生活世界、交往行为的关系。因此，要真正实现对理论优于实践或理论至上论的克服，唯有唤醒对行为和交往的日常生活的上下文关系的重要性的意识，唯有赋予生活世界的背景构想以哲学的性质。换句话说，就是只有当哲学“不完全归化为各门科学的自我反省，只有当哲学将眼光从缚着于科学体系投向生活世界，它才能从理论至上论中摆脱出来”。在哈贝马斯看来，哲学始终以一种复杂的方式与常识紧密联系在一起；哲学同常识一样运行于生活世界的循环中，哲学本质上深深植根于由交往行动建构而成的生活世界之中，并由此获得自己独特的地位，在科学的协奏曲中拥有一席之地，当然哲学与之结盟的生活世界同形而上学从其中获取一种世界观的“大一统”的整体性有原则性差别。所以，哈贝马斯使用“生活世界”而非“世界”概念。

四 结语

从哈贝马斯对黑格尔之后的西方哲学将理性科学化、历史化和个体化、情境化、语言化、实践化所引发的问题的解决中不难看出，他实质上是在“捍卫理性的统一”，甚至哈贝马斯本人也并不掩盖这一企图。他明确表白，应“从语言哲学上来拯救一个怀疑主义的和后形而上学的、但并非悲观主义的理性概念”。这是有悖还是暗合了某种潮流？众所周知，黑格尔之后的所有哲学派别无一例外首先碰到的一个不可回避的问题，就是对待形而上学和理性的问题。实证主义及其追随者对待形而上学的态度是非常明确的。他们根据意义标准将形而上学的问题视为无意义的、空洞无对象的。但是，在这种反形而上学的狂潮中暴露出没有得到阐明的唯科学主义的意图，即使经验科学思想本身上升为绝对。而尼采克服形而上学的努力一开始就是歧义的。海德格尔对形而上学的摧毁和阿多尔诺对近代意识哲学所作的意识形态批判都旨在一种否定的形而上学。所有这些说明，试图消除形而上学，而最终又摆脱不了形而上学的影子，甚至不自觉地走向形而上学。这恐怕是当代西方哲学的一大特点。这似乎给哈贝马斯提供了某种支持：哲学和形而上学存在着斩不断的关系。也许康德的断言即追求整体、追求统一植根于人类的天性中，在今天是有意义的。由此，我们可以说，形而上学就是在科学理性日益渗入社会生活的每一个角落的今天，仍有其存在的理由，因为科学理性永远并不等同于理性本身，各门科学虽然可以“说明”世界，但它们无法解释人类作为整体之为何的问题。

（选自《国外社会科学》1994 年第 1 期）

解释学在二十世纪

张汝伦*

在当代的人文科学中，解释学（Hermeneutics，又译释义学、阐释学）大概是唯一起源于古代，而在20世纪得到迅速发展和广泛应用的学科。在近代之前，解释学作为一种解释的理论、方法和科学即被应用于《圣经》解释（释经学）、法学（法学解释学）和古典语文学，以及其他古代典籍的解释。进入近代之后，它进一步发展成为人文科学的方法论基础。而到了20世纪，除了上述这些领域之外，它又成了一种新的哲学立场。并且因此迅速扩展到史学、文学批评、社会学、文化人类学、科学史研究、神话学等人文科学和社会科学的领域。所以，现在已很难用一个简单的定义来规定"解释学"的领域。按照美国学者帕尔默的说法，现在至少可以有6种不同的规定：（1）指《圣经》诠释理论（释经学）；（2）一般的语文学方法论；（3）一切语言理解的科学；（4）人文科学的方法论基础；（5）存在和存在理解的现象学；（6）各种解释系统。其实我们还可以加上诸如"法律解释学""人类学解释学"之类的定义，这足以说明解释学在今天已是一种名副其实的跨学科理论与实践。而这恰恰是在20世纪完成的。可以毫不夸张地说，20世纪是解释学繁荣与发展的决定性时期。回顾解释学在20世纪的突破性发展，对于我们深入理解解释学的理论潜力和意义无论如何是十分有益的。鉴于篇幅和本文作者学识的限制，本文不可能涉及解释学的各种方面，只能将叙述的重点放在

* 张汝伦，复旦大学哲学系教授。

哲学解释学上。这不仅因为笔者的专业是哲学，而且因为在笔者看来，解释学在20世纪的迅速发展与广泛应用绝非偶然，而完全与人类哲学思想在20世纪发生的“解释学转折”有关。

1900年，狄尔泰写了《解释学的兴起》一文，标志着解释学大发展世纪的到来。虽然以前解释学在德国浪漫主义和波克、施莱尔马赫和德罗伊生这些思想家手里有了本质的发展，已经从一种人文科学的辅助学科进入了哲学、史学和文学等人类的主要思想领域，成了具有深刻哲学意义的方法论，但正是狄尔泰及其生命哲学使解释学不仅成为人文科学（Giesteswissenschaften）的基本方法论，而且成为人类理解自身存在的基本态度和方法，

虽然狄尔泰对解释学理论的发展作出了重大的贡献，并且，他的解释学理论大大深化了解释学的哲学含义，但人们现在一般都公认，海德格尔的解释学思想才是解释学发展史上的一个根本转折点，它将方法论的解释学理论发展为一个基础的存在论问题。而走出这一步的关键在于将哲学的主要关注点从意识转移到存在。从笛卡儿到新康德主义，西方哲学关心的是内在意识的问题，要问的是我们如何能超越自己与外部世界接触。胡塞尔通过表明意识实际上是意向性，即是说我们存在于事物之中而不只是被裹在我们自身之中克服了上述独断论的问题。从现象学上说，自我意识是一个错误，只有有对象意识才会有自我意识，海德格尔接过胡塞尔的意向性命题，将其推向极端的结果。如果意识不是纯粹的自我意识而总先是对象意识，那么其基础一定不在自身而在自身之外，因此，知识的概念，知识的可能性条件最终不在纯粹概念或逻辑原理的系统，而在使存在者得以揭示的存在。换言之，实在论知识以存在论知识为基础。但存在论如何可能？海德格尔的回答是：存在论知识以对存在的前存在论理解为基础，这种对存在的前存在论理解正是人的存在模式——此在的特征。海德格尔之所以用此在来指称人的存在模式，是要暗示它不是一个认识论主体的模式。此在不是意识。它是具体的人的存在，即出神地在世界存在，在它自身之外存在，趋死的存在，关心和筹划未来的可能性，这构成了它所存在于其中的世界不是全部存在物的总和，而是一个关系—功能的系统。由于其内在的时间性，使时间有可能有过去、现在和将来的维度。就是这样一个存在者，在海德格尔思想中

取代了康德讲的“我思”、费希特的自我和新康德主义的逻辑主体。正因为如此，它对存在的那种前存在论理解，不是理论—认识的，而是实践—情感的。

海德格尔是从人的历史存在的角度来考察人的存在的。人存在的时间性和历史性决定了它对存在的理解必然具有一种解释学的性质，它必须以解释学循环为基本条件，而这表明理解要受到理解前的结构的制约，而理解的前结构亦即理解的可能性的条件，即揭示了人存在的世界性和实践性。历史作为在世界存在的此在的存在方式，是在世界中发生的。世界是此在和他人与非人的存在者的总体关系。这种关系实际上是原初的实践关系。人生在世，意味着他一开始就处于这种关系中，作为此在存在的基本方式的理解本身，就是这种关系的明确性，它揭示了此在生存的可能性。

事实上我们不是像康德说的那样通过概念来理解和规定对象，而是在与对象的实践—存在关系中不断地解释—构造对象。人不是一个孤立的自我，人本质上要和其他存在者发生关系。人与存在者种种不同的关系及可能性，就构成了海德格尔所说的“世界”。人总是在这个世界中，所以他是在世界的存在。但人首先不是在理论与认识上与存在者发生关系的，在他试图认识事物和它们的相互关系之前，他已经在用它们工作，在使用、消耗、享受或观察它们了。理论认识只是人对待存在者的一种方式。但人与存在者的关系首先不是理论的关系，而是一种前理论的关系，即生产、使用或消耗的关系。在使用和消耗的过程中，存在者显示它是什么及怎样存在。例如一张桌子，我们可以把它当作写字台、吃饭桌或游戏桌。究竟是什么，要看我们如何用它。也就是说，只是在与人的关系中，在世界中，存在者的存在才显露出来。人的实践行为决定了存在者的意义，确切地说，是通过对存在的前本体论的理解来决定的，这种对存在的理解是人的存在的根本特征，也是人的实践行为的根本特征。

后期海德格尔不再是从此在存在论分析出发来讨论存在的问题，而是倒过来，从存在对于此在的可接近性来处理这个问题。虽然他不再使用“解释学”一词，但解释学仍是他思想的主要特征。虽然在后期海德格尔那里存在的真理问题代替了存在的意义问题成了他的主导问题和基本问题，但这个问题的切入和展开仍离不开存在与此在的关系问题，而这种关系仍然是解释学的关系。海德格尔在《存在与时间》中已把解释学定义为“带来消息”和“意指信息”。而根据后期海德格尔，此在对存在的理解关系就是此在倾听存在的言说带来信息。也就是说，存在的真理归根结底要通过此在与它的这种解释学关系而得到揭示。

海德格尔哲学对于解释学发展的意义在于：它第一次指明了解释不只是人类意识或认识的一种活动，甚至也不是人类生活过程中所发生的一种活动，而是人类生活或人类存在的一种基本形式。作为人，我们总是用全部生命精力，用我们的欲望、希望、期望以及我们全部的生活经验来“筹划”，或者说解释我们自己和世界；这个过程在我们用语言来表达某种取向中达到顶点。解释他人及其言语，解释一位作者及其文本，只是作为一个整体的人生过程的一个特殊方面而言。由于我们存在的有限性和历史性，这种解释既无开始也无结束，它就是人类生命的历史过程本身。通过海德格尔对解释学内涵的存在论阐释，解释学不再只是一种解释和理解的“技术”或人文科学的基本方法论，而是人类生存的一种基本形式。也是我们理解自身及其世界的基本形式。因此，解释学不可能不从此占据着哲学的中心地位，同时又迅速扩展到人文科学乃至社会科学诸领域，成为一种基本的思想立场和方法。

伽达默尔是第一个真正了解海德格尔解释学思想的重要意义，并将它进一步引申、阐发和系统化的人。他的代表作《真理与方法》第一次全面阐述了哲学解释学的基本原则，特点和问题域，使其成为世人关注的中心问题。伽达默尔的哲学解释学由最初理解的历史性和理解的语言性这两大支柱来支撑。如果理解首先不是人的意识或认识活动，而是他存在的基本模式，那么理解不可避免要受人存在的历史性因素，也就是海德格尔讲的“理解的前结构”的制约，而伽达默尔则将海德格尔理解的前结构的思想进一步具体化为肯定成见、权威和时间间距的“有效历史”对于理解的基础性和正面意义。也因为上述理由，理解不是追求作者的原意，而是通过“视界融合”去扩大和丰富意义的范围。这种通过理解和解释来扩大意义和寻找新的意义的过程，实际上是人的世界经验的基本模式。理解是一个对话的过程，对话使问题得以揭示出来，使新的理解成为可能。对话具有一种问答逻辑的性质。解释学经验的这些基本特点，决定了语言在解释学中的特殊地位。对于哲学解释学来说，语言就是对话。在这个问题上，伽达默尔和海德格尔的立场有所不同。海德格尔不太注意语言在人际交往与沟通中的社会—实践作用。在这个问题上他着眼的始终是语言对于存在问题的意义。如果他也讲对话，那么这种对话其实只是人对存在语言的倾听和回答。伽达默尔从一开始就将对话视为语言的本质和生命。语言真正的生命力，它的衰老和自我更新，它的粗糙与优雅，直到文学艺术高度的风格形式，都靠共同存在的说话人活生生的交流而存在。所以，语言只存在于对话中。

什么是对话？对话是一个人际发生的过程。它展开一切，潜在地是无限的。对话建立起共同性，人人都在对话中找到他者，又在他者中发现自身。对话使人们得以相互理解，从而能和平相处，共同生活。在伽达默尔看来，人们在一起说话首先不是相互矛盾和分歧，也不是彼此离题万里，而是在相互交谈中可以建立起对于所谈问题的一个共同的看法即共识。对话或交谈不是用一种观点来反对另一种观点，也不是将一种观点加于另一种观点，而是改变双方的观点。这样达成的共同性不再是我的观点，也不是你的观点，而是对世界的共同理解。也正是这种共同性使伦理与社会的一致成为可能。真正的对话总是以在一起为前提，总是蕴含着一种伙伴关系或合作关系。伙伴关系不仅在个人与他人、表态和应对、问题与回答间发生，而且也在人类生活一般的语文表述性中发生。也就是说，对话是人（历史的）社会实践的基本模式，它不仅是一个共时性概念，而且也是一个历时性概念。我们称之为“正确”和“法”的东西，其本质就是在于这种建立在人的自我理解中的共同性。正是在与自己交谈和与别人交谈中，世界在各个经验领域中向我们揭示和有序。

但这不等于说除了语言之外没有别的世界经验了。相反，伽达默尔完全承认有前语言的世界经验，如手势、哭、笑、数学的符号、科学建立的世界等。但所有这些人类自我表达的形式都必须进入每个人内在的灵魂和自我交谈中，也就是必须经过理解才能成为我们的世界经验。而理解就是交谈。自我交谈或相互交谈，这些交谈是人类共同生活或者社会生活的构造因素与基本条件。因此，伽达默尔在反驳哈贝马斯对他的批评时强调理解与相互理解主要和原本不是指一种方法上训练出来的对文本的态度，而是人的社会生活的实行形式，在最终形式化上它是一种对话共同体，任何事物都不能外在于这个共同体，尤其是世界经验。即使是被哈贝马斯称为“独白”的自然科学的专门语言，也必须在语言的世界阐释的统一性基础上才有意义。但语言的世界阐释的这种统一性并非先验的精神统一性，因为语言的世界阐释既不是主观的世界谋划，也不是民族精神这样的个别意识的世界谋划，语言的世界阐释的统一性恰恰在于实践的基础性。语言归根到底不是一个纯粹的工具，更不是纯粹的符号系统，也不是主观精神或灵魂的媒介，语言本身就是实践。在伽达默尔看来，语言不是句子与判断，而只有在回答与提问时才存在，真正的交流就是一个问答的过程，这个过程实际上就是通过问答过程世界不断向人揭示与开放的过程，也是人们不断达到相互理解与一致的过程。而人类共同体——社会正是通过这个过程建立起来的。任何文化或人类共同体都有起码的一致，否则人的社会生活（实践）就无从谈起，但这种一致不是一下子建立或缔结契约产生的，而是流传下来（üherkommen），即世代实践形成的。这也意味着一致是后来才有的，必须先有问题，有问题才需交往与沟通，才能通过问和答逐渐达成一致，形成共同性和共同体。语言的相互交流产生了作为人文视界的世界，同时也产生了世界的共同性。严格地说，只有有了共同体和共同性之后，才有严格意义上的实践。伽达默尔关于解释学的语言性和历史性的思想使得解释学最终成为一种实践哲学是顺理成章的事。

虽然《真理与方法》的出版使解释学再一次成为人们注意的焦点，但也受到不少批评。一个主要的批评可以从有人将这本书的书名讽刺性地改为《真理或方法》上即可看出。人们认为伽达默尔只强调真理而不要方法，似乎方法与真理是不相干的。这些批评者站在方法论的立场上认为如果解释学不讲究理解和解释的方法，那将无真理可言，因为我们甚至无法区别正确与错误的解释，更有人认为伽达默尔的解释学掏空了科学的客观性。但伽达默尔从未否认过解释学方法的正当性，他向来承认科学方法的合理性和客观性的尊严，所以他将指责《真理与方法》的口号认为是污蔑近代科学方法的严密性，是一个“粗暴的误解”。他的哲学解释学归根结底是一种存在论解释学，因此，在方法论层面上对它的批评其实是不相干的。然而，作为人的世界经验的解释学经验是否可以完全没有方法或不要方法？如果答案是否定的（因为伽达默尔从未否定过方法），那么伽达默尔除了问答辩证之外的确几乎从未探讨过与此有关的问题。

利科就不然。利科一方面接受存在哲学和现象学的许多基本立场，另一方面又受到法国结构主义的影响，他的解释学理论以文本理论为出发点正反映了他试图将解释学和结构主义结合起来的愿望。但他要这么做并非是出于外在的考虑，而是有他哲学上的理由。他认为海德格尔通过直接描述此在的基本结构达到存在论是一条“捷径”，但人并不能这样来直接检验“人是什么”，这个康德的问题不能直接回答，而要通过理解和解释人自己的种种表达出来得出答案。因此，利科认为只有一步一步通过语义学的中介（即通过符号、象征、文本、叙述），通过适当的方法论的准备才能达到存在论。换言之，到达人类存在论要通过语言的“弯路”。这就是他不同于海德格尔而选择的一条“长路”。解释学对他来说就是这样的一条“长路”。为此，要抵抗将真理与方法分开的诱惑，相反，要充分利用注释和解释的方法。利科希望通过方法的严密性和语言哲学给海德格尔哲学以分析的严密性。同时，利科也认为：“哲学是对生存的反思，反思一切使生存得以理解的媒介。”① 在这些媒介中文本是最有典型意义的一个。它包含了所有这类媒介的基本特征。

文本是话语，通过外在标记（文学）写下，根据特殊的文体规则将对话编码后的对象，由于直接的话语交流由此上升到文字传统，产生与接受者必然的间距，而要通过各种解释手段来解码，以达到理解。既不能像结构主义者那样将文本视为符号机械，所有有关它们的意义和所指的问题都是无关紧要的；也不能像浪漫解释学和有些存在论解释学那样认为任何结构分析都是伤害了文本的信息的一种异化。利科认为，理解无（方法）解释则盲，（方法）解释无理解则空。解释的最终目的是理解。这是一个从符码到信息、从系统到事件的过程，它分为几个阶段，所谓解释的冲突不是解释间的冲突，而是在理解的诸阶段和解释的诸阶段之间的运动。文本也有表层结构和深层结构，前者指文本和语法、文体、符号等外观形式的因素，而后者指文本的所指和意义。文本的意义

---

① Don Ihde, *Hermeneutic Phenomenology*: *The Philosophy of Paul Ricoeur*, Evanston: Northwest University Press, 1971, p. 11.

具有独立性，它将随不同的解释而增殖。

文本理论在利科的解释学中具有范式的意义，他认为有一些可以称为“准文本”的东西，如人的行为和历史完全可以用文本理论来说明。要理解一个行为，必然会涉及它的原因和动机。利科反对将理解动机和说明原因分开。他认为这种区分在行为领域就像在文本领域里一样站不住脚。他认为为了让一个动机有说明的力量，必须将它置于一种小型自传的形式中。也就是说，必须将动机置于讲故事的规则之下，在做决定的意向运动和事后回顾之间总是有着难以捉摸的不一致。所以正是在讲故事（即事后回顾）的过程中可以将解释的程序引进行为理论，就像将它引进文本理论那样。当我们在行为者的观点上再加上旁观者的观点，文本理论和行为理论的相交就更明显了。旁观者不仅要根据行为的动机来考虑此行为，而且也要根据它的结果，也许是它并未意想到的结果。这些并未意想到的结果也说明行为脱离行为者来考虑，行为自身有它类似于文本的语义独立性，它将它的痕迹留在事件的过程中，逐渐积淀为社会制度。人类行为成为档案和文件，可以作为文本来读。因此，它有潜在的超出它最初情况的相关性的意义。解释行为的动机基础类似解释文本的意义。

文本理论和行为理论的相互关系也可引申到历史理论的领域。那里同样有说明和理解之间的辩证关系。一方面编史工作是一种叙述，因此是一种文本。另一方面，既然历史是关于人类行为的，我们可以在它那里发现解释和说明的同样结构。历史理解在其最初阶段上是一种较原始的能力，即跟着一个故事走，跟着一个故事走就是理解一连串行为、错误和情感。因此，故事的结局不是什么可演绎出的东西，或可预言的东西。但它必须是首尾一贯、可接受的，没有这个基础，既无故事，也无历史。听者和读者的兴趣不在隐蔽的规律，而在跟着在故事中展开的情节。在历史研究中，问题不是跟着故事，因为我们知道发生了什么，而是写下被跟着的东西。组织故事的结构的问题比对故事的结果感到惊讶更重要。因此，在我们试图认清的结构和内在于一切叙述的故事的顺序之间产生了一种无声的冲突。历史解释的倾向是要将连续的东西从属于结构，将连续的方面从属于一种格局的结局的平面。这样，解释的过程会越来越与理解的过程分开。下一步就是说历史不是根据他们的动机描述过去行为者做的事，而是根据某种他们未知的结果的一种指示。通过叙述，关于历史中过去事件的句子进入对只有史学家知道的结果的描述。事件组合的连接关系完全不同于行为者自己认为的连接动机和意向的关系，这并不是说史学家认识得更好，而是说他不那样认识。史学家的这种可能性说明历史的意义也具有与文本意义相似的独立性，所以需要理解和解释，以把握其意义，而另一方面，意义也在此过程中得到增殖。

但利科不是后结构主义式的文本主义者。文本的所指不是文本本身，而是文本的世界，而它不断增殖的意义，乃是我们自身的种种可能性。利科认为解释学的任务就是阐释文本的世界。解释学不再能定义为探索文本下面隐藏的心理意向，而要定义为阐释由文本表现的在世界之存在。在文本中要解释的是一个拟议中的我可以居住的世界，“在这世界中我可以谋划我自己的可能性”。① 由作品设计的世界使人可以探索行为的可能性，因而有所谓“虚构经验”。“虚构经验”指的是居住在一个设想的世界的实际方式。根据利科的看法，虚构叙述的独特意向性就是这种提供一个新世界、一种新的感知事物或可能性的方法，文本的世界不是“日常”实在的“实际”或经验世界。利科认为，实在要比实证主义的实在概念大。利科写道：“想象力越偏离日常语言和观点称之为实在的东西，它就越接近实在的中心。这种实在不再是可操纵对象的世界，而是我们一生下来就被抛入，我们在其中试图通过谋划我们内在的可能性使我们自己能适应它，以便居住在那里。”② 利科和海德格尔一样，认为这种谋划我们在世界存在的种种可能性实际上是解释学的，不同的是利科将文本和叙述视为这种谋划的主要中介。文本的世界是一种在世存在的方式。它虚构地列出在虚构情况下所设想的各种可能性。这样，故事也不是不真实或幻想的，而实际上是存在论探索我们与存在者、与存在的关系的媒介。所以虽然解释学不能没有具体的，甚至技术性的解释方法，但这种方法解释的过程乃是全体意义理解的不同阶段而已，其根本目的是对自己的存在及可能性的把握。

---

① Paul Ricoeur, *Hermeneutics and Human Sciences*, Cambridge University Press, 1989.

② Paul Ricoeur, The Function of Fiction in Shaping Reality, in *Man and World*, Vol. 12, 1979, p. 139.

利科的解释学理论通过揭示一切存在论理解的中介性和理解对象的文本性，使得方法论完全合法地成为哲学解释学的一个不可缺少的组成部分，成为通向真理的一条尽管是“漫长的”途径。从此人们不再能对哲学提出“真理还是方法”这样的责难；但另一方面，他坚持了解释学的存在论性质，同样将解释学视为我们存在的基本方式，而不只是认识活动的一种方式。而这正是解释学的普遍性要求的根据所在。

虽然对于伽达默尔提出的解释学的普遍性要求人们一直有争论，但解释学在20世纪的全面、迅速、系统的发展却多少证明了它的合理性。解释学的思想在盎恪鲁–撒克逊哲学背景的哲学家那里也有引人注目的表现，柯林伍德、波普、库恩的思想之所以不落俗套，对传统思想有所突破，很大程度上得益于他们对解释学的意义有非常自觉的认识。胡塞尔、维特根斯坦虽然不以解释学名世，但他们的哲学中也充满着解释学的精神。至于在西方文学理论、历史研究、文化人类学研究等领域，解释学更是得到长足的发展。不应将这种发展理解为人们又找到并运用了一种新的研究方法，而应理解为人们越来越确立了一种新的感知自己存在的方式。如果这个基本判断不错的话，那么解释学的发展绝不会随着20世纪的结束而告终结；相反，人们完全有理由期待它在下一世纪的发展。值得关注的倒是解释学在中国的命运，虽然从20世纪80年代中期开始人们对它的兴趣始终不减，但仍停留在了解的阶段。有着自己解释学传统的中国思想之所以至今对于解释学的存在论实质没有深刻的体悟和把握，因而更谈不上有自己的现代的解释学思想，恰好证明它需要解释学来破除现代性思维的魔障，从而能利用自己丰富的传统资源，对解释学的发展作出我们的贡献并由此使自己进入一种新的存在境界。

（选自《国外社会科学》1996年第5期）

当代政治哲学的三足鼎立

应　奇*

规范政治理论的复兴是20世纪70年代以来西方政治哲学中十分引人注目的现象，这一复兴的主要标志即是新自由主义的旗手罗尔斯（John Rawls）的扛鼎之作《正义论》（*A Theory of Justice*，1971）。《正义论》的目标是通过恢复和提高支配了启蒙运动政治思想的社会契约论的论证模式，以取代在道德哲学和政治哲学中占有统治地位和压倒优势的功利主义。从20世纪80年代中期以来，争论的焦点发生了转移。这种转移是由对罗尔斯正义论的第二轮批判浪潮所带动的，从而形成了自由主义与社群主义的对立。

如果说，从20世纪70年代到80年代，新自由主义内部即以罗尔斯为代表的左翼自由主义和以诺齐克（R. Nozick）为代表的右翼自由主义的争论占据了当代政治哲学的中心舞台，那么，从80年代初至90年代，随着社群主义的崛起和批判理论（critical theory）介入到这一争论之中，新自由主义、社群主义和批判理论鼎足而三的局面就已经成为当代社会政治哲学中最为突出的景观，其影响之大，使得有人断言，政治哲学已经取代语言哲学取得了当代西方学术的中心地位。

一　诺齐克—罗尔斯之争

在当代政治哲学的总体态势中，罗尔斯、诺齐克和德沃金（R.

* 应奇，浙江大学政治学系。

Dworkin）同属所谓新自由主义的主要代表人物。但在某种意义上，“诺齐克—罗尔斯之争”的尖锐程度并不亚于社群主义和批判理论与罗尔斯的论战，造成这种情形的一个主要原因是自由主义传统本身的复杂性。

如果我们遵循在政治思想史中流行的对古典自由主义和现代自由主义的区分，罗尔斯显然是一位现代自由主义者。这也不奇怪，对罗尔斯理论的一种重要批判恰恰是来自像诺齐克那样的古典自由主义者。这种古典自由主义现在又被称作激进自由主义或意志自由论（libertarianism）。在最高程度上，激进自由主义同意支持最小国家（a minimal state），“古典自由主义理论的守夜人式的国家，其功能仅限于保护它所有的公民免遭暴力、偷窃、欺骗之害，并强制实行契约等”。①

激进自由主义将最小国家保护的权利视为自然（天赋）的或基本的权利，这些权利的满足本身就是好的，而不是由于偶然的理由才是好的，而且这种权利具有最高的重要性，不能因为任何理由遭到损害。激进自由主义必然要反对允许再分配从而侵犯财产权的罗尔斯的正义论。诺齐克的著作《无政府、国家与乌托邦》（*Anarchy*，*State and Utopia*，1974）是原则的激进自由主义在当代最有代表性的著作。

诺齐克的政治哲学最具独创性的方面就在于他认为激进自由主义可以解决关于无政府主义的问题。他认为，如果存在洛克式的自然状态，从而使得无政府主义者的梦想得到满足，最小国家仍将出现。具体地说，有两个使最小国家得以出现的条件，一是人们和他们的代理人以理性自利的方式行动；二是他们尊重其他人的权利，而不要伤害他们，或者至少当这样的伤害出现时，设法进行补偿。

可以说，诺齐克的论证为某种“最小的准国家”（minimal-quasi-state）提供了证明，诺齐克的论证表明，尽管人们会因为某种财产的持有是由过去的不正义所造成的而谴责它，但是如果人们满足于由洛克式的自然状态所表述的机构类型，那么他们也同样乐意接受最小国家的安排。

这里就触及最小国家与罗尔斯所支持的那种类型的国家的差别，简

① 诺齐克：《无政府、国家与乌托邦》，何怀宏等译，中国社会科学出版社 1991 年版，第 35 页。

要地说，最小国家与罗尔斯的理论所支持的国家（简称“再分配国家”）的最关键的差别在于前者是由历史的正义概念，而后者是由结构的或模式化的正义概念指导的。

历史的正义原则的关键在于，它认为一种给定的财产分配是否正义不是由这种分配的性质，而是由财产产生的历史决定的，而且当一种财产的持有在它原初的起点上是正义地获取的，在它转让的每一环节又都是正义地转让的，它才是正义的。诺齐克正是以这一原则为基础对罗尔斯的理论从基本预设和实际含义两个层面进行了批判。

诺齐克和罗尔斯的冲突的理论实质在于，前者认为洛克式的权利是基本的约束，而后者则否定这一结论。一旦如诺齐克那样认为这些权利是基本的约束，那就必然会反对原初状态中的各方决定支配财产分配的原则这样的观念。罗尔斯式的程序使得洛克式的权利只有通过由契约论的设计所表述的检验后才能得到承认和尊重，用罗尔斯的术语来说，就是必须通过公平的检验。

从实践含义的层面来看，诺齐克认为，罗尔斯的理论或者任何用来调节社会的结构、模式化的正义观在实践中必将导致要求国家持续不断地干预人们的所作所为这种难以忍受的后果。诺齐克认为，如果不去不断干涉人们的生活，任何目的论原则或模式化的分配正义原则就都不能持久地实现。

应当指出，诺齐克在这方面的批评是建立在对罗尔斯理论的巧妙的误解之上的。罗尔斯的理论所支持的那种国家并不如诺齐克指控的那样不断地干涉人们的生活。在法治条件下，众所周知的由结构化模式支配的税收政策和允许一种制度在一旦有机会出现时进行干涉之间存在巨大的差异。

可以看到，诺齐克的理论与罗尔斯的理论是当代社会政治哲学中新自由主义派的两种不同版本。自由和平等本来就是自由主义传统中两种相互冲突的要素。但是，罗尔斯的理论抱负是在自由主义的两种传统之间进行平衡与调和，其理论带有强烈的折中色彩和综合倾向，而诺齐克则站在一种极端的所谓超级自由主义的立场上，因此，尽管诺齐克的理论洞察到了罗尔斯正义论的弱点并作了机智的批评，但总体上难以提供一种可与后者全面抗衡的社会政治哲学。

二 社群主义的崛起

“社群主义”的英文表达 communitarianism 的词根是 community，后者通常译为“共同体”或“社区”，其内涵是“在认同、自我意识和共同利益方面具有同感的社会群体”。[①] 德国社会学家滕尼斯（Ferdinard Tonnies）在“礼俗社会”或“共同体”（Gemeinschaft，community）和“法理社会”或“联合体”（Gesellschaft，association）之间进行了区分。在他看来，一个共同体的经验性质是由共同体的渊源所赋予的。人们能有意识地建立、设置和加入各种各样的联合体，而共同体则是有机的，是一个人生于斯、长于斯的场所，它基于血缘、亲族、共居处和地域以及一系列共同的态度、经验、感情和气质。在政治思想史中，左派和传统派或浪漫主义的右派这两翼都非常看重共同体或社群，但是在他们各自的观点中，社群存在的社会条件和它所体现的各种关系的性质是大异其趣的；另一方面，自由派人士虽然承认共同体或社群的做法所具有的感人力量，但他们却从未真正弄清楚如何将社群的丰富含义纳入自由主义理论之中。[②]

19 世纪以来，对自由主义观念的批评呈愈演愈烈之势，卢梭之后的黑格尔和马克思是典型的代表人物。他们试图用有机的精神性的统一的社会秩序的观念去取代自由主义的社会概念。从这个意义上说，当代出现的社群主义对自由主义的批判并不新鲜，事实上，社群主义确实经常借鉴黑格尔对康德的批判，同情马克思对自由主义的批判，甚至出现了从亚里士多德那里借用理论资源的倾向。

要注意的是，社群主义者是把与罗尔斯有共同倾向的自由主义著作家当作他们的批判对象的，尽管如桑德尔这样的社群主义者把罗尔斯当作主要的对手，但像瓦尔策（Michael Walzer）、麦金太尔（Alasdair

---

① ［美］杰克·普拉诺：《政治学分析词典》，胡杰译，中国社会科学出版社 1986 年版，第 24 页。

② 邓正来主编：《布莱克维尔政治学百科全书》“社区，共同体”条目，中国政法大学出版社 1992 年版。

MacIntyre）和泰勒（Charles Taylor）这样著名的社群主义者并没有把《正义论》当作他们直接的批判目标。因此，在下面叙述社群主义对罗尔斯的批判时，以桑德尔的批判为主。

在桑德尔看来，罗尔斯的新自由主义的根本特征仍然是承诺自我是拥有独立特性的个体，其特性可以与所有社会价值和目标区分开来。原初状态中的自我是相互冷淡的，而秩序良好的社会应当鼓励自我发展与他人的社会联系，但这并不影响自我存在方面的优先性和个人权利的优先地位。所谓秩序良好的社会就在于它能保证个人权利的优先性，社群只是人的外部条件和环境。

桑德尔认为，既然假定最初状态中的个人（自我）是相互冷淡的，那么他们如何与属性和目标从而也在他们之间相互联系起来的呢？罗尔斯的回答是：通过选择。而桑德尔恰恰认为这种自我是没有选择能力的，这是因为这种自我不能在罗尔斯所赋予的意义上进行反思和深思熟虑。

值得强调的是，与经典的占有性个人主义对社会与社群的消极理解不同，罗尔斯认为，如同个人会追求其他价值一样，社群的价值也会在一个由正义两原则统治的社会中存在并得到培育。这就是说，罗尔斯着意于把正义论所理解的社会联合与私有社会、市民社会那种对社会交往的纯粹工具主义的理解区别开来。这种意义上的社群的善不仅表现在社会合作的直接好处，还表现在动机的质量以及伴随着社会合作并在这一过程中得到增进的情感。

与罗尔斯相对，桑德尔建议想象一种比情感主义解释能更彻底地穿透自我的社群观。在这种“社群的强理论”（the strong theory of community）看来，社群描述的不是他们作为同类的公民拥有什么，而是他们是什么；不是他们选择的关系，而是他们发现的忠诚和情感；不是他们认同的属性，而是他们认同的构成。

桑德尔在批评罗尔斯的理论时尖锐地指出：“如果说，功利主义没有严肃地对待我们的独特性（distinctness），那么，作为公平的正义则没有严肃地对待我们的共同性（commonality）。”① 这就是说，传统的功利主义

① M. Sandel, *Liberalism and the Limits of Justice*, Cambridge, 1982, p. 174.

由于忽略个体及其独特性从而使得他们的善理论招致了非人格性的目的论的坏名声，而罗尔斯的正义即公平论为了突出个人的自由权利而不顾人们实际享有的共同性和统一性，也只是为义务论赢得了一场虚假的胜利。简而言之，社群主义的理论建构在形而上学即哲学基础的方面，是用社会本原取代自主的个人；在政治哲学方面，是用社群利益取代个人自由的中心位置；在道德哲学方面，是用共同的善取代个人权利的优先性。

社群主义作为一种后自由主义话语，本身是在自由主义高度发达的前提下产生的。一方面，作为一种社会政治哲学的社群主义在自由主义的基础信念已经成为人们的基本共识的社会情境中难以全面地取代自由主义；另一方面，自由主义和社群主义的相互论战和辩解也使得他们彼此不断调整自己的立场，社群主义的某些观点有时很难和他们攻击的自由主义区分开来，罗尔斯后期思想发展的某些方面亦似乎有向社群主义靠拢的趋向。这是当代西方社会政治哲学在三足鼎立的大势下的某种趋同倾向。

三　哈贝马斯与罗尔斯的对话

罗尔斯和哈贝马斯分别是当代美洲和欧洲大陆最具代表性的思想家，同时也是20世纪70年代以来世界上最有影响的社会政治理论家。人们可以想象，这两位当代世界顶尖的思想家的思想交锋会是何等的精彩。但是，分析哲学和大陆哲学之间深刻的分歧和根深蒂固的偏见推迟了这两位当代最杰出的政治理论家的对话。

1992年，哈贝马斯的法哲学专著《事实与有效性》的出版与相隔一年后罗尔斯的《政治自由主义》的出版，使得对罗尔斯和哈贝马斯的比较研究有了新的起点。十分引人注目的是，1995年3月，在哥伦比亚大学《哲学杂志》的执行主编米歇尔·凯利（Michael Kelly）的撮合下，两人在该杂志上进行了一场激烈的交锋，由哈贝马斯攻擂，罗尔斯守擂，双方你来我往，把他们数年来的争论推上了一个新的起点。

下面我们结合在该杂志上刊登的哈贝马斯的长文《通过理性的公共使用达到的一致：评罗尔斯的〈政治自由主义〉》和罗尔斯的答复，围绕正义概念是政治概念还是综合概念以及正义的证明问题具体介绍这一争论。

罗尔斯在《政治自由主义》中列举了政治的正义概念的三个特征：(1) 正义应用于一个基本的社会结构，由一个社会的主要政治、经济和社会制度所组成；(2) 正义不依赖于任何综合性学说，但获得后者的交叉共识的支持；(3) 正义的基本观念属于政治的范畴，为公共政治文化所熟悉。罗尔斯把这种正义观称作“免除了立场”的正义观。这就是说，作为政治概念，正义即公平的目标是现实的，而不是形而上学的或认识论的，不是以包含真理的概念出现的。

哈贝马斯集中批评了罗尔斯认为正义观可以“免除立场”的观点。在哈贝马斯看来，罗尔斯的观点事实上已经表明正义与真理是不可分的。具体来说，罗尔斯没有在理论的可接受性和该理论实际被接受之间作出区别，而一旦作出这种区别，便可发现一个社会的成员首先要被一种关于正义的理论所说服，然后才会同意之。因此，关于正义的理论自身要提供这样一些前提，即“我们与其他人认为它是含有真理的，或它对于我们形成有关正义的基本共识来说是合理的”。①

关于罗尔斯用“合理的”（reasonable）代替“真的”，哈贝马斯认为“合理的”一词可以有两种含义：一是对于实践理性来说是合理的，这实际上是“道德上的真”，而这与真理一词是对等的；二是“深思熟虑的”，尽管这样理解接近罗尔斯使用“合理的”含义，但哈贝马斯强调思考是人的思考，而人的概念本身已经包含实践理性的概念。因此，哈贝马斯坚持认为无论罗尔斯如何解析，都不能脱离道德真理来讲合理性。

正义原则的证明是哈贝马斯和罗尔斯辩论的另一个重要问题。从《正义论》到《杜威讲演》，罗尔斯一直试图对他的平等自由的正义观进行一种康德式的解释，这个解释建立在康德伦理学的自律概念之上。罗尔斯认为，原初状态中相互冷淡的动机假设是符合康德的自律概念的，在不管我们的具体目的是什么，正义原则都适用于我们的意义，按照正

---

① J. Habermas, Reconciliation Through the Public Use of Reason: Remarks on John Rawls's Political Liberalism, *The Journal of Philosophy*, Vol. XCII, No. 3, 1995.

义原则行动也就是按照绝对命令行动。但是，在从《杜威讲演》到《政治自由主义》的发展中，罗尔斯放弃了对正义即公平的康德式解释，认为政治自由主义所致力于发现的并不是普遍的正义原则，而是适合于像美国这样的自由民主社会的原则，政治哲学的目标则是要表达和澄清存在于我们的公共政治文化中为我们所共享的观念，从而提供一种能够维持稳定和社会统一的政治的正义观。但罗尔斯仍然没有放弃原初状态的设计和反思的平稳的方法。一方面，"原初状态"是除"良序社会"和"道德人格"之外的第三个中介性模型观念，另一方面，具有主体意义的反思的平衡仍然是值得信奉的。[①]

尤为值得注意的是，在《政治自由主义》中，罗尔斯试图通过引入"交叉共识"（over lapping consensus）的观念重新解释现代民主社会中文化价值的合理多元和社会秩序的稳定统一之间的协调一致。在这一过程中罗尔斯强调正义不依赖于真理概念，其用意亦在于对各种综合性学说保持中立，并为社会多元取向提供论据。

哈贝马斯指出，罗尔斯的这些论证也许很符合人们的直觉，但难以与罗尔斯的正义理论——关于人的权利是第一位的，善是第二位的——基本观点协调一致，这是因为所谓权利就意味着尊重每个人的想法，而这又意味着，如果正义即公平是合理的，那就对所有人都是合理的，这便要求所有人对什么是"合理的"有一个普遍的或综合的了解。所谓综合的或广泛的学说的意义即在于为我们提供这样一种认识和了解。如果我们把正义概念的合理性看作与普遍真理相脱离的，便无法证明其正确性，而证明正确就要求判断其真理性。因此，哈贝马斯认为，政治自由主义或政治的正义观并不能如罗尔斯标榜的那样免除立场、自我固定并使其自身合法化。

在《哲学杂志》刊登的答复中，罗尔斯指出，在自由民主社会中，政治概念存在三种不同层次的证明。[②] 一是有限证明。如果说正义原则表达了自由民主社会的基本结构的实质性内容，那么，公共理性则是这一

---

① 应奇：《后〈正义论〉时期罗尔斯思想的发展》，《浙江大学学报》（社会科学版）1998年第3期。

② J. Rawls, Reply to Habermas, *The Journal of Philosophy*, Vol. XCII, No. 3, 1995.

社会中的公民们决定这一实质性原则是否适当，是否能满足他们的社会政治要求的理性推理规则和公共“咨询指南”（the guidelines inquiry）。从这一角度作出的证明便是一种有限证明。二是完全证明。每一个社会成员作为公民接受一种政治观念，然后从他（或她）自己信仰的综合性学说去证明该观念是真的或是合理的，这又取决于该社会成员自己及其所信仰的综合学说能做到何种程度。三是公开的证明。在这里，合理的交叉共识是沟通的桥梁，一个政治社会的所有理性的公民通过把他们各自分享的政治观念嵌入各自所信奉的综合性学说中去，并同时意识到各自均有合理的综合性学说赞同这一共享的政治观念，只有当存在合理的交叉共识时，公开的证明才有可能，而公开的证明则是一个多元化的社会接受政治的正义观的关键性条件。

罗尔斯所谓合理的交叉共识是指人们对于免除了立场的正义观的共识，而不是一般政治家所承认的社会上实际存在的对共同利益的共识。在此基础上，罗尔斯指出，合理的交叉共识对于正义的证明不仅是一个政治社会出于良好理由而自我固定的根源，而且是政治合法性的根源。而政治的自由主义并不要求政治判断包含道德真理，只要求合理的政治判断。“合理的”意指：（1）愿意提议并接受公平的社会合作条件，并且（2）愿意承担判断的任务，并接受由此产生的后果，所以“合理的”并不总是“真的”。政治自由主义既不否认道德真理的概念，也不对使用它提出质疑，而认为使用或否认道德真理、宗教真理和哲学真理是综合学说的事情。因此，政治自由主义是一种“免除了立场”的观点。

总的来说，可以把罗尔斯和哈贝马斯的理论视为对当代社会的合理的多元分化和人们在基本的宗教、道德和哲学真理方面的深刻分歧的两种不同的反映方式。罗尔斯在后《正义论》时期的发展中，回应了激进自由主义和社群主义的挑战，调整了自己的理论立场，并通过把他的政治哲学与以杜威为代表的美国传统的实用主义哲学联系起来，试图系统地表达和诠释蕴含于自由民主社会的公共政治文化中的基本价值理念，为一个稳定统一的社会提供支持；哈贝马斯则通过他的交往行动理论和商谈伦理学，实现了从意识哲学向交往哲学的转移，深刻地回应了后现代主义（在一定程度上也包括社群主义）对启蒙运动这一现代性谋划的质疑，出色地捍卫了启蒙运动所包含的基本价值理念。从这一角度来看，尽管哈贝马斯和罗尔斯在正义概念及其证明方法上存在很大的分歧，但其基本的价值关怀则是相通的。正是在这个意义上，哈贝马斯把他与罗尔斯的争论称作家族内部的争论。

（选自《国外社会科学》1999 年第 3 期）

透视20世纪末的美国哲学

江　怡*

1999年4月，来自美国纽约州立大学布法罗分校哲学系的乔治·格雷西亚教授到中国进行学术访问，我有幸聆听了他在中国社会科学院哲学所作的题为“美国公共生活中的哲学”的报告。他对哲学在当代美国社会中的作用进行了一番令人悲观的描述，并认为哲学本不应当在社会生活中占有重要地位。当时，我对这种观点并不以为然，以为这不过是一种“危言耸听”的说法。同年6月，北美中国哲学家协会到中国访问，在哲学所介绍北美哲学界的现状时，同样提到哲学在美国社会中地位的下降以及整个人文科学在北美大气候中处境的恶化。这时，我才意识到这个问题的严重性。随后，我查阅了1998—1999年度在美国出版的主要哲学刊物，发现20世纪末的美国哲学存在着严重的边缘化倾向，而在当代美国哲学家中也存在着竭力使哲学边缘化的倾向。

一　美国公共生活中的哲学

自古以来，人们对自己所生活的这个世界并没有停止过思考，只是有的人把这种思考变成了一种固定的思维方式并把它当作一种研究的对象，称之为“哲学”，而更多的人则没有这样的兴趣，他们依然按照自己对世界的理解去生活。如果可以把所有对世界和生活的思考称作“哲学”

* 江怡，中国社会科学院哲学研究所。

的话，在美国社会中，无论是在近代还是在现代，人们都没有缺少过它，就是说，哲学在人们心目中的地位始终是基本的和首要的。这从美国人特有的冒险和开创精神以及讲求实效的文化传统中就可见一斑。而且，即使是在政治家或社会活动家的心目中，哲学与其说是一种理论主张，不如说是一种处世的方针和解决社会问题的基本思路。在科学家、文学家以及其他领域的专家那里，哲学更是一种指导自己从事本领域研究工作的必备条件。如果从这种广义上来理解哲学，它在美国公共生活中的作用主要是个人化的，体现在每个人不同的思考和意见之中。

然而，由于哲学理论本身的高度抽象和与现实问题之间的距离，这样的哲学难以为普通人所接受。而且，随着哲学学科的日益分化，即使是哲学家本人也难以理解他所不熟悉的哲学分支。加之哲学学科有日益朝着科学化发展的倾向，哲学专业的文献越来越技术化和逻辑化，这些也使得哲学本身在公众生活中难以得到理解。更重要的是，美国社会生活中历来存在着轻视理论、强调实效的传统。那些纯理论化的哲学主张，在普通人看来不但无益于在经济生活中获得利润，而且会造成某些思想的混乱，因为这样的主张往往是根据哲学家自身的立场出发，具有很强的制约性，而这却是与美国人通常接受的自由思想不相符合的。此外，在美国的宗教文化和教育体制中也存在着排斥哲学理论的因素。在美国文化中占有主导地位的基督教新教宣传的是宗教的自由，而不是哲学家式的冥思苦想。这种宗教的自由不仅体现在对教义的解释上，而且体现在普通人对宗教活动的参与形式上。美国人对宗教活动的参与不但是按个人意愿行事，在形式上也是五花八门，特别是喜欢以现代的集会形式表达自己的宗教信念。对宗教的自由选择以及各种形式的教会活动，使得哲学式的沉思在普通人那里变成了一种附庸风雅的东西。另一方面，美国的教育体制中对哲学课程的要求只是在大学中才有的选择，而在中学课程中，哲学则是少数被排斥在课程之外的人文学科之一。因而当学生们从中学毕业进入高校时，除非自己对哲学专业有特殊的兴趣，否则他们就不可能去选择在中学时没有接触过的哲学。在这种情况下，他们也就很难在以后的生活中对哲学发生任何兴趣了。

所有这些情况表明，作为理论体系出现的哲学思想在美国社会的公共生活中的确没有地位，但作为生活态度和世界观的哲学在普通美国人的心目中并没有失去作用，这种作用是通过文化传媒（如电视、广播、书报等形式）和大众生活方式体现的。然而，在普通人心目中产生作用的哲学，又主要是受文化垄断集团所支配的生活观念和世界观，人们的日常生活每天都笼罩在这种文化操纵之下。尽管现代传媒发展为人们提供了比以往更多选择不同文化消费方式的可能性，但文化的认同感和集体的从众心理却又往往使人们不得不选择传媒所提供的生活观念和生活方式，这些就使得即使作为生活态度的哲学也变成了文化垄断的主要内容。

另一方面，哲学（无论是以什么形式出现）在公共生活中的作用变得日益边缘化了：作为生活态度的哲学由于文化传媒的作用而失去了个性化特征，在这个信息通道高度发达的国度，人们已经越来越少有个性，少有独立的思考，表面上的文化多样性掩盖着思想深度上的匮乏。而且，文化垄断以鼓励个性的手段支配着人们的思想，人们也往往以接受大众传媒所宣传的文化和哲学为主要选择，其结果，这样的文化和哲学就完全变成了消费的手段而失去了应有的思想内涵；同时，作为理论体系的哲学也由于自身的深奥难解而被排斥在大众所能接受的文化之外，人们把研究这种哲学的哲学家看作是社会生活中的另类，把这样的哲学看作是远离现实的空中楼阁或者过分技术化但又毫无用处的专业领域，其结果，这种哲学在公共生活中也就失去了存在的价值。

二　当代美国社会中的哲学家

由于哲学在美国公共生活中处于边缘化的地位，因而哲学家在当代美国社会中的作用也就微不足道了。首先，哲学家的形象并不算好，他们通常被排斥在公共生活的圈子之外。例如，他们很少被总统和国会邀请成为最高荣誉委员会的成员，从来没有当过内阁成员、国会议员、州长、重要城市的市长，甚至没有当过驻联合国以及与美国有外交关系的国家的大使。其次，在公众媒体中也很难看到哲学家的身影。即使是在电视或广播的文化和精神生活之类的专题节目中，或者在报纸杂志的文化类版块中，也难得见到哲学家们露面或听到他们的声音。这并不是因为哲学家们不愿抛头露面，而是因为在节目编导和报刊编辑的心目中，哲学家的谈论往往似是而非，不得要领，无助于所讨论的问题，而且通常还会使问题变得更为复杂。

但另一方面，当代美国哲学家们似乎并没有参与或支配社会生活的幻想或企图。因为大多数哲学家都清楚地意识到，哲学对他们来说并不是用于谋生的唯一手段或途径。尽管要成为大学的哲学教授非常困难，而且哲学教授的薪水比其他专业如经济、法律、工程或计算机等领域中助教的平均工资还低，但仍然有不少人为了得到这个教职而奋斗，这其中的动力绝非金钱所能解释，这首先是哲学本身的魅力所在。大部分哲学专业的学生在选择哲学时并不是把它作为一个谋生手段来看待，更不用说是作为发财的手段了。其次是因为在美国这个经济发达的国家，选择哲学并不意味着面临无法生存的危险。而在无法以哲学为职业时，总是可以去另谋生路，而把哲学作为一种业余爱好。① 应当说，这恰好体现了哲学这个学科自身的特点，即它是属于闲暇阶层独有的闲情逸致，而这也正是自古希腊以来哲学得以流传的重要原因之一。因为在哲学家那里，哲学从来就不是用于谋生的手段；虽然他们也靠著述来获得微薄的报酬，但他们并没有真正把这种著述看作一种职业要求，而是看作传达他们思想观念的手段，那些微薄的报酬也只是一种副产品而已。从哲学史上我们就会看到，没有一个完全靠出卖自己的哲学著述为生的哲学家，即使像斯宾诺莎、费尔巴哈那样在生活上贫穷潦倒的哲学家，也没有把出卖哲学作为换取自己生活条件的手段。

当然，造成哲学家社会地位低下的原因，除了美国社会的整个人文大气候日益恶化之外，还有一个重要原因，这就是哲学家们的工作有使哲学走向边缘化的倾向。这主要表现在如下几个方面。其一，哲学家们讨论的问题与社会无关。在哲学界对哲学进行分类时，逻辑和形而上学通常被看作是属于哲学的核心内容，但这些内容显然无法引起大众的兴趣；哲学家们讨论的所谓"应用哲学"部分的话题，从表面上看应当与社会有着密切的关系，比如种族问题、文化的多元性、法律解释、堕胎权利或言论自由等问题，但他们讨论这些问题的方式却完全是学理式的、抽象的，对大众的选择并没有起到任何指导性的或建设性的作用。其二，

---

① 倪培民：《北美哲学界和哲学教学的现状评介》，《哲学研究》1999 年第 8 期。

哲学家中普遍存在非理性化和怀疑论倾向。所谓“非理性化”倾向是指哲学家们对来自其他国家的反哲学观点表示了极大的兴趣，特别是以罗蒂等人为代表的后哲学文化倾向，直接摧毁了哲学认识论的基础，而怀疑论倾向则表现为哲学家们对任何事实不作最后判断，反对任何具有确定性的东西。其三，哲学家们的写作过于技术化，晦涩难懂成为哲学深奥的借口。随便翻阅一下在美国出版的哲学专业杂志就会感到这一点。由于分析哲学长期以来一直在美国哲学界占据主导地位，这种哲学使用的逻辑分析技术就成为哲学研究的必备工具；同时，哲学同行之间在学术术语使用上的不统一，也造成了理解和交流上的困难。例如，著名的《国际哲学季刊》1999 年就有文章讨论法国著名的后现代主义哲学家德里达与当代宗教哲学家马里坦关于“解构”（deconstruction）概念的分歧，而在 1998 年还有讨论“上帝论”以及基督教精神哲学、身形哲学等内容，这些即使在哲学界也难以得到理解和共鸣。据统计，在 1984 年发表的哲学论文中，有 92% 的文章在随后的 4 年中没有被提及或引用过，而相应的统计数字在社会科学中是 48%，在物理学中是 22%。进入 90 年代后，由于哲学专业分化得更为精细，那些专门从事对某个哲学家的某个哲学概念研究的论文或著作就更难以得到人们的关注。在哲学界尚且如此，那就更不用说这些哲学会对普通人产生什么影响了。

三　当代美国哲学的非哲学化倾向

这里所说的“非哲学化”不是指哲学家们从事与哲学无关的工作，而是如罗蒂所说，哲学家们是在“非哲学式地写哲学”，“从外边来看哲学”。具体地说，哲学家们的工作方式已经不再是传统的学院式研究，而是更加开放，更加宽容，更愿意与其他人文学科或社会科学联姻，共同探讨一些各方均感兴趣的问题，但这样的问题往往不是由哲学家提出的，而是由文学家、法学家、政治学家或社会学家等提出的一些与现实有关的实际问题，他们的工作方式由个人的沉思冥想转变为开放式的圆桌会议，大家从不同的角度对共同关心的问题提出意见或建议，而且，讨论的目的也不是为了建立某种理论体系或宣传某种哲学主张，而只是为了思想的沟通和达成某种共识。

同时，哲学家们用于表述哲学思想的语言形式也发生了变化。一方面，分析哲学家大量使用逻辑符号或公式展开自己的分析论证，也有的哲学家直接用自然科学的表达方式来表明自己的观点。如在心智哲学（Philosophy of Mind）中，分析哲学家主要利用经验心理学的研究来说明经验材料的刺激对心理活动所产生的重要作用，在这些哲学分析中充斥着大量对心理活动的经验描述。从积极的意义上说，哲学家们日益尊重那些研究人脑和人类行为的心理学家和神经生理学家的意见，但从哲学的角度看，这种对心理材料的利用却导致了心智哲学越来越走向经验心理学和以研究人类行为为对象的行为科学。[①] 另一方面，哲学史学家以及其他哲学家在讨论问题时，也逐渐使用一些文学批评理论、文化人类学以及政治理论中的概念术语，或直接使用某些文学理论家的观点来说明自己的看法。例如，主要在文学批评理论中盛行的后现代主义思潮被引进哲学，使得哲学家们把谈论德里达（J. Derida）、利奥塔（J. F. Lyotard）、德里兹（G. Deleuze）以及列维纳斯（E. Levinas）等人的思想作为研究的主要对象，因而在讨论他们的思想时就充斥着大量模糊不清的概念。由于罗蒂的工作，后现代主义哲学在美国已经成为一种重要的思潮，甚至包括博德里拉（J. Baudrillard）、詹姆逊（F. Jameson）以及格里芬（D. R. Griffin）这些人的思想在哲学刊物中也被大量地讨论，更不用说像福柯（M. Foucault）、麦金太尔（A. MacIntyre）、泰勒（C. Taylor）这样的哲学家的思想了。而这种后现代主义哲学的核心观念就是要消解传统哲学中的所谓基础主义、逻辑中心主义以及主观与客观、心理与物理、价值与事实等的两分法，其结果就是消解了传统哲学。

1998 年美国哲学家索引中的统计数字表明，当年美国哲学刊物所发表的讨论著名哲学家的论文篇数，讨论德里达和尼采的数量远远多于罗素和斯特劳森，分别为 55 篇和 123 篇，而讨论罗素的只有 36 篇，讨论斯特劳森的只有 28 篇。同样，在《国际哲学季刊》1999 年发表的 23 篇论文中，讨论后现代主义的有 4 篇，宗教哲学 3 篇，哲学史 3 篇，伦理学 2 篇，技术哲学 2 篇，论詹姆士的 2 篇，东方哲学 2 篇，其他分别是讨论数

---

① ［英］B. J. 希尔：《西方哲学过去十年的主要进展》，唐热风译，《哲学研究》1999 年第 9 期。

学哲学、美学、维特根斯坦哲学等。这些文章论题的分布可以清楚地表明，即使是像《国际哲学季刊》这样的美国哲学核心期刊也把对后现代主义以及其他在传统哲学分类中被看作另类的哲学思潮的研究放到了比较重要的地位，而这些文章的论述方式也就直接反映了美国哲学家们的一种非哲学式的写哲学的倾向。

不过，当代美国哲学的非哲学化倾向更主要体现在，哲学家们讨论的问题已经不再限于传统哲学形而上学提供的范围，而是把研究视野扩大到哲学之外，特别是通过关注现实问题和公共事务，试图以哲学家的观点解释在现实领域中提出的问题。例如，1999 年的《美国哲学学会会刊》就用了整整一期（6 月号第 2 期）讨论世界经济的全球化问题。这种做法在哲学刊物中还是非常罕见的。同样，由美国纽约州立大学出版的《哲学论坛季刊》、由哥伦比亚大学出版的《哲学杂志》以及由布莱克威尔出版公司出版的《美国哲学季刊》等，都在 1999 年发表了大量关于后现代主义、商业伦理、政治哲学、心理学、女性主义哲学以及经济文化等方面的文章。由于美国哲学杂志大多是季刊，每年只有 4 期，因而在选择文章论题上都非常严格和慎重。因此，从这些杂志所发表的论文题目中就可以看出当代美国哲学研究的基本现状。

深入分析出现这种现状的原因，这与当代美国哲学家在哲学观上的变化有着密切的关系，就是说，20 世纪末的美国哲学家对“哲学”究竟是什么这个问题有着完全不同于传统哲学的理解。《哲学论坛季刊》1999 年第 3 期发表的纽约州立大学 D. 哥伦比亚（David Golumbia）的文章《奎因、德里达与哲学问题》就充分反映了哲学家们在哲学观上的分歧。作者把奎因作为维护分析传统的代表，而把德里达的思想作为后现代哲学观的代表。按照奎因的正统观点，科学精神上的“哲学”应当是追求真理，所以，清晰性和严格性应当是哲学工作的基本要求；而在德里达看来，不仅诸如“哲学”“科学”“真理”这样的术语值得怀疑，就连“精神”或“追求”这样的词也是值得怀疑的，因为它们往往被看作与宗教神学有着密切联系，而哲学与神学的这种血缘关系也正是哲学或传统哲学应当被抛弃的重要原因之一。正是由于哲学观的差异，在奎因看来，德里达完全不能算是一个哲学家，所以他在著名的“剑桥事件”中与其他 18 位世界哲学家共同签名反对剑桥大学授予德里达荣誉学位。反对的一个重要理由，就是认为德里达的工作“完全不符合公认的清晰与严格的标准”。然而，德里达在反驳奎因等人的指控时同样指出，所谓“清晰与严格的标准”不过是一种特殊的命题形式而已，而把他的解构看作是没有论证的胡说“显然是一种诽谤”，因为论证的关键在于讨论，在于提出问题。①

有趣的是，在“剑桥事件”中，德里达最终还是获得了剑桥大学的荣誉学位；同样，在他与奎因等人的思想论战中，他的思想似乎一直占据着上风：他的追随者利用各种机会为他辩护，用各种方式证明他应当被看作是个哲学家，特别是以伦理的方式来解读德里达，希望把他的思想看作是一种指导哲学家工作的人生指南，如克立奇理（Simon Critchley）、本宁顿（Geoffrey Bennington）、卡普托（John Caputo）、萨里斯（John Sallis）、康乃尔（Drucilla Cornell）等人。他的反对者的态度在近些年中也有些变化，不再从哲学观上反对德里达的思想，而是以宽容的态度把解构看作一种哲学活动，但同时又希望把这种活动与哲学语言的用法以及对意义的澄清区别开来。哥伦比亚在文章中甚至认为，德里达关于哲学问题的开放态度在某种程度上是与奎因的看法相似的，因为他们都承认我们的语言和指称是不足以由证据去确定的；德里达认为哲学实践的历史性、建设性以及语言特征都不足以用观察来决定，奎因则事先就直接否定了这种可能性。作者由此得出这样的结论：“奎因哲学正是被构造成包含了由他的哲学所释放的解构能量；他的哲学体系表明了它制度化地掌握了事实上由他的语言哲学所释放的解构。因而奎因的工作完全充分地体现了德里达所论述的哲学中的解构活动。”②

应当说，造成当代美国哲学中出现非哲学化倾向的一个重要原因，就是哲学家们对哲学性质的重新理解。如果哲学不再被看作是一种“科学之王”，不再具有超越其他人文和社会科学的优越地位，不再是用于建构理论体系的纯粹思辨，也不再是对语言意义的精确性、严格性的科学

① J. Derrida, Remarks on Deconstruction and Pragmatism, *Deconstruction and Pragmatism*, ed. by Chantal Mouffe, Routledge, 1996, p. 86.

② David Golumbia, Quine, Derrida and the Question of Philosophy, *The Philosophical Forum*, No. 3, 1999.

追求，那么，这种哲学就会更为开放，更容易包容一切人们用来思考语言或讨论问题的活动。这种哲学可以不是某种具有理论形态的“主张”，甚至可以不是提出某种观念的思想，它只是对现有的理论提出批评，或者是对哲学家的工作给出一种新的解释或读法。所谓“哲学上的开放”就是指对哲学性质的理解不存在任何限制性条件，可以对一切被看作是哲学的东西提出疑问，可以从不同的角度或立场提出问题；同样，这种哲学开放的目的也不是为了建立某种新的哲学理论，因为根据这种开放的精神，这样的理论是不存在的。

从历史的角度看，当代美国哲学家对哲学性质问题重新提出思考，这绝非偶然，它反映了一种世纪末的情结。19 世纪末 20 世纪初，哲学家们同样对哲学是什么的问题提出了疑问。德国哲学家布伦坦诺在分析 19 世纪哲学失败的原因时曾指出：“缺乏能普遍为人接受的定理；哲学接二连三地经受的整体革命；经验上不可能达到它所选择的目标；以及实际应用的不可能性，这些就造成了哲学在大多数人的心目中只是近似于占星术或炼丹术之类的东西，而不能被看作是一种科学。”[①] 由于黑格尔哲学长期占据着哲学的主导地位以及后来以心理学为依据的自然主义的兴起，哲学在普通人看来变得越来越不可思议了，而在哲学家那里也对哲学的性质产生了新的怀疑。

随着 19 世纪自然科学的巨大发展，特别是三大定律被发现，哲学家们对哲学在 21 世纪的未来出现了乐观和悲观这样两种截然不同的态度。在一部分哲学家看来，自然科学的发展为哲学的改造提供了最为有效的摹本，因而只有按照自然科学的模式才能使哲学最终成为科学，这种乐观态度的结果就是我们现在所看到的分析哲学以及由此产生的科学哲学、语言哲学等；而另一部分哲学家则认为，由于哲学与自然科学在研究对象、目的以及方法上截然不同，因而应当把哲学与科学严格区别开来，然而一旦做出了这种区分，哲学的未来则没有科学的发展那样令人乐观，因为哲学失去了它的存在基础，正如艾耶尔所指出的，

① 参见斯鲁格在《弗雷泽》（中国社会科学出版社 1989 年版，第 83—84 页）一书中对 19 世纪后期新哲学运动的论述。

"哲学缺乏自立的资本"。[①] 但 20 世纪西方哲学演变的历史向我们表明，哲学家们最终选择了使哲学科学化的做法，即以科学为标准、用科学的方法改造哲学。不过，这种哲学的改造却造成了哲学自身的失落。20 世纪末美国哲学中出现的非哲学化倾向，正是这种哲学改造的结果。

同时，当代美国哲学中的非哲学化倾向，与发展到今天的分析哲学过分强调逻辑论证、强调哲学命题的严格性和精确性、强调哲学与科学的密切联系等有着直接的关系。20 世纪的美国哲学基本上是分析哲学占据着主导地位，这种哲学把逻辑与经验相结合，竭力用逻辑分析的方法澄清和解决一切哲学问题，这的确为美国本土的实用主义带来了新的生机，来自欧洲的逻辑实证主义与实用主义的结合，产生了具有美国特色的逻辑实用主义。但由于分析哲学的产生和发展是与逻辑、数学以及语言学等学科的发展密切相关的，随着这些学科的发展，分析哲学也逐渐出现了过于重视分析技巧，研究范围拘泥于具体的逻辑论证等倾向，如对哲学逻辑的研究已经深入到完全形式化的模态理论，而对意义的分析也进入了对不同语言表达式的不同用法的研究。这种精细的分析研究对分析哲学来说具有重要意义，但对整个哲学的发展并没有产生积极的作用，相反使得哲学家们为哲学失去了自身的特殊性而感到忧虑。事实上，当代美国哲学中的非哲学化倾向，在一定程度上正是对分析哲学日益技术化的一种反叛。而作为这种反叛的结果，则是出现了新的实用主义。

四 实用主义传统在 21 世纪的继续

尽管分析哲学占据着 20 世纪美国哲学的主导地位，但美国本土的实用主义并没有因此完全退出哲学舞台，而是作为一种哲学精神体现在不同哲学家的思想中。从 20 世纪 70 年代开始，实用主义作为一种哲学理论重新回到了美国哲学舞台，这主要是因为后现代主义思潮的影响：一方面由于欧洲的衰落和美国取而代之成为西方文化的中心，美国哲学家有一种寻找家园的文化情结；另一方面，由于后现代主义对基础主义的破

---

① ［英］艾耶尔：《二十世纪哲学》，李步楼、俞宣孟、苑利均等译，上海译文出版社 1987 年版，第 20 页。

除，要求对文化重新加以审视，不再强调客观的逻辑分析而强调人的尊严，而这些在实用主义思想中都可以得到满足。正是在这样的文化大背景下，实用主义逐渐恢复了往日的辉煌，开始以美国特有的哲学形象在自己的国度中扮演着重要角色。①

当然，由于分析哲学的强大影响，实用主义的复兴首先是从分析哲学的阵营开始的，代表人物包括奎因、普特南、戴维森以及罗蒂等在当代美国哲学中起着举足轻重作用的哲学家。罗蒂的著作《哲学与自然之镜》被看作是这种新实用主义的代表之作。虽然他并不能算是真正的分析哲学家，但他发起的新实用主义却是从剖析分析哲学的缺陷开刀的。与古典实用主义相比，这种新实用主义并没有统一的目标或学术观点，但它们却共同继承了古典实用主义的精神，即关注认知过程中人的因素、文化因素的作用，把生活作为谈论问题的出发点，否认有所谓建立在“对象世界”基础上的纯客观真理。如奎因就否认可以超越我们的语言和信念找到中立客观的知识标准；普特南则明确指出，没有任何所谓中性的、与人的参与无关的“客观事实”，一切认知活动都渗透了人的价值观念；罗蒂更是从根本上以人的社会特性解释并取代认知活动中非人的客观特性，从而把认识论化解为伦理学，取消了传统哲学中认知活动的客观性问题。同时，他们还不同程度地从古典实用主义者那里吸取了思想营养，比如奎因直接师从于刘易斯，并从詹姆士和杜威那里得到了经验整体论的观念；同样，普特南对詹姆士情有独钟，而罗蒂则对杜威厚爱有加。这些都反映了实用主义传统在当代美国哲学中的深远影响。

据说富兰克林在向欧洲人描述美国时曾劝告他们说，如果他们仅仅是出身高贵而别无所长的话，就千万别去美国，因为美国人对一个陌生人从来不问他是何等人，而是问他能干些什么。富兰克林说这番话时大约是在1872年，远在詹姆士1898年正式提出“实用主义”这个概念之前。这表明，实用主义的出现不过是从哲学上反映了美国人奋发图强、与自然环境相抗争的奋斗精神，而行动第一的指导思想也使得哲学家们把思维的兴奋点集中在使用、效果上，从而使古希腊的审美性世界观让位于现代美国的实用性世界观。正是这种世界观指引着美国人在200多年

① 陈亚军：《实用主义：从皮尔斯到普特南》，湖南教育出版社1999年版，第4页。

的奋斗史中不断取得惊人的成绩，而作为世界观理论体现的美国哲学也就深深地烙上了实用主义传统的痕迹。

在当代美国哲学中，除了理论化的实用主义体系之外，这种传统痕迹明显地表现在：一方面，哲学家们特别注重对理论的实践层面的说明，无论是何种理论出现在美国哲学界，马上就会有人对这种理论作出“导论式”的说明，类似产品的“说明书”一样，告诉人们这个理论究竟说些什么，它为什么会这么说以及我们应当对它说些什么等。与其他国家的哲学著作相比，这种带有教科书性质的哲学著作是美国哲学中最丰厚的部分。同时，哲学家们还能够把那些连产生地国家的人们都难以理解的哲学观念或主张用较为通俗的语言表达出来，使读者能够基本上理解它们，当然这种表达究竟是否准确就不得而知了。所以，在当代美国哲学中，比较有市场的往往是那些能够说清楚的哲学观念，比如分析哲学、科学哲学、物理学哲学，当然还有实用主义，而像人格主义哲学、过程哲学等带有浓厚形而上学色彩的哲学理念则很难引起人们的共鸣。

另一方面，当代美国哲学家们在处理比较棘手的哲学问题时往往采取宽容和解的态度，并不深究各种不同观点的差异，而是竭力在它们之间寻求某种平衡，这特别体现在对待分析哲学与欧洲大陆哲学之间的分歧上。我们可以看到，在美国的哲学出版物中，关于分析哲学和欧洲大陆哲学的论著都占有很大的比例，随便翻阅一下美国的哲学杂志，就会看到关于分析哲学和大陆哲学的文章几乎占有相同的比例，而且，还有不少哲学家喜欢把大陆哲学中的一些概念术语用于解释分析哲学，或者相反。

美国哲学家在对各种哲学理论的处理上采用实用主义态度还表现在，他们通常并不固守某一种哲学观念，而是不断根据理论需要改变自己的思想。这当然不是由于他们的思想总是随风倒，而是因为美国哲学没有沉重的传统负担，他们不需要为了回应传统而给自己加上某种历史的责任。他们只需要自圆其说就行，不用考虑是否符合某种传统的要求。所以，在当代西方哲学家中，美国哲学家最善于修正自己的理论并注意随时改变自己的立场。普特南就是最好的例子。

普特南被看作是当今美国哲学中执牛耳的人物，他的思想影响遍及分析哲学、科学哲学、逻辑哲学、数理哲学以及人工智能等不同领域。

但他的哲学立场却不断变化，从20世纪60年代起就出现过几次重要的转折。他先是放弃了自己从任教普林斯顿大学开始就坚持的科学实在论立场，转向了以奎因、古德曼等为代表的逻辑实用主义，随后又提出了“内在的实在论”观点去批判“形而上学的实在论”，并反对罗蒂的“相对主义”，最后又提出“实用主义的实在论”，并批判分析哲学对事实与价值的割裂。但在最近的文章中，他又对自己在70年代否定“健全的形而上学实在论”感到后悔，对分析哲学的否定也不像以前那样坚决了。[①]

目前，普特南的思想仍然处在发展过程中。他在与罗蒂的辩论中又不断引入罗蒂的实用主义思想，使得罗蒂不得不明确指出他与普特南之间的5个共同点，并对普特南继续指责他为“文化相对主义”而感到不解。罗蒂指出的5个共同点是：（1）他们都认为，我们称作“语言”或“心灵”的要素深深地渗入我们的所谓“实在”，使得那种认为我们是在描绘独立于语言的东西的这种观念从根本上就是错误的；（2）他们都认为，我们是注定要接受这样的立场，即我们的世界观不仅要反映我们的利益和价值，而且承认某些世界观或某些利益和价值要比其他的更好些；（3）奎因的“翻译的不确定性”应当看作是与绝对性相反的而不是与客观性相反的“翻译的旨趣相对性”，任何假定的旨趣都与语境相关；（4）实用主义的核心就是坚持认为参与者观点的优先性，如果我们发现在从事实践活动时必须采取某种观点，使用某种概念系统，那么我们同时就会认为，这种观点或系统实际上就是我们所看到的或使用的那个样子；（5）伦理知识无法断言绝对性，但这是因为绝对性概念是不一致的。[②] 而实际上，普特南在不同的地方也同样表明了自己与罗蒂思想之间的相似之处。例如，他在1994年所作的“杜威讲座”——“意义、无意义和含义：对人类心灵能力的探究”中，就把抛弃实在论作为他与罗蒂的共同事业。[③] 此外，他在1997年发表的回忆文章中，也把反对事实与价值的

① H. Putnam, The Half Century Philosophy within the View, *Journal of American Academy of Art and Sciences*, Winter, 1997, pp. 202 – 203.

② R. Rorty, Putnam and the Relativist Menace, *The Journal of Philosophy*, Vol. X C, No. 9, 1993, pp. 443 – 444.

③ H. Putnam, Sense, Nonsense, and the Senses: An Inquiry into the Powers of the Human Mind, *The Journal of Philosophy*, Vol. 91, No. 9, 1994.

二元论作为他与奎因、罗蒂等人的共同旨趣。尽管普特南始终不愿承认自己是罗蒂的同路人，但从以上种种证据可以看出，把他们联系起来的东西正是他们共同采纳的实用主义精神。

如果说罗蒂的新实用主义是对传统哲学的彻底反叛，那么普特南的实用主义实在论则是把实用主义精神真正贯穿到整个哲学研究之中，以实用主义态度对待一切哲学问题和理论观点。由于普特南、罗蒂以及奎因、戴维森等人在当代美国哲学中的重要地位和影响，在他们的思想中所体现的实用主义必将在21世纪继续对美国哲学产生重要的作用。

（选自《国外社会科学》2000年第4期）

“后现代”问题和后现代主义的哲学与文化

姚介厚*

后现代主义于20世纪60年代首先在法国、美国兴起，80年代风靡西方，并向全世界蔓延，成为当今西方盛行的一种综合性的哲学与文化思潮。“后现代”“后现代主义”成为各国学术文化界的热门论题。这一思潮没有一致的理论，各有立说，见解歧异，争论甚多，其内容涉及哲学、文学艺术、人文与社会科学乃至科技及一些现实社会课题，有很大的包容性、展延性。这一思潮的基本主题是研讨当代西方发达国家的社会特征与文化精神，而后现代主义的一些理论与文化样态表现了当代西方国家的文化矛盾，以及它们为克服文化矛盾而提出的理论设计。

据考证，1870年英国画家切帕曼最早提出“后现代”（postmodern）绘画来批判印象主义画派；1917年德国R. 潘维兹在《欧洲文化危机》中已在尼采的“超人”含义上论述“后现代的人”；1934年F. 奥尼斯在文学批评领域最早用“后现代主义”（postmodernism）描述对现代主义的逆动；1947年英国著名历史学家汤因比在《历史研究》中以“后现代”标志西方文明在1875年后民族国家衰弱、进入全球互动的阶段。20世纪50年代美国文学界I. 豪和H. 列文等人还只是在否定意义上将“后现代文学”看作怀旧的倒退。从60年代起，美国L. 费德勒和哈桑等人首先

* 姚介厚，中国社会科学院哲学研究所研究员。

在肯定意义上阐扬后现代主义文学，在西方文学界激发论战，形成一种文学艺术思潮；1975 年 R. 斯顿和 C. 金克斯建立后现代建筑学派。[①] 在 70 年代，美国哈佛大学的丹尼尔·贝尔提出很有影响的后工业社会理论，后期存在哲学、哲学解释学和在法国崛起的后结构主义也都十分重视对西方工业文明与文化的反思。在这种背景下，1979 年法国的后结构主义哲学家 J. F. 利奥塔（Lyotard）发表了《后现代状态》一书，从认识论角度论述后现代即当今西方社会的文化特征。这些理论表明，后现代主义已不限于文学艺术领域，已成为广泛的哲学与文化思潮。80 年代初德国法兰克福学派代表人物哈贝马斯和利奥塔围绕现代性与后现代性进行论战，之后美国的新实用主义者罗蒂和新马克思主义者 F. 詹姆逊等人以不同态度介入论辩与研究。后现代主义研究在社会与人文学科的各领域展开，汇成强烈冲击欧美文化的热浪，并向世界辐射，产生不同程度的影响。

对什么是后现代主义众说纷纭，有人说它表征社会形态、时代特征、思维方式、文化态度、精神价值，对它涵盖的时段、内容及意义也有不同见解。当代不少哲学流派都在论述后现代文化问题，而在“后现代”的大口袋里不断纳入形形色色的学科或专题研究，令人眼花缭乱。然而，从总体上看，它们都是在探究当代西方社会进程的新特征、新矛盾及其文化走向，折射出当代西方文化裂变的征候，并以不同态度、方式寻求解决文化矛盾之途。因此，了解、研究这一思潮是很有认识价值的。这里，仅从三个方面概要述评这一思潮的基本内容。

一　后现代社会与后现代性

“后现代”相对“现代”而言，有两重不同而又相关的含义。一是就社会进程与时代特征而言，现代社会指西方近代以来发展资本主义造就的工业文明社会，其经济、政治、社会机制和启蒙时代确立的以人为主体中心的理性主义与个体主义、自由主义等基本价值，就是现代性。就

---

① ［荷］H. 伯顿斯、［荷］D. 弗克马主编：《国际后现代主义》，本杰明出版公司 1996 年版，第 75—76 页。

此意义而言，后现代社会与后现代性是指西方工业文明的社会状态、机制与文化价值在当代有重大变迁、转折。二是就文化样态而言，现代主义是19世纪末20世纪初西方出现的反抗近代资本主义传统价值的非理性主义文化思潮，它具有深远影响，如尼采哲学，文学艺术中的达达主义、象征主义、未来主义、先锋主义。后现代主义对这种现代主义文化既有承袭，也有批判、更新。20世纪80年代围绕现代性与后现代性的论争与研讨，是就上述两种含义展开的，不同学派对当今西方社会与文化的特征及其未来走向，有很不相同的见解，对后现代主义文化也有不同的态度与论评。这表现在4位代表性思想家的基本观点中。

丹尼尔·贝尔（Daniel Bell）的后工业社会论与新保守主义 1973年贝尔推出名著《后工业社会的来临》，根据核心产业构成区别社会发展的三种形态，即农业社会、工业社会与西方发达国家正在进入的后工业社会，这被看作是得后现代研究风气之先。他指出后工业社会的五大特征：服务性信息经济成为产业中心；专业技术阶层占白领社会之主导；理论知识起发展的核心作用；强化对技术的控制与评估；智力技术成为决策依据。他不是根据生产方式划分社会形态，但他揭示了由于知识与信息技术在经济发展中有愈益重要的作用，导致西方发达国家的产业结构与社会阶层的变迁，这确实概括了在科技革命推动下西方经济与社会结构、社会机制的新特征。他进而在《资本主义文化矛盾》中论述西方社会走向新阶段之际，发生着文化与经济、政治三大机制断裂、互悖的危机。追求经济“利润”原则促成资本主义兴起的双重精神动力本身，早就包含着资本的“贪婪攫取性”和恪守“天职”、奉行“勤俭禁欲的新教伦理”这两者的内在矛盾。在以所谓“平等”为原则的政治领域，则已强化了干预经济的官僚化国家机器。① 而以个体主义“自我实现”为原则的文化领域更已走向反面，长期存在危机，集中表现在近百年来成为“文化霸权”的现代主义，它反人道、反文化，表现“自我无限精神的狂妄自大”，是非理性意志与欲望的胜利，表明理性至上的传统和“资产阶级世界观”的消亡；同时，它盛行以文化为商品消费的“享乐主义”

① ［美］贝尔：《资本主义文化矛盾》，严蓓雯译，生活·读书·新知三联书店1989年版，第26、29页。

和"娱乐道德观"，摧毁了作为资本主义"社会道德基础的清教伦理"，造成信仰危机。贝尔持文化保守主义的观点，惋惜清教伦理的沦落，批判时尚的后现代主义和现代主义的文化不过是一脉相承地表征文化危机。他认为，20世纪60年代以来在后结构主义者福柯等人的哲学与文化中发展的后现代主义文化潮流，只不过是"把现代主义逻辑推到了极端"，它湮没人的价值，使人沦为在浪涛拍击中荡然无存的"沙滩上的痕迹"，并且在表现"冲动自由"等名义下攻击正常行为的价值观，这种"荒唐逻辑的文学游戏"只是意味着"中产阶级价值观的危机"。[①] 他认为后工业社会要解决的问题不再是人与自然、技术的关系，而是人际关系。他主张在经济上应实行既维护自由竞争又推崇群体价值优先的所谓"社会主义"，政治上应奉行自由主义，文化上则应推行保守主义，建立崇拜将社会看作"公众家庭"的新宗教，恢复传统美德，形成自由与平等、个人与社会团体融合一致的道德秩序，他并且说就此意义而言，自由主义传统和社会主义传统是一致的。[②] 贝尔对后工业社会与资本主义文化矛盾的论述对一些后现代理论研究有所启迪，而他尖锐批判现代主义与后现代主义文化，同后者又大相径庭。他的文化保守主义则旨在用群体价值的添加剂来修补以西方自由个体主义为轴心的经济与社会道德秩序。

利奥塔（J. F. Lyotard）的后现代知识论与文化观 利奥塔在1979年发表的名著《后现代状态》中，运用后结构主义哲学与后期维特根斯坦的语言游戏论，从考察知识的角度研究当代西方文化特征，被视为将后现代主义从文学、哲学推向全部社会与各学科领域的重要思想家。在利奥塔看来，"后现代"就是发达社会的知识状态。他认为西方自20世纪50年代末进入后工业化年代后，"知识已成为首要生产力"，并具有"信息商品形式"，深刻影响发达国家的社会构成，甚至已是"世界权力竞争"的"最重要的赌注"。[③] 他将知识分为两类：科学知识和叙事知识（即哲学、政治学、伦理学等人文与社会科学知识）。他认为当代西方的

---

① ［美］贝尔：《资本主义文化矛盾》，严蓓雯译，生活·读书·新知三联书店1989年版，第96—100页。

② 同上书，第21—24、311—315、323页。

③ 同上书，第1—2、57页。

知识状态有两种危机：第一种危机是科学知识与叙事知识割裂，这两类知识的范式“不可通约”，互不理解。在迅速发展同语言紧密相关的控制论、计算机、人工智能等高科技中，科学知识形成“信息学霸权”，步步扩张，人文学科萎缩退让，这种不平等关系构成“整个文化帝国主义史”。[①] 第二种危机是知识合法化危机。近代以来作为西方文化的理论基础有两大“元叙事”（指传统哲学与政治精神），即启蒙运动崇扬的理性主义、人的主体解放和德国古典哲学注重整体性的精神辩证法，而今它们都已不可信、崩溃瓦解了。[②] 他认为对“元叙事”的怀疑就是“后现代”的基本特征，当代知识背离上述两大“元叙事”即是背离西方启蒙思想传统，这种知识非合法化恰恰为后现代性思潮开辟了道路。后现代的全部知识都是形形色色的语言游戏，不再需要“元叙事”的普遍哲学根据，只有约定的游戏规则；它们无须系统、结构、统一性、整体性、人的主体性，而是呈现差异性、异质性、多元性、解构性、不确定性。甚至现代科学如量子力学中的“测不准定律”等都表现了不确定性；“正义”也是约定的游戏规则，并无共同判断标准，不再成为“共识”这种“陈旧、可疑的价值”，社会历史也只是偶然事件的集合，并无总体发展的普遍法则。他宣称后现代主义的口号就是“向整体开战”。[③] 他还反对哈贝马斯主张维护、更新西方启蒙时代的理性主义，认为他企图用交往理论统一理性的认知、伦理、审美三个层面，以此来解决当代西方社会的“合法化危机”，那只是过时无效的“整体性”哲学传统的残渣，而强求沟通“共识”只会导致新的思想控制和独裁性统一。总之，利奥塔勾勒出后现代文化的图景，指出知识在当今社会发展中的重大作用，科学知识和人文知识不应割裂，并主张文化的多样性，这是有见地的。但是他着力推进一种抹杀人的主体能动性、抹杀理性与客观规律的解构性后现代主义，虽很有影响，但实质上却是否定全部知识的科学精神，导致

---

① ［美］贝尔：《资本主义文化矛盾》，严蓓雯译，生活·读书·新知三联书店 1989 年版，第 120、138 页。

② ［法］利奥塔：《何谓后现代主义》，见王岳川等编《后现代主义文化与美学》，北京大学出版社 1992 年版，第 53 页。

③ ［美］詹姆逊：《后现代主义的时代精神》，见王岳川等编《后现代主义文化与美学》，北京大学出版社 1992 年版，第 97—98 页。

文化相对主义。

哈贝马斯（Jurgen Habermas）对后现代性的批判 哈贝马斯作为当今法兰克福学派社会批判理论的代表，1989年以后发表了《论现代性》《现代性对抗后现代性》等多篇论文，和后现代派进行论战。他认为18世纪启蒙哲学的现代性设计，按内在逻辑发展客观科学，并使道德与法律以及自律的艺术普遍化，以求实现理性社会与人的个性自由的解放，这种现代性工程虽历经曲折，但至今尚未完成，并没有终结。现代西方文化危机的主要根源在于社会统治集团的私利与欲望，造成扭曲的文化交往、虚假的社会意识形态，并造成理性的认知、伦理与审美三个层面的分裂、互悖，产生诸多弊端。他强调不应放弃启蒙理想，而应纠正原有社会工程设计在实践中的偏差，重振、更新现代性。他提出交往理论，主张为克服晚期资本主义危机，应建立起一种自由、理智的社会与文化交往，摆脱统治集团强制性的"私意"，实现社会与文化改革，真正实现现代性设计中科学、道德与艺术的三重理性的有机统一，使社会成员通过对话、交往获得价值观的共识，造就和谐一致的生活形式，真正完成现代性启蒙设计，实现人的解放，通达一种新的理性社会。他认为"后现代性"是不可能的，因为人的主体性还没有得到充分发展。他既批判丹尼尔·贝尔等人的新保守主义的文化设计，说它是倒退至前现代性的乌托邦，也批判利奥塔等人的后结构主义、后现代文化观，说它是敌视理性、主体性、总体性，背弃启蒙理想的价值，张扬反理性的现代主义文化，只是表现中产阶级庸俗品位的大逆流。哈贝马斯对后现代主义的批判相当锐利，揭露西方社会虚假的意识形态也有独到之见。但是，当代西方文化矛盾是近代以来西方社会的经济政治内在矛盾在社会意识领域的映射，是西方近现代文明的"现代性"发展的必然结果。他作为温和的改良派，企图凭借交往理论，通过重建新式的近代启蒙思想家设计的"理性王国"来改善西方社会，也不是对症有效的良方。

詹姆逊（F. Jameson）的晚期资本主义文化逻辑说 美国杜克大学教授、西方新马克思主义者詹姆逊以独特的视野，确认后现代主义文化是当代西方文化中的一种现实形态，是20世纪50年代以来资本主义进入最后阶段的一种文化逻辑即文化精神，标志着人的本性与心理结构的改变。“晚期资本主义”是他从比利时经济学家E. 曼德尔的著作中袭用的概念。他认为资本主义进展有三个相互对应的社会阶段与文化形态，古典时期市场资本主义有现实主义文化，垄断资本主义阶段有现代主义文化，后现代主义则是晚期的多国化资本主义的文化形态。他指出，贝尔的后工业社会论揭示当代西方社会有关科技信息作用与产业构成的新特点，但不能用这些特点来界定一个时代的特征。只要私有制仍占主导地位，资本的权力和控制仍是社会的最主要的问题，马克思主义“仍是解释分析资本主义的最佳模式”。① 当代西方发达国家实际上已进入更为纯粹、更有全球扩张性的多国化资本主义阶段，跨国公司、国际资本对新独立国家的控制，对其“自然”（经济）与“无意识”（深层思想文化）领域殖民化等，都表现了这种特征。② 而后现代文化已成为“制度化的东西”，和官方文化实际上相一致，并且“被整合进普遍的商品生产中”，它是经济统治新趋向在上层建筑领域里的表现，而文化背景“是流血和受难、死亡和恐惧”。③ 后现代文化的特征是彻底商品化，严肃文化与俗文化的界线消失，文化作品无深度模式，断裂传统而造成历史意识消失，人的主体性丧失，丧失文化本源导致距离感消失，连现代主义尚有的对社会现实的焦虑、恐惧都已消失殆尽，表现了自我与社会的精神分裂症。但是，他认为对后现代的文化与社会也不能简单否定，而应像马克思剖析资本主义那样，运用唯物辩证法具体分析它们交织着前进与灾难，如后结构主义与利奥塔的后现代知识论也有“创新”，揭示了晚期资本主义的深层文化矛盾。资本主义的新世界体系中蕴含着社会主义的希望，所以要探索未来历史的走向，就要研究新问题，例如，知识与精神生产在经济发展中的作用突出后，如何解释劳动价值论；科技专家与管理官僚已取代工人阶级的社会主力军地位后，革命有无可能；如何以政治与文化行动回应多国化资本主义的挑战；等等。詹姆逊还注重第三世界文化的研究，他指出，晚期资本主义正在对第三世界的经济与文化领域发起

① ［美］詹姆逊：《后现代主义与文化理论》，唐小兵译，北京大学出版社1997年版，第157—163页。

② 同上书，第77—78页。

③ ［美］罗蒂：《哲学和自然之镜》，李幼蒸译，生活·读书·新知三联书店1987年版，第11、15页。

渗透、进攻，认为发展中国家应有正确的文化策略，要根据自身的国情，在和发达国家的对话中，既面向世界的新态势，又使本土文化展现新面貌，提供具有旺盛生命力的文化基因。

由上述可见，围绕后现代社会与后现代性的论争，有完全不同的立论，实质上表现了思想家们对当代资本主义的社会与文化特征的不同见识，这对我们的有关研究是有参考价值的。当今西方的资本主义社会的基本制度与根本矛盾虽然并未改变，但是在科技革命与全球化的背景下，它在知识地位、资本扩张、社会构成、文化形态等方面，确实有新的特征与矛盾，值得我们研究，这也是透视后现代主义的意义所在。

二　后现代主义的哲学

后现代主义不仅涉及时代特征问题，它有其社会根源，而且有不同的、更深层的哲学论证作为理论支柱。后现代主义文化有不同的哲学倾向，而起首要理论核心作用的哲学，是法国的后结构主义和美国的新实用主义。它们的基本倾向是反一切哲学传统，抹杀人的主体中心，反历史主义，将人类全部历史文化化解为以“无意识”支配的文化碎片。也有另一些学派的哲学家不满于上述哲学的摧毁性，从不同立场提出建设性的后现代哲学。大体上说，后现代主义哲学可概述为三种类型。

1. 后结构主义

20 世纪 60 年代以来，法国哲学界经历了两种转折。第一种转折是一些原来属于左翼的知识分子，因对苏共感到失望而潜心文化研究，他们认为存在主义一味强调个体的存在和自由，难以担当建构确定的文化与社会秩序之责，于是他们创建结构主义哲学，风靡西方，对抗存在主义在法国的中心地位。20 世纪初瑞士学者索绪尔早已建立结构语言学，将语言看作由“能指”和“所指”构成的同时性差异系统。60 年代初，法国人类学家列维－斯特劳斯发表《野性的思维》《结构人类学》等名著，用结构符号方法研究原始民族的神话与社会亲属关系，认为全部整体性的文化与社会现象，都是根源于“无意识”的深层结构。它是一种心理意识性的结构，不是客观事物的结构或系统。这种“无意识”和弗洛伊德的“无意识”有相通之处，但也有所差异，它主要是指人际自发联系中产生的共同心理结构。这种结构主义哲学反对人本主义的人主体中心论，将人湮没在泛文化的精神分析中。结构主义成为一种广有影响的哲学运动，产生了 K. 巴尔特的文化符号学和 J. 拉康的结构主义精神分析学，法国的 L. 阿尔都塞则建立结构主义的马克思主义，瑞士学者 J. 皮亚杰用结构主义的方法研究发生认识论而取得较大成就。第二种转折是 60 年代后期以来在法国又产生后结构主义，它和结构主义相似，以泛文化的精神分析反对人主体中心论，也主张人类的全部文化根源于“无意识”，并将这些观点发挥至极端；然而它又批判结构主义强调文化和社会的整体性系统与结构，仍然陷入了形而上学的文化束缚与专制，它以反一切传统的姿态倡导实现文化多元差异性的“创新”。这种哲学最著名的代表是福柯和德里达，他们的学说对后现代主义文化有重要影响。

福柯（M. Foucault）在 1984 年去世前是法兰西学院院士。他早年研究精神病理学，曾有《癫狂史》等论著，考察中世纪末至现代西方对癫狂病者的态度，这被看作控诉西方对癫狂病者的恐怖性压制和批判自笛卡儿以来的理性主义传统。1966 年他发表《词与物》一书，转向思想文化的历史研究，继尼采的“上帝死了”的口号之后，呐喊“人之死”，震动西方文坛。之后，他又转向和社会问题相关的权力探讨，弘扬尼采的非理性主义。他的文化哲学的要义表现在他的知识考古学之中。福柯认为全部思想文化是词、物关系的知识密码的配置，由“无意识”的深层结构自发支配，文化并无历史发展的连续性，只能考察它所堆积的各个断层。他研讨西方近代以来形成的关于“人的科学”的三种“知识型”：文艺复兴时期以词与物“相似”为原则的知识型，开创人文精神；17—18 世纪以词与物的表现为原则的古典知识型，形成以秩序与分类为基础的一些学科；19 世纪则生成以有机结构的“功能”为原则的现代知识型，产生注重历史性研究的科学，包括马克思的经济学，他将它贬低为只是对李嘉图经济学的修正，不是革命性的创造。他认为上述三种知识型的过渡都是偶然的、受“无意识”支配的，其中形成的理性主义、以人为中心的知识建构都是虚幻的。当代的文化已瓦解了人的统一的自我，并不存在科学地建构的“人”的中心范畴。人不是能动的创造者，而只是被各种文化密码所建构的虚幻外型。人的存在毫无普遍必然性。他宣称，人类的形象必将像海边沙滩上的画痕被完全抹掉。他在晚期研究权力问题，认为知识、社会和性欲都是由意志性的“权力”所控制的，他以非理性主义批判资本主义社会中的文化扭曲乃至严酷的监狱与监视制度。福柯否定人的主体性，这种将人虚无化的学说，在后现代主义文化中成为一种主调。

德里达（J. Derrida）是当今法国后现代主义哲学家，他于20世纪60年代以来发表了《书写与差异》《播撒》《哲学的边缘》等著作，建立“解构论”哲学，在欧美哲学界很有影响。他的论述艰涩费解，集中到一点，就是“反逻各斯中心论”。“逻各斯”的希腊文本有说话、理性、本原、原则等多重含义。他认为从柏拉图的理念论到当代的一切和传统有联系的哲学，都是坚持以主体与客体、经验与先验、本质与现象、真理与虚假、事实与价值等二元对立原则为基础，结构主义也是秉持“能指”与“所指”对立的结构中心，以言语直接指谓对象的意义，这些都是坚持逻各斯中心的“在场的形而上学”，是造成束缚、僵化思想的等级结构与“白色神话”，必须将它们全都解构、颠覆掉，才能克服当今哲学与文化的危机。在他看来，逻各斯中心根源于西方传统的语音中心的思想模式，就是以人的主体为中心，以言语直接指谓对象的意义。他的解构论强调以书写文字为中心的文化论，这种文化哲学实质上是将全部文化看作并无直接指谓意义、并无确定原则的飘浮不定的“文本”世界，其特征是“分延”与“播撒”，就是说，全部“文本”的隐喻意义表现为一种游动飘移的差异性，全部文化也都没有任何结构与历史连续性，都只是多元性的碎片，只留下一道道可不断抹去的“痕迹”。在这种断裂的泛文化碎片中，人的主体中心概念也不复存在。他认为这样解构，才体现后现代文化的自由创造性。他的解构论割裂了语言、文字与现实的联系，实质上消解了哲学与文化的本源与基础。它反对一切传统哲学，宣扬无任何确定原则的泛文化观，导致文化相对主义。

2. 新实用主义的后哲学文化观

以分析哲学叛逆者形象崛起的美国哲学家罗蒂（R. M. Rorty）自20世纪70年代末以来发表《哲学和自然之镜》《实用主义的后果》等多部著作，倡导一种新实用主义和后哲学文化，在西方引起广泛关注，也被视为一种后现代主义哲学。他认为以往全部西方哲学的主流都是以心物、心身、主客体二分为前提，以认识论为中心，在琢磨人心这面“自然之镜”中，探究世界的本质、心的镜式本质，于是构造了种种“镜式哲学体系”。他坚决反对本质主义，主张彻底打碎全部“镜式”的体系哲学。他又称从古希腊柏拉图哲学到当代多数哲学学说，都是以理念、感觉、绝对观念、物质客体、心智实体等某种第一原理作为永恒不变的知识基础，用一套“映现现实的结构的观念”来提供“道德思考和社会政治思考的框架”，他并且认为这种“基础”力图追究终极真理，必定将人类主体扭曲成客体，现已“变得荒诞不经了”。他的反基础主义的口号和德里达的反逻各斯中心的口号异曲同工。他介入利奥塔和哈贝马斯关于后现代性与现代性的争论，持折中立场。他赞同利奥塔等人攻击近代西方启蒙思想传统中的“元叙事”与“整体性的哲学”，认为它们已不能成为当代知识合法化的基础；但他也批评利奥塔等人全盘抹杀人的主体性，会导致逃离自由主义社会的思想与制度。另一方面，他肯定哈贝马斯维护启蒙时代的“现代性设计”，维护以人的主体人性普遍解放和民主作为启蒙设计的中心，称它“还是自由体制的政治核心”；但他又认为科学与社会进步的动力不是启蒙设计的内在普遍理性，而是实用主义所说的“社会实践”（应付环境的行为经验）。他主张创造新的哲学以适应当今的“自由体制政治”。[①] 这就是他的用以取代“镜式”体系哲学的“启导哲学”与“后哲学文化”。

罗蒂认为传统哲学与分析哲学都已走到尽头，应复兴杜威的实用主义来融合海德格尔与后期维特根斯坦的日常语言哲学，用解释学方法沟通英美的科学主义和欧陆的人文哲学，汇成所谓新启蒙运动，引导人们进入“后哲学文化”。他主张认识论的行为主义，将全部知识和文化活动看作人适应和预测环境的活动，是一种社会性的行为经验与语言游戏，无须任何心或物的形而上学基础。他认为真理并无客观性，只是多数人相信为真的信念的协同性。多元文化只有对话机制，不受任何制约，都是暂时、不确定、可错的，任何信念都“只是根源于偶然的历史境况”。[②]

---

① ［美］罗蒂：《哈贝马斯与利奥塔论后现代》，李文阁译，见王岳川、尚水编《后现代主义文化与美学》，北京大学出版社 1992 年版，第 54—70 页。

② ［美］罗蒂：《偶然性、讥讽与亲和性》，剑桥：剑桥出版社 1989 年版，第 189 页。

后哲学的一切文化没有终极合理性，都是应付世界的方式，都为特殊功利的目的设立，只有暂时、相对的价值，不断被新的行为实践打破。哲学不再是一切知识的基础、中心和“文化之王”，它只是处于多元、自由的文化对话的边缘，只起评论、咨询作用。[①] 他强调后哲学文化是自由主义的文化，并不破坏西方的民主与自由传统，而是支持当代西方的社会生活方式。由此可见，罗蒂的后现代主义哲学只是在反知识文化的哲学“基础”方面反传统，它鲜明地表现出美国实用主义精神的特色，并以文化相对主义方式捍卫西方的自由与民主价值。

3. “建设性”的后现代主义哲学

和上述解构性、反基础性的后现代主义哲学不同，20 世纪 80 年代以来西方又出现了一些被称为建设性的后现代主义哲学，其中也有不同的内容与观点，不可一概而论，应作具体的分析与论评。有些学说实质上是力图复兴、更新某种传统哲学或神学，意图来解释、克服后现代的文化危机。如美国的格里芬（D. R. Griffin）等人倡导后现代科学（包括自然科学与人文科学），实质上是主张复兴 20 世纪前叶美国怀特海的过程哲学，即有机整体的宇宙创造进化论。格里芬认为当代科学的新发展已否定了现代科学的机械论与还原论、唯物论，现代性则已造成生态危机和精神文明的衰落。他的后现代有机论主张：人和自然万物不仅有外在的物质方面，而且有内在的“意识”或“智力”，作为动力因、目的因，实现宇宙万物相互联系、相互作用的进化，因此应当用整体论研究宇宙与科学的统一性，才能超越个人主义、人类中心论、经济主义、生态危机等种种现代性的消极后果。这种哲学还反对真理符合客观实在的观点，认为“科学不限于研究规律、法则，也应研究心灵学包括意念致动这类无意识、超感知的特殊功能”。[②] 这种说法则像是恩格斯早已批判过的 19 世纪“灵学”的沉渣泛起，对当代科学的发展并无什么“建设性”可言。瑞士基督教哲学神学家汉斯·昆（Hans Kung）则认为“现代性”导致尼采以来的宗教信仰危机，后现代应当解脱宗教受压抑的状态，应当是不

---

① ［美］罗蒂：《实用主义的后果》，明尼苏达大学出版社 1982 年版，第 xxxviii—xliii 页。

② ［美］格里芬编：《后现代科学》，马季方译，中央编译出版社 1998 年版，第 21—22、31—43、178—188 页。

同宗教信仰全球性互相理解的"普世"时代，这就要建立关注社会文化变革的"普世性神学"；他并且认为第二次梵蒂冈会议后，天主教原有的集权官僚制度与封闭文化环境在解体，如今应推进多元宗教对话，"开辟世界宗教的神学"。与此相关，近些年来，他在世界性的宗教团体会议上起草、发表《全球伦理宣言》，在推动建立全球伦理的国际活动中非常活跃。另有一些后现代主义哲学家以积极态度研究重大现实问题，如美国女哲学家斯普瑞特奈克（C. Spretanak）发表《绿色政治》等多部著作，倡导生态后现代主义。她批判西方现代性造成经济、生态、种族等方面的多种负面效应，在哲理上反对德里达等人否定真理与文化的内在统一性，主张人、社会与自然是有机联系的链条，倡导绿色政治运动的核心价值，如生态智慧、非人类中心化、尊重差异、个人与社会的责任、可持续发展等。这类学说在理论价值与现实作用上确实更有建设性意义，值得我们重视和研究。

三 后现代主义的文化影响

由于后现代主义不是思想统一的思潮，各家各派的文化观念也不相同，所以它们对文化的各领域也具有很错杂的影响，这里难以作出全面具体的论析。但可以说，后现代主义思潮对当今西方文化有着强烈的冲击、回响。这里仅就主导的后现代主义文化哲学对当代西方的文化艺术和社会学的影响，略述一二。

后现代主义对文学艺术与美学的影响发生最早，也最直接、广泛。哈桑在《后现代转折》中概括后现代文学艺术的内容与形式的一些审美特征：不确定性（艺术及其对象界限模糊）、反整体化的零乱性、消除一切准则与权威的非原则化、无自我与无深度性、反现实的不可表现性和展示人的卑琐性、荒诞散漫的反讽、不同文体的种类混杂、表现意志欲望的狂欢、通过符号播撒心灵感知的内在性等等。[①] 它在艺术创作方法上也有不同于现代主义的游戏、反创造、反讽、断裂倒错、表现精神分裂

① ［美］哈桑：《后现代景观中的多元论》，王岳川译，见王岳川等编《后现代主义文化与美学》，北京大学出版社1992年版，第125—132页。

等等特征。后现代主义在音乐、建筑、绘画、雕塑、电影等艺术的创作风格中，也有各种不同的表现。如画家杜尚将达·芬奇的名画“蒙娜丽莎”的脸上加添山羊胡子，表示绘画并非模拟、再现生活对象。后现代主义的建筑流派中有独到的审美价值，如后现代派的建筑以自由曲线等手法，甚或融入古代或民间的建筑风格，表现后现代的空间感，后现代主义的建筑物中有许多闻名于世的佳作。

后现代主义在社会学领域也有较为广泛、深入的影响。如著名的法国后结构主义者鲍德里亚（J. Baudrillard）在20世纪60年代曾相信马克思主义，70年代转向用符号学研究西方消费文化社会。他认为马克思主义区别经济与文化、批判资本主义都已失灵，后现代文化中电子媒介的符号体系，已造成新的资本主义的自动控制秩序，人们已生活在一种复杂的、超现实的仿真世界中，独立思考已不可能，不再有阶级意识，社会生活处在“沉默的多数”的阴影下，历史已停滞，成为无意义的“后历史”。詹姆逊在1983年、1991年相继发表的《后现代主义与消费社会》《后现代主义或晚期资本主义的文化逻辑》，促使英国左派杂志《新左派评论》《理论、文化与社会》展开后现代的社会学研讨，费什斯通、哈维、拉什等一批学者从文化与经济、社会紧密结合的角度，研究当代西方社会的变迁，发表了不少论著，提出许多见解，如认为后现代主义是新中产阶级的生活方式，标志市场力量向全范围文化生产的扩展，全球化的资本主义中潜伏着超过以往的金融危机。后现代的社会学研究较多涉及考察、论述当今西方资本主义社会的新特征、新矛盾，较有价值，值得我们重视。

近些年来中国学术文化界对后现代主义已有大量褒贬不一的介绍和论评，讨论它和中国现代化及文化建设的关系，其中也有不同见解，或认为可吸取其积极内容，或认为应拒斥批判。应当说，后现代主义本身有不同的内容与态度，对它们应作具体分析，它们都以不同方式探究或表现当代西方的社会与文化特征，并揭示了西方的现代性、现代化发展模式也有其内在矛盾与种种消极后果，这对我们是有认识价值与借鉴意义的。现代性与现代化发展模式是多样性的。有中国特色的现代化宏伟事业，并不根基于西方的现代性，自有立足于中国国情、社会制度与传统的经济、政治体制与文化精神。因此，将西方的后现代性与后现代主义简单地套用来研究中国社会现实，或与中国传统文化作无类比附，或将后现代主义文化移入中国文化，并不合适。但是，研究、借鉴后现代主义思潮可以得到启迪，使我们注意超越西方的现代性与后现代性，避免有关的矛盾与问题，这对中国的文化和社会发展，又是很有理论价值与现实意义的。

（选自《国外社会科学》2001 年第 5 期）

呼唤全球正义

——与柯布教授的对话*

任　平**

任平：我注意到，这些年您一直关注全球化过程中的社会正义问题，对“共同福祉”的追求是您的《生命的解放》《为了共同福祉》《地球主义对经济主义的挑战》等书的主线。我想知道是什么使您这样不遗余力地呼唤全球正义？

柯布：我之所以这样关注全球正义问题，是因为今天这个世界正借助全球化的浪潮越来越走向非正义。我们有责任阻止这一日益恶化的趋势。关注这一问题的人越多，这一问题就越有望得到解决。我很高兴看到中国的马克思主义者投入对这一问题的思考中。

任平：从您的角度看，导致全球非正义越来越严重的原因何在？

柯布：这是个很复杂的问题，有多种原因在起作用。但是我要强调：经济学家负有不可推卸的责任。因为他们中的大多数人只是将经济学看作是从丰富多彩的人类社会和自然界中抽象出来的学术原则。他们坚信，他们抽象出来的东西和他们研究这些抽象物引申出来的结

---

* 本文作者于 2003 年 11 月 7 日拜访了世界著名后现代思想家小约翰·柯布（John B. Cobber）教授。在美国克莱蒙特大学克莱蒙创桥街 77 号柯布先生简朴雅致的客厅里，柯布教授就全球正义问题发表了自己的观点，本刊发表时略有删节。

** 任平，男，1956 年生，苏州大学校长助理，博士。

论正引导着人类的行为，特别适用于工业化世界，这些无疑是对的。但当决策者决定优先考虑从经济学抽象物中引申出来的政策时，问题便产生了。当他们这样做时，他们仅仅关注经济的增长，很少关注正义的价值，很少关注共同的价值，很少关注人类内心的满足感，很少关注生态系统的价值。如果说经济学家应该受到指责，那是因为他们没有提醒决策者，他们的建议只是以抽象之物而不是以实际的世界为基础的。总体上可以把现代经济学家看作是一个对地球环境恶化漠不关心的集团。

任平：我觉得您的这一批评也同样适合中国的经济学家。中国大多数经济学家至今最热衷的仍然是经济增长。经济增长在某种程度上被看作是包治百病的灵丹妙药，生态问题、社会公正问题都在他们的视野之外。在他们看来只要经济上去了，其他一切问题就都迎刃而解了。从后现代经济的角度看，现代经济学家这种对经济增长的迷信是危险的，理论上也是站不住脚的。

柯布：这种对经济增长的迷信是建立在“自然资源是无限的”这一假定之上。在西方，新自由主义经济学占统治地位的学派往往十分明确地表明了这一点。它相信，技术进步将解决任何来自自然短缺的问题，增长没有极限。经济增长得越快，生产、交换和消费就越好，因为更大的市场加快了经济的增长，理想的状况是一种单一的全球市场。我们无须根据公共政策来讨论环境问题，因为市场将照料到它们。后现代思想家从生态角度挑战了这种广为流行的看法，他们认为，人类正在消费越来越多的自然资源。根据某些统计，野生物种正变得更加稀少或者已经消失，许多物种只能通过人来照料才得以幸存。石油（它使得如此多的经济增长成为可能）在未来几十年的时间里将变得稀缺和昂贵，淡水在世界的许多地方已经变得不足，气候变暖导致了日益频繁的暴风雨和更加变化无常的天气。因此，我们至少应该致力于讨论稀有资源、减少污染以及那些将使我们进入一种后石油经济时代的技术创新。

任平：这种“经济增长癖”的流行与现代主流经济学对市场的崇拜分不开。

柯布：占统治地位的经济理论深信，市场越大，政府干预得越少，财富创造得就越快。它假定，财富的这种快速增长将有利于所有的人。这种观点是大可质疑的，须知市场的力量在于它鼓励了增长，而增长如何被分配并不是经济学家本身所关心的。历史事实表明，市场有利于富人更甚于穷人，并倾向于把财富集中到越来越少的人手中。结果，经济中的大多数增长都集中到了富人那里。我相信，市场恶化了穷人的状况。在美国过去的25年间，工人家庭只能通过更长时间的工作来维持其生活标准。人们曾经假定，一个拥有普通工作的男人只能养活其妻子和孩子，现在的标准则是双份的收入。无疑，父母对孩子的关心减少了，而且造成了某些负面的社会后果。当然，家庭可能有许多以前没有的设施，但是更多的人更长时间地工作，而每小时的收入减少，却是不争的事实。再以墨西哥为例，自由贸易的后果对墨西哥工人来说就是工资的大幅度减少。另一方面，墨西哥亿万富翁的所得却是原来的三倍。

任平：您曾经多次强调现代占统治地位的经济模式对共同体的破坏，这似乎可以看作是导致全球非正义的另一个重要根源和表征。

柯布：由于现代经济模式是建立在“经济人”（homo economicus）的概念之上的，因此经济学所讨论的人是一些自给自足的个人，他们与其他个人的关系乃是市场交易的关系。人与人之间的其他关系、人与社会共同体的关系、人与自然的关系，通通不在这种经济理论的视界之内。换句话说，经济的压路机（economic steamroller）正在将一切夷为平地，包括家庭、村庄、社群。今天美国社会中人与人之间的疏离、人情的冷漠，就是这一破坏的后遗症。

任平：马克思主义对集体主义的强调似乎在这个问题上可以起到一种纠偏的作用。

柯布：马克思对个人主义的批判仍然有他的价值。他注意到这种个人主义实际上是资产阶级的意识形态。但是，和所有思想家一样，他深受那些他所运用的范畴的影响。他把工人视为集体，却没能说明其他群体。由于相信与生产资料的关系决定了人的行为，马克思认为，无产阶级可以作为集体来描述，但与其他个人的内涵无关。……如果人们认为阶级是一个集体，那么他们就会简单地把人视为阶级的成员。于是，他们就会把作为集体的阶级和社会的目标联系起来进行评价，并消灭那些阶级异已。可以判定，苏联的农业从未从其最好的农民的毁灭中恢复过元气。在任何情况下，集体化都很难发挥作用，因为它低估了个性，它使个人服从于集体，这就挫伤了个人的首创性。

任平：您似乎不同意马克思主义的阶级分析方法？

柯布：首先我要声明的是，马克思主义的阶级分析方法的启迪性是不容置疑的，很多问题都可以以此得到理解。然而，无产阶级的成员远比这一分析所允许的集体性要复杂得多。早在 1848 年，马克思和恩格斯就断言，随着资产阶级的发展，随着贸易自由和世界市场的确立，随着工业生产以及与之相适应的生活条件的一致化，各国人民之间的民族孤立性和对立性将日益消失。果真如此，人们就会指望，到 1914 年，国家忠诚将服从于阶级忠诚，很多马克思主义者就是这样认为的，但事实证明这一论断是错误的。法国无产阶级就曾在法国资产阶级领导下与德国无产阶级打仗，在绝大多数情况下，他们作为法国人的联盟超越了他们作为工人的联盟。

任平：您似乎更喜欢用“共同体中的人”这一概念来替代阶级概念和现代西方的“个人”概念。

柯布：我认为，把人视为共同体中内在相关的人，提供了理解现实事物的一个更好的方式。共同体中的人的模式导致了不同的安排，它强调的是能合作就合作，能单干就单干，个人抱负只有在不损害共同体其他成员的情况下才会得到支持。它肯定的是基于能力的多样性而产生的角色的多样性，它鼓励的是合作的模式，因为它们有利于人们的最佳利益。共同体有责任关心其所有的成员，但那些干得最好的人能合法地从其劳动中获利。随着集体农庄的失败和更多的土地交付给私人来耕作，苏联的农业开始向我所勾画的那个方向发展，但这种发展却被集体主义的理想阻止了。

任平：共同体和个体之间的关系应该是辩证的。马克思就曾谈过，在共产主义社会个人的自由是所有人自由的基础。

柯布：可惜马克思的这一宝贵思想被后来的社会主义实践所忽视了。共同体应该时刻意识到，它越是允许其自身中的多样性，其总体的丰富性就越大。另一方面，共同体的需要又对人如何才能实现自由设定了限制。所有人都在自由地追求其现实利益，但只有当他们认识到这些现实利益不能损害他人时才能这样做，每一个成员的真正的幸福都依赖于作为一个整体的共同体的健康发展。

任平：在反对目前这种经济上的掠夺性全球化的过程中，您的一个基本思路是赋权给共同体，这包括上至联合国这样的大共同体，中至欧盟、东盟、非洲国家组织，下至社区这样的小共同体。

柯布：如果地方和地区各级政府提高了决策能力，更多的权力被转让给作为共同体之共同体的最高层次的联合国，这不仅将有效地遏制美国的霸权，而且为真正的全球正义提供了保障。如果各个国家都被纳入欧洲共同体、亚洲共同体或非洲国家组织这样的组织中，那么在全球组织中代表这些国家的就是这些组织而非各个国家。严格地说，它将不再是联合的“国家”。显然，联合国大会与安理会之间目前的分离将会消失，没有一个国家或地区会拥有否决权。理想的情况是，各个地区的面积大致相当，而且每一个地区都拥有同等的权利。一个代表了广泛的人类关怀的强有力的联合国作为全球性实体是必要的。

任平：在这一走向全球正义的进程中，中国的作用是什么呢？

柯布：中国的历史、中国的传统，以及它在今天亚太地区举足轻重的地位，使它在这一进程中扮演一个十分重要的角色。中国尚和的传统、中庸的文化，以及中国人与生俱来的包容心使它很容易成为亚太地区的领袖。这就是我为什么如此看好中国的原因。

任平：您曾经预言在未来50年里中国将成为过程思想的中心。当您说这番话时，无疑是考察了过程思想与中国思想的亲和。在您看来，过程思想对于推动今天的全球正义的进程能起到哪些作用？

柯布：过程思想并非灵丹妙药。但作为一种重要的思想视角，它可以通过对当代资本主义经济模式的批判，提请人们注意全球化的负面效果。通过强调有机联系，推动社会的可持续发展，一个可持续的社会也就是一个公正的社会。

任平：马克思主义哲学中也蕴含着很丰富的过程思想。我相信中国的马克思主义者能够联合过程思想和建设性的后现代主义，为克服当今的全球非正义做出自己独特的贡献。

柯布：你说得很对。其实，在一定意义上现代世界已经死亡。但是，百足之虫死而不僵。其死亡之手却构建了我们的大学和我们的公共生活。那些认识到现代性之消极影响的人，必须找到各种协作方式以共同抵抗依然强势的现代思维方式。中国的马克思主义拥有很大的影响力，过程思维拥有深刻的洞见，再加上中国优秀的传统文化，这三者的联合将是一支改变这个世界的重要力量。

（选自《国外社会科学》2004 年第 4 期）

从技术政治学到审美政治学

——马尔库塞的政治哲学初探

王雨辰*

马尔库塞是法兰克福学派的主要代表人物，也是我国学术界关注和研究较多的人物之一。但我国学术界对马尔库塞的研究主要集中在他的《单向度的人》一书上，对于他后期在《反革命和造反》《审美之维》等著作中的思想关注较少，更没有把马尔库塞在《单向度的人》一书中的思想与他后期思想结合起来考察。本文的目的正是系统考察他从《单向度的人》一书到他后期思想的发展轨迹，进而归纳其政治哲学的主要内容。

一

在《单向度的人》一书中，马尔库塞通过探讨科学技术的社会效应，明确提出了在当代西方社会，科学技术已经成为一种新的统治工具和意识形态的观点，这意味着他在《单向度的人》一书中对科学技术的批判在本质上是一种对当代资本主义社会的政治意识形态的批判，通过这种批判形成了他的技术政治学。马尔库塞主要是从如下三个方面展开论述

* 王雨辰，男，1967 年生，中南财经政法大学哲学学院院长、教授、博士生导师，中国当代国外马克思主义研究会副会长。

他的技术政治学的主要内容的。

首先，马尔库塞认为，当代西方社会借助科学技术进步控制了人的内心向度，在全社会范围内形成了一种肯定现实的顺从意识，从而消除了社会的对立面，遏制了当代西方社会发生质变的可能性，维系了当代资本主义社会的稳定。在马尔库塞看来，科学技术的这种政治统治功能主要是通过控制人的需要来实现的。具体来说，当代西方社会借助科学技术进步所带来的巨大物质财富，通过广告等大众媒体制造“虚假需求”，并把其强加给人们。这种“虚假需求”的特点是通过宣扬消费主义的生存方式和制造新的消费需要，使人们沉溺于商品消费中而忘却对自由和解放的追求，其本质在于服从和服务于资本追求利润的需要，其目的在于消除人们对社会现实的批判否定能力，使当代资本主义社会的剥削和不公平现象得以存在下去。由于“虚假需求”是由社会外部力量强加给人们的，使得人们已经无法回答什么是“‘真实需求’，什么是‘虚假需求’”这个原本应该由个人回答的问题。这意味着当代资本主义社会对人的控制已深入人的内心向度，形成了对人的总体控制以及个人被社会同化、个人与社会直接同一的现象，由此出现了对操作性科学和行为的崇拜，批判性和颠覆性的观念和思想被当作形而上学的非科学的东西予以抛弃，产生了“一种单向度的思想和行为形式，在这种形式中，那些在内容上超出既定言论和行动领域的观念、渴望和目标，或被排斥，或被归纳为这一领域的几项内容”。[①] 马尔库塞认为，这一切都是科学技术进步的结果，这是因为科学技术进步虽然提高了生产效率，增加了物质财富，但是在另一方面，当代资本主义社会却借助科学技术进步的成就，造成以物质商品消费为主要内容的“虚假消费”，控制和牵引了人们的内心世界，使人们无法产生自主需要，从而实现了对人的总体控制。因此，“在一种新的意义上说，正盛行的社会控制形式是技术的。可以肯定，生产性设备和破坏性设备的技术结构和效率，已经成为现阶段使人民隶属于既定的社会劳动分工的一个主要工具”。[②]

其次，马尔库塞认为，科学技术在当代西方社会的政治功能还体现

① ［美］马尔库塞：《单向度的人》，张峰译，重庆出版社 1988 年版，第 12 页。

② 同上书，第 9—10 页。

在它“通过消除高级文化中敌对的、异己的和越轨的因素（高级文化借此构成现实的另一个向度），来克服文化同社会现实之间的对抗。这种对双向度文化的清洗，不是通过对‘文化价值’的否定和拒绝来进行的，而是通过把它们全盘并入既定秩序，并在大众规模上再现和展现它们”。[①] 马尔库塞这里所说的“西方高级文化”，指的是古典资本主义社会前技术时代的文化和艺术。

在古典资本主义社会前技术时代，由于人和自然都没有被当作物和工具组织起来，因此这一时期的艺术既具有和现存社会格格不入的浪漫气质，同时还表现出“自觉疏远整个商业和工业领域，疏远其斤斤计较和注重赢利的秩序”的特点，[②] 这就使得这一时期的文化和艺术具有肯定和否定的双重向度。从其肯定的向度看，主要是指艺术虽然是现存文化的组成部分，但是它超然于社会现实国之外，抽象地表达人们的美好愿望，因而隐瞒了资本主义社会日常生活实际的压抑状况，起到了掩盖和肯定现实的功能。从其否定的向度看，恰恰由于艺术所具有的这种超然于社会现实的特点，它能够逃避现实生活的异化，保持其批判和否定功能。“艺术，作为现存文化的一部分，它是肯定的，即依附于这种文化的；艺术，作为现实存在的异在，它是一种否定的力量。艺术的历史可以理解为这种对立的和谐化。”[③] 问题在于，由于技术理性的盛行和对人的总体控制，技术合理性不断消除和破坏了艺术中的敌对的、否定的和越轨的因素，从而克服了文化同现实之间的对抗。“在艺术异化中展现的艺术同时代之间的基本裂痕，正在逐渐被发达的技术社会所弥合，大拒绝反倒被拒绝；‘另一向度’被同化进占主导地位的状态中。”[④] 文化和艺术批判向度的消除使当代西方社会政治一体化现象日趋严重，由社会压抑所形成的不幸意识为一种幸福意识所取代，这种幸福意识的核心是“现实的就是合理的，不管怎么说，现存制度提供了商品。人民被引向到生产设备中去寻找有效的思想和行动的原因，而他们个人的思想和行动

① ［美］马尔库塞：《单向度的人》，张峰译，重庆出版社 1988 年版，第 49 页。

② 同上书，第 50 页。

③ ［美］马尔库塞：《审美之维》，李小兵译，生活·读书·新知三联书店 1989 年版，第 194 页。

④ ［美］马尔库塞：《单向度的人》，张峰译，重庆出版社 1988 年版，第 55 页。

能够而且应该归结为这种动因”。[①] 在马尔库塞看来，这种幸福意识导致人们产生了对危及社会整体的越轨行为和反抗意识的内疚感和犯罪感，这实际上从根本上消除了社会的对立面，从而使当代西方社会呈现出单向度性的特点。

最后，马尔库塞剖析了技术理性是如何消解西方思想传统中的否定向度，从而导致否定性思维的丧失和实证思维的盛行。在马尔库塞看来，西方思想传统和西方哲学在本质上是一种辩证逻辑，辩证逻辑的内在结构决定了西方思想传统的否定向度。在他看来，辩证逻辑的内在结构是把“是”和“应该”之间的批判的紧张状态理解为其本体论条件，这就意味着“辩证思维和既定现实之间与其说是一致的，毋宁说是矛盾的；真实的判断对现实的裁决，不是依据这个现实本身的术语，而是依据那些正视对现实的破坏的术语。而且在这种破坏中，现实成为它自身的真理”。[②] 但是，为了适应技术理性，西方思想传统中的辩证逻辑在当代西方社会却为只关注思维形式而忽视思维对象本质的形式逻辑所取代，其结果是不仅消解了辩证逻辑中的“是”和“应该”、本质和现象之间的冲突，而且使数理逻辑和符号逻辑在当代西方社会得以盛行。马尔库塞指出，当代数理逻辑和符号逻辑以保证思维的客观性和准确性为借口来反对辩证逻辑，同形式逻辑一样只关注思维的形式方面，它“净化掉了在逻辑和哲学起源时普遍隐隐呈现的‘否定性’——关于现存社会否定的、骗人的、虚假力量的经验。随着这种经验被排除，那种保持在‘是’和‘应该’之间的张力并以自身的真理来颠覆既定言论领域的概念力量，很可能从一切客观的、准确的和科学的思想中被排除掉”。[③] 否定性思维的消除导致了哲学批判向度的钝化，“哲学的思想变成了证明性思想；哲学批判是在社会框架内的批判，并把非实证的概念污蔑为纯粹的思辨、梦幻或幻想。……哲学不触及现存现实，它憎恶超越”。[④] 取而代之的是实证主义哲学的兴起。实证主义哲学借口保证知识的客观性和精确性，反

① ［美］马尔库塞：《单向度的人》，张峰译，重庆出版社 1988 年版，第 67 页。
② 同上书，第 112 页。
③ 同上书，第 119 页。
④ 同上书，第 146 页。

对形而上学的概念，把哲学变成了一种语言和逻辑分析，其本质不过是拒斥和贬低那些与既存现实不相符合的思想和言论，从而起到为社会现实进行辩护的功能。

通过以上分析，马尔库塞得出结论：科学技术在当代西方社会已经成为一种新的政治统治的工具，技术进步的逻辑实际上也就是统治的逻辑。这突出体现在以下三个方面：第一，科学技术进步虽然极大地提高了劳动生产效率，提高了生活水平，但是它却导致了一种与既定社会现实相适应的精确的思想和行为方式，消除了社会发生质变的可能性，科学技术合理性实际上不过是实现社会控制的新形式。第二，科学技术合理性把科学与哲学、科学与伦理分离开来，导致了一种对自然的定量化研究和工具主义、操作主义的思维方式，从表面上看是为了保证科学技术的客观性和精确性，秉承一种“价值中立”的态度，然而实际上它却内含着一种使技术运用服从于特定的社会组织的价值取向和目的，技术进步的逻辑实际上也就成了统治的逻辑。第三，技术进步不仅实现了人对自然的统治，而且对自然的统治与对人的统治是紧密联系在一起的，因为人也不得不服从生产过程中技术合理性的支配。“科学凭借它的方法的概念，已经设计并促成了一个领域，在这个领域中对自然的统治和对人的统治仍是联系在一起的。……在科学上理解和支配的自然，重现在生产和破坏的技术设备中，这种设备维持并改善了个人的生活，同时又使他们屈服于设备的主人”。①

二

如果说在《单向度的人》一书中，马尔库塞着力揭示的是科学技术在当代已经成为一种政治统治的工具和新的控制形式，认为“至今为止的进步都与统治有密不可分的联系，而且，这种联系涉及科学—技术的合理性本身”② 的话，那么，在《反革命和造反》《审美之维》等后期论

---

① ［美］马尔库塞：《单向度的人》，张峰译，重庆出版社 1988 年版，第 141 页。

② ［美］安德鲁·芬伯格：《可选择的现代性》，陆俊译，中国社会科学出版社 2003 年版，第 23 页。

著中，马尔库塞在进一步指认技术进步的社会后果的同时，强调培育人的“新感性”以及美学和艺术对于实现人的解放的重要作用，最终形成了他的审美政治学。

在马尔库塞看来，当代资本主义社会借助技术的进步和物质财富的增加，成功地将工人阶级同化到资本主义体系中，工人阶级的革命意识和政治意识呈现出日益弱化的趋势，这也表明了资本主义社会总体控制的日益加强。“资本主义进步的法则寓于这样一个公式：技术进步 = 社会财富的增长（社会生产总值的增长） = 奴役的加强。”[①] 但是这并不意味着资本主义社会没有反同化和离心的倾向，这一方面是由于资本主义生产关系从来没有能够使其生产关系和技术能力相一致，另一方面则在于当代资本主义社会需要依靠对自然和人的生命的全面毁灭为前提生存下去，资本主义的巨大物质财富恰恰可能导致资本主义的崩溃。但是目前的问题在于，资本主义社会弥漫的是一种改良的、顺从的意识，只有极少数未被同化的工人阶级和中产阶级具备了政治意识和反抗精神，这和马克思所处的时代具有完全不同的特点。马尔库塞由此提出，马克思的革命理论应该随着资本主义社会条件的变化而进行修改。这是因为，当代资本主义社会中工人阶级的被同化已经改变了马克思关于工人阶级是革命主体的判断，同时进行社会主义革命的前提是工人阶级必须摆脱资产阶级意识形态和文化价值观的束缚。基于以上原因，马尔库塞提出了一种新的解放的辩证法，即“如果没有个人本身的新的合理性和感性的发展，那么也就不可能有社会的质的变化，不可能有社会主义。没有一种激进的社会变化是没有激进的个人的变化的，个人是社会变化的承受者”。[②] 马尔库塞在这里所说的“个人的解放”，实际上也就是要重建人的“新感性”，形成个人的自主意识，从而把个人从当代资本主义社会的总体统治中解放出来。

马尔库塞把“个人的解放”归结为“自然的解放”，它具体包括两个方面的内容：一是解放属于人的自然，即作为人的理性和经验基础的人

---

① ［美］马尔库塞：《反革命和造反》，马尔库塞等：《工业社会和新左派》，任立编译，商务印书馆 1982 年版，第 82 页。

② 同上书，第 118 页。

的原始冲动；二是解放外部的自然界，即人的生存环境，因为人是在与自然的斗争中形成社会的。之所以把“人的解放”归结为“自然的解放”，是因为在当代资本主义社会，无论是属于人的自然，还是人的外部自然界都屈从于资本主义技术合理性的要求而处于异化状态。就属于人的自然看，马尔库塞认为当代资本主义社会操纵了植根于人的感性冲动的攻击性，使之成为对资本主义技术理性的顺从意识；就人的外部自然看，由于当代资本主义社会对人的统治是通过技术理性控制自然而实现的，而资本主义社会异化的自然界不仅阻碍了人的爱欲的宣泄和实现，而且对自然界的破坏与资本主义的经济发展具有密不可分的联系。“商业化的、受污染的、军事化的自然不仅从生态的意义上，而且也从生存意义上缩小了人的生活世界。它妨碍了人对他的环境世界的爱欲式的占有（和改变）：它使人不可能在自然中重新发现自己，无论是在异化的彼岸，还是此岸；它也使人不可能承认自然是自主的主体——人和这一主体一起生活在一个共同的人的世界里。”① 马尔库塞强调，所谓“自然的解放”并非是要求人们回到前工业技术时代，而是一方面要求使现代技术进步的成果摆脱那种基于对人和自然进行剥削的破坏性滥用；另一方面则要摆脱资本主义社会对人的总体控制，形成激进的、非顺从的“新感性”，从而反抗资本主义社会的技术理性，实现人和人、人和自然的和谐发展。

马尔库塞强调“新感性”是“表现着生命本能对攻击性和罪恶的超升，它将在社会的马范围内，孕育出充满生命的需求，以消除不公正和苦难；它将构织‘生活标准’向更高水平的进化”。② “新感性”这一概念是马尔库塞把马克思在《1844 年经济学哲学手稿》中的相关思想同弗洛伊德精神分析学结合起来，并赋予它以政治功能的结果。众所周知，在《1844 年经济学哲学手稿》一书中，马克思在论述人的感觉的形成是全部世界历史的产物这一观点的时候，一方面指出从主体方面看，任何

① ［美］马尔库塞：《反革命和造反》，马尔库塞等：《工业社会和新左派》，任立编译，商务印书馆 1982 年版，第 128 页。

② ［美］马尔库塞：《审美之维》，李小兵译，生活·读书·新知三联书店 1989 年版，第 106 页。

一个对象对于人的意义“恰好都是以我的感觉所及的程度为限。因此，社会的人的感觉不同于非社会的人的感觉。只是由于人的本质客观地展开的丰富性，主体的、人的感性的丰富性，如有音乐感的耳朵、能感受形式美的眼睛，总之，那些能成为人的享受的感觉，即确证自己是人的本质力量的感觉，才一部分发展起来，一部分产生出来。因为不仅五官感觉，而且连所谓精神感觉、实践感觉（意志、爱等），一句话，人的感觉、感觉的人性，都是由于它的对象的存在，由于人化的自然界才产生出来”。[①] 另一方面，马克思指出，“感性必须是一切科学的基础。科学只有从感觉意识和感性需要这两种形式出发，因此，科学只有从自然界出发，才是现实的科学”。[②] 马克思在这里实际上强调的是人的感性的形成是人类实践的产物，并从认识论上强调了感性是科学形成的前提和基础。马尔库塞在他的《历史唯物主义的基础》一文中，把马克思的上述思想本体论化，强调“对于马克思来说，感性就成了他的哲学基础的中心。……‘感性’是用以解释人的本质的一个本体论概念”。[③] 不仅如此，马尔库塞认为，马克思是把人的现实感性活动看作是人实现对象化和自我确证的基础，因此，马克思的哲学本体论是以感性活动为基础的劳动本体论。马尔库塞由此把马克思的以感性活动为基础的劳动本体论同弗洛伊德的精神分析学结合起来，提出了一种“爱欲”和“新感性”的概念。弗洛伊德的精神分析学把人类文明史看作是对人的本能的压抑史，由此认为建立一种非压抑性文明是不可能的。马尔库塞则提出了“必要的压抑”和“额外的压抑”两个概念，前者表示在生产力水平较低和社会物质财富较为匮乏的情况下，对人的本能的压抑是必要的。后者则表示在当代西方高度发达的生产力和社会物质财富极大丰富以及人的自由发展完全具备物质基础的情况下，社会特殊利益集团将对个人强加压抑。马尔库塞由此强调破除“额外的压抑”，建立一种非压抑性文明是完全可能的，但是其前提必须首先把人们从资本主义社会的总体控

---

① 《马克思恩格斯全集》（第2版），第3卷，人民出版社2002年版，第305页。

② 同上书，第308页。

③ ［美］马尔库塞：《历史唯物主义新基础》，复旦大学哲学系现代西方哲学研究室编译，《西方学者论〈1844年经济学哲学手稿〉》，复旦大学出版社1983年版，第110—111页。

制下解放出来，唤醒人们内心深处对自由和解放的“爱欲”追求，才能建立使人的生命不断丰富和感性化的非压抑性文明。马尔库塞所说的“爱欲”主要是指对人的生命本能“性欲”的一种升华，是生命有机体的一种建设性和创造性的力量。而“爱欲”的形成既有赖于变革不公正的资本主义制度和生产方式，同时也有赖于人们是否能够形成一种“新感性”。可以看出，马尔库塞实际上赋予了“新感性”变革现实的政治功能，认为要实现人的自由和解放，就必须把作为具有颠覆和反抗力量的人的感性从资本主义总体统治下解放出来。因此，马尔库塞所谓“新感性”实际上也就是人的“自主意识”，由于这种“自主意识”内在地包含对自由和解放的追求，因此，“新感性”必然具有颠覆现实的政治功能。那么，如何才能培育和形成这种“新感性”呢？马尔库塞的答案是“艺术审美”。

三

马尔库塞之所以赋予艺术审美在培育“新感性”和恢复人的“爱欲”中的重要作用，其根源在于两个方面。其一是由于他认为当代资本主义社会是一个被总体控制和总体异化的社会，这就决定了资本主义的政治体制、管理体制、技术和文化必然异化为统治人的工具，因此马尔库塞认为，只有对现存资本主义社会的一切采取“大拒绝”的革命方略，才能避免被异化的结局。其二是艺术本身所具有的特殊性。在他看来，艺术由于具有超然于社会现实之外的特点而具有肯定现实的功能，但是也正是由于艺术的这种特点使之能够免受资本主义社会的异化，并通过艺术理想与社会现实相对照而具有对社会的批判否定功能。艺术“在其先进的立场上，它是大拒绝——抗议现实的东西。人和万物得以表现、歌唱和言谈的方式，是拒绝、破坏并重建它们实际生存的方式”。[①] 马尔库塞的这种艺术审美救世主义在他的《爱欲与文明》一书中已经初见端倪，并在他的《反革命和造反》《审美之维》等著作中得到进一步发展。

---

① ［美］马尔库塞：《单向度的人》，张峰译，重庆出版社 1988 年版，第 54 页。

在《爱欲与文明》一书中，马尔库塞强调，正是艺术的想象和幻想对抗了现实原则的支配，从而保证了人的感性生命对自由和解放的向往以及对现实的反抗。“艺术想象形成了对没有成功的解放、被抛弃的诺言的无意识记忆。……而且，在审美形式中，艺术还表达了（虽然是模棱两可地表达了）被压抑的解放形象的回归。艺术就是反抗。”[①] 他还通过阐释康德美学关于“无目的的合目的性”“无规律的合规律性”以及席勒的“艺术游戏说”来进一步阐明艺术的这种解放和政治功能。他在阐释康德美学的过程中指出，正是感性的审美活动保存了人的自由。他在评论席勒的“艺术游戏说”的过程中强调，席勒美学的目的实际上是要解决一个政治问题，即“把人从非人的生存状态中解放出来。席勒表明，为了解决政治问题，‘美学是必由之路，国因为正是美导向自由’。而消遣冲动则是这种解放的工具。这种冲动的目的不是‘借助’某物来消遣，而是生命本身的消遣，它超越了欲望和外部强制，是无忧无虑地生存的表现，因而是自由本身的表现。人只有摆脱了内外、身心的一切压制时，只有不再受任何规律和需要压制时，才是自由的”。[②] 在《反革命和造反》一书中，马尔库塞不仅肯定“自由”植根于人的原始感性冲动中，明确人的自由和解放实际上也就是人的感官的解放，而且指出正是异化的资本主义社会导致了人的感性的钝化。这就意味着培育一种“新感性”既是一种生活方式的重建，也是反对资本主义社会的一种政治斗争形式。当然，马尔库塞这里所说的“新感性”指的是个体感官的解放，而这种个体感官的解放恰恰是实现社会普遍解放的基础和前提。

基于以上认识，马尔库塞在《审美之维》一书中不仅批判了正统马克思主义的美学理论，而且分析了艺术何以成为一种解放的工具。他把正统马克思主义的美学理论归结为一种以反映论为基础的现实主义，其基本特点是它“从占统治地位的生产关系的总体出发去解释一件艺术品的性质和真实性；尤其是指那种把艺术品看作是以某种确定的方式表现

---

① ［美］马尔库塞：《爱欲与文明》，黄勇、薛民译，上海译文出版社 2005 年版，第 111—112 页。

② ［美］马尔库塞：《单向度的人》，张峰译，重庆出版社 1988 年版，第 144 页。

了特定社会阶级的利益和世界观的看法”。[①] 马尔库塞指出，虽然正统马克思主义美学也肯定艺术的政治功能，但是这种美学理论实际上是根据传统的历史唯物主义的“经济基础—上层建筑”的关系理论推演出来的，其最大缺陷在于忽视了人的主体性，低估了非物质力量的政治功能，它“不仅低估了作为认识的自我的理性主体，而且低估了内在性、情感以及想象；个体本身的意识和下意识愈发被消解在阶级意识中，由此，革命的主要前提条件被削弱到最小程度。即这样的事实被忽略了：产生革命变革的需求，必须源于个体本身的主体性，植根于个体的理智与个体的激情、个体的冲动与个体的目标”，[②] 由此陷入机械的物质决定论的错误之中。那么，艺术以何种方式成为实现人的解放的工具呢？对此，马尔库塞的看法是，承载艺术解放功能的并非是艺术的内容，而是艺术的审美形式。也就是说，艺术的政治功能不在于它如何真实地再现了现实，而在于它是否能够把艺术的内容转换成艺术的形式，即转换成艺术的“审美之维”。马尔库塞把艺术审美形式规定为“把一种给定的内容（即现实的或历史的、个体的或社会的事实）变成一个自足整体（如诗歌、戏剧、小说等）所得到的结果”。[③] 他认为，只有这样才能使艺术超然于现实而保持自律，避免为现实所支配，从而展现艺术的永恒真理。也就是说，艺术是以艺术的审美形式来展现现实，而并非直接反映现实，正是艺术对现实的这种超然态度保证了艺术对现实的反抗和批判向度。

四

总的来看，马尔库塞的政治哲学经历了一个从技术政治学到审美政治学的变化过程。在技术政治学中，马尔库塞政治哲学的重点是揭示科学技术在当代西方社会已经成为一种新的控制形式和一种新的意识形态

---

① ［美］马尔库塞：《审美之维》，李小兵译，生活·读书·新知三联书店 1989 年版，第 203 页。

② 同上书，第 208 页。

③ 同上书，第 211 页。

这一现实，并由此得出“科学技术是意识形态”的结论。在审美政治学中，马尔库塞政治哲学的重点是面对科学技术理性所造成的总体控制和社会的总体异化，探讨实现人的自由和解放的可能性和途径，他的解救之道就是“艺术美学救世主义”。可以说，审美政治学是马尔库塞政治哲学的结局。那么，我们应当如何看待马尔库塞的政治哲学呢？

我们先考察马尔库塞的技术政治学。马尔库塞的技术政治学的突出特点是他肯定科学技术在当代西方绝非中性的，而是资产阶级意识形态的组成部分。事实上，马尔库塞认为科学技术本身是价值中立的，并无好坏之分。在他看来，技术进步既可能起到实现人的自由和解放的功能，也可能起到压抑和控制人的功能。科学技术在当代西方社会之所以成为一种控制和压抑人的工具，根本原因在于其哲学理论基础的内在缺陷。马尔库塞指出，西方社会中的科学技术的哲学理论基础在于实证主义哲学，其理论特点在于借口保证科学的客观性和精确性，坚持价值中立，并由此否定哲学和形而上学存在的必要性，否定人类对终极价值和意义问题的思考和追求，割裂了科学和价值、科学和伦理的内在联系，最终导致了唯科学主义思潮的盛行，科学理性沦为技术理性，社会发展的逻辑转换成了技术进步的逻辑。而这种以技术为基础的社会进步观恰恰是启蒙理性的核心，它在本质上是资产阶级意识形态和价值观的内在组成部分，它决定了技术必然会沦为资产阶级控制自然和控制人的工具。马尔库塞由此强调，实证主义哲学尽管标榜“价值中立”，但实际上却内含着价值立场，也正是实证主义哲学的这种价值立场导致了技术的异化。那么，这里是否如有些学者所指出的那样，马尔库塞的思想存在着内在矛盾呢？因为马尔库塞一方面坚持科学技术价值中立论，另一方面又批评那种割裂科学和价值、科学和伦理的内在联系的做法。笔者认为，这种说法是难以成立的。问题的关键是我们必须把“科学”和“技术”区分开来。应该说，无论就科学研究的目的、科学研究的方法，还是就科学研究的哲学理论基础而言，科学和价值、科学和伦理必然存在着内在关联，割裂了这种内在关联就必然使科学理性异化为技术理性。而技术作为科学知识的物化，其本身并无价值属性，技术运用的方向取决于承载它的社会制度的性质，以及社会制度所盛行的价值观。马尔库塞的技术政治学正是立足于这种区分而展开的。这就不难理解他在《单向度的人》一书中一方面批判实证主义哲学，特别是批判当代西方逻辑实证主义哲学消解哲学的价值向度，另一方面坚持科学技术价值中立论这一立场。而且，也正是因为技术运用的方向取决于社会制度的性质，对技术的政治意识形态批判才得以可能，技术政治学才能够成立。

我们进一步分析马尔库塞的审美政治学。马尔库塞的审美政治学一方面强调个体感性解放作为实现社会普遍解放的基础和前提，另一方面提出了艺术审美救世主义的理论主张，我们可以从两个方面揭示其根源。其一是当代西方社会现实条件的变化。一方面，当代西方社会的突出特点是出现了社会发展的总体化和一体化趋势，个人日益为社会总体所吞没。另一方面，借助技术进步所提供的大量物质财富，西方社会得以通过宣扬消费主义的生存方式来控制人的内心向度，政治意识和革命意识日益淡漠，工人阶级日益分化，使得对“革命主体”的追寻成为包括马尔库塞在内的西方马克思主义理论家共同面临的难题。这也使他们必然会把培育个体的自主意识和革命意识作为理论研究的重点。其二是需要分析西方马克思主义理论家的现实遭遇和理论来源的多样性。众所周知，西方马克思主义自产生之日起就在马克思主义阵营中受到批判，而不得不在党外发展，从而必然丧失了与有组织的工人运动的内在联系。同时，西方马克思主义的多元理论来源，特别是西方哲学中的人道主义传统使他们在坚持对资本主义制度展开批判的同时，更加注重如何避免使个人为社会总体所吞没，维护个人的价值和尊严成为他们理论关注的焦点。因此，虽然马尔库塞的艺术审美救世主义具有浓厚的乌托邦性质，但是如果立足于西方社会现实条件的变化，我们就应该看到他对实现人的自由和解放的孜孜追求。

（选自《国外社会科学》2009 年第 1 期）

多元正义理论的当代阐述

——戴维·米勒多元正义理论述评

王桂艳*

自20世纪70年代以来，西方政治哲学研究的主题发生了根本性的理论转向，使西方一直占统治地位的古典自由主义的自由主题转移到了以新自由主义的正义为主题。然而，围绕着社会正义主题究竟是体现为平等、自由、善、应得、程序还是社会善物，几乎所有的当代西方政治哲学的流派，包括以罗尔斯、德沃金等人为代表的左翼的自由主义，以哈耶克、诺齐克为代表的右翼的自由主义，还有以麦金太尔、沃尔泽为代表的社群主义等，都展开过紧张的争论。理论家们的探索为社会正义理论的研究开辟了不同的进路，但是对社会正义主题的探讨并没有终结。英国著名的政治哲学家、当代市场社会主义和多元正义理论的主要代表人物之一，现任牛津大学纳菲尔德学院的戴维·米勒（David Miller，1946—）[①] 教授针对各种政治哲学理论家提出的正义原则，在综合社会科学和政治哲学研究的基础上，提出了一种新的社会正义理论。米勒对社会正义理论的阐述主要体现在他最成熟的同名著作《社会正义原则》[②] 一

* 王桂艳，女，1963年生，天津师范大学马克思主义学院教授、博士生导师，博士。

① http：//en. Wikipediia. org/wiki/David_ Miller_ （political_ theorist）.

② David Miller, *Principles of Social Justice*, Cambridge, Mass.: Harvard University Press, 1999.

书中。

一 社会正义的适用范围：三种关系模式对应三种正义原则

米勒的正义理论注重正义原则所处的社会环境，认为社会正义要发挥作用需要一定环境，即“能够作为可操作的、指导政策的理想发挥作用的环境”。“社会正义与分配有关”，主要解决利益和损失在社会成员如何公平分配的问题。米勒把社会正义概括为：“生活中好的东西和坏的东西应当如何在人类社会的成员之间进行分配。”① 米勒认为，由于分配正义的内容、原则和分配主体等都是多元的，没有任何一个群体的利益原则具有垄断性，因此，不同生活情境中的不同人，或同一情境中不同关系的人需要多元正义原则指导。② 米勒的社会正义理论就是从人类关系模式出发，在具体的社会情境中去探寻能指导分配的社会正义原则。他认为，日常生活中各种社会物品的分配是由人们之间关系的性质、形式以及所包含的内容决定的，“自我无法离开它所处的社会关系而得到理解”，③ 只有从人类关系的具体情境来考虑，社会正义原则的确立才可行。

米勒多元正义理论的核心之一就是阐述三种关系模式与三种正义原则对应的关系。米勒认为，只有通过观察人类之间存在的各种不同的、复杂的关系，人们才能理解别人向我们提出的正义要求，但并不是说必须在一个关系模式中就能找到一种与之相对应的原则，而应当寻求多元原则的契合。米勒把复杂的社会关系分为三种模式：团结的社群（solidaristic community）、工具性联合体（instrumental association）以及公民身份（citizenship），这三种关系模式对应于三种正义原则。

1. 需要的原则适用于团结的社群

米勒指出：团结的社群“存在于人们共享民族认同之时，而这种认

① ［英］戴维·米勒：《社会正义原则》言，应奇译，江苏人民出版社 2001 年版，第 1 页。

② 同上书，第 2 页。

③ David Miller, Communitarianism: Left, Right and Centre, in Dan Avnon and Avner de-Shalit (eds.), *Liberalism and Its Practice*, Routledge, London and New York, 1999.

同是由人们作为具有共同的民族精神的相对稳定的群体的一员来定义的”,[①] 它具有民族认同感、互相理解和互相信任、信仰相同、有共同的文化背景等主要特征。在这一社群内部，正义原则是按需分配的，责任和义务根据不同情境下社群联系的密切程度而定。这里的“按需分配”并不是以物质极大丰富为前提，而是以资源相对匮乏为前提，指根据个人的能力作出贡献，否则它就不能作为一个正义原则。这里所说的“需要”，是所谓的“内在的”需要，以及所谓“无条件的”或“基本的”需要，它指的是最低限度的东西，这种需要本身并不是工具性的，而是目的性的。对于如何确定具体的按需分配的比例，米勒提出，没有一种完美的正义原则，因此分配所采取的是使在同一群体、同一处境中的人同等对待的最终结果不正义达到最小化的政策。为了平衡不正义，应当以未满足的需要为准绳来观察每个人的处境。无论哪一种分配，只要它产生的差距总和是最低的，就可以断定它是最为平等的，也是最为公平的。

2. 应得的原则适用于工具性的联合体

所谓“工具性的联合”，指人们“以功利的方式相互联系在一起，经济关系是这种模式的典范”。在这种模式中，虽然人们彼此也有团结性的特质，但却是作为物品的买方和卖方而联系起来的，所以主导的关系是工具性的并受功利主义的支配。“每个人是作为具有用来实现其目标的技术和才能的自由行为者加入到联合体当中来。”[②] 对于工具性的联合而言，其正义原则是“依据应得分配”，应得多少依据贡献来断定，当其所得与其贡献相等时，正义就能实现。贡献指个人或集体的行为和业绩，主要依据的是工作中的实际表现和实际业绩。

3. 平等的原则适用于公民身份联合体

对于公民身份，米勒认为，“在现代自由民主制条件下，政治社会的成员不但通过他们的工具联合体，而且作为同等的公民相互联系”。所谓公民身份是指“社会的任何正式成员都是一起确定公民地位的一组权利

---

① ［英］戴维·米勒：《社会正义原则》，应奇译，江苏人民出版社 2001 年版，第 27—28 页。

② 同上书，第 29 页。

和责任的承担者”。[①] 公民身份联合体的首要分配原则是平等，由于在现实社会中，如何平等地分配各种社会的利益存在着不同的平等观，米勒将平等分为分配的平等和社会平等两种。分配的平等即平等地分配权利与资源，它与正义相关并通过指出某个人的所得超出他的正当权利的分配来说明不平等的具体表现；社会平等也称地位的平等，指的是人们之间平等对待，没有等级，它独立于正义，这种平等所要表达的意图主要不是关于分配的不公平，而是反对不平等和不适当的社会关系性质。米勒认为，在两种平等的价值中，一种属于个人主义的价值，而另一种属于整体主义的价值。米勒的多元主义正义论在平等的价值的选择上避免了要么是个人主义要么是整体主义的窘境方式，他认为对于两种平等的价值可以“兼而有之”。

在米勒看来，三条原则并不是孤立地只能适用于某一特定的领域，三种关系模式可以覆盖社会的各个领域，同时三条原则也能满足正义的要求。也就是说，每种人类关系模式都能与对应的正义原则相匹配，而且它们之间是相互渗透、相互贯通、相互重叠的：工具性的联合有团结性的特质，团结性的关系也具有工具性的特性，公民身份同需要和应得原则相关。总之，社会正义原则的适用是需要以一定的社会情境为依据的，通过需要、应得和平等三原则的实施，可以在人类三种关系模式上将利益和损失分配给社会环境中的每一个成员，从而实现整个社会的正义。

二　社会正义的实现：重视结果正义，保证程序公平

在如何实现社会正义的问题上，米勒重视结果正义，但同时主张要保证程序的公平。对于程序正义和结果正义的关系，米勒一方面认为两者有冲突，另一方面坚持结果的正义在社会评价中的优先性，但同时主张保证程序正义的实现。

首先，程序正义和结果正义有时是冲突的。米勒认为，“在一个社会

---

① ［英］戴维·米勒：《社会正义原则》，应奇译，江苏人民出版社2001年版，第32页。

的主要制度符合需要、应得和平等的原则——这些原则一起确定了把利益和损失分配给个体成员的总体模式——的意义上，这个社会是正义的”。[①] 不过，虽然三个原则适用于结果，但由于人们对需要、应得和平等三个原则的认同存在着争议，由此导致了正义的程序和结果之间存在着一定的冲突，冲突的结果使社会正义的实现存在着许多障碍。以需要原则为例，就存在着就业机会与人的需要的冲突：如果多个人同时需要某一个工作，那么这一工作机会给谁比较公平呢？由此，米勒认为，“澄清程序正义和结果正义的关系就成了对（社会正义）这一观念进行任何辩护的一个根本的组成部分”。[②] 米勒对程序和结果的含义进行了界定并分析了为何正义的程序难以达到正义的结果的理由。“程序指的是一个机构——一个人或一种制度——向若干其他人分配利益（负担）的规则或途径。这里的焦点是人们由此具有对各种利益的权利的实际过程。”程序包含有平等、准确、公开、尊严等特征，这四个特征使程序的正义性具有独立于结果正义的性质。[③] “结果是指在任何时候，不同的个体由此享有各种资源、商品、机会或者权利的事态。”[④] 冲突的理由有三：一是“认知上的虚妄”；二是“外在于程序的背景条件会对最终的结果产生影响”；三是“两种或更多程序相互交叉”，使结果成为联合结果。[⑤]

其次，重视结果正义，但程序也同样重要。米勒认为程序正义不一定带来结果正义。一个程序要达成正义，或者说一个程序要与结果一致，需要符合四个原则：平等、准确、公开和透明、尊严。米勒坚持结果正义在社会评价中的优先性，认为“程序正义的马车不应当停在实质正义这驾马车之前”。[⑥]

总之，在米勒看来，程序正义与结果正义之间是互为关联的。一方面，如果社会只重视人们是否得到应得的利益、需要的东西或者平等的权利是不恰当的；另一方面，一个社会如果忽视程序的正义也是不恰当

---

① ［英］戴维·米勒：《社会正义原则》，应奇译，江苏人民出版社 2001 年版，第 102 页。

② 同上书，第 103 页。

③ 同上书，第 108—111 页。

④ 同上书，第 102 页。

⑤ 同上书，第 104—105 页。

⑥ 同上书，第 116 页。

的。米勒在分析程序正义与结果正义关系的过程中，还谈到了制度正义的问题。米勒认为，分配正义取决于国家的制度与结构，而社会正义的主题包括社会成员之间的分配及其社会的基本结构，其目标就是确定使每个人能够为社会幸福作出贡献的制度安排。他说："如果我们真正关心社会正义，我们就要把它的原则应用到个别地或者整体地产生贯串整个社会的分配后果的亚国家制度上去。"[①] 米勒在谈到制度正义对社会正义关系时把制度正义看成是保证结果正义的手段，强调了社会正义的实现需要通过国家制度。

三　社会正义的前景：面对全球化和文化多元主义的挑战

米勒多元正义理论是在面对全球化和文化多元主义的挑战中阐述的。由于全球化和文化多元主义改变了传统的社会结构和社会关系，因此，对社会正义的理解就会发生变化。那么，如何理解这些变化呢？全球化论者和多元主义者认为民族国家正在消亡，由此带来的结果影响着社会正义的要素，尤其是实质性的平等要素，因此社会正义的前景"似乎是暗淡的"。在米勒看来，确实出现了社会内的文化多元使不同种族的文化对好的东西赋予了不同的意义，同一国家的不同种族文化会对如何分配某种好的东西产生不同看法的问题，但米勒反对社会正义的怀疑论立场，认为应当积极应对全球化和文化多元主义的挑战。

米勒认为，在全球化和文化多元的影响下，政治社群不断地沿着文化的界限分裂，而国家则越来越无力改变全球市场产生的资源分配。但是这样的社会快速发展并没有超越社会正义的环境。米勒指出："全球化论者和文化多元主义者都是对错参半的。全球化论者错误地假设在全球化经济中促进社会正义是不可能的，因为社会正义的有些要素对经济效率具有一种积极的影响；但他们正确地指出了就经济行为者能够逃避民族国家施加的限制而言，（社会正义）其他因素特别是减少不平等的要素变得可疑了。文化多元主义者错误地断言文化差异必定会转化成关于正

---

① ［英］戴维·米勒：《社会正义原则》，应奇译，江苏人民出版社2001年版，第13页。

义的意义分歧，但却正确地指出我们不能理所当然地把文化均质的民族作为分配的首要区域。”[①] 米勒认为，他的多元正义理论与其他正义理论相比更适应全球化和文化多元主义时代的挑战。在弄清楚了经济全球化对社会正义的前景可能造成的伤害后，他提出了社会正义追求应采取的两手策略。“一方面，我们得寻求促进旧原则的新方式，而在有些场合我们必须重新审视原则本身，以便弄清它们是否能在当代世界得到现实的遵循。”另一方面，“民族国家迄今为止是社会正义的主要工具，我们就必须在全球化经济的挑战中寻求强化它们的权威性和效率方式”。[②]

四 对米勒多元情境正义理论的几点评价

第一，这一理论摆脱了西方传统意义上以个人权利为基础对社会正义诉求的个人主义立场。

米勒从社会情境的多元关系出发考察现代市场经济条件下人们所处的复杂关系所形成的多元正义理论挑战了自由主义政治哲学中坚持单一正义原则的各种学说。米勒认为，自由主义的正义理论没有准确地把握住关于社会正义的信念。平等主义思想家罗尔斯借助于洛克、康德的社会契约论传统所提出的两个正义原则，虽然突出强调了弱势群体的利益，但罗尔斯对受惠最少的社会弱势群体的关注引起了许多合法既得利益者的不满；而为既得利益者进行辩护的诺奇克所提出的个人权利至上的“持有正义”理论又不符合当今社会对福利政策的推崇，亦无法实现社会正义的总体目标。在米勒看来，复杂的社会关系不能用单一的正义原则来确立社会的规范以解决众说纷纭的社会正义问题。正是基于对具体社会情境的关注所提出的由需要、应得和平等构成的复合正义原则使米勒的社会正义理论超越了自由主义正义理论的局限，并能够面对世界的多样性和正义的冲突。正如加拿大的政治哲学家金里卡说的，“现代自由主

① ［英］戴维·米勒：《社会正义原则》，应奇译，江苏人民出版社 2001 年版，第 295 页。

② 同上书，第 275 页。关于这一方面论述还可参阅：David Miller, *On Nationality*, Oxford: Oxford University Press, 1995; Cosmopolitanism: A Critique, *Critical Review of International Social and Political Philosophy*, Vol. 5, 2002; David Miller and Sohail Hashmi (eds.), *Boundaries and Justice: Diverse Ethical Perspectives*, Princeton and Oxford: Princeton University Press, 2001。

义者采取的是抽象的、个人主义式的立论，与之相反，他们（指包括米勒在内的社群主义者——引者注）提议一种更具情境性和更敏于共同体的立论”。[①]

第二，这一理论立足于现实，根据社会情境的具体实践所采取的具体正义原则的方法拓展了正义理论研究的空间。

米勒的多元正义理论不是为了构造出一种独立于现实生活实践的普遍性的理论体系，而是只有充分理解人类生活的复杂性并把社会正义放置到它们特定的社会情境中去分析才有其意义。因此，米勒的理论阐述中常常通过社会中人们最关心也是争议最多的议题，如教育资源分配不公，医疗保险不合理，政治权利的不平等，住房、工作的不公平等与社会生活密切相关的实证分析去把握社会正义原则，这就使得他的理论不像以往的正义理论那么抽象难懂。米勒的多元正义理论融汇了自由主义、社群主义和社会主义的价值观和方法论，关注社会正义的应用环境，强调历史文化的特殊性并力图探寻出在具体的社会情境中适用的且能指导社会分配的正义原则，体现了对正义问题考察的时代性和现实性。米勒将分配正义原则与社会政策的分析联系起来，兼顾了理论和现实的关系，增加了对社会正义研究的现实性力度，也拓展了正义理论研究的空间。

米勒的多元正义理论虽然吸收了许多因素，力求论证完整，但其正义理论也并非完善，仍然存在着一定的局限。

首先，在当今社会关系空前复杂的情况下，这一理论的价值观并不能解决生活世界中人们对正义问题的共同诉求。

由于米勒对于社会正义三大关系模式的划分缺乏严格的标准，这就使得其所对应的社会正义原则在具体应用中出现模糊不清的现象，如在公民身份这种关系模式下，分配原则就不应该是“应得”而应该是平等，即平等地要求每个人都获得足够的教育资源以得到其公民资格，这种模糊现象与撇开社会的物质生产关系谈社会正义原则有关。人们基于物质生产关系所形成的阶级和阶层关系在利益分配上是存在着冲突的，如用“应得”原则来规范工具性联合体这一领域时，就存在着资本家和工人的

---

① ［加］威尔·金里卡：《当代政治哲学》（下），刘莘译，上海三联书店 2004 年版，第 378 页。

经济利益冲突，这种冲突不可避免地会反映在他们对正义问题的诉求上。社会正义的分配既然离不开利益与负担这一生活中最基本的社会关系，那么，正义说到底与物质利益直接相关，要受到人们在生产关系中所处地位的制约。虽然米勒的社会正义理论能联系社会政策并贴近社会生活的现实，但撇开社会的物质生产关系谈正义原则使米勒的社会正义理论缺乏牢固的物质基础，进而就影响到社会正义的实现。正如恩格斯所说："如果我们确信现代劳动产品分配方式以及它造成的赤贫和豪富、饥饿和穷奢极欲尖锐对立的状况一定会发生变革，只是基于一种意识，即认为这种分配方式是非正义的，而正义总有一天要胜利，那就糟了，我们就得长久等待下去。"①

其次，米勒的多元正义理论虽然涉及了有关制度正义的问题，但由于对资本主义制度本身的分析缺少批判力而缺乏世界历史视野。

米勒的多元正义理论重视程序正义对结果正义的影响，但缺乏对制度正义的建构。米勒仅仅把制度的正义性看成是在一定范围内对程序正义和结果正义的平衡，并且认为这种平衡只是在一定范围内才有效。虽然米勒意识到了在资本主义的自由民主制度下每个人所具有的公民身份的平等权利从形式上看是平等的，但实质上却是不平等的，但是，米勒的多元正义理论却缺乏对资本主义制度本身的批判。因此，其正义主张实质上是一种改良的方案，最终会因其找不到正义实现的具体路径而使得其正义理论成为一种美好的幻想。在正义实现与制度的关系问题上，马克思主义把正义的实现建立在资本主义生产方式的变革上，认为资本主义制度的不平等是由社会的制度结构造成的，所有制关系不变，分配关系就不可能改变。因此，只有通过调整或变革社会的市场关系才能实现社会正义，因为社会的真正基础和动力是社会生产而不是正义观念，是物质生产的发展决定正义的内容。马克思指出："工人阶级企图实现的社会变革正是目前制度本身的必然的、历史的、不可避免的产物。"② "现代资本主义生产方式所造成的生产力和由它创立的财富分配制度，已经和这种生产方式本身发生激烈的矛盾，而且矛盾达到了这种程度，以至

---

① 《马克思恩格斯选集》第3卷，人民出版社2012年版，第536页。

② 同上书，第159页。

于如果要避免整个现代社会毁灭，就必须使生产方式和分配方式发生一个会消除一切阶级差别的变革。现代社会主义必获胜利的信心，正是基于这个以或多或少清晰的形象和不可抗拒的必然性印入被剥削的无产者的头脑中的、可以感触到的物质事实，而不是基于某一个蛰居书斋的学者关于正义和非正义的观念。”① 虽然米勒的多元正义理论回应了全球化的挑战，并试图在全球化和文化多元主义的大背景下寻求一种社会正义理论来规范人类现实生存状态的行为并引导社会发展方向，但由于这一理论只探索了有边界的正义问题，即使是在有边界的国度里，三种人类关系模式下的群体也无法就社会资源的分配达成有效的共识。因此，缺乏世界历史视野使米勒的正义理论只能适应于共时性的历史情境，而不能适应历时性的社会情境。

（选自《国外社会科学》2014 年第 3 期）

① 《马克思恩格斯选集》第 3 卷，人民出版社 2012 年版，第 537 页。

物的嘲讽与主体消亡的宿命：鲍德里亚的思想主题

仰海峰*

在鲍德里亚的思想发展中，物的存在方式一直是其关注的重要主题。早期的鲍德里亚主要关注消费社会中物的符号化问题，揭示物体系的支配地位，并想以象征交换为核心的文明模式取代符号—物为核心的消费社会模式。后期，鲍德里亚感到，在现代电子媒介社会中，物已经病毒化了，它到处游弋，完全据有了这个世界。传统哲学中的主体以及与之对应的客体完全消失了，被传统形而上学所控制的物从被支配性的构架中逃逸出来，嘲讽地“看”着作为主体的人是如何被物的世界所吞噬的。这种冷漠的嘲讽，表面上揭示了物的存在方式，实际上却描绘出主体消失的宿命。

一　主体的消失与物体系的形成：从马克思到鲍德里亚

主体是近代以来哲学逻辑的核心要件。理性与主体具有同一性，是近代以来思想发展的起点。从历史的视角来看，主体地位的确立与近代市民社会的发展过程相一致。马克思通过政治经济学批判，实现了自身

* 仰海峰，男，1969 年生，北京大学哲学系教授。

的思想转变，即从早期强调主体、理性的思想转向了从社会历史中考察主体、理性的思想，将人置于社会关系的网络中加以考察。在这一新的视角中，主体不再处于社会历史与哲学逻辑的中心位置，任何关于孤立主体的想象都只是对市民社会的意识形态认同（这主要是就马克思思想的内在逻辑来说的。在历史发展的过程中，对于没有经历过市场经济的社会，在日益全球化的时代，总是难以逾越个体主体占主导地位的历史时段）。在《1857—1858 年经济学手稿》导言中，马克思在谈到生产中的个人时指出，这些具有一定社会性质的个人才是出发点。“被斯密和李嘉图当作出发点的单个的孤立的猎人和渔夫，属于 18 世纪的缺乏想象力的虚构。……其实，这是对于 16 世纪以来就作了准备，而在 18 世纪大踏步走向成熟的‘市民社会’的预感。……这种 18 世纪的个人，一方面是封建社会形式解体的产物，另一方面是 16 世纪以来新兴生产力的产物，而在 18 世纪的预言家看来（斯密和李嘉图还完全以这些预言家为依据），这种个人是曾在过去存在过的理想；在他们看来，这种个人不是历史的结果，而是历史的起点。”[①] 因此，个人是被社会结构所架构的，在商品社会也是如此。

在《资本论》第一卷中，马克思讨论了商品拜物教。他指出，在商品普遍化时代，平常的物具有了非同寻常的神秘性，使人拜倒在自己面前，这就是商品拜物教。这里的拜物教具有两重含义。在表层，拜物教意味着人跪倒在自己的创造物面前，这是对直接存在的物的崇拜；在深层上，物之所以能占据这种“崇高”的位置，源于它在社会体系结构中的地位。因此，对社会体系中的物的崇拜，说到底是对这一社会结构本身的崇拜，这时拜物教的“物”不再是具体的存在物，而是一种抽象的看不见的社会关系，当人们崇拜具体的物的时候，对相应社会关系的崇拜与认同却被遮蔽了。商品拜物教表明，在商品普遍化的时代，主体只是一种理性的想象，实际上是被一种看不见的抽象体系所规制的。在这种体系的表层，就是传统哲学中所谓主体与客体的关系，或者说是有欲望的人与作为对象的物的关系。但从深层上来说，有欲望、有目的的个人，恰恰是被社会系统所整合、所同

① 《马克思恩格斯全集》第 30 卷，人民出版社 1995 年版，第 22—25 页。

化的。

从现代社会的变迁来看，马克思的拜物教批判关注的是资本主义早期阶段，即自由竞争的资本主义阶段。19 世纪后期，特别是在 20 世纪初，随着以泰勒制、福特主义为表征的机器大工业的推广，生产的机械化使人日益成为生产系统的螺丝钉。正是在这样的历史语境中，卢卡奇以马克思的商品拜物教批判为理论基础，通过整合齐美尔与韦伯的学说，提出了物化理化。与马克思相比，卢卡奇更加强调社会生产层面的人的物化生存状态，这是人进入自动化系统的结果，人的物化过程也可以说是人被自动化的物体系所编织的过程。面对主体、人被物化的状态，卢卡奇从以黑格尔为中介的历史辩证法出发，力图重新确立主体的批判立场，以阶级意识扬弃物化意识。这种确立主体地位的理论想象，经过《启蒙辩证法》与《单向度的人》的理论，走向了自身的反面，即主体已经被技术理性架构了。法兰克福学派的批判理论揭示出，随着工具理性的全面扩张，人真的成为技术铁笼中的“囚者”。这也表明随着现代社会的发展，主体越来越成为客体、物的编织物。这一思路直接影响到鲍德里亚关于物体系的支配地位的思考。

在当时的法国，反思传统哲学的主体理念是当时哲学研究的一个核心主题。从鲍德里亚的思想建构方面来说，除了马克思以及由此形成的西方马克思主义之外，还受到索绪尔开创的结构语言学与拉康在承继弗洛伊德精神分析学的去主体化的思路的影响。

在《精神现象学》中，黑格尔在讨论“感性确定性”时认为，人要想把感性经验的东西表达出来，就会遇到“共相”，因此，感性确定性的“真理”在于“共相”“概念”。正是从这里，黑格尔的哲学实现了从感性经验到理性的过渡。从语言学的视角来看，黑格尔的这一论述将语言不言自明地看成了主体的表达工具。在同时代的索绪尔看来，语言的这种表达功能并不来自主体的指令，而是由语言自身的差异结构所决定的。由符号构成的语言可分为音响系统的能指与表达概念含义的所指，能指之间的差异决定了所指的意义。因此，语言自身的结构性差异系统才是语言表达功能的基础。在这种理解中，语言不再是主体表达的工具，主体反而成为语言表达的载体。

在索绪尔的语言学中，符号是隶属于语言的，巴特将之进行了颠倒，认为语言学隶属于符号学。这一改变意在体现现代社会的符号特征。如在《流行体系》中，巴特通过分析《她》（*Elle*）杂志，揭示出书写时装的几个重要特征。首先，书写时装是一个亚系统，构成了时装系统的一个分支；其次，书写时装通过符号意象，建构了一个符号—物的世界；最后，在符号—物的世界中，实在物的差异源自符号的差异，正是这种差异系统产生了意义的世界。从巴特的分析中可以得出：意义不再来自主体的价值赋予，而是来自符号—物的呈现方式，来自符号—物的体系世界。真正的流行并不是来自主体的趣味与审美取向，而是来自对结构化体系中的某一符号—物的选择。主体已经被物所取代，但这里的物并不是传统哲学中与主体相对应的客体意义上的单个物，而是一种体系化的物，即物体系。实际上，这有点类似于马克思的分析，即在现代社会，思想所要面对的物已经不是摆在面前的对象，而是整个社会结构，这是一种将主体置于其中的物体系。

拉康通过将弗洛伊德的精神分析学与结构语言学相结合，颠覆性地解读了弗洛伊德的无意识理论。在弗洛伊德那里，传统的理性被无意识所取代，解放被压抑的利比多成为其理论的指向。这种无意识的利比多真的能够作为解放的基础吗？拉康通过反思精神分析学指出，弗洛伊德所说的无意识，实际上是由精神分析师通过话语建构出来的。由此，被弗洛伊德所推崇的无意识，变成了他人的话语。[①] 根据结构语言学，个体的言说是由语言的整体结构所决定的，与之相应，作为他人话语的无意识实际上是由一种结构建构出来的。回到社会历史层面，拉康将这种结构称为大他者（Other）。这时，任何主体的理念都成为大他者的投影，成为一种想象与幻觉。正是在这种结构主义精神分析学的基础上，阿尔都塞在论述意识形态时指出，意识形态就是将个体建构为一个主体，在其本质上是个人对其社会生活环境的一种想象性关系。

从上述的讨论中可以得出如下看法：第一，被近代以来的哲学所强调的主体，从批判的立场来看，只不过是商品普遍化时代的一种想象，使得主体成为市民社会的意识形态；第二，随着现代社会的发

① ［法］拉康：《精神分析中的侵凌性》，《拉康选集》，褚孝泉译，上海三联书店 2001 年版，第 97—121 页。

展，主体越来越成为物所奴役的对象，成为批判理论的一个重要主题；第三，在法国思想界，从结构语言学出发的结构理论，其根本意义是去主体化的；第四，系统与结构成为支配性的力量，是一种超越主体与客体的物，作为体系化的物是支配一切的载体。这成为鲍德里亚的思想起点。

二 消费社会中的物体系

早期鲍德里亚关于物的思考，在理论层面承袭了上述去主体化的哲学思路。在历史层面，他关注的是以电子媒介为主导的消费社会。正是在这一社会形态中，一种主体自愿被吸纳的物体系支配着一切。这构成了早期鲍德里亚论述物体系的理论与历史语境。

按照鲍德里亚的理解，消费社会就是"'消费'控制着整个生活的境地"。[①] 在传统社会中，生产决定消费，为了最大限度地实现资本积累，必须在一定程度上限制消费。但在消费社会，"消费先行于积累之前，不断地向前逃逸，强迫的投资、加速的消费、周期性通货膨胀（节约变得荒谬）：整个体系亦由此而来，人们先购买，再用工作来偿还"。[②] 这才是消费所控制的社会。这种消费社会具有如下特性。

第一，消费是一个主动的控制体系。在《1857—1858 年经济学手稿》导言中，马克思将消费看作是经济活动中从属于生产的一个环节，消费与生产在商品社会是脱节的。所以，马克思指出，商品中的剩余价值能否实现，一个重要的环节就是能否将商品卖出去。相对于生产，消费从根本上来说是一种被动的需要的满足。福特主义改变了关于消费的这种传统看法。为了使机械化生产的丰富产品能够有效地实现价值，福特主义将消费纳入生产的总体规划中，马克思所说的生产与消费之间的鸿沟在一定程度上被填平了，消费甚至成为引导生产的前提条件。二战后，随着西方发达国家的经济发展和产品的日益丰富，消费社会来临了，消

① ［法］让·鲍德里亚：《消费社会》，刘成富、全志刚等译，南京大学出版社 2000 年版，第 6 页。

② ［法］让·鲍德里亚：《物体系》，林志明译，上海世纪出版集团 2001 年版，第 183 页。

费“并不是这种和主动生产相对的被动的吸收和占有，好像这样我们就可以依据一种天真的行为（及异化）图式来权衡其得失。我们在一开始便必须明白地提出，消费是一种关系的主动模式（而且这不只是人和物品间的关系，也是人和集体与和世界间的关系），它是一种系统性活动的模式，也是一种全面性的回应，在它之上，建立了我们文化体系的整体”。[①] 从鲍德里亚的界定中可以看出，在消费社会，消费是一种结构化的体系，这种结构化的体系主动地面向消费者，消费者变成了对这一主动体系的回应者。可以说，只有当消费成为一种主动的控制体系时，现代社会才进入到消费社会。

第二，消费社会的场域是日常生活领域。将日常生活与消费社会的反思结合起来，是鲍德里亚的老师列斐伏尔的一个重要学术贡献。在《日常生活批判》第一卷中，列斐伏尔指出，“日常生活是一切活动的汇聚处，是它们的纽带，它们的共同的根基。也只有在日常生活中，造成人类的和每一个人的存在的社会关系总和，才能以完整的形态与方式体现出来。在现实中发挥出整体作用的这些联系，也只有在日常生活中才能实现与体现出来，虽然通常是以某种总是局部的不完整的方式体现出来，这包括友谊、同志关系、爱、交往的需求以及游戏等等”。[②] 在作为《日常生活批判》第三卷核心内容的“现代世界的日常生活”中，列斐伏尔进一步指出：“日常生活和现代性，相互建构、相互隐匿，相互揭示、相互遮蔽。日常生活，由无意义组成，这个概念既是对现代性作出的反应，同时又与现代性相适应，现代性是由符号构成的，通过符号，我们的社会表现自己，为自己确立合法性的根据，这些构成了这个社会的意识形态部分。”[③] 从这些说明中可以看出：（1）这里的日常生活特指现代社会的日常生活；（2）日常生活成为技术分工社会的黏合剂；（3）在现代社会，日常生活已经成为支撑技术理性合法性的场域。他认为，日常生活的这种功能是通过将现代社会变成消费被控制的官僚社

① ［法］让·鲍德里亚：《物体系》，林志明译，上海世纪出版集团2001年版，第222页。

② 转引自刘怀玉：《现代性的平庸与神奇——列斐伏尔日常生活批判哲学的文本学解读》，中央编译出版社2006年版，第103页。

③ Henri Lefebvre, *Everyday Life in the Modern World*, trans. by Philip Wantler, London, 1984, p. 24.

会来实现的。

消费被控制的官僚社会具有如下特征。（1）这是一个由次体系构成的体系化的社会。列斐伏尔从消费的角度指出，今天的消费物都处于特定的次体系之中。比如汽车，本身可以被看作是消费物的体系中的一个次体系，又可被看成由许多次体系构成的体系，如奔驰系列、大众系列等。消费过程就是进入到这个体系中的过程。这也表明，现代社会的日常生活越来越具有官僚制的特征。（2）消费的过程由过去的实物消费转向了符号—物消费。以到威尼斯旅游为例，他指出，人们关注的不是真实存在的威尼斯，而是宣传片上的威尼斯，即作为符号—物的威尼斯。（3）消费控制并不是通过强力的方式完成的，而是主体自愿进入的。在消费过程中，主体有一种幻觉，觉得自己是在主动消费，而实际上却是进入到一个体系中进行选择。但这种主体的幻觉恰恰是现代社会所要培植的东西。在这些论述中，符号学与消费社会批判已经结合起来，并将精神分析学所揭示的主体的幻觉的理念，融入理论批判中。这直接影响到早期鲍德里亚关于物体系的理论分析路径。

第三，消费社会是一个物体系支配一切的社会。消费社会意味着消费是一个控制性的过程，它使人从一件商品（物）走向另一件商品（物），人永远处于奔向商品的途中。从结构语言学出发，鲍德里亚认为，这里的物已经不再是与主体相对立的客体，也不是事实上存在的物，而是以符号为媒介而表现出来的符号—物。消费社会说到底是符号—物吸纳消费者并让消费者感到自己是消费主体的社会。早期鲍德里亚从以下几个方面分析了符号—物的世界的存在方式及其主要特征。

（1）物的功能化。物的功能化与现代社会的发展相联系。在前现代社会，特定的阶层有其特定的符号标志，比如每一贵族家族都有其特定的纹章。这时的物相应地也就有了规范的意义。现代社会的发展使人从过去的规范中解放出来。人的解放也促使物从过去的道德束缚中解放出来，变成了功能物。“套用马克思的区分来说，此一‘功能化’演变只是摆脱束缚而不是真正的解放，因为这只代表解放了物的功能，而不是物自身。”① 随着物的功能的解放，物与物之间的关系也发生了变化。

① ［法］鲍德里亚：《物体系》，林志明译，上海世纪出版集团 2001 年版，第 16 页。

物与物之间不再因为承载不同等级的价值观念而存在差别，它们之间构成了一种功能契合关系。这不仅表现在一件物品可以具有多种功能，而且体现在不同物品之间通过相互契合形成一个功能化的物体世界，人似乎越来越成为这个世界中的一个摆设，成为功能的回应物、功能化的人。

（2）符号—物的体系化与等级差异的重新确立。在消费社会的形成过程中，作为商品的物不仅具有使用价值与交换价值，而且具有符号/价值，也就是说物越来越被一种符号与意义系统所中介，成为符号—物。于是在物的功能化时代，人们通过消费过程重新确立了一个等级的阶梯，只不过与传统社会相比，这个阶梯并不是永恒不变的。在符号的差异体系中，每一商品（物）都有其符号意义，并通过相互间的意义区分而获得相应的社会身份与地位。这时，消费不仅是为了满足自然需要，而且是为了显现消费者的社会身份与地位。在打破等级时代的地位差异之后，人们在消费中重新建立了一个社会身份的差异系统。“通过物体，每个人与每个团体寻找着他或她在秩序中的位置，所有的人都根据个人的轨道来尽力贴近这个秩序。通过物体，一个分层的社会在言说，但那是为了让每个人都保持在特定的位置上。”① 这不是建立在血统和种族上的差异，而是建立在平等基础上的差异，也是大家都能接受的差异。

（3）符号—物的话语体系。在物体系时代，物具有自身的话语体系，这种话语体系以两种形式表现出来。一是物的说明书。在现代社会，物的说明书似乎不再是为了让人更好地理解物，而是物的自我表达。在面对说明书时，我们不可能完全理解其技术语言，只能按照其技术语言来回应物品的要求。二是物的广告话语，这是物体系更强势的话语。广告的意图是为了引导人们消费，但这是双重意义上的引导。首先，广告本身就是一种消费物，是脱离实际使用功能的消费物，这就是为什么广告做得越来越像电影的原因。其次，广告建构了物的意象，由符码编织而成的意象。在物的广告中，语言具有双义性。一方面以匿名的方式表现共同体的愿望，似乎人人都愿意按广告所倡导的方式来行事；另一方面广告针对的又是具体的个人，似乎只有按照广告行事，你才有个性。正

① Jean Baudrillard, *For A Critique of the Political Economy of the Sign*, trans. by Charles Levin, Telos Press, 1981, p. 38.

是通过自身的话语，符号一物以自身退隐的方式呈现出主体的幻觉，并通过捕获这种幻觉使主体成为物的话语载体。

（4）物体系的意识形态。首先，符号—物在消除了传统的等级制之后，通过消费重新确立了一个等级，使每个人都在这个等级中获得了确定的位置，这是世界秩序化的重要方式。其次，在消费社会，符号—物建构了一个幻觉的世界。在这个世界中，真与假、美与丑、表象与本质的区分逐渐失去了意义。“真正的消费者就这样变成了幻觉的消费者。商品就是这种幻觉，这种幻觉是实在的，景观是幻觉的最普遍形式。”① 在景观化的幻觉中，人们需要的是一种“眩晕感”，成为消费社会的心理基础。在一个眩晕感的世界中，消费社会确立了自身的合法性。

在消费社会中，表面看来是主体在消费，实际上则是物在诱惑主体去消费，这是物的策略，也是物确立支配性地位的方式。在现代性中，主体以其主动的方式面对世界，将世界的一切都揭示出来，使世界透明化。这是一种呈现与创造的逻辑。这种理念不仅存在于黑格尔那里，也存在于马克思那里。即使是强调价值重估的尼采，也没有跳出这种逻辑。呈现与创造是为了让一切都变得透明，因为只有在这种透明性中，主体才能真正地了解与把握外部世界，确立主体的支配地位。在这一主体的世界中，物是被主体所捕获的对象。但物总是要逃脱这种状态的，这种逃脱就是通过自动消隐的方式，即通过诱惑的方式实现的。这意味着，主体的主动出击正好落入了物的圈套中。

针对现代性的文明模式与物的存在方式，早期的鲍德里亚提出了另一种文明替代模式，即象征交换。他认为，与现代性这种创造性的、主动向前的模式相反，象征交换强调一种可互逆性的、耗费的、消失的观念，这是与现代性完全不同的文明样态。正如诱惑是物摆脱现代性的主动出击的方式一样，在鲍德里亚那里，对象征交换与诱惑的立场并不是前后一致的。虽然在后期，他有时也会认为这是摆脱现代社会的途径，但从其后期思想的总体意向来看，他实际上认为物已经取得了彻底的胜利，物在以嘲讽的方式面对主体的同时，将世界拖向了荒漠化的境地。

---

① Debord, *Society of the Spectacle*, Black and Red, 1983, p. 48.

三 物的嘲讽与世界的荒漠化

与主体世界相对应的是存在着一个真实的世界，其根基可以是客观的外在世界，也可以是主体的理性，还可以是存在本身。符号—物的世界是对“真实”（real）世界的消解，并在现代电子媒介的推动下，产生了一个“超真实”（hyperreal）的世界。

所谓超真实就是比真实更真实。对真实的确信，源自对主体、理性的确信，正是在这种确信中，外部世界才可能变得真实起来。在符号—物的世界中，主体的自我确信在根本上是一种幻象，真实的世界也就随之摇摇欲坠了。更重要的是，随着现代电子媒介技术的发展，我们已经能够发现比理性观察时代更为真实的外部世界。比如，借助于现代电子技术，我们能够在几秒钟之内看清物体的成长过程，屏幕上展示的物比我们看到的外部世界的物更加“真实”，这正是超真实取代真实的过程。在超真实的境域中，真实的物并不在场，物消隐了，存在的实际上是符号编码的过程，屏幕上看到的超真实的物，就是符号编码的结果。“过去，一个重大的哲学问题是：‘为什么是有而非无?’而今天，真正的问题是：‘为什么是无而非有?’”[①] 海德格尔的追问被颠倒了，其原因在于超真实取代了真实。物在躲避着我们，是通过让自身变得比真实更为真实的方式来实现的。在这个意义上可以说，在场恰恰是为了不在场，比真实更真实恰恰是为了让真实消隐，这是在达到真实实在的顶点之后的逆转。鲍德里亚的这个针对海德格尔的追问，是超真实时代的哲学追问。

在物的消隐中，人与物的关系发生了改变。在真实时代的观察中，“有人曾特别强调主体对客体的改变。但人们没有给自己提出相反的改变问题及魔镜效果。然而，值得关心的状况是：客体躲避起来，变得难以察觉、反常、含糊不清，并由于这种含糊不清，败坏了主体自身及其分析记录。人们过去一直关心主体发现客体时所处的条件，而一点没有探究客体发现主体时所处的条件。我们庆幸发现客体，并把客体想象为乖乖地等待被发现。然而，最狡猾地也许不是人们想象的，而是在这整个

① ［法］鲍德里亚：《完美的罪行》，王为民译，商务印书馆2000年版，第7页。

历史中发现我们的是否是它这个客体。”[①] 这是关系的逆转，不是我们去发现物，也不是我们根据物的规定性发现世界的规律，而是物通过种种条件发现我们。过去物成为我们的镜像，现在人成为物的镜像。这已不再是与主体相对立的客体意义上的物，而是超越于主体与客体关系之外的绝对物（absolute object）。这种绝对物的出现是传统主体世界消失的结果。当主体走到历史的终点时，绝对物显现了。在传统哲学中，物只是主体通向高贵道路的障碍，主体的世界就是形而上学的世界，今天我们已经离开了这个世界，离开了这条道路。我们在确立主体的信心的同时，无知地踏进了物的世界。

当作为主体的人在超真实世界中消失的时候，与主体相关的欲望、激情、理性等也都不再具有意义，同样建立在主体形而上学基础上的美与丑、善与恶、爱与恨、真与假的区分，也随之消失了。主体的消失是物以一种弱者的存在方式来诱惑我们而实现的，让自主性的追求者成为物的存在的工具。“在我们的欲望哲学中，主体保持着绝对的优势，因为正是主体在欲望。如果人们走向了诱惑的思想，那么一切都被颠倒了。在这里，不再是主体在欲望，而是物在诱惑。”[②] 在鲍德里亚看来，主体之所以要维持自己的特权，因为主体有自己的经济与历史，通过主体的自我推崇，能够保证意志与世界、驱动力和物之间的平衡。但现在，我们处于主体的痉挛之中，不再是异化状态下主体的挣扎，也不是寻求欲望解放的迷狂，这是绝对物支配时代的人与物的关系的转折。这不是被异化的物重新反对异化，而是在挑战主体，使主体回到它自身的不可能的位置中。这是物的策略，相比于主体，这种策略的成功性在于：物并不相信自己的欲望，物也不依靠对自身欲望的幻觉而生活，物本来就没有欲望。物不再有任何本质规定，也不再有任何意义，它将自身透明化。这种透明性获得了报复能力，这才是在主体消失之后，物登台的真相。“物是已经从主体视界中消失的，正是从这种消失的深度中，它以命定的

---

① ［法］鲍德里亚：《消费社会》，刘成富、全志钢译，南京大学出版社 2000 年版，第 55 页。

② Jean Baudrillard, *Fatal Strategies*, Semiotext, 1990, p. 111.

策略将主体围绕起来。正是主体已经从物的视界中消失了。"[①] 主体的消失是命定的结局。

在现代电子媒介社会，随着透明的物登上舞台，与主体相关的镜像实际上已经被屏幕上的影像所替代，一切存在都变成了电子影像中的存在。深度消失了，存在的只是影像，在这种电子影像中，一切都是透明的。绝对物在这种透明性中诱惑看客，让人在超真实的影像中头晕目眩。鲍德里亚称这种透明的、诱惑性的力量是一种"透明的恶"。在现代哲学关于恶的讨论中，存在着两种思路。一是坚持恶的可理解性，这种恶源于现代社会平庸的日常生活，就像纳粹大屠杀与平庸的官僚制相关一样；二是坚持恶的不可理解性，这是根本意义上的恶，是生活的"断裂"。在《否定的辩证法》中，阿多诺就是从后一种意义上来理解奥斯威辛之"恶"的。在他看来，随着绝对物的世界对主体—客体世界的反转，透明物通过对日常生活的覆盖带来了"断裂"，透明的"恶"正是这种意义上的。这种"恶的原则并不是道德原则，而是不稳定和眩晕的原则，是复杂性和外在性的原则，是诱惑的原则，是不兼容的、对抗的、不可还原的原则。它不是死亡的原则，而是断裂的原则"。[②] 恶的原则不仅是批判，而且是犯罪，是对真实世界的谋杀。

正是在恶行中，绝对物嘲讽地看着一切，主体变成了物的嘲讽策略的受施者。"恶的原则就是物的嘲讽，在这一策略中，嘲讽来自于物。""在主体的最终原则之外，存在着物的致命的可逆性，这是纯粹物，纯粹事件（致命的），大众物（沉默的），拜物教的物，女性物（诱惑）。今天，在经历了几个世纪的成功的主体性之后，物的嘲讽在等着我们。"[③] 嘲讽，即一种嘲弄和讥讽，这不是对某一现象、某一主体的直接讥讽，而是一种让对象按照自己的意志行事，并让对象落入所设定的圈套后的嘲笑。在嘲讽中，真正的主体是隐而不见的，可见的只是一个貌似的主体，这个貌似的主体成为真正的主体的玩物，成为绝对物的功能物。"嘲讽是现代世界仅有的精神形式，这个世界把其他的精神形式都消灭了。

---

① Jean Baudrillard, *Fatal Strategies*, Semiotext, 1990, p. 114.

② Jean Baudrillard, *The Trans parency of Evil*, trans. by James Benedict, Verso, 1993, p. 107.

③ Jean Baudrillard, 1990, p. 80, p. 72.

只有它是秘密的获知者，而我们不再有此优先权，因为它不再是主体的功能，它是一个客体功能，是我们周围客体和人工世界的一个功能，而在这个世界上，主体的不在场和透明被反射。连接着主体批评功能的是客体的嘲讽功能。”① 这个绝对物在隐而不现的状态中冷眼观看世界上的芸芸众生自愿地进入超真实世界而不能自拔。人们在认为已经控制与支配了物的时候，反而成为物的支配对象。

这个绝对物的世界，实际上是主体消失之后的意义荒谬化的世界。当意义与深度都被消除的时候，这个世界变成了超真实的沙漠。鲍德里亚认为美国是这种沙漠的拟象。当然这不再是千里黄云万里沙这种原始的、狂野意义上的沙漠，而是事物存在第三秩序意义上的沙漠。在《象征交换与死亡》中，鲍德里亚曾将现代以来的物的存在方式描述为三种秩序，即文艺复兴时代仿造支配一切的第一种秩序、机器生产支配一切的第二种秩序和电子拟真支配一切的第三种秩序，正是在第三种秩序中产生了超真实世界。沙漠就产生于这一秩序。“因为一切深度问题在这里都得到了解决——明亮的、移动的、表面的中立性，对意义和深度的挑战，对自然和文化的挑战，外部的超空间，从此以后不再有起源，不再有参照。”在这种表象的诱惑中，“没有欲望，只有沙漠”。② 现实的事物不再体现出主体的欲望与创造性，完美的事物表现为电子拟真的结果，它将与主体相关的意义世界放逐了。这才是美国所体现的意义。在鲍德里亚看来，美国实现了西方现代性的乌托邦，甚至比现代性的乌托邦还要真实，美国已经成了超真实的世界，这才是美国成为沙漠的原因所在。

到20世纪90年代，鲍德里亚的思想进一步悲观化。在《象征交换与死亡》与《影像模拟》中，鲍德里亚讨论了物的三种形式。在《恶的透明性》中，他再次讨论了这个问题。从价值的角度来说，前三者秩序可以理解为：自然阶段（使用价值），这时价值具有自然的方面；商品阶段（交换价值），这是价值的商品方面；结构价值（符号价值），这是由

① ［法］鲍德里亚：《消费社会》，刘成富、全志钢译，南京大学出版社2000年版，第72页。

② ［法］鲍德里亚：《美国》，张生译，南京大学出版社2011年版，第211页。

符码所统治的阶段。从指涉的角度来看，第一种秩序指涉着自然，第二种秩序指涉着平等，第三种秩序指涉着模型。现在我们进入的是第四阶段，即不规则阶段，这是价值的发散阶段，它没有任何指涉。“在第四阶段，价值从所有方面辐射而来，占据着所有裂隙，不再有任何指涉，依赖于纯粹的接触。不规则的阶段，不再有任何平等、自然或一般。准确地说不再有价值规律，只有一种价值的传染性发散。”① 当一切都没有指涉的时候，当符号、事物、行为都从各自的理念、本质、价值以及相关物中解放出来的时候，一切都变成了这些东西自身的形式化再生产，与其内容无关。但这并不说这些东西不再存在，相反，它们不再与内容相关并不断地再生产自己。只有当本质被清除的时候，物才能无限制地繁殖自身。物的自我生产模型已按照病毒的方式展开了，就像《黑客帝国》中的特工史密斯无限自我复制一样。恶的原则在病毒时代，得到了更为彻底的展现。也正是在这个时代，真实的沙漠才无限地自我再生产出来。当然，鲍德里亚并不像沃卓斯基兄弟那样，相信有一个绝对的主体（尼奥）能够拯救这个世界，他认为这种病毒化的沙漠才是世界的最终存在状态。如果说在早期，鲍德里亚还想以象征交换作为替代现代文明的模式，那么在其后期思想中，这种浪漫式的文化想象已经被世界的荒漠化所遮蔽了。

四 与物切近:庄子的境界

虽然从总体上来说，晚年的鲍德里亚是非常消极的，但在他的内心深处，依然保留着一丝解脱的希望。在《否定的辩证法》中，阿多诺曾希望回到人与物的非同一性的星丛关系，以摆脱现代文明的压力。晚年的鲍德里亚与阿多诺有些相似。鲍德里亚虽然不再强调象征交换的替代意义，但重新回到主体与客体分离之前的物的世界中（而不是现代意义上的绝对物的世界），重新感悟物的意义，与物切近，成为摆脱沙漠化世界的一种理想意境。

在《镜中之物》（载《完美的罪行》）一文中，鲍德里亚在谈到

① Jean Baudrillard, 1993, p. 5.

摄影时指出，照片说到底并不是摄影者的主体选择的结果，而是物借助于主体力量的自我消失。在这个意义上，摄影说到底是一种消失的技法。物在当下的呈现是通过超真实的方式实现的，这种超真实的物也就是主体想寻求的同一性的物。在直接呈现的照片中，我们寻找的是同质性，而消失则意味着重要的是异质性，这种异质性就是物的最初始的状态。我们的幻觉面对的是同一性中的物。这种幻觉是主体的一种想象，真正的幻觉来自异质性的物。“如果说有一个幻觉的秘密，那就是把世界当成世界，而不是当成其模型。”① 怎样能够切近世界并把世界当成世界呢？鲍德里亚以《庄子》“秋水”篇中庄子与惠子的一段对话作为文章的结尾。我这里将庄子的原文录出，作为整篇文章的结尾。

庄子与惠子游于濠梁之上。庄子曰：

“鲦鱼出游从容，是鱼之乐也。”

惠子曰：“子非鱼，安知鱼之乐?”

庄子曰：“子非我，安知我不知鱼之乐?”

惠子曰：“我非子，固不知子矣；子固非鱼，子之不知鱼之乐，全矣!”

庄子曰：“请循其本。子曰‘汝安知鱼乐’云者，既已知吾知之而问我。我知之濠上也。”

（选自《国外社会科学》2014 年第 5 期）

① ［法］鲍德里亚：《消费社会》，刘成富、全志钢译，南京大学出版社 2000 年版，第 87 页。

当代西方政治哲学：定义、概况与意义

周穗明*

冷战结束后，随着拉克劳、墨菲的“后马克思主义”引进中国，学术界开始接触到该理论的后台学术背景，一个更广阔的研究领域——西方政治哲学引发了中国学界的高度兴趣。当代政治哲学流派中或是传统复兴的，或是最新浮现的种种学说，使人们看到了20世纪90年代以后世界学术思想和主题的巨大变化，看到了这些变化背后所折射的世界政治的急剧转型和风云变幻。当代西方政治哲学的话语和话题变更之快，各种概念和思潮出现的频度之高，势头之猛，在历史上前所未有。政治哲学成为当代显学，乃大势所趋。

在当今学术界，没有对当代政治哲学及其来龙去脉的一定程度了解，文史哲政经法等各学科的学者几乎很难对本学科进行真正深入的研究。在当代世界，没有一定的政治哲学基础知识和常识，政治家、媒体人乃至关心身边政治事务和时事的普通民众，也不易看清和把握概念演变背后崭露的公共政策变化和国内国际形势变幻的本质。因此，对西方政治哲学进行全面的研究和评介，有助于专业和非专业的读者对当代政治哲学的基本知识和发展轮廓有一个大致的了解。

为了对当代主要政治哲学流派进行系统的梳理，本文试图先就三个问题进行解释和说明：政治哲学的基本定义；当代西方政治哲学的发展概貌；研究当代西方政治哲学的意义。

---

* 周穗明，女，1952年生，中国社会科学院哲学研究所研究员。

首先，政治哲学的基本定义是什么？即什么是政治哲学，抑或政治哲学研究什么。政治哲学，顾名思义是研究政治的哲学。政治哲学与政治科学即一般意义上的政治学不同，它不以政治权力、政治机构、宪政体制、公共决策和公共管理等具体政治原则为研究对象。政治哲学与历史学不同，它不以社会经济政治文化的演进历史和规律为研究对象。政治哲学不是任何一种社会科学，不以科学地说明事物“是什么”为研究定位。说到底，政治哲学是要为政治划定伦理底线，是关于政治的道德和伦理原则的学问。由于一般人对政治的观感不好，很容易把政治哲学理解为对恶行进行哲学辩护。其实正相反，政治哲学研究政治的伦理和道德尺度。作为一种哲学，它要为政治寻找理性，对政治原则和价值进行批判性反思。简言之，政治哲学是研究政治的规范价值取向的一门学科。

政治哲学在本质上揭示政治行动的价值取向，回答政治生活中的“应然”（ought to be）问题，其核心在于提供一种“应当如何”的构想，对现实的政治进行理性的指引。更具体地说，政治哲学研究的是关于政体、正义、自由、财产、法律和执法等权威的合法性这一基本问题。从这个意义上说，政治哲学要回答的独特问题是：政治事务的性质是什么？什么是正确的或完善的（正义的）政治制度？因此，对于政治的理想状态和原则的目的性追寻，即构成政治哲学的研究。政治哲学要为寻求解决相互冲突的根本价值而建立一个正确可靠的正义理论。从这一意义上说，政治哲学是研究正义问题的哲学。

为了回答政治哲学的追问，实现政治的理想状态，建立政治生活的普遍正义原则，当代政治哲学家给出了各种各样的答案，提出了自由、平等、权利、民主、公共理性、身份、效用等的基本原则和普遍标准。在政治哲学中，这些都是我们需要实现的价值。那么，这些原则孰重孰轻，政治哲学应当建立在哪一种根本价值的基础之上？是否存在统一的价值目标和学说？

传统的政治哲学都试图建立一元论的正义理论，追求统一的价值目标。因此，当代政治哲学的光谱上就出现了这样的情形：自由至上主义者坚持自由原则，主张自由市场资本主义；社会主义者坚持平等原则，主张各种形式的社会主义；平等自由主义者坚持自由与平等的结合，主张福利国家资本主义。自由至上主义者处于政治光谱的右端，社会主义者处于其左端，平等自由主义者居于其中，而其他的各种政治哲学分别散落在这一光谱或左或右的位置上。尽管坚守的根本价值即各自眼中“统一的”价值目标不同，每一种理论都认为自己是一种对根本价值的诉求。尽管20世纪以来的当代政治哲学呈现出多样发展状态，使寻找一种综合价值的努力前景陷入茫然，但奇特之处在于，政治哲学的这种左中右划分和一元论的思维方式却似乎是天经地义的，没有受到任何怀疑。

然而，我们看到，在20世纪下半叶以来，政治哲学的一元思维方式终于遭遇根本质疑。生态主义、女性主义、后现代主义、宗教原教旨极端主义、多元文化主义等思潮层出不穷，提出了对根本价值的更多理解和主张。政治哲学根本价值的多元视野突破了一元论的传统眼界，大量新兴理论（如生态理论、女性主义理论、种族平权理论等等）根本不可能纳入左中右定位的传统政治光谱。尤其是自福柯以来，主流的一元论思维方式及其方法论备受诟病。因而，传统政治哲学狭隘的一元视野实际上已经无法适应当前的政治现实和理论发展。这些更多元化的根本价值彼此矛盾，甚至根本对立，加剧了政治哲学领域价值冲突的局面。在狭隘的一元思维方式陈旧过时的情况下，用一种至高无上的价值涵盖和指导其他价值的政治哲学努力备受指责，政治哲学试图建立解决政治价值冲突的综合标准、达成其传统追求目标的努力似乎也遭遇困境。这种价值冲突展现的深刻矛盾在于：要确定一种能统摄所有理论的、至高无上的、统一的一元正义准则，似乎已然是一种奢侈的梦想。然而，放弃建立和确定综合准则的传统目标，又意味着政治哲学将丧失其存在的意义，陷入生存危机。

但是，我们同时看到，解决这一深刻矛盾的努力始终存在。政治哲学家并未因为一元观的淡出而真正放弃目标追求。在我看来，德沃金和金里卡解决这一矛盾的方式，使政治哲学传统的目标追求在新条件下得以重构。他们两人认为，当代政治哲学家追求的并不是相互冲突的根本价值，他们之间至少存在着更根本的平等主义共识。他们的观点是：现代各种政治理论并没有诉求不同的根本价值。如德沃金所言，“任何一种具有一定可信度的政治理论都分享着同一种根本价值——平等”。[①] 因此，“平等”即被视为各种政治理论共有的根本价值追求。金里卡特别指出两点：其一，“平等主义理论”并非指平均分配收入，而是指一种更抽象也更根本的平等理念，即把人“当作平等者”；其二，这种更根本的平等理念既出现在诺齐克的自由至上主义中，也出现在马克思的共产主义中，是最普遍的根本理念。差别只在于，“对于这种更根本的平等理念，存在着多种阐释途径”。[②] 他强调指出：“各种不同的平等主义理论都要求政府平等对待其公民：每个公民都有获得平等关照和平等尊重的权利。”[③]

金里卡和德沃金对政治哲学目标的崭新解释充满智慧，有两大突出的优越性。其一，明确指出各种政治哲学理论存在着“平等主义的共识”，将平等主义作为政治哲学最抽象的和更根本的普遍价值目标。众所周知，当代几乎所有政治哲学家（似乎只有哈耶克一人例外）和政治哲学流派，均以各种方式论证如何实现共同体成员的平等，界定实现人人平等的社会、经济和政治条件。左中右的政治哲学家，包括不能以此划线的各种新兴政治哲学家，无论他们如何定义平等，也无论他们是否恪守某一价值原则，都必须回应政治哲学的基本价值要求：政治上平等待人，承认共同体内每一位成员的利益都同等重要。在这个尺度上，平等的就是公平正义的。当代政治哲学的这一根本价值原则，是国家作为公共机构的政治伦理的基本哲学准则，同时也是具有正当性的公民义务的准则。在这个时代，以任何理由将人分成三六九等、主张不平等待人的政治理论，都必遭唾弃。在这一基础层面上，金里卡和诺齐克用平等主义共识为当代解决国家与公民之间的政治关系提供了哲学基准，以当代方法回答了传统政治哲学的普遍目标问题。

其二，说明“平等主义的共识”实现了当代政治哲学普遍性和差异性的统一，没有落入一元化的绝对主义思维方式的窠臼。正是由于平等

---

① ［加］威尔·金里卡：《当代政治哲学（上）》，刘莘译，上海三联书店 2005 年版，第 7 页。

② 同上书，第 7—8 页。

③ 同上书，第 7 页。

主义契合了政治哲学的根本价值诉求，平等成为政治哲学的核心原则。然而，平等主义并不是绝对主义意义上的最高价值。自由、平等、权利、民主、公共理性、身份、效用、男女平权、种族平权、生态和谐等等，当代各种价值原则都是论证公平正义的不同概念。在现时代，任何妄称大一统的正义原则都不复存在。故包括平等主义在内的各种价值原则都无法在这个意义上比较优劣与否。平等主义在逻辑序列上并不先于任何一种价值原则，它只是在体现政治哲学的基本宗旨，即协调各种根本价值的冲突的方法层面优于其他价值选项。在这个意义上，平等主义不是传统意义上的“统一”价值，而是一种人类通识（common sense）或常识。况且平等主义没有提出一个完整的价值理念，每一流派、每个哲学家都有不同的平等观，都以各自对政治哲学根本原则的理解为基础去解说他们对平等的不同诠释。因此，我们这里所说的平等主义是政治哲学规范讨论的基础。平等主义不是至上的最高目标，而是可能达致最高共识的平台。由此说来，平等主义不是统一的，而是普遍的价值目标和学说。“平等主义的共识”彻底否定绝对主义一元论的价值观，最大限度地容纳多元差异的平等观，在政治哲学对象领域中实现了普遍性和差异性的高度统一。政治的正义理念所反映的人及其平等首先是政治公民及其政治平等。

一言以蔽之，当代西方政治哲学所研究的，是政治的价值取向，尤其是各类政治哲学对平等主义规范问题的不同解释。

本文要说明的第二个问题是，当代政治哲学的发展概貌如何，它缘何在 20 世纪下半叶重新兴起？本文从历史演变轨迹中纵向地分析当代政治哲学的崛起原因，横向地展示当代政治哲学的基本概貌，以期全景式地展现当代西方政治哲学的发展演进。

政治哲学在当代的进程经历了兴衰荣枯，大起大落。在历史上，自 20 世纪以来的当代西方政治哲学流派最多，观点最复杂，主题变化最快，争论和冲突最激烈，代表人物和作品最丰富，发展也最多元化。下面，笔者尝试清理这一错综复杂、多元发展的格局和线索，总结当代西方政治哲学发展的成败得失。

众所周知，政治哲学曾经有过辉煌的年代。以亚里士多德为代表的希腊古典哲学本质上是一种政治哲学。作为知识与价值统一的、整全式的理论，希腊哲学既是一种知识理解，也是一种政治伦理立场。它既包括对“政治事务之本性”的知识理解，也兼顾对“政治事务之正当、善和政治秩序”的政治伦理评价。苏格拉底提出了“道德即知识”的命题；柏拉图思考“至善”问题并形成了“理想国”的构想；亚里士多德则执着地探索形而上学的“理性智慧”和关于城邦政治大善和个人美德之善的“实践智慧”。整全式的古典哲学始终关注政治美德和政治伦理，追求恪守政治事务的价值底线。

近代以降，我们一方面看到了近代政治哲学的崛起，另一方面目睹了传统政治哲学伴随着现代性的三次浪潮不可避免地加速衰落的趋势。自17世纪以来，从霍布斯、洛克到卢梭、康德，及至黑格尔、马克思和约翰·密尔，这些近代政治哲学家确定了政治哲学的基本框架，影响了近现代世界历史的发展。然而，他们对现代社会的政治伦理和价值目标的深切关怀，却阻挡不了政治哲学整体上走向衰落的大趋势。德裔美国政治哲学家列奥·施特劳斯描述和分析了这一衰落进程及其原因。在《何谓政治哲学?》一文中，施特劳斯指出，从16世纪的马基雅维利、18世纪的卢梭，到19世纪的尼采，通过这三次现代性浪潮的连续冲击，西方政治哲学及其传统在接二连三的危机中已经无可挽回地衰落了。马基雅维利以政治权力取代政治美德，卢梭以自由（权利）作为政治原则，尼采用权力意志取代国家政治，这样，从古希腊先哲的“爱智慧”的探究中生成的政治哲学，一步步卷入了与“权力”和“权利”的不断纠缠，以至蜕变为“权力意志政治学”。在《现代性的三次浪潮》中，施特劳斯进而说明，现代性的三次浪潮不仅是西方现代性危机不断暴露、日趋深刻的见证，更是西方政治哲学陷入深刻危机的见证，这一危机如此深刻和严重，以至于政治哲学在今天的世界已无可能。①

19世纪末20世纪初，政治哲学迅速丧失了它的信誉和尊严。现代性浪潮对政治哲学的根本冲击，是科学尤其是现代科学不断以事实研究取代价值思考，否定了非科学的价值追索及其意义，造成了科学与价值的根本对立。在古希腊整全式的古典哲学中，政治哲学和政治学浑然一体，

---

① 转引自万俊人：《政治如何进入哲学》，《中国社会科学》2008年第2期，第17页。

不分彼此。进入现代社会以来，随着社会科学的形成，过去属于政治哲学范畴的大部分内容，现在已发展成为政治学、经济学、社会学、社会心理学等各自分门别类的独立学科。从19世纪的最后10年开始，实证的社会科学已经基本形成了它的最后形态，实现了体系化的发展。政治哲学是以政治的终极价值目标为研究对象的学问，而科学的社会科学认为，人类理性不能从本质上解决不同的价值观念或价值体系之间的冲突，它只相信科学知识，认为现代科学追求的知识是人类知识的最高形式，并把道德上的迟钝视为科学分析的必要条件。实证的社会科学强调，只有事实判断才是科学范围之内能做到的事，坚持“道德中立”“价值中立”的原则，由此划定了事实与价值的基本区别。20世纪社会科学对政治事务的全面“科学化”理解，使“不科学的”的、以价值目标为对象的政治哲学颜面尽失，成为没有确定科学标准的、不靠谱的学说。善恶冲突、是非辨别等价值判断被排除出社会科学的研究视野。由于20世纪西方思想发展中出现的事实与价值的这一严重分离，政治哲学被理解成为与政治科学全然不同的东西，一度被“妖魔化”为“神话”或“意识形态”。

20世纪政治哲学的衰落与危机，是现代性危机的体现，是事实与价值对立的必然结果。当代政治哲学的危机及其深化的一大原因，从某种意义上说正是社会科学的崛起及其体系化。

政治哲学在20世纪走向衰落的另一个原因，是意识形态的国家化。自现代民族国家诞生以来，国家这一大规模政治势力所掌握的政治资源和动员能力日益增长。第二次世界大战以后，国家对社会生活各个领域的支配和控制达到了前所未有的程度。这种压倒性的优势很大程度上来自意识形态的政权化和国家化。国家化的意识形态在法西斯主义式的独裁国家成为官方教条，在西方民主社会也成为舆论主流。“思想一元化的趋势一旦成形，针对政治原则和政治价值要作批判与评比，也就不再可能，政治哲学当然无所施展。”① 国家主导的垄断化的一元化意识形态，直接导致政治哲学在20世纪走向衰败凋零。

---

① 关于“社会科学的崛起及其体系化”和“意识形态的国家化”两大因素导致20世纪政治哲学走向衰亡的观点，参见钱永祥《为政治寻找理性——〈当代政治哲学〉译本前言》，转引自［加］威尔·金里卡:《当代政治哲学（上下)》，刘莘译，上海三联书店2005年第二版。

然而，政治领域毕竟不是科学领域，人类的政治活动始终受价值观的牵引，对一个正义的“好社会”的愿景始终存活在人们心中。对政治事务的评判摆脱不了伦理判断和道德评价。20 世纪政治实践中的大善大恶、正反两方面的经验教训，再次把对政治事务和政治行为的道德拷问、价值质询推向了前台。政治哲学因此在 20 世纪下半叶、在它沉寂了若干世纪之后再度复兴。以 20 世纪 70 年代罗尔斯的理论为标志，政治哲学重新走向学术前台。具体而言，西方政治哲学的这次复兴产生于两大现实推力。第一个现实推力是人们对 20 世纪两次人类历史上流血最多的世界大战的理性反思，尤其是对 30 年代希特勒上台和法西斯主义崛起事件的深刻反思。国际思想界在反思中取得的一个共识是，希特勒通过民选上台具有民主政治的程序合法性，但却不具有政治的正当性。所以，政治的“合法性”与政治的“正当性”有时并不天然一致。二战的惨痛经历证明，过度强调现代民主政治的“价值中立”，有时会使政治的正当性成为问题。但是，人类永远不能抛弃对“好社会”的理想追求，永远不能摆脱回答政治正当性问题的责任担当和道德勇气。也就是说，对政治事务的政治哲学思考是必要的。

20 世纪的人类经历使人们真切地认识到了追求宗教、道德、政治和经济的统一性所要付出的代价。意识形态的国家化在有利于民族国家的整合的同时，也暴露出其一元论的专断本质。历史经验提示我们：人类必须保持对政治伦理和政治道德的高度敏感性，坚持对目的性价值的根基和政治伦理的正当性辩护，从而对大一统的极权主义保持警惕，坚决抵制。第二个现实推力是 20 世纪 60 年代以来西方思想界对主流价值观的持续关切。西方在经历了 20 世纪 50 年代的战后繁荣之后，60 年代遭遇了战后一代的文化抗议。席卷整个西方世界的“1968 年革命”，是西方青年一代的造反运动，在许多发达资本主义国家造成了社会动乱和秩序紊乱。风起云涌的民权运动、女权运动和各式各样的民主运动反映了新一代青年的多元分化的新价值诉求和抗争，迫使西方进步思想界反思传统价值观的缺陷，思考青年造反运动和新价值诉求的合理性和正当性。为了寻求重新整合社会的民主共识，巩固和发展主流价值观，西方政治哲学思考重新时兴。在这一新的时代背景下，政治哲学的价值关怀使这一学科焕发了青春。

当代政治哲学的历史纵贯百年，各种流派与思潮不断翻新，层出不穷。自罗尔斯始的此次复兴中，政治哲学迎来了它的黄金发展期，而且历经40年持久不衰。但是，当代政治哲学错综复杂的发展中有其主导线索，有其相对稳定的主题和演变的轨迹。金里卡归纳道："'公民资格'是20世纪90年代的行话，正如'正义'是20世纪70年代的行话，'共同体'是20世纪80年代的行话。"① 20世纪70年代，罗尔斯《正义论》的发表一石激浪，围绕政治哲学的宗旨引发了对"正义"的热议；80年代，迈克尔·桑德尔（Michael Sandel）和阿拉斯戴尔·麦金太尔（Alasdair MacIntyre）倡导"共同体主义"，使"共同体（社群）"（community）这个概念风靡一时，变成了判断政治事务正义与否的尺度；自90年代以来，随着冷战的结束，对多元的"公民资格"的研究又成为新"行话"；21世纪以来，"9·11"和反恐战争引起了思想界对"全球正义"的关切，反映政治上的多元认同的"承认"等概念一时成为热词。"行话"和热词的衍化和行时，体现了当代政治哲学主题的不断变换，也折射出20世纪后期世界政治的巨大变迁。尽管当代依然存在着事实与价值的冲突，但是思想界各个流派、各路人马在各个时期对这一矛盾的不断求解，正体现了政治哲学的魅力所在。研究当代西方政治哲学，需要理顺当代政治哲学的这一演进历史，厘清它的纵向发展线索。

历经了百余年的兴衰沉浮，尤其是近40年的迅猛发展，当代西方政治哲学目前已经在我们面前展开了一幅宏伟的思想画卷。这种研究已成为当今世界思想界的主要学术热点之一。自20世纪下半叶以来，我们见证了纷纭多样的"主义"和思潮——自由主义、共和主义、共同体主义、社会主义、社会民主主义、西方新马克思主义、多元文化主义、宗教原教旨主义、后现代主义、民粹主义、无政府主义，以及以"新""后"为标识的各种新"主义"、新思潮。其中，既有传统政治哲学的老谱新唱，如哈耶克对传统自由主义政治哲学原则的坚持与弘扬，罗尔斯在新的历史条件下对自由主义的补充和发展；也有并无理论传统的新政治哲学的创新涌现，如找不到出身谱系的福柯的后现代主义政治哲学，和历史上

① ［加］威尔·金里卡：《当代政治哲学（上下）》，刘莘译，上海三联书店2005年版，第3页。

没有见过的、以生态主义为代表的各种多元文化政治哲学，等等。各种思潮纷至沓来，你方唱罢来我登场，使整个当代政治哲学的宏观景象绚丽多彩，蔚为大观。这些思潮大多数出身于20世纪，是当代实践中形成的新政治哲学流派和思想。它们的主题和兴趣大大超出了传统政治哲学的视野，其最突出的特点就是其多元性。

面对当代这些灿烂的多元思想成果，有必要对其进行一次总盘点，以展示20世纪以来当代西方政治哲学的多元发展，显现西方政治哲学在当代的强大生命力。由于西方当代政治哲学的百年发展线索纷繁复杂，观点五光十色，代表人物众多，这种梳理难以面面俱到。笔者认为，在研究和梳理中，至少不能没有下述最有代表性的政治哲学家和思想流派：自由至上主义的哈耶克、古典共和主义的汉娜·阿伦特、平等的自由主义的罗尔斯、权利至上的自由主义的诺齐克、后现代主义的福柯、社会批判理论的哈贝马斯、共同体主义的桑德尔和麦金太尔等、多元文化主义的查尔斯·泰勒。也就是说，对当代西方政治哲学即使进行最粗略的勘查，这八大政治哲学流派都不可忽视，而上述八位政治哲学家个个都是具有原创性理论贡献的当代政治哲学大家，其多元纷呈的思想点亮了当代政治哲学思想的灿烂星空。罗尔斯和福柯称得上是西方政治哲学当代复兴大潮的领潮人。他们分别在20世纪70年代初以不同的方式撬动了西方政治哲学的复兴之门。在当今世界，罗尔斯仍位居政治哲学第一人，其身后诞生了整整一个“罗尔斯产业”；而20世纪后30年出现的“后结构主义”“后殖民主义”“后葛兰西主义”“后马克思主义”“新发展主义”等一系列“后学”产业链，都是与福柯的名字联系在一起的，其方法论之源盖出于福柯。哈耶克自不待言，1974年因其自由至上的经济理论荣获诺贝尔经济学奖，是20世纪70年代末以来西方“新自由主义”改革的思想之父。在他影响下西方政治家启动的政治思想和公共政策，至今仍占据西方政策主流。作为法兰克福学派批判理论第二代的思想领袖，哈贝马斯是在世的欧洲最有世界声誉的思想家，其“公共领域”和“商谈理论”对发展当代多元民主起了很大作用。他被誉为“欧洲的良心”，一言一行对欧洲的思想和政治具有极大的影响力。阿伦特倡导了公民共和主义古典传统在当代的重兴，对重塑美国公共生活中的共和主义居功至伟。她对极权主义根源的揭露为她赢得了世界性的声誉。她对极权统治下助纣为虐的“平庸之恶”的批判，叩击着人们的道德良知。查尔斯·泰勒既是共同体主义，也是多元文化主义的主要代表人物。他于2007年以后由于对多元文化主义的杰出贡献，两度赢得世界性的政治哲学大奖，是在世的最有影响的西方政治哲学家之一。

在当代西方政治哲学的画卷中，上述人物和流派无疑是最为光彩夺目和至关重要的。当然，流派和学说绝不止上述这些，精彩的人物和理论还有很多。我们不会忘记施特劳斯、奥赖肖特、波普、伯林和马尔库塞，不会忽视为生态哲学、女权主义公民资格理论作出了贡献的那些当代政治哲学家，而且还会注意到目前在西方思想和政治实践中崛起的民粹主义、极端民族主义和无政府主义思潮。所有这些当代政治思想都与其政治哲学价值取向有直接关联，已经或正在影响和改写着当代的思想政治图景。上述八大流派只是基本上反映了当代西方政治哲学的大体轮廓，对它们的强调，也仅只是为了提纲挈领地抓住要害，掌握精髓，管中窥豹。

至于为什么强调这八位主要代表人物及其学说而不是其他，我依据的原则主要有二。一是厚今薄古。上述八大流派的理论和人物基本上集中在20世纪下半叶，尤其是20世纪70年代以后。这主要是因为，西方政治哲学在当代的复兴主要发生在1970年以后。而对有些时下的显赫人物如霍耐特、齐泽克、耐格里之所以不予置评，是因为他们在西方政治哲学史上的地位尚须历史的沉淀才能确认。二是看其理论对当代政治实践，尤其是公共政策所产生的影响，当然也适当参考该政治哲学家的学术地位和历史地位。例如，罗尔斯及其平等的自由主义自然是评介自由主义主流的首选。这不仅是因为罗尔斯的赫赫大名及其理论无可比拟的学术影响力，而且是因为这一理论对当代西方主流政治的深刻影响。又如，介绍自由至上的自由主义或保守的自由主义流派，选择哈耶克而不是伯林或施特劳斯，也主要是考虑到哈氏理论成为所谓“里根革命”和“撒切尔主义”的真正思想动力这一客观因素，尽管我在主观上更偏爱伯林，在学术上更尊崇施特劳斯。因此，观察和研究当代西方政治哲学和政治哲学家，尽管是各花入各眼，我本人也不免有自己的局限性，但是，我始终主张，不能漠视政治哲学与政治实践的关系，必须重视政治哲学家和政治哲学的政治影响力。

西方政治哲学在当代的命运兴衰，是在宏观政治发展的历史背景下展开的。当代西方政治哲学从20世纪初的默默无闻，到20世纪30年代的极端发展（希特勒的“国家社会主义”、斯大林的中央集权社会主义和哈耶克的自由主义都形成于这个年代）；从20世纪50年代的奄奄一息，到20世纪70年代以后的兴旺发达；一部政治哲学史就是一部当代政治发展史。政治哲学的走红或走弱，从来就体现着政治情势本身的客观需要和发展趋势。再以罗尔斯为例，他的名著《正义论》似乎只是书斋里的一介书生所做的一种抽象的政治哲学推理。但是，如果没有1968年运动，如果没有20世纪60年代西方世界剧烈的价值冲突，罗尔斯不会去思考这样的问题，做这样的理论模型。即使他天才地提出了这些问题和理论，它们也不会产生今天这么重大的影响。从罗尔斯出版《正义论》前，政治哲学在世界上默默无闻，濒临灭绝，到《正义论》出版后，政治哲学著作一时洛阳纸贵，这个现象实际上只是佐证了政治哲学与它产生的政治背景之间的密切关联。又如，20世纪90年代人们把政治哲学研究的焦点转向了“公民资格”。然而，如果没有冷战结束导致的两极世界坍塌和二元对立的僵化思维方式的过时，如果没有全球化带来的新的流动、新的融合和新的矛盾与冲突，就不会出现对“差异政治”“承认政治”的多元诉求，也不会产生从“共同体主义”向“公民资格”，再向“全球正义”的理论转折。总之，没有政治潮汐的起落，就没有政治哲学的变化。反之，没有政治哲学的观念改变，也不会有政治景观的深刻变革。政治哲学是实践性、规范性很强的哲学，它的研究有着极其重大的理论意义，对现实发挥着重要的影响力。

最后，我想简略地说明我们今天学习和了解当代西方政治哲学的意义。在我看来，最重要的是，这种学习有助于推动当代中国的社会政治进步。中国在经历了30多年的改革开放之后，经济社会状况和价值观的多元衍化已然是一个事实。西方在20世纪60年代也曾经经历过社会分化、动乱与价值观的重新整合、政治秩序的重新调整，其间得到过政治哲学理论的极大助力。我国转型期出现的价值观冲突和矛盾，有些正是西方现代化进程中出现过的、其政治哲学争论中曾经和正在提出的问题。当代政治哲学中关于自由、平等、法治、正义等问题的解决方式，能够为我国社会主义核心价值观建设提供积极的思想资源，将有助于社会的整合和价值观的重建，从而促进社会公平正义、政治民主和法治建设。同时，政治哲学作为对政治行为的道德和政治论证，既为政府的政治行为，也为公民个人的政治行为规范了道德底线。汲取西方政治哲学中的正面道德资源，有利于提升政府和国家公务人员的现代政治伦理素养，也有利于提升公民的基本道德水平和公民责任感。

正如一位西方政治哲学大家曾经说过："如果一切都是相对的，那么食人只是一个口味问题。"政治哲学的伦理关怀对于这个世界不可或缺，否则人将沦落为缺乏伦理尺度的两脚动物。笔者相信，政治哲学绝不是书斋里的纯教条，它有灵性，有生命，有德性，有正义与邪恶的斗争，它能够为政治行为提供理性的规范伦理尺度。政治哲学的研究至少能让我们保持正义感，保持对未来世界的正义期待和追求。

（选自《国外社会科学》2015 年第 2 期）

宗教学、美学、伦理学、逻辑学篇

马克斯·本泽的信息美学与符号美学

[德] 伊丽莎白·本泽*　罗筠筠　译**

马克斯·本泽（Max Bense，1910—1990）曾就读于波恩大学，攻读数学、物理学、地质学和哲学，并于1937年获得该校哲学博士学位。

马克斯·本泽在学生时代就开始发表各种论著，他在这些出版物中阐述了自己的美学观。在他自1958年至1978年建立并管理斯图加特大学画廊期间，举办了近100次展览，使其成为他验证自己美学观点的论坛。本泽的所有论著都涉及对美学与符号学理论的探察及对其的深入与扩展，尤其是艺术作品作为现实化的符号、符号过程、符号体系的“审美状态”的理论。鉴于艺术品是存在于作者与受众之间的，因而本泽始终在考虑艺术的传播交流功能。然而，并不能因此把本泽的美学称为“娱乐美学”。作为一个认识论者，他对美学、艺术社会学以及同样涉及艺术领域却与美学不同的知觉心理进行了明确的划分。

早在本泽还是一个年轻学生时所写的第一部著作《空间与我》（1934）中，人们就可以看到其具有特色的美学观，诸如“数学与美”“空间与舞蹈”“格式塔与精神”之类的标题，表明了他研究的起点，即艺术与数学之间的密切联系。许多在其后来著作中被详细探究的概念，在这里已经出现，如“审美经验”“审美过程”“唯一”“脆弱”“选择行

* 本文作者系著名美学家马克斯·本泽的夫人。本文系本泽夫人应编辑部之邀特为本刊撰写的。

** 罗筠筠，中国社会科学院文学研究所副研究员。

为”“审美状态”“相对状态”等等。他在“选择行为”中看到了美学与数学间最引人入胜的关系，在数学中表现为“意识选择”，在美学中则表现为“情感选择”。

当然，数学与艺术或美学的联系并非本泽的发现。他曾提到许多先驱者的名字，但在20世纪，本泽是少数捍卫这种联系并将其作为美学研究基础的学者之一。他认为，艺术家与科学家的创造性工作是从摇摆于“混沌与格式塔”之间而达到一个“整体”。他还解释了“没有无形式的内容”，也“没有无格式塔概念的现实”或“无材料的想象力”。在这第一部著作中，他还对符号、词、感觉、想象、秩序、体系等许多在后来著作中详细解释的概念，作了纲领性或毋宁说是模糊的引介。

本泽在其随后涉及认识论、本体论问题或自然哲学与技术哲学问题的许多著作中，始终关注美学观问题，但只有《数学知识史概论》（1949）的第二卷专门讨论了数学与艺术间的关系问题。首先，他引入了一个最重要的概念“完美”，主要是形成“数学意识”中充满着数学思维。这种关于“审美范畴与数学范畴间原本统一”的观点，在他下面这段话中得到表述：“在最近似的一点上，它足以概括审美的可能性，而把理智归纳成形式，把形式归纳成数学……如果人们期望一般地、恳切地、可接受地和可控制地去谈论形式，我不知道除了数学之外还能如何去解释。”

马克斯·本泽一直努力将理性与艺术相结合，并且发展了显示这种艺术与科学或感性与理性密切关系的新的中介，如“数的普遍性”与“人性普遍性概念”，他将其与“综合艺术形式”的节目相联系；又如“表现”这一概念，他将其置于莱布尼兹的基础之上。

本泽在其著作《文学形而上学》（1950）中，除了使用数学外，也利用了形而上学的基础，尤其是本体论和宇宙论的概念，以及海德格尔的“存在本体论”。为了美学研究，本泽富有意味地强调“形而上学”的作用，以它取代“意识形态”的概念，进而将其与关于“技术世界”和“技术存在”的分工联系起来。以《技术存在》为名，本泽出版了一部趣味盎然的著作，其中着重捍卫了技术文明。尽管此时他尚未正式出版一部真正的符号学著作，但他已引出了类似符号、符号语言表达、表现、此物与彼物的标记等概念。在1952年出版的《广告世界》一书的“技术之精神纯度”一章中，本泽强调了技术在艺术生产中的作用，这一对“技术”的肯定，解释了他后来对“电脑艺术”或“美的程序化”的辩护。他这样写道：“我们居住在一个技术世界上，对它的改变要靠我们的双手，对它的美化需要我们的思考和想象”，但是，由于技术世界是不断变化的，我们永远无法达到终极的完美，在整个发展过程中，我们最多只能达到一个个中途停留点。此外，在此书中，他还引用了诺伯特·维纳的《控制论》(1949)，并充满希望地表明，控制论将成为“所有科学的女王”。在该年的另一部小书《卡夫卡的理论》中，本泽强调了他的《文学形而上学》的暂时性特征，并指出，这一点也可以当作“技术世界中作者的解释”。

现在我谈谈本泽的主要美学著作，即《关于美的形而上学的考察》(1954)的第一卷“美学”。本泽在这里描述了文学与绘画中的“观察、体验、思考的结论”。他把美学分为三个部分，即审美对象、审美判断、审美存在。古老的美的概念被理解为艺术品、技术产品、工业设计的一种样式，他还把艺术美、技术美和自然美区分开来。这里我们首次接触到乔治·戴维·博克霍夫的“美的尺度”问题，也即秩序与复杂性之“商”的问题。本泽在其所有的著作中始终贯彻这个公式，只是通过对普通信息论的思考使其更加完满。博克霍夫的主要观点是，在每一件艺术品中都包含一种特殊的秩序因素，这是一个古老的观点，但他首次将其引入数学关系中。“美的尺度”是只关系到类似的对象或如博克霍夫所说“家庭”对象的一种“对照度”。本泽对艺术品的分析，既非其对观众的影响，也非其历史作用或商业价值，而在于与博克霍夫同样的方面。这样，他对艺术品的符号学表述达到了一种新的更精细的理解。他说，美的东西不是被表现的对象，而是所表现对象的符号。他还进一步区分了“客观信息”“存在信息”“形式信息”的概念，但此时他仍尚未获得符号学理论的根基。把艺术作品的“信息”(message)概念解释为“发明”和“独创性”意义上的“信息”(information)，导致了本泽特有的“审美信息”概念，他把它看成了日常生活中的一种特殊信息。例如，如果单独看克劳迪亚斯的诗“月亮升起来了”这一句子，其所传达的只是一种语义信息，但如果将它与另一诗句“金色的星星在天空闪闪发光”联结起来，由于其中韵律的德语变化以及决定于这一韵律的新秩序，就表达出另一种审美信息。本泽利用“媒介”、“材料”或“意义”等概念使“内容”和“形式”概念更加完满，而媒介、材料和意义均是博克霍夫所区分复杂性的因素，本泽写道：“一种审美信息依赖于其意义及其独一无二的实现”；而把博克霍夫的“美的尺度”同信息论相联系，本泽将博氏的公式转化为一种“信息度”：冗余被统计信息所除。冗余显然与将各种因素联系起来的某种秩序相同。最简单的冗余就是对称。通过这种扩充，本泽把美学区分为“宏观美学”与“微观美学”。宏观美学与明了的审美对象的感知领域相联系，微观美学则与不明了的审美对象领域相联系。显然，这些概念是从现代物理学那里借用的。

通过这些思索，本泽先是从黑格尔和海德格尔代表的形而上学美学进入数学美学，然后又进入信息美学或统计学美学，最后进入交流美学。审美交流的理论是在《美学》（1958）的第三卷（亚标题为“审美交流的理论”）中得到详细阐述的。交流的一般模式是：发送者或散播者→通道→接受者。在美学中它变为：发送者→审美对象→观赏者。他把这一交流过程看成是一种席勒美学意义上的“游戏”或V. 纽曼意义上的“游戏理论”。

在其《美学》的第四卷，即《美的程序：普通文本理论和文本美学》（1960）中，本泽把艺术品确定为“审美信息的载体”。除了审美信息外，他还把审美过程确定为符号过程，他用文本概念代替文学概念，这是因为文本中包含着更多的文学和其他各类可能的“线性的和非线性的文本”。对于“文本”“超文本”“语境”的讨论，导致了他对各种不同种类的文本的划分，他的文本理论还包括文本质料、文本现象、文本统计、文本逻辑等。但本泽是在他的《文本理论》（1962）一书中，将这种方法发展得更为确切，表述的也更具指导性。他以更易理解的方法讲述符号理论和“符号美”，这一概念是德国哲学家约翰·奥古斯特·埃伯哈德在1806年提出的。

本泽的美学发展最好地表现在《美学：美学导论》（1965）之中，该书包括前面所讲的四卷及新的第五部分。这里，他提出了审美的“最小条件”的要求，即具体性、物质性现实化主题过程主题和交流；同时还对审美的“最大条件”提出要求，即三合一的符号功能、秩序关系、审美不确定性关系和价值关系。在平装本的《信息论美学导论》（1969）

中，本泽以将皮尔斯的符号学字面意义形式化的方式，对其进行描述。

在该书题为“小文本理论”的第二部分中，本泽也利用了皮尔斯的十个三合一或符号层次，每一层次都包含M、O和I的一个亚符号。已知的“状态”概念，此刻与符号的主题相联系而被再次讨论。但这些符号联系及十个层次的符号体系，只是在本泽的下一部著作《符号与设计》(1971) 中得到分析的。该书1991年在中国出版（由徐恒醇教授翻译）。其中主要兴趣在于对创造性、设计、色彩、形式的符号学以及广告中的交流性与创造性方案上。符号联系及十个符号层次的体系在这里得到扩大的分析，并且是建立在皮尔斯的普遍的M、O、I的范畴，尤其是M中的第一、O中的第一……范畴的基础之上。这样，本泽把美学理解为一种关于审美过程和审美系统的理论。他还介绍了与之相关的附加、重复等符号性操作。与此同时，他还区分了不同的审美状态，并对“创造”作了历史的和系统的分析和讨论。他把“创造”理解为与艺术科学相关的“方法论的创造”。信息、创造过程、脑力劳动、发明、选择、建构等，在他的美学中都获得了清晰的含义。本泽认为，美学探讨的是“那种可用数学方式和符号方式加以描述的状态的本质”，只能暂时的而不能绝对地描述它。

本泽在他1979年的著作《美学的不可能性及艺术的符号学概念》中，对与符号学，尤其是与它的附加、重复等操作相关的“创造性原则”作了彻底的考察。通过回溯皮尔斯的表述，创造性原则在他创造的主题中被给定：第三越过第一而创造第二，或解释越过媒介而创造对象。用此方法来分析博克霍夫公式也显而易见，如果把秩序等同于解释，则复杂性可以等同于媒介，产品（即博克霍夫的“度”）可以等同于对象。但这本书最重要的是通过与他人不同的特定符号等级对“审美状态”的限定。通过对亚符号等级的数字式表述和对三合一（或符号等级）与三分法（或现实的主题化）间联系的思考，本泽发现，这一点与“审美状态”相符合。如果运用数字，这种联系可以二元化来表示。则人们便可以明了皮尔斯的符号等级“肖像的、易辨认的”具有同其相符合的三分法的反面，并且这是其独一无二的完美。人们也可以明白，存在一种完全美的对称。通过把这种符号等级与艺术品的审美状态相结合，本泽从莫里斯的意义中解放出来，威廉·莫里斯坚持艺术品只能被描绘成一种肖像。

本泽也发现，这种三合一/三分法，不仅表现了“审美状态”，也表现了“符号本身”和“数字本身”，本泽在其在此之前的所有的出版物中所提出的符号、数字与审美状态的同一性，最终由于他的符号学研究，成为他具有说服力的观点。

本泽在其最后一部著作（我在他去世后整理出版的）《符号的自我实现》（1992）中再次讨论了特殊符号等级的主题。这里所有他关于符号等级的反思，都被放在符号的自我实现中探讨。表现和现实本身在符号中是紧密地联结为一体的。符号连接着意识和世界，知觉、认识、推理也因此而依靠符号。因为离开符号，什么东西也得不到表现。就此而言，美学、数学和符号学这三个领域是互为联系的。因此，本泽在他最后一部著作中回到了他最初的主题，所不同的是，以前他只是预期，而现在他可以证实了。

（选自《国外社会科学》1996 年第 4 期）

家庭、国家与世界:全球伦理的现代儒学探索*

[美] 杜维明　张友云　译**

在儒家文化的影响下，工业化东亚已经发展了一种不那么逆乎潮流，不那么强调个体主义，也不那么强调自我利益的现代文明。就此而论，群体取向和个人主动性之间的协同已然将这一地区造就为第二次世界大战之后世界上最具经济和政治活力的地区。本文依照自我、家庭、社群、社会、国家与宇宙等一系列同心圆，通过对建立在个人尊严基础之上的有关人类繁荣的儒家观念进行探索，来研究工业化东亚的发展。本着天人合一的精神，我们看到了自我同社群的沟通、人类与自然界的和谐、人与天的相互关系。这一对学而为人的整体性综合认识可以作为新的探索全球伦理的出发点。

17 世纪利玛窦将天主教传到中国及耶稣会士在中国的传教活动的一个意外后果，是中国人对欧洲的启蒙运动做出了思想贡献。通过传教士的报告，法国、英国、意大利和德国的知识分子开始意识到中华文明的人文主义光辉。孟德斯鸠、伏尔泰、魁奈、狄德罗，启蒙思想家、重农主义者等，都对中国人的世界观、宇宙论思想、仁善专制和世俗伦理着了迷。虽然 18 世纪中国货风靡欧洲主要是因为欧洲人对中国艺术风格的狂热迷恋，而不是他们对中国哲学内涵的探求，但儒教中国对某些最辉

---

* 本文摘自美《社会符号论》1998 年第 8 卷第 2—3 期。

** 张友云，中国社会科学院外事局。

煌的西方思想的自我反思却是一种理智的挑战。不幸的是，启蒙精神，特别是体现为19世纪欧洲中心论的启蒙精神，对中国及其作为一个发展中的现代国家的自我觉悟的影响一直受到破坏。

现代西方人的二分的思维方式（精神/物质、心灵/肉体、体力/脑力、神圣/世俗、创造者/创造物、上帝/人、主体/客体）同中国人的思维方式是针锋相对的。培根的知识即力量及达尔文的以竞争求生存的论断告诉我们，启蒙精神同中国人头脑中所熟悉的任何一种思维类型都大相径庭，以致对华夏世界的诸方面均构成挑战。受浮士德式的探索、认识、开拓和控制的驱动，启蒙运动对工具理性的信念已在科学、技术、工业资本主义、国家建设、民主政治、法律制度、教育体制、多国合作以及军事装备方面取得了令人瞩目的进步。由于依据财富与强权而定义的国际游戏规则是通过炮舰外交强加给中国的，新的中国知识分子看到了西化的不可避免性，从而投身到西化的运动中。

激励"五四"（1919）时期一代中国思想家把全盘西化鼓吹为文化生存的前提的那种紧迫感，是不辨方向和自我毁灭性的。有意识地选择侵蚀中国丰富的文化资源并追寻唯物主义救国道路的做法，把中国导向了革命的浪漫主义和民粹派信奉的唯科学主义。他们如此迫切地谋求采取行之有效的行为和取得立竿见影的后果，以致将精神生活置于边缘地位。其后果是几乎没有留下反复思考的余地，更不用说进行深刻的反思了。对哲学来说，这种结果是灾难性的。在这一点上，近代中国知识分子的命运远远比不上他们的印度伙伴。几个世纪的殖民地状态并没有摧垮印度人的精神支柱，而半殖民地的地位却促使中国知识界完全地或有选择地丢弃了所有代表中国灵魂的精神传统。我们只是刚刚开始看到一些表明中国思想家们正在从这种因内挤外压所导致的病态中逐渐康复的征象。

启蒙思想虽然精力无限且充满着创造欲，但因其漠视与人类相关的"神圣礼教"，忽略作为一种生活艺术的自我修养，所以未能在眼前的事物中得到反映。然而，关于人是拥有不可异化的权利的理性动物并由其自身利益所驱动而在市场上获取最大利润的假定，在中华人民共和国即使不是一种激励性的思想，也可算是一种有说服力的思想。T. 帕森斯所理解的现代性之不可分割的三方面——市场经济、民主政治和个人主义——在中国知识界的讨论中也很可能会赫然显现出来。启蒙精神在中国文化界存在着，并且在起作用。

V. 施瓦茨和李泽厚等学者在论述五四运动时认为，在中国致力实现现代化的悲剧性历史中，首要的思想问题是救亡的民族感情掩盖了对启蒙运动进行深刻探索的需求，这是可以理解的。这种可悲的后果使中国在向现代性迈进的征途上出现了令人痛心的曲折。可以作如下假设，即中国向西方学习的协同努力受挫于谋求民族生存的炽烈愿望。结果，在中国的知识土壤上，自由、平等、理性及正当法律程序等启蒙思想生长和繁荣的时间太短，空间也太狭窄。科学与民主的思想在西欧和北美历经了几个世纪才得以确立，但是鼓吹西化的人们和实施现代化的人们试图依照科学与民主的精神来改造中国却只经历了几十年的时间。不过，有些困难是因启蒙精神自身的含混不清造成的。在中国，鼓吹西化和现代化的人们，受到启蒙精神的陶冶，均以一种要把中国从她自己过去的封建、黑暗和落后中拯救出来的激情而投身于政治运动。

以权威主义的三纲（父为子纲，君为臣纲，夫为妻纲）为特色的中国家庭的痼疾受到现代中国一些笔触犀利、颇具影响的作家的彻底批判。巴金的小说《家》是“五四”时期反对传统习俗精神的代表作，它使人痛切地回想起儒家关于“家”的概念。从受西方自由民主思想影响而形成的现代意识的视角来观察，“家”实际上就是一个“牢笼”。它否认个人的基本权利，禁锢年轻人的创造精神。的确，儒家的家庭伦理，正如鲁迅以他充满义愤的战斗之笔所描绘的那样，无异于一种“陈腐说教”。这样一种陈旧的教育，非但不能使世界变得文明，还依稀带有噬食同类的味道，或借用鲁迅生动的语汇来说就是“吃人!”。“打倒孔家店”的口号总体上是把矛头指向封建的过去，尤其是针对儒家的家庭制度。由此不难理解，即便是那些鼓吹复活儒家人文主义的人也承认儒家的家庭伦理是阻碍中国社会走向现代化的一个重要文化因素。康有为和谭嗣同都提出把打破对家庭的绝对效忠作为复兴无所不包的儒家人文主义的前提。儒学思想家熊十力则直截了当地把家庭谴责为万恶之源。

作为中国现代化指导思想的毛泽东思想在20世纪50年代的兴起，进一步强化了对儒家家庭伦理观念的批判。几种看起来并不相容而皆以启蒙思想为名的思潮，如实证主义的唯科学主义、浪漫主义的革命理论、平均地权论、反偶像崇拜论、工业化现代主义，以及保护本土精神文化的理论，汇合而成为毛泽东的思想。它总体上同儒家人文主义，特别是同儒家的家庭伦理观念是格格不入的。认为以历史发展的普遍规律为基础可以进行极权主义的社会变革，认为随着觉悟提高与物质财富的丰富，继续革命将最终消除中国的落后面貌，认为农民是推动中国走向现代社会的动力，认为摧毁中国的封建遗产才能迎来壮丽的新世界。按照对启蒙的这一独特理解，儒家关于社群的概念——不仅家庭，而且所有人际交往的形式——都被抛进了历史的垃圾堆。

按当代人的观点，当我们承认西欧和北美所做出的示范性现代化事业已成为人类共同遗产的同时，我们不应无视这种启蒙工程中固有的严重矛盾和体现在现代西方国家进程中的破坏性因素。启蒙运动的遗产带有一种让人无所适从的模棱两可的倾向。它所拥有的价值观不能联结成一种提供协调伦理行为整合性的价值体系。例如，自由与平等之间的冲突就常常是无法解决的。对于那些同样对环境恶化、社会解体和分配不合理等问题深表关注的人士来说，一项紧迫的任务就是对启蒙运动的遗产进行反思。矛盾的是，鉴于这一遗产无意中对全球社会造成的负面后果，我们不可能不经批判就接受其内在逻辑；但我们又不能否认这一遗产目前和今后同我们理智的“自我”定义之间的联系，虽然它一直带有那么多的模糊性。捷径是没有的，我们找不到一种非此即彼的选择。

希望建立一种截然不同的伦理观念或是一种不受启蒙精神支配的全新的价值体系的希望是不现实的。这种期望甚至会表现为或是愤世嫉俗，或是过于苛求。我们需要探寻的精神资源应能帮助我们拓宽启蒙工程的范围，加深其对道德的感受力，如有必要，能创造性地改变其固有局限，以便充分实现其作为全人类世界观的潜能。

一种新型的全球社会伦理

认识到在启蒙工程中明显缺少一种社群理念，特别是全球社群的理念，是上述理智综合事业走向成功的关键。博爱，这一在法国大革命提倡的三种基本品德中与社群功能等价的品德，在现代西方国家的经济、政治和社会思想中没有受到足够的重视。对不平等予以欣然默许，对个人利益的救世力量的信赖，以及对不加约束的损人利己的认可，都严重地玷污了进步、理性和个体主义的善良性。越来越多的知识分子深切感到有必要表达一种组建“全球村”的普遍愿望，应该在我们日常生活中所体验到的四分五裂的世界和理想中的全人类社会之间建立一种可能的联系。可以理解，在过去与现在的任何社会中作为社会基本单位的家庭，在当代政治话语中已突显其重要地位。在这种思路中蕴含的全球化运转的思想要求建立一种新的伦理，其意义与启蒙精神已大相径庭。

按照儒家观点，这种新型的伦理观念要求起码要用以“不要如何如何”的形式表述的“己所不欲勿施于人”这一黄金规则，来取代自私自利原则——不管对这一原则作了多么明确的界定。我们所珍爱的最佳生活方式未必就适合于我们的邻居的具体情况。承认这一点是我们迈向能深入鉴赏他人之完美的第一步。鉴于这一黄金规则是以否定形式表述的，所以，应该用一种以肯定形式来表述的原则予以扩充，就是“己欲立而立人，己欲达而达人”。要培育起一种内涵宽广、以互利和互惠交往为基础而不是以经济学计算中的零和游戏为基础的社群观念。

在儒家文化影响下，工业化东亚已经发展了一种不那么逆乎潮流、不那么强调个体主义、不那么强调自私自利的现代文明。如今得到广泛承认的是，市场经济和政府指导的共存，为日本、韩国、新加坡以及新近为中华人民共和国提供了一种促进经济高速发展的巨大动力。研究比较政治的学者们也已注意到东亚地区民主政治的发展与英才教育并非水火不容。的确，通过竞争考试，教育精英主义已经在发展一种能够让公共部门不断从高校毕业生中吸引最优秀人才的领导风格方面起了作用。简言之，由个体能动性和群体取向产生的协同力，已经使这一地区变成自第二次世界大战以来世界上最具经济和政治生机的地区。

包括日本，朝鲜，韩国，中国大陆、香港和台湾地区，新加坡及越南在内的儒家亚洲的西化可能已永久改变了这一地区的精神面貌，但是其本土的精神资源（包括大乘佛教、道教等）具有精神恢复的力量，使它们自身改头换面，以一种新的综合形式表现出来。

依照儒家的观点，资本主义和社会主义的学说（二者都是启蒙精神的范例）都没有提到原生联系问题：如对人的状况的嵌入性；特别是在识别处于独特的人际关系网络中的具体人时，种族、性别、语言、地域及宗教等因素的至关重要性。无论资本主义还是社会主义的经济人概念中抽象的普遍原则，都不能说明从物质上构成全球社会的人类社群的复杂性和多样性。原生联系作为文化上特定的、历史上背景化的人类社群的形成方式，同认为现代化自然会导致同质化的启蒙假设是相对立的。同启蒙假设相反，儒家广义的人文主义可以为我们发展一种赞同文化多样性、尊重差异和鼓励精神取向多元性的伦理思想提供丰富的资源。

当然，需要告诫的是，在经历了被帝国主义和现代西方国家一百多年的殖民统治所强加的屈辱和失败之后，工业化东亚的崛起也强烈地表现了启蒙传统的工具理性。的确，日本及“四小龙”精神是以重商主义、商业精神和国际竞争为特征的。当然，对于它们发展一种更人道、可持续的社会的可能性，不应夸大。然而，这并不意味着要去破坏儒家思想的说服力，人类社会应该是广泛包容的，尽管存在着种族、语言、宗教、社会、政治及经济方面的多样性。

按照现代的自由—民主的观点，儒家的人文主义显然存在着诸多缺陷。就其整体精神取向而言，儒家传统明显缺少一种对个人主义的强有力的承诺。作为现代社会风气的一种反映，个人主义问题是很复杂的。但是，不可否认，人的尊严、自由和独立在所有现代社会中都受到高度珍视。如果一个儒家社会，既以它所信奉的“为己而学”的价值观和不断“自我实现”的道德律令为基础，又能形成基本自由和权利的观念并发展保障公民隐私的法制，那么，这种社会视个人为一切关系之中心而非孤立个体的信念，将会有助于建立稳定的民主。

在其基本信念中，儒家传统明显缺少彻底超越、积极的恶和超验合理性等观念。结果，儒家社会就可能没有许多制约独裁政权或家长式政权滥用权力的办法。然而，儒家的天命论以精英责任伦理为基础，更适合于民主政治，也就是说，并不那么适合于神授君权。儒家的关于仁政、精英责任意识以及人民具有要变革权力的思想，同文明、公平、公共透明性等民主化要求是完全吻合的。实际上，儒家以致力于在普遍的人际日常交往中陶冶人们的理性价值观而著称于世，因为他们相信，真正的社会和谐只能通过交往与协商才能实现。

在其政治哲学中，儒家传统显然缺乏自由、人权、隐私和正当法律程序等概念。儒家对正当性、责任、公共精神及礼制的偏爱，可能已经损害了东亚国家把个人言论自由、享有不可剥夺的政治权利和民事权利的自由、尊重私人领域的自由和独立司法的自由进行充分整合的能力。然而，在一个复杂的现代社会中，我们不能够为了强调自由的价值观而忘却对处于经济劣势的地区和人民提供各类政治性保护措施。尽管低效的福利制度存在诸多弊端，但是，政府还必须确保因市场的力量而加剧的残酷竞争不会导致无法承受的不平等。这就要求商界和政界的精英人物有一种对全社会的幸福与安宁的强烈责任感。儒家对责任的关注与对权力的要求是一致的。事实上，为使对个人利益和隐私的论述得到应有的承认，发展尊重公正无私精神的公共领域既合人心，又有必要。自相矛盾的是，由法律专家们制定的文明行为模式（一种对公益的可信承诺）可能依然是削弱对个人利益的关注的最有效的途径。

在其制度结构中，儒家传统显然缺少一种对专制制度的制约平衡机制，即一种在宪法框架之内的逆向性分工，尽管大多数工业化东亚社会都在依其法律架构精心设计政治程序，但创造一种文明精神气质和党内交往的公开性尚需时日。政府要民有、民享、民治的主张在日本及亚洲“四小龙”已然不再仅是一厢情愿，可是，还远未成为完全与普通生活方式合而为一的制度化机制的民主政治依然会引发争论，引起分裂，甚至具有爆炸性。

在人际交往的实践中，儒家传统显然没有社会契约、市民社会及公共领域等先例。然而，事实上已成功扩展至世界每一角落的“网络资本主义”体现出富有成效的人际交互影响，它向我们表明，复杂的商业交易所提出的诸如诚信、可靠、责任、义务等植根于儒家文化的道德要求，是它的明显特征。虽然在法制尚不健全的情况下这种产生财富的方式几乎不可能普遍化，但它已经形成了一种经济发展和社会发展的独特风格，这种风格对世界其他地区有着深远影响。公共机构在商贸、传媒、学术、宗教及其他独立于政治中心却又影响其长期决策的行业领域中的出现，使工业化东亚得以逐步发展为成熟、完善的市民社会。虽然这些正在出现的，已然把市民社会的思想传输给东亚知识分子的公共机构的行为趋向很难预测，但是，日益发展的多元主义不可避免地会导致思想、宗教、伦理、美学及世界观诸领域中出现新的闪光思想和杰出人物。不论一个以交往理性为判别依据的真正起作用的公共领域是否会在这些新兴的工业化国家出现，稠密的人际网络和复杂的文化结构已然使这些国家成为令人瞩目的“有机团结”的现代范例。按照迪尔凯姆的分工概念，这种“有机团结”是现代性的一个必要条件。

以上从自由民主的角度对儒家传统的局限性及儒家对启蒙精神的可能反响所进行的讨论，开辟了一个崭新的伦理视野。用伦理学的术语来表述，即儒家东亚所示范的是现代性的另一种完全不同的形式。的确，市场经济、民主政治和个人主义都汇聚在东亚的现代性之中，但是，政府领导、精英统治和社群主义作为一只“无形的手”对市场的调整是根本性的，而与此相对的民主制度，以及作为界定西欧和北美现代性基本尺度的个人主义精神并不一定很适用。理想化的个体观念把人视为享有权利并在个人利益驱动下，力图在由法律架构裁定的市场领域中通过理性的精心运作而获取最大利益的个体，这种个体观念，同儒家把个人视为各种关系的中心的观念，同儒家强调责任意识、整体幸福、正义、怜悯及对礼仪的道德改革，当然是不相容的。近年来，在欧美地区的政治讨论中对社会难题的论述是20世纪后期两种显然相反的努力汇合的表征：一方面，在我们所处的信息时代，地球村既是一种真正的现实，又是一种虚拟的社会；另一方面是在从家庭到国家的所有层面上人类群集关系的解体和重构。

如果说儒家传统能够为我们提供一种精神资源，以便从启蒙工程本身的内核中发展一种新的社群观，这种说法可能算不上是狂傲。在不破坏或摒弃对合理性、自由、平等、人权及合理分配的承诺的情况下，超越启蒙精神的需要要求我们透彻地重新审视这种人类生存和繁荣所必需的全球伦理。

结 论

如果我们假定，如东亚的例子所表明的，传统形成了现代化的过程，并大体上界定了“现代”的含义，那么，关于现代性必须依照市场经济、民主政治和个人主义这三个不可分离的方面来表述的主张，又将处于何种地位呢？的确，眼前的实例使人们愈加相信作为实现现代化的强大引擎的市场经济是现代性的一个组成部分。

然而，值得注意的是，市场经济如其在东亚的实践结果所表明的，并非不能同政府强有力的和综合性的参与相适应。实际情形往往是政治领导为市场运行提供必要的指导。在对内协调和对外竞争中，在经济方面成熟老练的政府官员往往有助于促进体制的顺利运行，并为经济的健康增长创造环境。官员同商界进行合作在东亚社会中是一种规范，政治和经济之间深入的富有成效的相互作用是东亚地区政治经济学的明显特色。在裁定经济事务方面当局所拥有的权威可以表现为不同形式——直接管理（如新加坡）、积极领导（如韩国）、知情引导（如日本）、被动干预（如中国台湾地区），或主动不干预（如中国香港地区）——但是，当局对所有重大经济决策的参与不仅被期待，而且为商界和公众所渴求。

虽然民主政治带有普遍适用性，但是民主思想在东亚国家的体现强烈地表明了民主化作为一个过程，同官僚统治、教育精英主义和自成一体的社会网络，未必不能和谐共存。西方的民主经验绝非偶然的形成：在英国成形于实用主义、经验主义、怀疑主义和渐进主义的传统；在法国则成形于反教权主义、理性主义、文化主义和革命精神的传统；在德国成形于浪漫主义、民族主义和种族自豪感的传统；在美国则是由于一个强大的市民社会的持续存在。儒家信奉通过努力而改善自身境遇的观念；信奉家庭为社会基本单位、家庭伦理为社会安定之基础的观念；信奉道德教育的内在价值；信奉自力更生、相互帮助；信奉无止境扩张的关系网络结为有机整体的观念。这些信念为东亚民主体制发展自己的特色提供了丰富的文化资源。

的确，儒家的论辩术，就像在讨论亚洲价值观问题时一样，可以作为一种战略武器，对不加区别地把西方的思想意识强加给世界其他地区的做法进行批判。把人权范围从以往只强调政治权、公民权，拓宽到包含经济权、社会权和文化权的新的议事日程。当儒家文化影响下的亚洲社会把它们自己从裙带关系、权威主义和大男子主义的桎梏中解脱出来的需求突显之时，带有儒家特色的民主便不仅可欲，而且可求。

东亚国家的知识分子对作为促进经济发展、国家建设、社会稳定和文化认同的精神源泉的儒家传统，进行了积极的探索。但是，在日本和“四小龙”中，针对孔子及其继承者的反偶像崇拜运动的回声，依然在学术殿堂及政府大厅中荡漾。荒谬之处在于，偶像的人格概念（实在人，有价值的人，圣人）在一个自由民主的社会中，比在一个传统型的帝王专政或现代独裁主义的政体中，能够更为彻底地得以实现。东亚国家的儒学精英们必须先创造性地依照启蒙运动的价值观改造自己，然后才能对现代西方国家的极端个人主义、恶性竞争和不道德诉讼行为进行有效的批判。

儒家世界中的知识分子致力于向西方国家（荷兰、英国、法国、德国和瑞典）学习的历史已逾百年。由于已经适应了现代西方启蒙精神的排他性“一般”说教，他们开始通过汲取自身固有精神传统中的精华来提出挑战性的问题。把重新评价儒家的价值观作为一种对西欧及北美的霸权性说教的具有创造力的回答，这似乎是跨文化交往的自然结果。一部分推动力来自中国知识分子中产生的批判的觉醒意识，即认为文化中国已经不再属于多数人仅靠土地为生的农业社会，因为这个国家也是世界上最具生气的移民社会之一。

中国有3600万华侨，主要分布在东南亚地区，在将这一最经久不衰、最具支配力量的道德体系与它的背景联系起来时，不可能简单地将它归入或是“封建的过去”，或是“农业的现在”。在华人中不仅有最庞大的农业人口，而且也有正在形成的全球社会中最具事业心的商人阶层。如果我们“假设文化很重要，假设人们用极为珍视的或下意识地信奉的价值观指导他们的行为，假设人们的动机结构不仅同其经济伦理相关而且至关重要，假设社会的生活取向造成其人民经济行为或政治行为方面的差异”，那么，我们现时的伦理思想能否为一种对于世界和平而言是不可或缺的全球性管理提供强大的伦理基础，就显得至关重要了。

按照文化中国的观点，与19世纪数百万中国人从广东、福建向东南亚国家的第一次移民运动相对照，第二次移民运动正在出现。过去20年中，东南亚地区有经济实力的华人，出于政治安全、经济机遇、文化表现及子女教育等诸多考虑，已开始了向澳大利亚、加拿大和美国的迁移。由于有香港和台湾地区居民加入这一过程，移民的数量将会大大增加。在美国，全国的唐人街和留学生社群的面貌，由于近年来越南南部华裔人口和中国大陆学生人口的流入而得到实实在在的改变。另一方面，也应该注意到，近几十年中科学和工程学方面的高级人才正在从北美向工业化东亚进行稳定的回流。

如果我们把范围扩大，把工业化的和社会主义的东亚国家都包括进来，便会看出日本人、韩国人和越南人社群在全世界的出现，进一步提高了理解儒家伦理的必要性。此处，我愿援引埃德温·赖肖尔1973年所作，后以《纵览华人世界》为题在《外交事务》杂志上发表的一篇预言性讲话中的一段：

> 东亚人民……具有某些共同的重要特质，诸如讲求群体团结、强调政治一致、组织基础稳固、工作伦理观念强及肯于为教育付出巨大努力。由于具有这些特质，日本以其出人意料之速度从一个19世纪中期尚不发达的小国一跃而为20世纪初的重要帝国——进而成为今日的超级经济强国。……今天，她的纪录正在被其他所有未受到战争或经济上妨碍的东亚国家或地区——即韩国、台湾地区、香港地区、新加坡——所重视。新加坡像中国香港一样基本上是一个华人城邦。在东南亚地区所有的非东亚国家中，作为少数民族的华人在经济和教育方面占有很大优势，甚而造成了严重的政治和社会问题。如果在越南不再发生战争，如果中国和朝鲜能为其人民的无可置疑的经济能力提供空间，它们的经济增长速度一定会令人惊异。

如果我们要维护儒家伦理的亚洲第一价值观的地位，就要满足两个条件。首先，在伦理—宗教的意义上，用“儒家”来暗指东亚，就像用“基督教”“伊斯兰教”“印度教”“道教”来指欧洲、中东、印度或东南亚等地理政治区域一样，具有相同的效力和局限。“儒家”东亚在宗教方面的多元性已把事情搞乱了。然而，把信奉神道教或佛教的日本，信奉萨满教、佛教或基督教的韩国，信奉道教或佛教的中国，均视为东亚精神景观的组成部分，也并非难事。其次，如此表述儒家伦理并不是在对传统儒家学说作简单描绘。确切地说，这是使多少世纪以来一直在儒家教育影响之下的那些国家的人们的生活方式、思维方式或社会实践得以概念化的一种途径。

由于我们所面对的是一个世界新秩序的问题，而不是由超级大国所强加的把世界一分为二（资本主义和社会主义）的问题，所以我们容易因受诱惑而去迎合轻易形成的概念："历史终结论"、"文明冲突论"或"太平洋世纪说"。更困难的，从长远看又可望是更重要的探究方式，是强调全球社会正面临的真正的根本性难题。我们是作为独立的个人而存在，或是每个人都作为各种关系的中心而存在吗？道德上的自知之明对个人成长是必不可缺的吗？一个不能在其成员中发展一种基本责任感的社会能够繁荣和长久吗？我们的多元化社会能够在深思熟虑的基础上培养出共享的价值观，并为人类的相互理解奠定共同基础吗？当我们敏锐地察觉到我们所在的地球的脆弱性并日益为社会解体而担忧时，在精神方面应该提出的至关重要的问题是什么呢？

鸦片战争以来，中国经历了许多劫难。1949 年之前，帝国主义是罪魁祸首。总体而言，外部世界对中国实际发生的事情都很明了。1979 年以来，中国正迅速成为全球经济体系中的一个组成部分。中国 30% 以上的经济活动都同国际贸易紧密相关。自然形成的经济区域已经在香港与泉州、福建与台湾、山东与韩国之间的地带出现，来自日本、欧洲、美国，以及香港和台湾地区的投资实际上已经遍及中国所有省份。香港回归，台湾海峡两岸之间的冲突，海外华人社会之间以及他们同中国大陆之间的经济与文化交流，东亚地区的域内交往，东盟的政治与经济整合，亚太地区的崛起等因素，都将对我们正在收缩的全球社会产生实质性影响。

儒家学说的新生会有助于在东亚知识分子中间形成一种迫切需要的集体的、批判的自我意识。我们不是在目睹历史的终结，而是正在亲历全球历史的开篇。从比较文化的角度来看，这一新的开篇须以对话而不是以文明的冲突作为出发点。我们对植根于种族、语言、国土与宗教中的文明冲突危险的意识，使得进行对话的需求尤为迫切。必须找到一种可取的注重人类繁荣的伦理和精神尺度的可持续发展模式。

超越一种由工具理性和个人私利而形成的思维倾向已经为时过晚了。由于起支配作用的政治关系消失了，我们亲眼看到了一个交往、网络、商定、互动与协调的时代的曙光。东亚国家的知识分子在修身、齐家、社会团结、仁政、普遍和平等儒家精神的激励下，能否像移居世界其他地区的华人、日本人、韩国人和越南人中的知识分子一样表现出一种责任道德，这对实现全球化管理具有深刻的意义。

我们可以在人的尊严的基础上，依照一系列的同心圆，即个人、家庭、社群、社会、国家、世界及至宇宙，对儒家的人类繁荣的观念予以展望。我们首先提出人的真实同一性问题。一种公开的创造性转化的自我品性必须以我们克服自私自利和唯我主义的能力来予以论断。我们珍视家庭的凝聚力，为此，我们必须超越裙带关系。我们重视社会团结，但我们必须克服地方观念以彻底实现社会团结的真正价值。我们可以通过社会整合而得到充实，但要以克服种族优越感和文化沙文主义为前提。我们致力于民族团结，但我们应该摆脱侵略性的民族主义，以便能够实现真正的爱国主义。我们为人类的繁荣前景所激励，但我们必须为摆脱人类中心说的约束而努力，因为人性的全部含义在于天人合一而不是人类中心说。在马来西亚大学举办的“伊斯兰—儒家对话国际学术研讨会”（1995 年 3 月）上，马来西亚副总理安瓦尔·易卜拉欣引用了休斯敦·史密斯所著《世界宗教》一书中的一段话。这段话深深领悟了自我超越的儒家精神：

> 当一个人把关注中心从自身转向家庭的时候，他便超越了自私自利的心理。当关注中心从家庭移向社会时，便超越了裙带关系。当从社会移向国家时，便超越了狭隘的地方主义。当移向全人类时，则同民族沙文主义针锋相对。

我们甚至可以作如下补充：当关注中心移向天人合一的时候，便超越了世俗的人本主义这一启蒙精神的带有明显的人类中心说特色的形式。的确，按照天人合一的精神，我们看到了个人与社群之间的交往，看到了人类与自然界的和谐，还看到了人与天之间的相互依存关系。这一整合的对于学而为人的综合性见识，可能很适合作为一种新的全球伦理学说的起点。

（选自《国外社会科学》1999 年第 5 期）

宗教学百年鸟瞰

何光沪*

20世纪是人类对外界结构的认识以加速度进步的一百年，因而也是人类在物质领域成果最为丰盛的一百年。同时，这也是人类在自我组织方面出现偏差最大的一百年，因而成了人类历史上人为灾难最为深重的一百年。换言之，在人类的对外和对内认识之间、物质领域与精神领域之间出现了巨大的鸿沟。

这一百年间世界各大宗教的动向以及整体的宗教形势，可以视为对人类生活的这种二元分裂的某种反应。相应地，在作为人类智力活动集中体现的学术领域，宗教学的崛起及其走向，在某一方面既是对宗教动向的反思和反应，也必然同宗教动向或整体的宗教形势有千丝万缕的联系。

本文不可能从细节上把握这一百年的宗教动向和宗教学走向，只能在对之作某种鸟瞰式回顾的基础上，就二者的关系作一些宏观的描述，对其最主要的特征作一点粗疏的分析。

一　早期的“一元论”

这里说的一元论，指的是宗教学从其在19世纪后期诞生直至20世纪中期，在研究方法上的主要倾向是尊奉“描述性方法”而排斥“规范性

* 何光沪，中国社会科学院世界宗教研究所。

方法”。这就造成了所谓“科学的”宗教研究发展迅速，但却把“哲学的”宗教研究拒之门外的学术景象，尽管宗教哲学的研究在此期间没有也不可能消失。

19 世纪后期是西方在近代史上的太平盛世。这不仅仅是指它享有 17 世纪初至 19 世纪初多次战争与革命之后长时间的相对和平，也不仅仅是指它以稳定的政治经济制度为英国的“维多利亚时代”和欧陆的文学艺术繁荣提供了保障，而是指它产生了人类历史上十分罕见的普遍乐观情绪。这种情绪在很大程度上来源于自然科学和工业技术的明显效果。这一时期科学技术在社会生活各个领域造成的巨大进步，使处身于其间的西方思想界（除了少数“先知先觉者”）更加相信理性的力量和实证的方法。因为理性（其实是狭义的理性或称知性）被视为科学的基本精神，而实证（主要是经验的实证手段）则被视为科学的基本方法。

这种思想气候一方面促成了现代意义上的宗教学的诞生，另一方面则造成了宗教学在早期的实证倾向，即我们所说的以描述方法排斥规范方法，以“科学方法”排斥“哲学方法”的一元论倾向。

现代意义上的宗教学诞生的标志，一般认为是英籍德裔学者缪勒（F. Max Mueller）的《宗教学导论》（1873）的发表。这本书第一次把对宗教的研究称为 science of religion，即关于宗教的科学，或以宗教为研究对象的科学。在英语中，science（科学）一词通常专指自然科学，所以，宗教学的这个名称十分典型地表明，这门学科诞生伊始就带有时代赋予它的胎记，即当时公认为自然科学特征的知性精神和实证方法。

当然，对不同宗教的理性研究绝非始于 19 世纪后期，它是一条至少可溯源到古希腊哲学（以及其他民族的古典哲学）的流程漫长、水量充沛的大河。换言之，广义上的宗教学至少比现代自然科学的年龄要老两千岁，即使不说它几乎同宗教一样古老，也可以说它具有远比其他人文学科悠久得多的历史和丰富得多的成果。但是，这种研究在多数情况下确实是以某种哲学立场作为前提，而且更经常地还是与某种宗教信仰密切相关的。

在作为现代宗教学母体的西方文化传统中，与宗教研究最为密切相关的宗教信仰，当然就是基督宗教的信仰。就宗教学的“前史”而言，如果撇开古希腊时期诸多诗人和哲人（从赫西俄德到亚里士多德）对当时宗教信仰的理智性思考不论，撇开中世纪以前西方哲学家和神学家（从奥古斯丁到阿奎那）对异教的描述和反驳不论，仅从中世纪以后这种研究的成就来看，我们也可以发现它一方面是理性研究的结果，另一方面同基督教信仰有着千丝万缕的联系。

具体来说，一方面，中世纪的西方哲学家和神学家在描述和反驳异教之时，当然已经站在异教信仰之外的立场，已经运用了在经院哲学中高度发展的理性（至少是逻辑理性）方法，文艺复兴和地理大发现以后的西方学者，更是站在古代宗教和非基督教的信仰之外的立场，运用日益张扬了的理性方法，甚至是逐步完备了的人文科学（如考古学、人类学、语言学、神话学等）方法，从而取得了为现代宗教学奠定基础的巨大学术进步。另一方面，这一学术进步的重要动因，在中世纪西方哲学家和神学家那里，当然是为了维护基督教的信仰，而在文艺复兴和地理大发现之后的西方学者那里，更是基于传教士们从欧洲以外的世界各地带来的各民族文化和宗教的大量信息所引起的兴趣，这些传教士的工作，最终是受其宗教信仰所激发的。众所周知，从地理发现直到 19 世纪的重要考古学家、人类学家和民俗学家，许多都是热诚的传教士。说到底，宗教学正是这些学科发展的自然产物，而其奠基者和早期的重要推动者，如瑞典的索德布罗姆（N. Soderblom）和德国的奥托（R. Otto）等人，本身又都是虔诚的基督徒，甚至是重要的神学家。

在这种背景下，现代宗教学诞生之初的思想学术形势，确实会使这门新兴学科面临着同基督宗教的相互关系这样一个难题，这一点可以从这门学科在大学立足之后，一些最著名的基督教神学家对它的反驳或疏远态度中看到，更可以从这一学科的方法论争论中看到。一方面，19 世纪末期影响最大的新教神学家之一哈纳克（A. von Harnack）曾针对缪勒的名言“只知一种宗教者，一无所知”而回答道：“不知此——宗教（指基督教）者，一无所知。”哈纳克还主张把宗教学即对其他宗教的研究划归哲学系和语言学系，而不能划归神学系。在他之后，欧陆神学界的代表人物如巴特（K. Barth）、布尔特曼（R. Bultmann）、布龙纳（E. Brunner）等人对宗教学也持类似态度。另一方面，盛行于 19 世纪末到 20 世纪初的宗教史学派（Religionsgeschichtliche Schule）则主张，只有研究整个人类的宗教历史，才能理解作为其中一个部分的基督教，所以神学研究应该置于宗教学研究之中。这些宗教学家还实际推进了对亚述宗教、巴比伦宗教、埃及宗教、希腊宗教、犹太教和伊斯兰教等等的比较研究。在此前后，也有众多持类似观点的宗教学家认为，宗教学研究必须摆脱宗教信仰的约束而采用科学的方法，由此才能使宗教学同神学划清界限，从而保持其客观性。尽管还有另外一些学者主张宗教研究离不开自身的宗教经验，但是在整个宗教学的创立阶段和早期阶段，显然是主张客观方法的一派占了上风。

这首先表现在这门学科在这些阶段的主要名称之上。前文曾提及，这一学科在英语中曾被称为“关于宗教的科学”①。事实上，在其初创之时，它更被称为“比较宗教学”（comparative religion），后来又被称为“宗教史学”（history of religion），这两个名称到现在仍被不少学者视为科学的宗教学的恰当称呼。② 当然，问题不在于名称本身，而在于名称所反映的实质，即这门学科的方法论问题。实质上，“宗教史学”和“比较宗教学”这两个名称反映着同样的方法论观点，即宗教学必须以客观比较不同宗教的形式和内容为基础。由此，横向的、共时性的比较研究就构成了比较宗教学，而纵向的、历时性的比较研究则形成宗教史学。这种比较研究的方法之所以被视为“科学的”方法，是因为它强调站在任何一种宗教信仰的立场之外，以客观的、实证的方式去观察对象并作出描述。与此同时，它反对对宗教作出任何真假对错之类的价值判断，因为这种判断必然涉及某种立场、标准或规范。一言以蔽之，在宗教学的两大研究方法，即所谓“描述性方法”与“规范性方法”之中，它完全采纳前者而排斥后者。

这种态度一直延续到20世纪中叶，它的典型表现是日本学者岸本英夫对宗教学的研究立场和内容构成的总结：主观的立场包括“神学的研

① 相应地，在法语里称为 la science de religion，在德语里称为 Religionswissenschaft。

② 迄今为止历史最悠久又最具权威性和代表性的国际宗教学术团体仍然以“国际宗教史协会”（International Association for the History of Religion）为正式名称。笔者曾在该协会 1992 年北京会议期间质疑以“宗教史学”代表“宗教学”是否恰当，提出改变协会名称的可能性，但得到的回答却是“很难改变”！曾任其秘书长，现为其 19 位名誉终身会员之一的著名宗教学家夏普（Eric Sharpe）也曾写道：“一些国家的学者十分及时地开始用怀疑的态度来看待‘比较宗教学’一词了。可是要找一个可以替代它的术语却绝非易事。”（E. Sharpe，*Comparative Religion*，*A History*，Preface，1988，吕大吉、何光沪、徐大建译，上海人民出版社，中译本第 3—4 页）

究”和“宗教哲学的研究”，客观的立场包括“宗教史的研究”和“宗教科学的研究”（纵向的比较宗教学和横向的比较宗教学）。包容性最大的一种态度，是认为宗教学的内容可以由所有这四种研究构成；包容性次之者，则认为宗教学的内容应排除第一种研究即神学的研究，而仅由后三种研究构成；第三种态度即包容性再次者认为，宗教学应排除神学的和宗教哲学的研究，仅由后两种研究构成；最极端的态度即包容性最小者，更主张宗教学只由最后一种研究构成，不仅要排除神学和宗教哲学，甚至连宗教史学也要排除![1] 事实上，从19世纪后期直至20世纪中期，在宗教学界占上风的，虽非第四种极端态度，却仍是第三种态度，即主张只进行“宗教史的研究”和“宗教科学的研究”，只采用“描述性”的研究方法，而将宗教哲学的研究同神学的研究一并斥为“主观的立场”而加以排斥，把“规范性”的研究方法也斥为主观的方法而弃之不用。这就造成了所谓宗教学研究方法的“一元论”现象。要探究这种学术现象的成因，除了前面谈到的19世纪后期狭义理性和实证倾向的巨大影响外，还必须观察其在当时宗教背景中的根源。因为说到底，所谓狭义理性和实证倾向当时之所以在人文学术中发挥如此巨大的影响，至少部分原因是它们正好适合于这种人文学术要摆脱宗教控制的需要。

19世纪后期到20世纪上半叶的西方宗教的主要动向，是天主教从第一届梵蒂冈公会议（1869—1870）直到第二届梵蒂冈公会议（1962—1965）之前采取的保守态度，以及新教方面从19世纪末基要主义兴起到20世纪上半叶新正统神学所代表的排他主义。这种动向引起的反应，不但有人文学术界要摆脱宗教影响的努力，而且有自由主义倾向的基督徒和神学家在学术研究中避免信仰渗入的自觉，以至于德国宗教学家霍尔施滕（W. Holsten）说，宗教学的历史，就是摆脱基督教神学的历史！

宗教上的保守动向，反而导致了宗教学中摆脱宗教影响的趋势，这可以说是历史运动辩证法的一个极好的例证。

---

① 参见吕大吉主编：《宗教学通论》导言第二节，杨淑荣等译，中国社会科学出版社1989年版。

二 中期的“二元论”

当然，一个重要的事实是，尽管宗教学界在大半个世纪中都排斥所谓“规范性方法”，但是，采用这种研究方法的主要学科，即使不提宗教神学而只提宗教哲学，也是不但未尝稍息，而且兴旺发达，不但在20世纪中期以前如此，而且在19世纪宗教学诞生以前也如此！因为对宗教的概念、命题、理论的内容进行价值性规范性的研究，对宗教信仰的本质进行探讨，对之进行真伪、善恶、美丑、高下、对错、是非等等的评判，是人类出自追寻终极问题的本性而必然要进行的活动。不论学术界或政界或宗教界或其他任何一种“界”对之抱什么态度，不论遇到的是赞许还是阻碍，不论所有的象牙之塔对之是关闭还是敞开，这种活动都会出于人的本性而以形形色色的方式进行。

这正是在我们所说的宗教学早期阶段，在“科学的”宗教学取得惊人进展的同时，“哲学的”宗教学所取得的成就也毫不逊色的原因所在。

一方面，从19世纪末叶到20世纪中叶，科学的宗教学或“描述性”的宗教研究又发展出一些卓有成效的研究方法，尤其是人类学的、心理学的、社会学的和现象学的研究方法，这可以说是宗教学草创时期西方学术方法的自然结果。当时西方学者对古代文献和东方文献的大规模研究同宗教学奠基者缪勒的比较语言学方法和比较神话学方法之间，中、近东考古的壮观成果和从非洲、美洲到大洋洲的文化人类学调查同英国宗教人类学大师泰勒（E. B. Tylor）、弗雷（J. G. Frazer）、朗格（A. Lang）、科德林顿（R. H. Codrington）和马雷特（R. R. Marett）采用的方法之间，德国学者冯特（W. Wundt）奠基的实验心理学和民族心理学同美国宗教心理学创始人斯塔伯克（E. D. Starbuck）、霍尔（G. S. Hall）、柳巴（J. H. Leuba）和詹姆士（W. James）采用的方法之间，英国哲学家斯宾塞（H. Spencer）和法国哲学家孔德（A. Comte）奠基的社会学同宗教社会学的研究，尤其是法国宗教社会学大师迪尔凯姆（E. Durkheim）的研究之间，德国哲学家胡塞尔（E. Husserl）的哲学现象学同荷兰学者范·德·列欧（G. van der Leeuw）奠基的宗教现象学之间，都有着某种自然的承前启后的学术关联。当然，所有这些宗教学研究方法和分支学科，在后来的发展中都产生了不同的理论，出现了众多的名著，涌现出不少杰出的学者，如宗教人类学方面的马林诺夫斯基（B. Malinowski）、施密特（P. Wilhelm Schmidt）、洛维（R. H. Lowie）等人，宗教心理学方面的弗洛伊德（S. Freud）、荣格（C. G. Jung）、弗洛姆（E. Fromm）等人，宗教社会学方面的韦伯（M. Weber）、帕森斯（T. Parsons）、贝格尔（P. Berger）、贝拉（R. N. Belllah）等人，宗教现象学方面的奥托（R. Otto）、布雷克（C. J. Bleeker）、韦登格伦（Geo Widengren）、瓦赫（J. Wach）和埃利阿德（M. Eliade）等人。这些学术大师之中的大多数人都是基督徒，有些还是极有深度的哲学家和神学家，但他们都在宗教学领域中自觉地排斥所谓“主观的立场”和自身信仰的影响，而采取价值中立的“描述性”方法来从事学术研究，完成了众多的经典名著，大大推动了“描述性的”或“科学的”宗教学的繁荣和进展。①

另一方面，在这同一时期，继承了数百年甚至两千多年西方极其丰富的宗教哲学思想的20世纪宗教哲学，尽管被不少宗教学家拒之门外，却仍在继续着自己的发展，继续对宗教中的最根本问题进行着自己的理性思考和评价探索。如果说在这个阶段“描述性”的宗教学仿佛是一个百花盛开的大花园，那么在同一时期，“规范性”的宗教学或宗教哲学就好像与之相连却被一道篱笆隔离开来的另一座花园，它里面的姹紫嫣红令人目不暇接的程度，一点也不亚于它的邻居。

19世纪末期到20世纪中期的西方宗教哲学，从欧洲到北美，从新教到天主教，从实用主义学派到语言哲学学派，从现象学派到实存主义学派，从承袭近代西方哲学传统的倾向到背离这种传统的倾向，从基督教背景到犹太教背景，学者异常众多，著作异常丰富，派别异常纷繁，要进行概括也异常困难。就本文的主题而言，我们可以从其与宗教学或比较宗教学或“科学的”宗教学的关系之远近这个侧面，来予以粗疏的概括。在离“科学的”宗教学较远的集群中，有从鲍桑葵（B. Bosanquet）

① 还应该提到是，第一，宗教史学和比较宗教学这两个在宗教学草创时期使用的名称仍在使用，但冠以这些名称的许多著作已经使用了这些新兴学科的许多方法，而这些方法也可以说是早期比较方法的深入发展；第二，这些分支学科的界限有时并不那么清楚，尤其在宗教人类学和宗教史学之间，有时在宗教心理学和宗教现象学之间（如海勒尔的研究）更是如此，因此，像索德布洛姆、瓦赫以至埃利阿德这一类大师的著作，会很难断然划归某一分支学科。

到罗伊斯（J. Royce）的绝对观念论宗教哲学，从霍金（W. E. Hocking）到麦克塔加（J. M. E. McTaggart）的人格观念论宗教哲学，从奥伊肯（R. Eucken）到布莱特曼（E. S. Brightman）的精神哲学，从柯亨（H. Cohen）到法伊欣格（H. Vaihinger）的新康德主义宗教哲学，从狄尔泰（W. Dilthey）到卡西勒（E. Cassiere），从乌尔班（W. M. Urban）到道森（C. Dawson）的历史哲学和文化哲学，从布龙德尔（M. Blondel）到詹姆士的行动主义和实用主义，从布伯（M. Buber）到乌纳姆诺（M. de Unamuno）的实存哲学，从布伦塔诺（F. Brentano）到桑塔亚那（G. Santayana）的实在论哲学，从爱因斯坦（A. Einstein）到海森堡（W. K. Heisenberg）的物理学宗教哲学，从怀特海（A. N. Whitehead）到哈特曼（E. von Hartmann）的实在论形而上学，从伍尔夫（W. de Wulf）到马利坦（J. Maritain）的新托马斯主义哲学，从维特根斯坦（L. Wittgenstein）到艾耶尔（A. J. Ayer）的语言哲学，从海德格尔（M. Heidegger）到马塞尔（G. Marcel）的存在哲学，等等。而在离“科学的”宗教学较近的集群中，则有实证主义与自然主义、宗教史学派、社会学角度的宗教理论、现象学派的宗教观、逻辑经验主义的宗教观等等。

在所有这些同宗教有关的哲学流派中，发挥了最为独特的作用的一派，是从逻辑实证主义发展到逻辑经验主义的“语言哲学”或“分析哲学”。读者也许已注意到，我们在所谓离宗教学比较远的“集群”和离宗教学比较近的“集群”中，都列入了这个本身极其复杂的哲学学派。这是因为，这个学派一方面由于彻底批判传统哲学和一切形而上学并在早期直接标榜实证主义，而同“科学的”宗教学在精神气质上十分接近，另一方面又由于大大刺激了基督教哲学的发展并被纳入其中，而同“科学的”宗教学颇有距离。但是无论如何，这个学派不管内部的分合变化如何复杂多样，它在整体上产生的影响之巨大，在宗教哲学领域毫不逊色于在其他的哲学领域。我们可以看到，由于它的激烈而深刻的冲击，基督教哲学和一般的宗教哲学都不得不把回答它的挑战放到首要地位，并由于认真严肃地思考它的诘难而获得了新的动力和新的发展。人们几乎可以说，它的出现迫使基督教哲学和一般的宗教哲学经受了一次新的理性主义和经验主义“洗礼”。

说这种“洗礼”是理性主义的，是因为逻辑经验主义的“逻辑”性质，说这种“洗礼”是经验主义的，是因为逻辑经验主义的“经验”性质。无论如何，我们在这次洗礼之后读到的宗教哲学著作，多半都把宗教语言的分析问题和宗教经验的描述问题列为两项主要内容。而从最一般的意义上说，理性和经验乃是“科学”的两个主要特征，因此从逻辑上可以说，经过这种洗礼的宗教哲学是十分接近或至少不反对“科学的”宗教学的（事实上宗教哲学也从未反对过宗教科学）。我们当然不能说宗教学界之“接纳”宗教哲学是因为后者经过了这种洗礼，但它发生在宗教哲学界经过一系列论战（最典型的是在英国的宗教哲学家中进行的“寓言论战”）而在逻辑经验主义论域中登堂入室之后，这却是一个事实。

当然，在宗教学界内部，为规范性方法的地位进行的争论也从未止息。部分是由于这种争论的结果，但我想，最主要的是由于宗教哲学本身的巨大成就和宗教学界对于方法论互补性的认识，终于从20世纪60年代开始，宗教学界对宗教哲学采取了越来越开放的态度。到了1970年，国际宗教史协会终于选择了一个典型的宗教哲学话题——“对上帝的信仰”作为在斯德哥尔摩举行的第十二届国家宗教史大会的主题。这是一个极有象征意义的行动，标志着宗教学界在研究方法上一元论时代的结束。

也就是在这一年，作为国际宗教史协会秘书长的著名宗教学家夏普在一次公开演讲中作出了这样的结论：

> 归根到底，比较宗教学目前所需要的并不是一种严格的方法论的“或此或彼”，尽管确实有人会继续发展某一种方法而不是另一种方法；假如学术界拒绝从一个方法论的极端走向另一个极端，并且不受诱惑，去诅咒现已过时的或局部过时的各种态度，那么，就会取得多得多的成就。宗教研究必须仍然是各种互补的（而不是对抗的）方法的聚会场所——历史学方法、社会学方法、现象学方法、哲学方法、心理学方法。那些坚持自己的态度、排斥任何可设想的其他选择的人们已给过去的宗教研究带来了很大的损害。让我们希望，这样的独断论已成为过去。只有当各种方法和态度汇合在一起，

我们才有希望理解和正确评价宗教的全部复杂性。[1]

夏普所列举的五种方法中，有四种在此前一直被作为“描述性方法”，只有一种（即“哲学方法”）被视为另一种即“规范性方法”，也就是说，夏普宣布其结束的“或此或彼”或“独断论”时期，实质上是排斥两种方法之一的一元论时期，而 1970 年国际宗教史大会迎来的新的“开始”，[2] 实质上是开始了一个方法论上的二元并存时期。

宗教学方法论上的这种转变过程，同此一时期宗教上的动向也有某种关联。这一时期人类经历了也许是历史上最剧烈的动荡，激烈的革命和残酷的战争打破了前一个时期的乐观情绪，使西方众多的民众和知识分子感到幻灭，从而产生了对于传统信仰和价值的怀疑、再思和改造。在宗教领域，一方面有新教思想的新论迭出和激烈论战，有“普世合一”运动的方兴未艾；另一方面则有天主教第二届梵蒂冈公会议的革新与开放方针，有会前会后神学思想的异常活跃。这种从社会历史剧变导致的宗教动向的改变，必然引起对关系到人类生存根基的宗教信仰之核心问题或根本问题的思索，从而带来宗教哲学思想的极大繁荣，同时凸显出宗教研究方法单一化的重大缺陷。在这样的背景之下，宗教学界对方法论上的自我禁锢之突破，对“独断论”之抛弃以及从一元论走向二元论，几乎就是不可避免的了。

三 后期的“三元论”？

这里所谓“后期”，说的当然不是“宗教学的后期”。宗教学作为一个相当年轻的学科，不但没有显出丝毫的衰颓之势，而且看来是任重道远、前程无量，因为它的研究对象即宗教本身，不但仍然活跃，而且似乎正在进入一个重大转变的阶段，因而给宗教学提供了大量值得研究的

---

① ［英］夏普：《比较宗教学史》，吕大吉等译，上海人民出版社 1988 年版，第 379 页。

② 夏普写道：“就比较宗教学的国际争论而言，1970 年确实是一个历史转折点；犹如音乐的一个收束一样，它同时标志着一个结尾和一个开始。结束的也许是这样一个时期，在这个时期中，学者们把自己束缚在一种严格的方法论的‘或此或彼’之中，而认识不到各种不同的态度在本质上具有互补的性质。开始了一个什么时期，我们还不得而知；我们只能希望和工作。”

问题。甚至可以说，宗教的转变正在要求宗教学为适应新的形势也作出重大的改变。

这里所说的“后期”，指的仅仅是20世纪的后期，或者说是宗教学百年史的后期。在这个阶段，宗教学已经开始以自身方法的多元化而显露出这种改变的迹象，但是这种迹象还仅仅是模糊而混乱的，还很难描绘出一幅清晰的图景。正如前引夏普的书中所说：“开始了一个什么时期，我们还不得而知；我们只能希望和工作。”

这个时期宗教学术形势的发展之迅速，已经到了单独的一个学者或一群学者很难追踪的程度。[①] 至于方法论的扩展，则已到了这样一个程度，以至于学者们已越来越少提到由瓦赫所总结出的“描述性”与“规范性”这两种对立的方法论。用笔者常用的一个比喻来说，这个时期的宗教学都似乎已经忘记，就在不久以前，他们中间还有那么多人坚持认为“不识庐山真面目，只缘身在此山中”，而另一些人则认为“不识庐山真面目，只缘身在此山外”，双方互不相让甚至互不来往，一方执意周旋于山外，另一方乐于流连于山中，全都忘记了这同一首名诗之中还有另外两句：“横看成岭侧成峰，远近高低各不同”！在20世纪后期，如果你浏览一下以“宗教”或任何一种具体宗教为主题批量生产或批量“克隆”的汗牛充栋的书籍杂志，你也许会得到这么一个印象：“宗教学者”们似乎超越二元对立阶段已经很远很远，不但靠着日益先进的交通工具迅速地进山又出山，出山又进山，而且还飞临众山之上，从不同角度左顾右盼，俯瞰一切，进行全景透视甚至拍摄全息图像了！

事实上，也许这只是一种幻象，是一种技术可以乱真的电子时代的幻景。我的意思是说，就严肃的宗教研究或宗教学而论，一方面，方法论的突破确实是真实的，这确实为多元方法论的出现提供了前提；另一方面，学术的真正进步是依靠艰苦的日常的劳作一点一点地取得的，尤其是对宗教这么复杂玄奥的对象的研究，更不可能靠一些狂妄的关于“破译”或“超越”的自吹自擂而一日千里，取得“大跃进”或“放卫星”式的“战果”。换言之，我不相信从“道生一，一生二”可以一跃

---

① 笔者曾在哈佛大学校园内的一座图书馆查看宗教学的一个分支学科的书目，电脑给出的回答是：“书目太多，可否先将最近出版的一千部著作的目录显示给您?”

到“三生万物”这个阶段。在三生万物之前，必然有一个“二生三”的阶段。

在20世纪后期的宗教学中，一方面，我们确实可以看到“描述性”和“规范性”两种研究方法的并行不悖，看到这种方法二元论所带来的众多成果和巨大进展，方法樊篱的拆除、学派门户的开放和学科分野的模糊。例如，在宗教心理学中除了温尼科特（D. W. Winnicott）和里苏托（A. M. Rizzuto）等人对宗教的积极评价外，更有荣格和弗洛姆等大师对弗洛伊德学说的批判、修正和重大突破；而且还有马斯洛（A. Maslow）在人本主义心理学中对宗教性“高峰体验”的重视；阿尔波特（Ġ. All-port）运用电脑处理等先进技术而在宗教心理学中对群体心理和社会地位等因素的引进；埃里克森（E. Erikson）对“心理历史学”和信仰团体传统心理的研究；这些研究已使宗教心理学和宗教社会学的融合初见端倪。又如，在宗教人类学领域，且不说像列维－斯特劳斯（Levi-Struss）和马林诺夫斯基这样的大师早已综合了人类学和社会学两个领域的研究，就只说近年的发展，如拉夫林（C. D. Laughlin）等人的《大脑、象征与经验》（1993）显然结合了宗教心理学的研究；“意识人类学协会”之类的学术团体也推动了宗教人类学与宗教心理学的结合；在最近20年中，学者们还日益关注“意义”概念，因而大量采用了功能论、认知论和符号论的方法，甚至生物学和精神病学的方法。因此，宗教人类学从70年代起已不再局限于对部落社会或无文字社会宗教的研究，而进入了发达社会或文明社会宗教的领域，从而模糊了与宗教社会学的界限。如果我们再从埃利阿德和贝格尔等人的研究出发，而看到宗教现象学的方法已渗透到几乎每一个宗教学分支学科之中；再从普兰丁格（A. Plantinga）和斯温伯恩（R. Swinburne）等人的著作入手，而发现宗教哲学已同多种自然科学、人文科学、哲学流派甚至神学流派相连；如果我们看到宗教学的分支学科中还有宗教地理学和宗教批评学这样一些描述性和规范性的学科，甚至还有宗教生态学和宗教神学（theology of religions，并非传统意义上的基督教神学之类）这样一些新兴的意义深远的学科，那么，我们确实会看到一种宗教学研究方法纷繁多样、姿态万千的多元景象。

但是，在这令人眼花缭乱的景象中，我们可以发现一种意义最为重大的方法论进展，我们可以名之为“对话性”的方法。在某种意义上可以说，它是由“二”产出的“三”，又是“万”由之生出的“三”。

前面提到的方法论上的二元局面的确立，同时意味着两种方法的对话和互渗。因为共存需要对话，对立必须对话。一方面，前述宗教学各分支学科的繁荣兴旺渗透融合，得益于这种对话，不论是意识到的还是未意识到的、与他人的还是与自己的、外在的还是内在的对话。另一方面，第二类方法即所谓“规范性”方法，本来就意味着对对象的理解，意味着对话。在宗教学历史上，东方的宗教学家比西方的宗教学家更多地主张这种方法。[①] 而西方宗教学家对之的接受，本来也是一种对话和理解的结果。从詹姆斯（E. O. James）到埃利阿德的重要学者都谈到过“理解”宗教对于宗教学的意义及其与神学和哲学方法的关联。当代最重要的宗教学家之一斯马特（N. Smart）更论证说：“对人的研究（即包括宗教学在内的人文科学——引者）在一个重要的意义上来说是一种置身于其中的研究——因为研究者必须进入人们的意图、信仰、神话、希望，以便理解他们为什么要这样做——所以，假如只是从外部描述包括我们自己的文化在内的各种文化而不与它们进行对话，那么，这将是致命的。”[②] 由此看来，第二种方法即规范性方法的引入，已经不但意味着多学科方法的并存，而且意味着理解和对话的开始，不但是宗教学内部诸方法的理解和对话，不但是宗教学对其研究对象即宗教的理解，而且还会引向不同宗教和不同文化之间的理解。

早在半个世纪之前，英国宗教人类学家詹姆斯就写道：“假如要理解宗教学的本质和它的不断发展的内容，假如宗教学要建立在良好的真实的基础上，那么，不论是为了学术，是为了一种生活方式，还是为了宗教之间的相互理解和国际和平，宗教学都既需要有历史的和科学的探讨，又需要有神学的和哲学的评价。”[③]

在20世纪后期，宗教哲学的繁荣，尤其是一种崭新意义上的宗教神学——对不同的各个世界宗教进行的神学思考和理解——的发展，确实

---

① C. J. Bleeker, The Future Task of the History of Religions, *Numen*, Vol. 7, 1960, p. 233.

② ［英］夏普：《比较宗教学史》，吕大吉等译，上海人民出版社1988年版，第374—375页。

③ E. O. James, The History, Science and Comparative Study of Religion, *Numen*, Vol. 1, 1954, pp. 91ff.

已经为宗教学建立了更为真实的基础，并开始为宗教之间的理解和国际和平提供了一个良好的手段，那就是对话。我们已经看到，在基督宗教内部各大教派和宗派之间，在基督宗教与非基督宗教甚至与其他意识形态之间，在世界各大宗教之间，已经和正在进行着许多对话。这些对话的意义绝不限于学术界和宗教界，它们对于世界伦理甚至全球政治，都将产生正面的影响。

宗教学研究的第三种方法即“对话性”方法的出现，与20世纪后期的宗教动向也有着重要的关联。这种动向就是传统宗教的复兴、新兴宗教的兴盛和宗教间交流的增多。在这一时期，不但有第二届梵蒂冈公会议带来的天主教方面的活跃，有美国福音派盛行对欧洲基督教衰落的弥补，还有从东欧到中国广大地区内宗教的复兴和中东地区宗教激进主义的壮大。同一时期另一引人注目的宗教动向，是从韩国到日本、从美国到欧洲以至世界各地成千上万新兴宗教的崛起和兴旺。在这些新兴宗教中，有不少同传统宗教有着程度不同的联系，还有一些则糅和了不同传统宗教的思想，并与之争夺信众。所有这些动向，再加上通信和交通的飞速发展造成的移民和杂居现象剧增，使得不同宗教之间的接触增加，交流增加，和平共处的需要增加。对于这种历史上空前的宗教形势和社会需要，宗教学的学术发展要对之作出反应，自然只能是在研究方法之中，除了“描述性方法”和“规范性方法”以及二者的相辅相成之外，再增加第三种方法，即“对话性方法”。这是否可称为宗教学方法论中的第三“元”呢?

在结束这次鸟瞰之时，笔者知道自己作为一只笨鸟，因为受制于地球引力而不可能飞得更高，因为只有两只眼睛而不可能看得更广，但它因体力有限而不得不暂时歇息之际，决不会怀疑“三生万物”的必然性，不会怀疑宗教学将发展出更多的方法。但它同时也生出了一点小小的愿望，那就是：宗教学的学术发展，以及其他任何学科的学术发展，将只有利于人的对话，有利于人的理解，将只有利于人们的和平共存，有利于万物之“生生不息”!

（选自《国外社会科学》2000年第2期）

当代西方基督宗教思想研究

卓新平*

基督宗教思想研究在西方人文学术领域占有很大比重，其历史传统悠久，学术成果颇丰。本来，基督宗教思想研究纯属神学研究的范畴，拥有明确的基督宗教信仰前提。但随着19世纪西方宗教学的兴起，神学与宗教学亦逐渐形成了交融互渗的局面，研究方法和主题相互影响，从而在许多方面使神学与宗教学的界线模糊，神学论题已超出了其传统学科之限，表现为宗教哲学、宗教伦理和宗教社会学之意向。因此，当代西方基督宗教思想研究虽仍以神学领域为主，却不再为其单独所涵盖，而成为神学、宗教学、哲学、历史学、社会学等领域所共同关心的论题。

当代西方基督宗教思想研究与传统神学不同，最主要表现在两个方面。其一，基督宗教思想研究具有跨学科的特征，为一种“科际整合”之研究。其思想内容已成为多门学科所研究的对象，而不再为单一的神学话语；其二，基督宗教思想研究不再是经院哲学式的研究，而与当代社会及其文化思潮的脉络神髓紧密相连，尤其与基督宗教在当代社会的跌宕起伏、发展变迁融为一体。这样，当代西方基督宗教思想研究给人一种能动感和现实感，展示出时代发展的变化和社会前进的跳动，成为反映时局动荡和学术变迁的晴雨表，其中许多理论因其独特性和前沿性而代表着时代思潮和学科发展的新动向、新趋势。限于篇幅，下面仅对20世纪以来西方基督宗教思想研究作一粗线条的速描。

---

* 卓新平，中国社会科学院世界宗教研究所研究员。

一 生存论关切

存在主义哲学是当代西方思想发展中的重要潮流，而其兴起亦离不开西方基督教会的生存论关切。存在主义哲学的代表人物大多为基督徒，尤其是德国存在主义思想家海德格尔（Martin Heidegger）本人在其精神历程上就曾有过从哲学沉思到信仰期盼的转向。海德格尔对基督教存在主义的产生起过直接作用，可以说他促成了存在主义哲学与存在主义神学的同步发展及其有机共构。

当代西方基督宗教的存在主义思潮以布尔特曼（Rudolf Bultmann）、蒂利希（Paul Tillich）和麦奎利（John Macquarrie）等人为主要代表。布尔特曼曾是海德格尔的同事，两人早年曾共同执教于德国马堡大学，在1923年至1928年间交往颇深。在海德格尔存在主义哲学构思的影响下，布尔特曼从其生存论关切出发，结合历史神学和哲理神学从而开创了一种生存神学，开始了基督教存在主义思潮的体系化。布尔特曼从海德格尔"自我能存在"（selbstseinkönnen）之意义上来体会"生存"，以历史性、时间性、抉择性和未来性地"去存在"作为人之生存的基本条件，认为社会的机构化会使人失去自我，因此，人之机构化的存在乃是非本质的，"一旦相互关系乃通过机构来确立，那种对存在人与人之间的结盟的信仰就会消失"①。在其神学体系构筑中，他强调现代基督教思想应如椭圆体那样形成两个焦点：上帝和自我本真。而这一自我本真正是人的"生存"，为此他从"上帝与生存"关系方面提出了"对基督教传统的生存论解释"，发展出颇具现代意识的《圣经》解经学和神学诠释学。

蒂利希关于人的生存处境和终极关切之论已脍炙人口，受到普遍关注。他认为现代基督宗教的理论重构和神学沉思必须面对人的生存处境，意识到人的存在危机和焦虑，由此而发掘人的存在意义和勇气，展示人的精神关切的迫切性和终极性。在经历了两次世界大战的浩劫之后，他深感现代人处于一种"非在"之中，经受着与其本质存在的疏离和异化。所谓"异化"在他看来即人与"存在"的分裂，人由此疏远了其存在的

① ［德］布尔特曼：《信仰与理解》第2卷，图宾根，德文版，1958年，第286页。

基础，脱离了人生的本源和目的，失去了其自我本真，而这正是《圣经》关于“犯罪”“堕落”的存在论意义。但他进而指出，处于“非在”这种绝望之境的人，亦可深刻体会到最真实的存在，因为绝境使人在心灵深处和精神渊源中全力寻找永恒生命的存在，这种“置之死地而后生”能让绝望变希望、由怀疑到确信，即找到人之生存所依据的本真“存在”。在此，“生存”也会从人体验的“非在”与虚无中站出来，追求这种“新的存在”。基于这种思考，蒂利希强调人之生存应具有厚重和深度，即将人之存在意义及其精神关注“从日常生活的尘嚣和世俗琐事的嘈杂中显露出来”。[①] 在他看来，人对自身存在及意义的关切属于终极的、无条件的、整体的和无限的关切范畴，表现出一种“宗教”的维度和精神。于是，他提出了“宗教是人的终极关切”之说，从生存论的角度阐述了宗教信仰在人类生活中的内在性和普泛性。根据存在主义的理解，蒂利希还尝试了现代哲学与神学的沟通。他认为人对存在的询问乃是哲学和神学关注的共同主题，哲学涉及“存在的自在结构”，而神学则关涉“存在对我们的意义”，而作为哲学中心的本体论亦与作为神学中心的上帝论异曲同工、不谋而合，因为“若无揭示本体论问题的哲学，基督教神学则无法向那些想了解在什么意义上可以说确有上帝的人解释上帝的存在”。[②] 针对17世纪法国思想家帕斯卡尔（Blaise Pascal）关于宗教与哲学迥异之叹，蒂利希作出了积极的回应：“与帕斯卡尔相反，我宣称，亚伯拉罕、以撒和雅各的上帝与哲学家的上帝是同一个上帝。”[③] 蒂利希的理论代表着当代基督宗教存在主义思想发展的高峰，他以存在主义的思维方式和特有术语而完成了其神学体系的方法变更和话语转换，阐述了基督宗教对当代人类生存问题的问答，故有当代“神学大师”之誉。麦奎利则为当代存在主义哲学和神学的著名诠释者。为了对存在主义有系统而深入的了解，他与美国哲学家罗宾逊（Edward Robinson）一道将海德格尔的《存在与时间》译成英文出版。他对海德格尔、布尔特曼等

---

① ［美］蒂利希：《文化神学》中译本，陈新权、王平译，中国工人出版社1988年版，第9页。

② ［美］蒂利希：《圣经宗教与关于存在的问题》，《蒂利希文集》德文版，第5卷，第182页。

③ ［美］蒂利希：《哲学与神学》，《蒂利希文集》德文版，第5卷，第184页。

人亦有匠心独运的研究。麦奎利认为，存在主义给神学接近当代思想提供了可能和路径，有利于神学与哲学的合作、理性与信仰的协调。他关注存在主义对当代神学重构所具有的意义及价值，并受其启迪而创立了自己的系统神学体系和研究方法，提出了一种“生存论—本体论”的神学理论，主张用“参与存在”的思辨之探来回答人们的信仰问题。与上述基督宗教存在主义思想家相似，麦奎利也从其对“存在”意义的领会中体悟到人类宗教和信仰共容、共存的希望，并借此理解来寻求一种超越基督教会本身的宗教普遍对话。

二 过程思想

当代西方哲学与基督宗教神学珠联璧合的另一领域即“过程”（process）思想。如果说，“存在”思想代表了当代西方思想界的“空间”思维，那么“过程”思想则是其“时间”思维的绝妙表述。前者的根基在欧陆，而后者的兴起则在英美。曾在英美两国任教的怀特海（Alfred North Whitehead）以其《过程与实在》（1929）一书既为过程哲学，亦为过程神学奠定了基础，并在“过程”思想的形成初期就促成了二者在一定程度上的融合与重叠。

“存在”与“过程”的思想萌芽均可追溯到古希腊时代。但在西方思想发展史上，关于“存在”“本体”的思想基本上处于统治地位。只是随着19世纪以来西方社会浪漫主义进化发展论、生物进化论和自然科学之能动世界观的兴起及发展，这种局面才发生了根本改观，“过程”思想为当代基督宗教提供了一种全新的时间观，它从“变化”意义上来观察、把握世界万物“流动”“演变”“进化”之过程，突出对“形成”“进程”“变化”“流动”“生灭”之“动”态的关注。当怀特海奠定了现代过程神学之后，这一思路被当代基督宗教思想家哈特肖恩（Charles Hartshorne）、威廉姆斯（Daniel Day Williams）、奥格登（Schubert Ogden）和科布（John B. Cobb）等人所继承和发挥。

怀特海因强调“能动的过程”而将其思想理论称为“有机哲学”，他把世界视为一种能动的进程，认为进化、发展、过程乃构成实在之本质。他主张基于自然世界的发展演变和现代科学方法来探究时间湍流的意义，基于作为能动过程的世界来把握实在，弄清其本质，由此来体认和领悟宗教信仰中的上帝。为此，他指出实在绝非静止的本质，而乃能动的进程。根据古希腊哲人赫拉克利特“人不能两次踏进同一条河流”的见解，怀特海认为思想家亦不可能两次进行同一种思维，人也不会两次获得完全相同的经验。在流动之进程中乃时时更新，其每一瞬间都具有以往瞬间所没有的新内容、新变化。因此，世界不是重复、回返，而是演进、创新；实际或现实之事态乃在事态之流中彼此依存、相互关联和前后呼应。每一事态都面对一种“创新目标”，具有自我创造性，而事态之流则被上帝所终极性地把握，上帝并不脱离事态，而是参与其形成的过程，由此揭示其为构成世界过程整体的“永恒实体”。这里，怀特海以上帝来表达其过程思想所蕴含的永恒观：一种事态在涌现后会转瞬即逝，但其“消逝”或“飞逝”并非变成虚无，并没有真正丧失；它不仅是先在者为下一事态准备的形式，可被其后继事态所把握，而且也增加了上帝的“经验”，被上帝所终极把握，在上帝那里永恒保存。所以，过去、现在和未来并没有割裂开来，而是在上帝的永恒统一中得到保留，体现出意义。

哈特肖恩根据其对“过程”思想的体悟而发展出一种“超泛神论”，旨在对传统有神论及其二元世界观的扬弃。在他看来，人们应该在世界过程本身之中找寻上帝，世界的一切变化进程均“在上帝之中”发生，上帝不离时间，而是处于过程之中，在其发展“途中”不断展示上帝；上帝并不与时间性截然对立，而乃在一种向前发展的经验过程中不断完善、丰富自身。这样，与传统有神论空间性的上帝理解相对照，哈特肖恩强调一种时间性的能动、进程、发展之上帝观。也就是说，他所理解的上帝乃与世界处于一种动态的整合，上帝在世界进程中不断充实、完善自身，从而使世界也能不断趋于圆满和完整。

科布则进而使“过程”思想的研究体制化和机构化，他在美国与人合作创办了“过程研究中心”，推出了《过程研究》杂志，并致力于“过程”思想研究与后现代主义研究相结合，提出一种“建设性后现代主义”的理论。但与平稳、缓进的过程观不同，科布强调“倏忽”性和“突变”，并为此提出了一种“创造性转变”的观念。在他看来，过程中的上帝并非全能的上帝，故不可能保证善必然战胜恶，而人对死亡的克服、善对邪恶的涤除亦不一定是历史必然性。世界进程的复杂、曲折亦需人来积极面对未来之开放性，以其努力来实现“创造性转变”，获得上帝“创造性回应之爱”。科布这种“非绝对化”之上帝理解促使他重视此时、今世和现实，从而为其突出“道成肉身”的基督论奠定了基础。按其理解，基督作为“道成肉身”即上帝之原初本质在世界的具体化，意指现今事态在自身之中已包容了过去的经验和原初的目的。其理论促使科布将注意力转向现今，并由此提出，处于过程演进中的基督宗教应面对现实问题，正视并应付自然科学、生态危机、种族歧视、核弹威胁、经济失衡、宗教相遇和文化冲突等带来的挑战，希望能在这一动态进程中改变世界实在，同时亦改造基督信仰本身。这样，科布又给“过程”思想提供了一种现实维度。

三 “人学”新论

对“人”的发现曾被视为16世纪马丁·路德之宗教改革的重要标志和贡献，但西方近现代工业化的进程却使人重新异化、消失和隳沉。因此，“人”不见了再度成为西方现代人文关注的一大主题，而对“人”的重新发现及认识，则为当代基督宗教的人格主义神学和神学人类学的崛起提供了契机。

“人格”（Person）在西方文化语境中本指人之所以为人的位格生成，而基督宗教的三一神学则专指上帝三位一体中的“位格”。此词在古希腊文和拉丁文中的原初含义为“面具”，指演员用此而扮演的角色，由此引申出“人性面具”，演绎出人之个体特征及其社会角色等含义，成为标示人之独特定位的重要概念。人格主义作为现代西方的一种思潮亦关涉哲学和神学，其代表人物之一鲍恩（Borden Parker Bowne）即受到这两大领域的关注和评述。面对现代社会进程对人性的湮灭，鲍恩呼吁人们回归“自我”和“自主”。其人格主义思想强调个人存在的意义及价值，承认个人对自身思想和行为的自主。他将“人格”解释为一种具有自我意识、自我创造和自我控制的力量，指出人格能使世界具有意义，世界亦只是相对于人格而存在。“人格”才是唯一实在，才是具有自主、自控能力和具有情感、知觉、意志等机能的主体。“人格”的这些特性亦使“人格”变动不居，有着发展、向善和趋于完备之潜能。人格主义寻求在社会物质化、机械化生存中重现人的“灵性”和“个性”，对“人”被社会工业化、现代化挤压成“一般化”“群体化”，无人格特征之“类”的存在表示抗争。因此，人格主义以“人格”之“人”来拯救或防范“人”被其集体无意识之“类”所湮没，从而突出人的“个体化”“人格化”。当然，这种努力的依据是把上帝作为“最高人格”，以此来保证个人的自主性存在，以及构成真实世界的所有人格系统之存在。

对“人”之重新发现的另一曲径通幽则是“人学”新论，即当代“人类学”多层次、全方位的发展对神学的影响和重构。在20世纪之前，“人类学”仅指属于自然科学的生物人类学、体格人类学和古人类学。而20世纪的“人类学”则突破了这一界定，迈入社会科学领域，逐渐发展出社会人类学、文化人类学、历史人类学、心理人类学、哲学人类学、宗教人类学和神学人类学，形成各种跨学科或多学科的重组。在当代基督宗教思想研究领域，神学人类学正是代表着这种背景中的异军突起。对此，其代表人物潘能伯格（Wolfhart Pannenberg）曾坦然指出：“我们生活在一个人类学时代。一门关于人的广泛的科学是当代思想追求的主要目标，一大批科学研究部门为此联合起来。在这个问题上，正是这门科学特殊的艰巨性，使它经常意外地触及其他一些研究。生物学家和神学家在关于人的问题上都达到了相近的认识，部分地也找到了某种共同的语言。”① 神学人类学并未构成“神学”与“人学”之间的张力，而旨在从研究“人学”出发，基于人之主体而达到对上帝的认识，获得神学的真谛。这里，神学关注的是“人类”的本性、命运、生存及其历史发展，其对“上帝”之思亦基于上帝是人类主体性的前提和人类无限追求的目的。神学对当代人类学的参与使基督宗教思想获得了融入当代社会和人文科学主流的一个极好机会，由此能克服传统神学的封闭性和排他性，得以投身于现代知识领域的对话。鉴于“人”之问题在当代社会的重新凸显，当代西方神学亦进入其重新活跃的“人类学时代”。

---

① ［德］潘能伯格：《人是什么——从神学看当代人类学》中译本，李秋零、田薇译，香港道风山基督教丛林1994年版，第18页。

四 理解与诠释

当代西方解释学大家伽达默尔（Hans Georg Gadamer）把解释学称为“理解的艺术”，这一“理解”在西方哲学传统中曾经历了古代解释学、近代古典解释学、现代哲学解释学之漫长历程。在基督宗教传统中，解释学源自古代《圣经》研究中的解经学和解经原理，而现代神学解释学并非传统意义上的返璞归真，却是受现代哲学解释学之影响的全新探讨。在海德格尔、伽达默尔等人解释学理论的启发下，西方天主教和新教神学界均兴起了既相互关联又有区别的神学解释学理论体系。其中天主教神学解释学的主要代表为毕塞尔（Eugen Biser），他以生存神学、信仰解释学和语义神学这三大内容而构建成其解释学基本神学的理论体系；而新教神学解释学的理论代表则包括里科尔（Paul Ricoeur）、布尔特曼、埃贝林（Gerhard Ebeling）和荣格尔（Eberhard Jungel）等人。

对神学的理解与诠释集中在语言或话语问题上，语言是理解者与被理解者沟通及对话的媒介，理解是一种语言意义上的理解。解释学把语言视为认识真实的最普遍方式和必由之路，由此断定语言意义上的世界体验乃是绝对的，它能超越其存在确定的一切相对性，而表现出一种洒脱和自在。于是，神学解释学将注意力转向“语言”，用这种具有绝对意义的“语言”来取代曾被存在主义思想视为最高原则的“存在”。对此，埃贝林曾明确宣称，神学解释学的使命就是探讨人类存在最基本的语言本质，其理论体系即关于“上帝话语的学说”或“信仰的语言学说”。在他看来，“话语”乃上帝、人类和世界相遇的方式，其相互对应即可解释为一种发生在语言事件之中的真实关联，因为语言本身已展示了生存和生活，语言提供了信仰事件与世界经验交汇的必要空间。这种神学解释学之“语言转向”，曾被视为当代基督宗教思想发展史上的“哥白尼式的革命”。

神学解释学对“语言”交流的强调，是对笛卡儿“我思故我在”所突出的“个我”独白之反向回应，表达了以语言来克服主、客体的对立之意愿，旨在获得一种统一性的对话境域。以理解与诠释为基础的信仰，语言是其生命线。因此，神学解释学强调了语言的意义，要求信仰必须注意语言之功用，并指明真实的信仰就生活在这种强大的语言传媒之中。

在突出“语言”之意义的同时，神学解释学并没有彻底放弃对“语言”与“存在”关系的关注。例如，毕塞尔就曾提出，信仰的语言不仅会考虑理性之兴趣，而且也会关注存在之需求，即应兼顾“联络交流”和“联盟共在”这两个方面。其理想之境，是达到人类生存与其语言的“共质”。神学解释学在彰显信仰的语言意义及其交流功能的同时，亦展示了信者之“言”与其“在”有着密不可分之关系，从而证实了“所言之在”的真实性。所谓人之生存及其语言的“共质”，乃揭示出“人”及其“言”的局限，说明语言是人之存在的完善性和非完善性之交织，正如福音的语言既是“上帝之言”本身，又是“关于上帝的言说”。人用一种不充足的语言来作为论证上帝的语言，这种不可为而为之反映出人受到一种局限的压抑，却有一种超越之渴求。人因这种局限而“从深处向上帝求告”，以呼唤“上帝”本身之言，用之扬弃“世人关于上帝的言述，将之理解为克服世人语言困境的上帝自我诺言”。① 所以，“语言”表达的“人之局限”正是“上帝与其同在的开端”。神学解释学试图以“语言”为媒介来沟通上帝与人类，审视存在与人生，其重新构建的神学体系乃是以其“语言理论”来实现古今的理解交汇或“视野融合”，与当代西方思想发展中的“语言学转换”同步共进。

五　神学美学

当代西方基督宗教思想中神学美学的提出，乃是针对基督教会发展中审美之维的失落和“神学的非审美化”趋势。“美学”按其古希腊文原意是指感觉可以发现之美的知识，即关于美的视见或感觉之美的学问，故有“感性学”之称。“美学”与人的“观”“感”相联系，而“神学美学”则是作为“感知自我启示的上帝之形象”的学说。在此，神学美学突出了其神学构思中“形象思维”和“情感意识”的意义及其重要性。有别于哲学体系所依赖的“抽象思维”，“形象思维”体现出神学美学与哲理神学的区别，使之在当代基督宗教思想领域得以标新立异。

---

① 毕塞尔：《宗教语言障碍》，慕尼黑，德文版，1980 年，第 426 页。

神学与美学的关联有着更广的涵盖。西方宗教思想史上可以觅见从一种审美的神学到神学美学的发展轨迹，相关的表述包括“审美的神学”、“美学神学”、“先验美学”或“超验美学”、“荣耀神学”和“神学美学”等。但神学美学的真正奠定则是20世纪下半叶西方基督宗教思想发展的结果，涉及巴特（Karl Barth）、范·德·列欧（Van derLeeuw）、蒂利希、特雷西（David Tracy）等人的思想，其代表人物为天主教神学家巴尔塔萨（Hans Ursvon Balthasar），代表著作则是其1961—1969年完成的多卷本巨著《荣耀：神学美学》。至20世纪90年代，新教思想家蒂姆（Hermann Timm）等人亦开始其构建美学神学之各种体系的努力。

巴尔塔萨等人认为，基督宗教本为唯一的一种“审美的宗教”，因为上帝在其“道成肉身”这种“成人”之举中采用了“一种形象”，而并不仅仅以符号、密码、象征来宣示。耶稣基督之可感形象体现了神圣的光辉即上帝的荣耀，这一形象作为“神显”而被人所“观照”，由此形成信仰的感召与感染。此即基督宗教的审美之维，其信仰者乃有着一种极为独特的审美情趣。按照巴尔塔萨的理解，神学美学的使命就是探讨人与神圣之在在感觉上的观照关系，阐明上帝的光照和荣耀是信仰之人的感知对象。因此，神学美学研究人的感性、印象和想象力在认知上帝方面所能起到的作用，是对上帝的“荣耀”被观照这一感知形式的研究。所谓“荣耀”即上帝显现的神性之美，亦即“最高之美”或称“至美”。神学美学的这种认识进路和探究方法，与现代哲学美学形成了明显区别。

在神学美学中，对“美”的洞见并不在于其精确性和清晰性，因为在这一世界对作为美而所见者并非是绝对或完善的。“美”的真实性乃在于其显现会揭示一种隐藏着的更大者，从而让人体悟“美”之作为“美”正因为其与无限、绝对、永恒之在的关联与相似。这里，神学美学旨在以探究信仰之光的美来澄清“信”与“知”的关系。神学美学将其“视”与“信”相等同，认为在美的光照形式下，真实确应真正可见，唯真方美，唯美亦真。也就是说，基督徒视“信仰”为人之精神对真实光照的狂喜般敞开，从其“信”而到“知”，知识及真实信仰之知，从客体而言需要“信仰的光照”，从主体来看则需要“信仰之眼”。“信仰”在此即“见”的能力，由此形成一种主客体的呼应。在巴尔塔萨的体系中，神学美学是对称为“荣耀”的神性之美的展示和描述，故被称为“荣耀”之神学。按其思想进路，神学美学亦旨在澄清基督宗教中真善美与信望爱的内在一致和逻辑关联，使自身成为当代基督宗教“大全神学”中的重要一环。

六 对“基督教哲学”之回归

基督宗教最初曾自视为“真正的宗教”和“真正的哲学”，中世纪欧洲“经院哲学”更是这种基督教哲学的典范。但近代以来随着哲学与神学分道扬镳，哲学不再是“神学的婢女”而独立发展，“基督教哲学”的表述却逐渐被人质疑和抛弃。至19世纪和20世纪之交，西方思想界对之又进入了一个“否定之否定”的阶段。在“回到经院哲学”，“回到托马斯·阿奎那”等口号下，天主教思想界开始其回归“基督教哲学”的努力，对“基督教哲学”的合理性与合法性进行了系统阐述和坚决捍卫。在20世纪上半叶，这种以捍卫“永恒哲学”为名的回归运动使新经院哲学体系得以奠立，涌现出麦西埃（Desire Mercier）、德·伍尔夫（Maurice de Wulf）、吉尔松（Etienne Gilson）、格拉布曼（Martin Grabmann）、马利坦（Jacques Maritain）、梵·斯亭贝根（Ferdinand van Steenberghen）等天主教哲学家。新经院哲学在其发展过程中曾形成不同趋势和流派，但引领其思想潮流的则主要是新托马斯主义，以及从中脱颖而出的“超验托马斯主义”。直至20世纪60年代天主教“梵二”会议之后，新经院哲学在天主教思想界才结束其鼎盛时期，不再独占鳌头。

新经院哲学本为天主教神学界内部的一种回归运动，在当时西方哲学界并没有得到积极响应或实质性回应。但至20世纪末，英美哲学界却又出现了一股全新的回归基督教哲学的思潮。其与新经院哲学的本质不同，乃在于这些英美哲学家不再限于天主教背景，而且多以较为专业的哲学范畴和研究方法来构建基督教哲学，甚至广泛采用了最初曾被用来反对、肢解基督教哲学的“分析哲学”的方法和体系，从而构成了当代西方基督教哲学中的“分析哲学”之特色。这一新的回归思潮以普兰廷格（Alvin Plantinga）、施温伯恩（Richard Swinburne）、沃特斯托夫（Nicholas Wolterstorff）、斯图尔特（Melville Steward）、哈斯克（William

Hasker)、赖兴巴赫（Bruce Reichenbach）等人为代表，乃方兴未艾的新生代学院派。他们组建基督教哲学家协会，创办《信仰与理性》等同人学刊，运用在现代哲学发展中涌现的逻辑实证主义、语义哲学、分析哲学、解释学、现象学、科学哲学等理论和方法来精思巧构，论证、解释基督教哲学的合理性及其当代体系，由此在当代西方哲学中形成了一道引人注目的亮丽风景线。

这种回归“基督教哲学”的典型特点，是重新强调“理性”在捍卫基督宗教思想上的作用，要求“返还”基督宗教本应享有的“理智的权利”。与传统经院哲学和新经院哲学所惯用的传统逻辑相区别，当代英美基督教哲学家更多地运用了逻辑分析、日常语言分析等现代分析哲学的方法，从而使传统基督教哲学命题获得了全新的论证。

七 后现代神学

“后现代”是20世纪下半叶西方思想界的又一时髦话语，对当代社会影响深远。自20世纪60年代以来，西方基督宗教思想界亦接触、涉及“后现代”理论，形成当代神学讨论的一大聚焦。后现代思潮虽然抨击和否定现存宗教信仰及其神学理论，但其反传统性和对现代性的批判精神却受到一批当代神学家的重视和肯定。后现代思潮的不少基本命题和立意在基督宗教思想界得到积极回应，天主教思想家汉思·昆（Kans Kûng）、新教思想家巴特、蒂利希等人都曾直接切入后现代的话题，与之展开思想对谈或理论交锋。他们均从不同角度对后现代思想进路和理论构建加以解构或重构，尤其对德里达（Jacques Derrida）、福柯（Michel Foucault）等人的“差异性”理解、“踪迹”说等议题有着直接回应和论说。在批判现代主义方面，不少基督宗教思想家在后现代思潮中亦发现了一致，产生了共鸣。如后自由派神学家林德贝克（George Lindbeck）就曾承认，基督宗教可用后现代理论来反驳现代主义对宗教信仰的诋毁。被后现代重新认可的语言世界使信仰在当今有了更大可能，现代世俗主义神话的破产无疑为宗教信仰的回归留下了空间。现代世俗文化曾借尼采之口宣称“上帝死了”，如今神学家亦可借后现代之口宣称“现代死了”。在现代主义批判宗教信仰、后现代主义批判现代世界的历史发展中，当代基督宗教思想界既看到了后现代批判一切、否定一切的破坏性，也发现了神学重新展开其对现代性的批判之契机，以及与后现代重构理论相挂钩的可能，此即一种“后现代神学”的诞生。按汉思·昆之言，当代神学应为走向“后现代”之路的神学。

汉思·昆认为，神学的“后现代”之探展示了神学的“觉醒”，当代神学应强调“对现代的内在批判”和“对启蒙的启蒙”应力求克服危机，面向未来，步入“新时代”。当代神学构建正以“探索”“开放”“创新”来证实其“正在寻找方向，正在制定纲领”。因此，汉思·昆同意用“后现代”来表述当代神学的全新探索及创造，并强调“后现代神学”正是在“现代”之后的“新时代”中表现出一种“新宗教精神”，以恢复、更新在“现代”被压抑、遭萎缩的信仰因素。在这种恢复及重构中，汉思·昆预见到了一个颇有希望的“时代转折”，并在其后现代理解中增添了“普世性”“世界性”“全球性”之内容。后现代的“否定精神”和“解构主义”曾对当代基督宗教思想发展产生过直接影响。如阿尔泰泽（Thomas J. J. Altizer）等人的“上帝之死”神学因对基督宗教启示传统的彻底反思而具有鲜明的后现代反叛色彩，但他赋予传统神学术语以各种隐喻性、辩证性意义，以使深受现代文化批评的“道成肉身”“钉十字架”“死后复活”等信条获得重新诠释，使之能够适应时代潮流。泰勒（Mark C. Taylor）则主张建立一种反系统化的神学，他用德里达的修辞策略来解构现代唯心主义理论僵局，代之以各种意喻多样的解释，认为这种无序性所表现的丰富正是神学讨论所需要的“神圣环境”。沙莱曼（Robert Scharlemann）也针对本体论思维方式而究诘神学反思的本质，他认为以“接受”和“回答”之方式构成的神学思维已使存在论问题失效，所谓“意义”的实现是信仰“文本”之想象中的具体性与读者之理解境况所达成的一致。此外，哈特（Kevin Hart）也曾评价德里达在当代哲学和神学思想界的影响，认为非系统化的神秘传统为当代否定神学提供了新的可能性，使之对理性认知虽有必要估量，却不敢奢望。在这一批神学家看来，后现代的解构主义实际上有助于信仰的神圣之途达到某种后现代性意义上的恢复。因此，后现代表达的失败主义和虚无主义情绪对当代基督宗教思想发展并非是完全消极的。他们认为，这种悲观绝望的精神氛围实际上已给当代神学发生变革、使之重新成为社会倾听的话语提供了一个极好机会。

不过，当代神学也不能完全认同或跟随后现代的悲观、破坏、解构之路。与之相对照，应运而生的后现代神学亦旨在改变后现代的纯批判和否定性质，这种变化即从破坏性到建设性，从否定性到肯定性，从悲观性到乐观性的根本过渡。由此而论，后现代神学与后现代哲学立意迥异。以美国新教思想家科布和格里芬（David Ray Griffin）为代表的后现代神学倡导一种具有乐观主义和创新精神的“建设性后现代主义”，从而使后现代主义发展柳暗花明，迎来一种全新景观。在重构后现代有机论和整体论的基础上，这种后现代神学形成了其独特的整体有机论体系及方法，它坚持在否定与摧毁的同时亦力争保留和建设，主张消除人与世界、人与自然、思维与存在之间的对立及分离。它否定现代发展所导致的世界和自然之“祛魅”，希望为世界和人类获得神性“拯救”而再现神秘，重建神圣。所以，后现代神学力图在现代主义对宗教的批判和后现代主义对一切价值及传统的毁坏这两难处境中寻找重立其信仰价值和真理之途，旨在以基督宗教之“立”来回应后现代思潮之“破”，并以其“建设性”来弥补后现代主义“解构性”的不足，由此超越现代与后现代。

八 普世对话

在当代世界多元发展的大趋势下，西方基督宗教以新教为首开始了对外寻求“对话”、对内倡导“合一”的努力。自 19 世纪 70 年代以来，新生的西方宗教学开始对世界各种宗教展开不带偏见的平等研究。受其启迪和影响，西方基督宗教亦于 20 世纪初展开其“与东方的对话”，以这种“对话”姿态谋求重新认识并理解佛教、印度教、儒教、道教等东方宗教及其灵性精神。20 世纪 60 年代以来，基督宗教进而从强调自身各派的“对话”“谅解”“普世”“合一”而走向与世界各种宗教、各种信仰以及各种政治思潮和意识形态的对话。

因此，20 世纪成为前所未有的“宗教对话”的世纪，基督宗教思想界亦随着这种“对话”而新意迭起理论无穷。基督教会内部的“对话”

主要体现为“普世教会运动”。“普世”（Ecumenical）一词源自希腊文的oikoumene，本指“整个有人居住的世界”之意，因4世纪被古代大公教会用来表示“普世大公会议”而获得“整个教会的”“普世教会的”专有含义。中世纪东西教会的分裂使其“普世”之梦破灭，直至20世纪，教会才真正开始其寻求内部团结、和谐的“普世教会运动”。1910年英国爱丁堡“世界宣教大会”的召开标志着这一运动的启动，1921年在纽约莫洪克湖地区成立的国际宣教协会开始将“普世”思想与“宣教”动机相结合。此后，“让福音传遍世界”的“普世”理念又开始逐渐扩大为一种关怀整个人类的“普爱”思想。为避免教义上的分歧影响教会合一，1925年斯德哥尔摩会议上提出了“教义造成分裂，事工有利合一”的思想，而1937年爱丁堡大会又进而开始了“比较教会学说”的探讨。至1948年，世界基督教联合会正式成立，普世神学亦初具规模。

“普世教会运动”使基督宗教各个教派在相互关系和彼此理解上获得了明显改善，可以说，20世纪的教会发展大体表现出从相互诅咒、相互指责到相互对话、相互理解，进而又共同参与、发展合作的进程。“对话”在这一进程中起了极为关键的作用。这种对话最初在新教内部各派之间展开，随之获得东正教各自主教会的参与和支持；至20世纪60年代，其与天主教的对话亦获得实质性发展。天主教在60年代“梵二”会议之后积极推进了与其他教派、其他宗教的对话。自70年代起，世界基督教联合会广泛开展了与其他宗教和其他思想意识形态、政治文化的对话。这样，“普世主义”的外延得以扩大，不再是纯基督教会自身的对话，“与非基督宗教的对话”和“与非宗教的对话”亦成为其重要内容。

在“全球化”浪潮的冲击下，普世主义的对话亦发展出强烈的全球意识。自20世纪80年代起，普世主义的对话在“全球性对话”方面达到高峰。世界基督教联合会号召其信徒“在每一个地方和所有的地方”见证对话，提出“一个世界或没有世界”的口号。与之相呼应，天主教思想家汉思·昆、斯威德勒（Leonard Swidler）亦先后创办普世研究所，倡导跨宗教和跨文化对话，并于20世纪90年代发起“全球伦理”或“世界伦理”运动，推行一种跨越国界、跨越民族的普遍伦理。随着这种普世对话的深入，天主教与新教在“因信称义”的教义问题上达成谅解，而整个教会在传统上信守的“教会之外无拯救”的教会绝对论亦出现动摇或被逐渐消解。向世界的开放和对教会本源的分析，已使这种“绝对”的神话不复存在。斯威德勒为此指出，在人类当代世界，我们已认识到其他人的存在和所谓“绝对性”的非在，教会因而必须具有包容性和开放性。这样，普世主义最初所钟情的“合一”已逐渐转化为实现“多元化中的和解”的具体努力。

但是，当代世界复杂多变的发展，使基督宗教的普世对话亦不可能一帆风顺。冷战结束后，人们“对话”的重点从政治对话转向文化对话。民族主义的复兴、局部地区的动荡都直接或间接给普世对话带来障碍和困难。科索沃危机后，一些东正教会对“普世”“合一”产生怀疑并失去兴趣，普世教会运动面临新的威胁和打击。美国“9·11”事件后，基督宗教对避免文明冲突亦感责任重大。在联合国有关机构的推动下，基督教思想家开始与其他人士一道思考“宗教可能导致什么”“宗教可以避免什么”这些敏感问题。进入21的世纪以来，他们发现其普世对话的道路仍然很长很远。

（选自《国外社会科学》2002年第1期）

环境伦理学中从“是”到“善”的转变*

[美] 约翰·诺尔特** 肖春燕 摘译***

引 题

霍尔姆斯·罗尔斯顿（Holmes Rolston）指出，环境伦理学常出现“从是到善从而到应该的转变”①，主要论证如下三点。

（1）物种维护特定的生命形态，寻求生存道路，抵抗灭绝、繁殖、展示创造性的适应能力，以及长期保持规范同一性。

（2）道德关怀适用于参与这一价值过程的实体。

（3）因此，道德关怀适用于物种。

第一个前提表达了从是到善，即从事实到价值的转变，它主张任何具有一定经验属性的事物（即作为物种的属性）都具有一定的价值（即维护特定的生命形态，寻求生存道路，抵抗灭绝、繁殖、展示创造性的适应能力，以及长期保持规范同一性）。第二个前提表达的是从善到应该，即从价值到道德义务的转变，它阐述了对于第一个前提里具有一定

---

* 原文题目为“The Move from Is to Good in Envirorunental Ethics”，载《环境伦理》（*Envirobmental Ethics*）2009 年第 31 卷第 2 期，第 135—154 页。

** [美] 约翰·诺尔特（John Nolt），美国田纳西大学哲学系教授，主要研究方向为环境伦理学、逻辑学。

*** 肖春燕，女，1971 年生，上海第二工业大学思想政治理论教学部副教授，美国田纳西大学访问学者。

① Holmes Rolston III, *Envirorunental Ethics: Duties and Values in the Natural World*, Philadelphia: Temple University Press, 1988, pp. 230 - 231.

价值的事物，我们负有一定的义务（即道德关怀），这一结论就是环境伦理学的原理。

这一论证可以表述如下：

所有 F 都具有价值 G（从是到善）；

我们对所有具有价值 G 的事物都应该 V（从善到应该）；

我们对所有 F 都应该 V（从是到应该）。

当 F 作为自然实体的属性时，G 是价值，变量 V 是一种道德态度或行为（如保护、促进、尊重、对我们行为结果的反思等）。

这种形式的论证在环境伦理学中十分常见，形式本身是有效的，因此如果出现矛盾，必然与其前提有关。在这里我尝试阐明第一个前提（即从是到善的转变），通过逐一分析环境伦理学中从是到善的转变，从中寻找合理的转变。在此，讨论的范围限定在从是到善的转变中价值 G 为非人为的。许多环境价值是“人为的”，即由于人类价值的存在，它们才具有价值。例如，一座山峰的娱乐价值存在于人们与其结合而形成的娱乐活动当中，如爬山、远足或滑雪，自然的“是”（体现在山峰的特征中）只有与人类的价值结合起来才形成娱乐价值。不过，其他形式的价值则完全独立于人类价值，例如黑熊发现橡树坚果好吃，阳光与水分对植物的光合作用有益，这些价值都是“非人为”的。环境伦理学正是因为这种非人为的价值而具有意义，并成为我们在此讨论的焦点。

自然的善

许多富于浪漫主义精神的人认为自然是乐善好施的，其从是到善的转变可以描述为：任何自然的事物都是善的。

但这一主张违背了中世纪哲学家提出的“自然的恶”，如疾病、遗传障碍、夭亡等，这些都是自然的而非人为的，从受伤害的角度来看它们都是恶的。自然的恶的存在意味着，并不是所有的自然事物都是善的，或者至少不是所有的自然事物对任何生物来说都是善的。

富于浪漫主义精神的人还坚称，抛开自然的恶不谈，自然通常意义上是善的，乐善好施的自然之所以与自然的恶并存，这类似于神学所说的罪恶（全知、全能、全善的上帝与自然的恶共存）。事实上，这两个问题产生了相同的辩证逻辑，即一旦否认自然的恶是徒劳的，那么就坚持它们具有一定价值，即从所有自然的事物都是善的这一主张回撤到更谦逊的原则，即强调所有的自然事物对于某些事物是有价值的。这一做法是谨慎的，但不彻底。自然创造性地把一些生物的困境转变为另一些生物的善，但不能把这一创造性扩大为普遍原则。

极为乐观的浪漫主义的人也许会强调，自然作为一个整体总是不断改善的。但这是错误的。自然的进化过程中，当太阳消耗了它所有的氢，扩张为一个红色的巨大星球，并焚化所有的地球生命时，这并不是良性改善，所以我们不能将其作为合理的从是到善的转变。

存在的善

中世纪的形而上学有一个更广泛的从是到善的原理：凡存在的事物，都是善的。

奥古斯丁（Augustine）用这一理念来解答神学中的恶的问题，如果是真的，它也将支持自然的善的信念。奥古斯丁认为，恶（自然的恶与原罪）是“非存在”的一种形式，例如剥夺。因此，上帝没有创造恶，因为“非存在”不是被创造出来的，那么，上帝创造的事物必然是善的，尽管并不是所有的都是完美的。作为存在，自然当中所有的事物都是善的。

“作为存在”的属性非常关键，因为奥古斯丁假定存在是有等级的，例如善。奥古斯丁继承了柏拉图主义的两个假设：（1）善的等级越高，存在的等级越高；（2）有一个善的最高等级——至善。因此，他坚持所有的事物在不同的等级上都是善的（或近似至善）。

但是这一原理假定了一个不合理的存在的等级制度，同时也过于随意，它能够在任何地点（小到光子，大到无生命的外太空，以及每一个生物）发现善。如果我们问：“这些事物怎样为善的?”奥古斯丁也许会引用神学目的论：依从于上帝的目的，它们是善的。但是我们不能这样做，我们无法回答这样一个随意的善到底怎样为善。

至善的善

从柏拉图开始，西方传统中有些观点认为每一生物物种都有其不变的形式，它规定着其成员的至善的理想形式。但这一理念有两个致命的缺陷：（1）它与达尔文生物学不符；（2）它无法阐明为何至善是有价值的。

事实上并没有不变的物种形式，因为物种的基因库随着环境的改变而变化，但这种变化并不是朝向固定的至善的理想形式，而是朝向活动着的适应目标，或者朝向灭亡。适应本身并不是理想的、最大的善的状态，而是一种充足的状态，即在现有条件下继续繁殖的能力。我们甚至不能认定个体的基因组是朝向一种理想形式，因为一些基因组的“蓝图”好于另一些基因组，它们的善并不内在于其自身，而是表现在怎样使有机体更好地适应其所遇到的环境。当然，有更好的或更差的有机个体，但无法想象“好于”关系具有一个最大值，即独特的至善的理想形式。

而且，抛开达尔文主义不谈，即使每一有机体确实存在着独特的至善的理想形式，但问题依然存在：为什么在那种状况下至善是有价值的？对谁有价值？以及怎样有价值？传统观念上有不同的目的论解释，柏拉图与亚里士多德在自然向着生存、繁衍与接近其理想形式的意义上来阐述至善的善。至善对有机体是有价值的，因为实现其理想形式是它的目标，即终极目的。中世纪的神学中至善的标准被认为是神命的，自从达尔文之后，人们不再相信有机体的理想是有机体自然斗争的目标或神命的标准。这并不是说有机体缺少目标，只是指它们缺乏实现理想形式的特殊目标。那么，在什么样的意义上理想形式（甚至支持它的存在）的实现才能成为对有机体的善呢？

唯一合理的非人为的善的形式——对生物实体的善

善存在的方式可以分为两大类：（1）对实体的善（即对实体福祉有

益)；(2) 不是以有益于实体，而是以其他方式存在的善。第一大类可以继续分为三个小类：善或存在于（1A)：对人类的善；或存在于（1B)：对非人类的生物实体的善；或存在于（1C)：对非生物的实体的善（当然，善不局限于只存在于其中的一种)。生物实体不仅是有机体（包括人类自身)，而且也包括在功能上被组织起来的有机集体（例如群体、种族、民族)，以及在功能上被组织起来的要素（例如基因、细胞、器官系统)。

(1A) 的善是人为的善，如果没有人类价值，就不会有此类善，它与我们要讨论的主题无关，在这里只是指出它的存在。

相反，(1B) 的善却与我们所要讨论的主题有关。它之所以是善，在于它对有机体自身或它的社会团体、后代、种群等有益。但是这个回答把善简单地归结为它具有有益于有机体自身或相关生物实体的能力，而我们不能在不知道物种标准的情况下提出什么是善。汤普逊（Michael Thompson）指出：“假如我们把‘规范的’分类应用于自然，并与‘我们的兴趣’分离，那么不可避免地会出现问题：标准从哪里来？谁来衡量？一定物种的自然—历史判断系统作为主体为其成员提供这样的标准。”①

汤普逊在这一点上是正确的：学习与解释对某种有机体的善时，我们常常求助于日常生活中相关的对有机体的一般认识，但仅仅是相关的信息而不是绝对的标准。对个体的善不能定义为其对于标准的自然—历史判断的接近，这有两方面原因：第一，不是所有产生于有机体标准的自然历史中的事物都是善的；第二，即使是紧密相关的个体也会有这样的变化：对某些需要是善的，但并不意味着它对全体是善的。总而言之，如果善是（1B）种类的善，它就是对非人类的生物实体的善。

还有两个种类的善：（1C）或（2)。（1C）的善是对非生物实体的善。是哪些非生物实体呢？自然的非生物实体并不具有善恶之分，没有

① Michael Thompson, The Representation of Life, in Rosalind Hursthouse, Gavin Lawrence & Warren Quinn (eds.), *Virtues and Reasons: Philippa Foot and Moral Theory*, Oxford: Clarendon Press, 1995, p. 295.

善的或恶的星星或岩石。人造制品具有善恶之分（锐利也许对于刀具是好的），但所有这些善最终都是人为的。那么非自然的实体呢？人们可以设想作为善有益于灵魂、上帝或其他非自然（也是未知）实体的情况，但这仅限于神学。这样，在（1C）中没有合理的非人为的善。

现在只剩下一种形式的善：种类（2），我称之为“自由浮动的善”，它们是善的，可是它们的善并不存在于有益于其他事物当中。例如，柏拉图主义的一个分支认为，尽管红宝石并不有益于其他事物，但它因为有了红宝石的理念而存有善。我认为这种善是不合理的，因为很难相信一种善不有益于其他任何事物。

至此，我们可以达成一种范式，用来概括唯一合理的非人为的善的形式——对生物实体的善。即把善应用于种类（1A）（1B）（1C）与（2），来查看在什么方式下它是善的。如果它是（1A）的善，它是人为的；如果它完全是（1B）的善，那么它就是对非人类的生物实体的善；如果它是（1C）的善，那么它或是非自然的也就是不合理的，或是人为的；最后，如果它是（2）中非人为的善，它是不合理的。

作为固有价值的善

保罗·泰勒（Paul W. Taylor）与汤姆·里根（Tom Regan）提出了类似的善的理念——固有财富（inherent worth）与固有价值（inherent value）。

泰勒所说的“固有财富”的理念是一个混合体。实体具有固有财富，一定程度上在于泰勒所称的“它自身的价值”，但它也需要两个道德判断：“（1）实体值得道德关怀与思考……和（2）所有的道德代理人有义务去促进或保护实体的善作为目的本身。”[1] 这样的道德关联在生物学上并不是含蓄的，如同泰勒自己所发现的，也不是由实体具有的自身价值所带来的：“人们能够知道动物或植物具有自身的价值，与这种认知相伴随的，人们否认道德代理人有义务去促进或保护这种价值，甚至避免伤

---

① Paul Taylor, *Respect for Nature: A Theory of Environmental Ethics*, Princeton: Princeton University Press, 1986.

害它。人们说：‘是的，我知道我的行为会对生物的价值不利，尽管如此，并没有理由我不应如此去做’，这种说法并不矛盾。”[①] 在泰勒的理念中，固有财富是含有一定道德状态的非人为的善，从更普遍的意义而言，泰勒将其描述为值得尊重。这一道德状态不是把自身看作一种不同形式的善，而是出于尊重实体自身价值的道德代理人的需要。如同泰勒所主张的，所有的生物都具有固有财富，这不仅是从是到善的转变，而且也是从是（作为生物）到善（具有它自身的价值）和应该（代理人应该尊重这样的生物）的转变。

里根也主张他所称的“一种独特种类的价值”，即固有价值。但这个价值如同泰勒的固有财富一样，类似于善与道德关怀的混合体。里根认为固有价值是生命主体所拥有的，生命主体是那些拥有最基本的自我意识的动物：“他们拥有信念与欲望、认知、记忆以及对未来（包括他们自己的未来）的感知；他们拥有欢乐与痛苦的情感、偏好与兴趣、追求欲望与目标的行动能力、心理认同感，以及从他们的生活中所经历的从善或恶的意义上来说的个人福利……那些满足生命主体需求的独特的价值，就是固有价值。”[②] 里根坚持所有生命主体都平等地享有固有价值。如果固有价值是非人为的，这是不合理的，因为非人类的自然无法为价值的平等提供证明。而且，如果生命主体具有平等的固有价值不只是通过事实，更是因为人类提倡的公平价值的需要，那么平等就是人为的。如果固有价值的平等是人为的，那么固有价值本身必须是人为的。

由于类似的原因，泰勒的固有财富也被看作是人为的，对于泰勒而言它也是平等的：如果固有价值对于野生动物作为自然生态系统中生物群体的一名成员有贡献，那么每一个野生动物或植物都可以理解为作为道德主体具有同等地位，道德代理人对其负有义务，它们都应得到平等的关怀。

总之，里根的固有价值的概念与泰勒的固有财富的概念都包含了被

---

① Paul Taylor, *Respect for Nature: A Theory of Environmental Ethics*, Princeton: Princeton University Press, 1986.

② Tom Reagan, *The Case for Animal Rights*, updated and with a new preface, Berkley: University of California Press, 2004, p. 236.

认为是人为的道德关怀。如果同意这一点，那么我们实际上到达非人为的、实体的自身价值，这属于（1B）的善。

对有感觉的动物的善（享乐的善）

有感觉的动物具有与无感觉的有机体同样的基本的善：生存、营养、防卫等。但是在这些基本价值之上是新的价值结构，其中快乐是内在价值（intrinsic value），而痛苦则是内在负值（intrinsic disvalue）。

当然，自然选择倾向于有利于物种生存的快乐（例如交配、饮食、照顾幼小者），而痛苦则是有害的（例如受伤、中毒、生病）。因此，快乐与痛苦一般对物种具有工具价值，而且在这一范围内它常常是动物的福利，动物所感受的痛苦，例如受伤的羊羔不能移动，有利于其治疗，避免随后受伤。但是痛苦对于动物来说又是内在负值，而快乐是内在价值。这些享乐价值是特殊的从是到善的原理的主题：对于有感觉的动物而言，快乐本身是善而痛苦本身是恶，不遭受无意义的痛苦就是善。

这样的原理表述了经验主义真理。我们都熟悉快乐的善的定性（即使快乐会有坏的结果）与痛苦的恶的定性（即使痛苦会有好的结果）。当然，关于动物是有感觉的，以及我们如何知道它们是有感觉的这些认知还有争论，而且关于动物是否能自我认知，以及自我认知到怎样的程度决定了享乐价值，这些也都是未解问题。但这些质疑都不能威胁到感觉作为从是到善的原理的有效根源。

作为生命循环阶段的成就
——对无感觉的有机体的善

环境伦理学提出的最大胆的挑战是把价值理论建立在无感觉的实体从是到善的转变上，这种转变是经验的、可观察的事实，例如营养丰富的湿润土壤对菌类有利。但阐述对无感觉的有机体的善的一般特征并不容易，泰勒曾建议，对无感觉的有机体的善就是正常的生命循环的所有阶段的健康成就：“蝴蝶在其一生要经过卵、幼虫、蛹几个阶段，然后变成一个健康的成体，在适宜的环境下开始繁荣兴旺。它健康地成长，成功地适应了环境并度过其一生当中的每一个阶段。当所有这些都是真的时，我们可以说这个昆虫完全实现了它的善……前面的这些阐述对动植物同样适用。"①

但是生命循环的所有阶段的成就，虽然对一些事物是有益的，但并不永远都对有机体自身有益。例如，在繁殖阶段，大多数无感觉的有机体与其后代没有交互作用，因此不能从后代获益；而繁殖会削弱父辈，使其更脆弱甚至毁灭自身，例如一些蜘蛛和昆虫，当雄性与雌性交配后，雌性会吞掉雄性，这对雌性是有益的（她获得了一份丰盛的大餐），也许对其后代和物种也是有益的，但很难说它对雄性是有益的。显然，正常的生命循环的所有阶段的成就并不都对有机体自身有利。

有益于自生功能的善

为阐述对有机体的善的特征，我们必须分清有机体通过进化"设计"而表现的两种功能，我称之为"自生功能"与"外生功能"。有机体的自生功能是指那些建立、维护或者加强自身生存的能力，例如捕捉阳光、抵抗疾病、获得水分、治愈伤害等。有机体的外生功能指的是那些建立、维护或者加强相关生物实体，例如有机体的后代、其社会团体、物种甚至基因的生存能力。繁殖是外生功能，它不是加强有机体自身而是加强其物种的生存能力，甚至死亡在物种层面也是外生的，因为它帮助物种更新，以维持其数量的平衡。

自生功能与外生功能都是适应进化的结果。从外生功能来看，有机体不是有益于自身，而是有益于与其相关的其他事物，因而具有了工具价值，但不是每一种工具价值都是外生的，有机体的功能只有被自身进化所"设计"而形成时才是外生的。例如，一个被捕食物种对其捕食者具有工具价值（营养的源泉），但是工具价值对于被捕食物种来说不是外生的，因为其自然选择没有设计被捕食者在功能上成为猎物，恰恰相反，自然选择是提高被捕食物种躲避被捕食的能力，而只有通过捕食者的设

① Paul Taylor, *Respect for Nature: A Theory of Environmental Ethics*, Princeton: Princeton University Press, 1986.

计才能使被捕食物种变成其猎物。

自生功能与外生功能的区分满足了“对无感觉的有机体的善”的定义，也是从是到善的转变的定义：对无感觉的有机体的善有益于有机体的自生功能。自生功能有其自身的工具价值，它因加强了有机体生存的几率而有价值。但生存本身具有工具价值，它是达到更多的价值，也就是更多的自生功能的必要条件。这样，工具价值从自生功能转移到生存，由生存再回到自生功能，形成一个封闭的价值圈。这个价值圈最终转变成：自生功能是为了更多的自生功能。自生的循环是为了继续自生，这不仅在有机体层面出现，而且也在生物组织的许多层面出现。因此，善可以体现在自生功能中，我们称之为从是到善的一般原理：对于具有自生功能的生物实体而言，有益于其自生功能就是善。

非人为的善的领域

大自然的价值并不只是一个实体自生循环的集合体，因为这些循环与纵向、横向的外生功能交织在一起。简而言之，生物实体的功能通常不只是提升其自身的善，而且也在生物组织的其他层面上通过繁衍来提升未来实体与相关实体的善。群体、有机体、细胞以及基因都能够繁殖，从而有益于其后代（纵向引导新循环）；细胞、器官、有机体有益于它们所组成的器官、有机体或物种，反之亦然（横向的交织）。

生物实体通过其自生功能而形成的善的总体，被称为“自生利益”，通过其外生功能而形成的对其他实体的善的总体，被称为“外生利益”。实体的外生利益可以扩张，一个单细胞的外生功能不仅有益于它所组成的器官，而且也有益于器官所组成的器官系统，以及器官系统所组成的有机体。如果那个细胞对于有机体生存至繁殖年龄有益的话，那么它也对所有有机体的后代，以及物种的延续有益。

只要生物实体有后代，它的外生利益以及它的功能要素就是永久的。一个实体的外生利益可以轻而易举地超过它的自生利益。这对有机体自身也是适用的，今天你与我所享用的善，例如我们手指与脚趾的基本结构，是特定爬行动物祖先，也是我们的共同祖先的外生利益，因为我们继承了那个特定爬行动物所开始的繁殖利益，包括形成我们的手与脚的结构的特定基因。当然，并不只是我们的爬行动物祖先决定了形成我们的手与脚的基因，祖先有配偶，而我们不仅是这对配偶的后代，也是这对配偶的祖祖辈辈的后代，我们继承了这些生物的外生利益，而所有这些也将发生在将来。这样，只要生命有未来，一定时期内所有活着的生物实体的善的总体比它们作用于相关实体的外生利益要少。平均而言，生物实体的外生利益超过它的自生利益，生命的价值更多地体现在它的未来。

不过，生物实体的价值不会通过其自生利益与外生利益而耗尽，因为它们仅仅是进化“设计”而提升的善。当一个实体自生地有益于其自身，并外生地有益于相关实体时，它也可以被其他实体所使用，作为猎物、居所、寄主等。例如，大量的不同的有机体使用一棵树，这不是通过树的“设计”而是通过有机体自己的“设计”而形成的，对于这些有机体而言，树具有非外生的工具价值。如同自生与外生一样，非外生的工具价值体现在生物组织的各个层面。

还有另一种形式的价值，因为非生命世界也对生物实体的善有益，换句话说，生物实体需要非生命资源，这样非生命资源就转变为对它们的价值，这样的价值是普遍的或近似普遍的，例如，水以这样或那样的形式对所有的生物实体有益。这样的非生物现象没有固有价值，但它们的工具价值却是非常重要的。

这样，对于生物实体至少有四种价值形式：

（1）自生的对自身的价值；

（2）外生的对相关实体的价值；

（3）对其他生物实体的非外生的工具价值；

（4）非生物实体对它的工具价值。

这足以展示“非人为的善的领域”（即独立于我们、我们的思想与我们的文化的善）的丰富。在这一领域，从是到善的一般原理是正确的，例如，水对于地球上所有生物实体是有益的，或者生命的价值更多地体现在它的未来（假设它有未来）。

结 论

本文一一分析了环境伦理学中从是到善的转变，从中寻找合理的转变，由此得出四个结论。

（1）对于非人为的善而言，只有对生物实体的善才是合理的从是到善的转变。

（2）对无感觉的生物实体的善有益于其自生功能。

（3）生物实体的外生功能有益于相关实体，在组织的另一层面上，其外生价值一般大于自身价值。

（4）合理的从是到善的一般原理（也是环境伦理学最重要的一点）就是关怀大自然（包括生命与非生命）中非人为的善的领域，不仅承认生命主体、有感觉的动物或有机体的价值，而且也承认非人为的善的整个领域的价值。

（选自《国外社会科学》2014 年第 6 期）

国外纳米伦理学研究热点问题评析

张　灿*

一　纳米伦理学合法性的争议

2003 年，加拿大学者阿尼莎·缪斯瓦拉（Anisa Mnyusiwalla）等人在《弥补差距：纳米技术的科学与伦理》一文中首次提出了纳米技术的伦理研究问题。他们指出："纳米技术是一个快速发展的领域，其巨大的进步会影响到材料、电子和医学等领域的发展。各国都在实施纳米科技的投资政策，以期获得纳米科技发展的优势。但是，相较于科学知识的进步，有关纳米科技的伦理与社会影响的研究却显得相对滞后，伦理与科学之间的鸿沟不断扩大。"① 有关纳米伦理与纳米技术发展的争议日益加剧。

2003 年 12 月，美国国家自然科学基金会公布了《纳米科技的社会影响》报告。2004 年，英国工程院公布了《纳米科学与技术——机遇与不确定性》报告。这两份报告详细地分析了纳米技术的优势、前景，以及纳米技术对于环境、人类健康、社会公正和可持续发展的影响。相应地，伦理学家、社会学家、哲学家也开始关注纳米技术的伦理与社会挑战。

2004 年，莫尔·詹姆斯（Moor James）和约翰·艾克特（John Weckert）在《纳米伦理学：从伦理角度评估纳米尺度》一文中首次提出

---

* 张灿，1986 年生，中国矿业大学马克思主义学院讲师，博士。

① A. Mnyusiwalla, Abdallah S. Daar & Peter A. Singer, Mind the Gap: Science and Ethics in Nanotechnology, *Nanotechnology*, Vol. 14, 2003, p. 9.

纳米伦理学的概念。他们指出，纳米伦理学的概念与纳米技术的概念相关，研究在纳米尺度上进行操作、生产的技术的伦理与社会问题。[①] 帕特里克·林（Patrick Lin）和弗利兹（Fritz）进一步界定了纳米伦理学的研究内容。他们认为："纳米技术是在纳米尺度上的对化学、物理、生物、工程材料等领域的研究，纳米伦理学则是关于在此尺度上纳米技术带来的伦理、社会、环境和政治问题的研究。作为应用伦理学的一门独立分支，纳米伦理学是一种建立在纳米尺度上、跨学科性的伦理研究，一种更为宽泛的伦理研究。"[②]

随后纳米伦理学研究日益兴起，但是正如任何应用伦理学领域一样，纳米伦理学也面临着自身合法性地位的争议。反对纳米伦理学合法性的观点基于以下两种理由。一是纳米技术存在不确定性。如果纳米伦理学是研究纳米技术带来的伦理、社会的影响，那么首要问题是界定纳米技术。但是，纳米技术是一个没有得到充分界定的概念。纳米技术的英文单词 nano 来自古希腊语 dwarf，意指矮小，其仅仅是一个尺度概念。纳米技术是指在 0.1—100 纳米之间进行研究和建构的技术。[③] 另外，纳米技术是一个跨学科研究的领域，和其他基础领域像物理、化学、生物等都有交叉，以至于纳米技术、信息技术、生物技术、认知科学四个领域互相交叉和融合，被称为"会聚技术"（converging technology）。[④] 很难界定纳米技术的领域与范围，由此很难把握纳米技术的伦理的研究。二是相对于先前的技术伦理，纳米伦理学并没有提出全新的问题。例如，索伦·霍尔姆（Soren Holm）指出："准确地指出什么因素可以证明纳米伦理学的合法性具有一定的困难，但是一个最低条件必须是纳米技术引起其他技术领域所不能导致的伦理问题或更大范围的问题，但是纳米伦理

---

① M. James & J. Weckert, Nanoethics: Assessing the Nanoscale from an Ethical Point of View, in D. Baird, A. Nordmann & J. Schummer (eds.), *Discovering the Nanoscale*, Amsterdam: IOS Press, 2004, pp. 302 - 311.

② P. Lin & F. Allhoff, *Nanoethics: The Ethical and Social Implications of Nanotechnology*, Wiley, 2007, pp. 3 - 16.

③ National Science Foundation (NSF) (2006), Nanotechnology Definition, http://www.nsf.gov/crssprgm/nano/reports/omb_ nifty50. jsp.

④ Schummer Joachim, From Nano-Convergence to NBIC-Convergence, The Best Way to Predict the Future is to Create It, *Governing Future Technologies*, Vol. 27, 2007, p. 58.

学并不如此。纳米伦理学研究的问题无法清晰地与其他应用伦理学研究的问题相区分。”[①] 菲利普（Philip）认为关于安全、平等、军事参与开放等伦理问题同样是其他科学技术领域内的问题，纳米技术并没有提出全新的问题，纳米技术和生物技术并不相同，生物技术导致了全新的伦理问题。[②] 埃博森（Ebbesen）等人认为纳米伦理学许多争议性的问题都已经被生物伦理学探讨，因此可以用生物伦理学的原则来解决纳米技术的伦理问题。[③]

支持纳米伦理学合法性的理由大致有三种：第一，纳米伦理并不需要反思全新的问题或者完全区别于其他领域；第二，纳米技术被看作自然科学领域内不同学科的会聚，同样地，纳米伦理学可以被看作伦理学内不同学科的会聚；第三，即使纳米伦理学许多问题不是全新的问题，但是纳米技术带来了新角度的伦理挑战。[④] 布鲁塞尔自由大学生命伦理与法律研究中心的学者苏珊·查尔斯（Susanne Charles）认为：“尽管纳米技术的伦理反思完全不是新问题，但是却给生物伦理反思提出了新的挑战。这种‘新’来自人性的机制、生命活动的操纵、复杂技术创新、公共参与和科学的社会决定性以及分配正义。”[⑤] 例如，尽管隐私是一个相对老生常谈的话题，但是利用纳米技术可以制造出一种几乎无形且不能被检查出来的监控设备，这在之前是不可能的。[⑥] 所以纳米技术所导致的隐私问题具有新的内涵和现实意义。更为重要的是，纳米技术也带来一些新的焦点问题，如人类能力增强或者过于长寿。纳米技术和基因技术

---

① B. Gordijn & A. M. Cutter, In Pursuit of Nanoethics: Transatlantic Reflections on Nanotechnology, New York: Springer, 2013, pp. 31 – 38.

② F. Allhoff & P. Lin, et al. (eds.), *Nanoethics: The Ethical and Social Implications of Nanotechnology*, Wiley, 2007, p. 8.

③ M. Ebbesen, S. Ander Seu & Flemming Besenbacher, Ethics in Nanotechnology: Starting from Scratch, Bulletin of Science, *Technology & Society*, Vol. 26, 2006, pp. 451 – 462.

④ Arianna Ferrari, Developments in the Debate on Nanoethics: Traditional Approaches and the Need for New Kinds of Analysis, *Nano Ethics*, Vol. 4, 2010, p. 42.

⑤ Charles Susanne, M. Casado & M. J. Buxo, What Challenges Offers Nanotechnology to Bioethics, *Law and the Human Genome Review*, Vol. 22, 2005, pp. 27 – 45.

⑥ Gordijn Bert, Converging NBIC Technologies for Improving Human Performance: A Critical Assessment of the Novelty and the Prospects of the Project, *The Journal of Law, Medicine & Ethics*, Vol. 34, 2006, pp. 726 – 732.

的结合可以将一些芯片植入人的大脑，使其具有强大的功能；或者改变人的大脑神经，而这对于伦理学中的“人格”概念提出了新的挑战。

总之，支持者认为虽然纳米伦理学的学科地位及其相关问题存在争议，但是以史为鉴，我们过去对以往的技术总是过于乐观或者过于悲观，而没有充分重视其社会的和伦理的后果。所以抛开争论、继续研究纳米技术的伦理影响具有举足轻重的作用。由此国外研究学者开始研究纳米伦理学的主要问题，包括纳米公正、人类能力增强、隐私与控制等问题。

二 纳米公正:风险承担与利益分配

纳米公正的讨论主要集中在三个方面：纳米鸿沟、决策公正与风险承担。

首先，所谓“纳米鸿沟”（nano-divide）是指纳米技术导致的各个方面的差距，指纳米技术富有者和纳米技术贫困者之间的鸿沟。纳米鸿沟主要体现在两个层次：同一国家或者地区内的不同阶层的鸿沟；不同国家或者地区之间的鸿沟。纳米技术带给同一个国家不同人群的机遇是不一样的。纳米医学技术进步就是一个很好的例子。大部分纳米医药和仪器是十分昂贵的，只有富裕阶层才能承担起相关费用，这进一步加剧了医学治疗机遇的不公正问题。纳米技术会加深发达国家与发展中国家的差距。纳米技术在许多领域内可以带来好处，如生物医药、清洁能源生产、更加安全的运输和环境治理等，这些都可以更好地帮助发展中国家。但是目前大多数纳米技术需要大量物力和人力的投资，而发展中国家还在致力于扩大贫富差距的信息技术的投资，所以对于发展中国家来说这无疑是雪上加霜。巴克（Barker）等人指出：“由于纳米技术的大多数专利和知识产权都掌握在几个主要发达国家和大跨国公司手中（虽然专利都会有年限），从而使得发展中国家发展纳米技术的成本大大提高，进一步加大了发展中国家和发达国家的差距。”[①] 如果发展中国家能够有效地利用纳米技术，就可以不断缩小纳米鸿沟，但是就像信息技术和通信技

① Salamanca-Buentello, et al., Nanotechnology and the Developing World, *PLoS Medicine*, Vol. 2, 2005, p. 383.

术的发展，发达国家正在利用自身的优势不断地获得纳米技术的优先权，不断地吸引发展中国家的优秀人才，从而加大了纳米发展的差距。①

其次是决策公正和风险承担问题。决策公正包含两个方面的含义：一是同一国家或地区在制定纳米技术相关的法规和标准时，有关公众的知情权和参与权。二是在制定相关的纳米产业标准时，不同国家特别是发达国家和发展中国家之间的决策问题。瑞典皇家理工学院技术与哲学系的学者马里昂·古德曼（Marion Godman）讨论了公众参与纳米技术发展的公正性和重要性。② 他说，最重要的问题是：作为一个可以被拥有并获得利益的技术，纳米技术是否将通过更加创新的和规范的过程向更多的参与者开放。对于纳米技术的伦理反思要进行两个重要的区分：首先要区分纳米技术的决策和管理阶段的伦理问题与纳米技术应用时的伦理问题；其次要区分纳米技术外在的伦理问题（如公正和隐私）和内在的价值问题（如健康、安全和可持续性）。这种区分对于公众进一步参与纳米技术具有很好的促进作用。第一种区分可以为公众参与提供一个长久的公正性。我们可以开创一个论坛对一些确定性的问题进行仔细斟酌，从而在一定程度上确保程序的公正。第二种区分则可以为公众接受风险以及如何接受提供一个大致的框架。舒默尔（Schummer）认为每一次新技术的出现都会导致效用价值和分配公正的冲突，纳米技术同样如此。例如以纳米生物技术为基础的医学治疗十分昂贵，只有富有阶层才能承担得起，或者以纳米技术为基础的装置设备需要大量的知识技能，只有受过教育的精英人士才能获得好处。有些国家的文化更加注重公正而不是效益，那么它们将会更加关注纳米技术带来的不公正；而一些国家则更注重效益，因此将毫不犹豫地发展这些技术，即使纳米技术会导致不公正的风险承担，例如它只会让社会的一部分人受益，对其他人却造成危害。③

---

① Sheetz Tanya, Nanotechnology: Awareness and Societal Concerns, *Technology in Society*, Vol. 27, 2005, p. 341.

② Marion Godman, But Is It Unique to Nanotechnology, *Science and Engineering Ethics*, Vol. 14, 2008, pp. 391 - 403.

③ Schummer Joachim, Cultural Diversity in Nanotechnology Ethics, *Interdisciplinary Science Reviews*, Vol. 31, 2006, pp. 217 - 230.

三 纳米人类增强：人性改变与能力提升

人类增强（human enhancement）并不是一个新的话题，生物技术就引发过有关人类增强的哲学和伦理的讨论。但是，有关人类增强的争论最近又一次成为技术伦理的一个重要问题——这是源于纳米技术的飞速发展。正如帕特里克·林等人指出："纳米技术的快速发展正在应用到增强人类自身的各个领域，例如麻省理工学院正在研制纳米材料的骨骼，从而可以提升人类的力量。在未来，纳米医药可以极大地延长人类的寿命，纳米传感器可以增强人的感知能力。由此纳米人类增强成为当前纳米伦理学领域内最为重要的问题之一。一些人认为纳米增强将给我们带来成为超人的希望，一些人则认为纳米增强构建了一条使我们成为弗兰肯斯坦怪物的黑暗之路。"①

何为纳米人类增强？当前人类增强的观点主要包括以下几种。一是逾越治疗范围的观点，即认为增强是将特定的技术手段用于治疗，但是这种治疗的方法超出了"治疗的范围"。二是附加的观点，即认为增强是从数量上增加个体的特性或给个体提供某种特性。三是提高的观点，即认为增强是从性质上提高个体的某方面能力。② 美国南卡罗来纳大学生命伦理学研究中心教授乔治·库什（George Khushf）把人类增强分为两个阶段：第一阶段是一些特定功能或者能力的适度扩展，例如利用神经药物、美容手术、运动兴奋剂。第二阶段则是纳米技术带来的增强阶段：这种增强是一种多功能的具有自我催化作用的增强，例如人机交融。③ 他把第二阶段的人类增强的特征概括为五点：给予人类全新的能力，如盲人可以借助相关的设备看到红外线或者紫外线区域；具有多功能性，同时改变我们治疗残疾的方式；具有多样性，涉及不同的范围；以一种加

① Patrick Lin & Fritz Allhoff, Nanoethics and Human Enhancement: A Critical Evaluation of Recent Arguments, *Nanotechnology Perceptions*, Vol. 2, 2006, p. 47.

② C. Ruth, Therapy, *Medical Enhancement and Posthumanity*, New York: Springer, 2009, pp. 25 – 37.

③ F. Jotterand (ed.), *Emerging Conceptual*, *Ethical and Policy Issues in Bionanotechnology*, Springer Science & Business Media, 2008, pp. 203 – 218.

速度的发展趋势前进；将为得到它们的人提供巨大优势。而这些特征需要特定的伦理反思模式来应对。在此反思中首先要进行“治疗”（therapy）和“增强”（enhancement）的区分。例如，以纳米技术为基础的人造红细胞可以使心脏病发作的患者维持数小时的呼吸直至接受治疗；它同样可以应用于一名健康的运动员身上，为其提供额外的氧气以增强其肌肉性能。前一种情景属于治疗，无须伦理的辩护。后一种则属于增强，因为它会破坏竞争的公平性。纳米技术也可能带来一种增强形式的人机合一，这种增强对于如何理解人是一个巨大的挑战。从社会的、政治的角度来看待增强问题，其中主要涉及对人及国家产生的影响。例如，有关选择人类增强技术手段带来的民主和自由的问题，有关人类增强带来的国家安全问题，有关人类增强带来的利益的公正分配问题。还有一点就是人类增强带来的长寿问题，这对家庭、社会将产生怎样的影响。

在当前有关纳米技术带来的人类增强问题的讨论中，不同的学者探讨的角度不同，而且立场也不尽相同。一部分学者极力支持人类增强，认为增强的愿望是人类内在具有的，并且是一种人类自由选择的权利。纳姆（Naam）指出，有四种不同的论点支持人类增强：实用主义的理由；监管不能深入所有领域；对人类自由权利的尊重；增强的愿望是人类的内在动力。①

但是也有学者反对纳米人类增强，其最大的担忧是增强对人类尊严的影响。纳米技术以提高人的能力为目的，以在微观层面塑造世界为手段。进一步而言，纳米技术使得人类改造的对象从外部自然转变为人的身体，从简单地提升人的性能（improvement of human performance）到人的技术改造（technological transformation of human being）。② 因此，纳米技术作为高科技的核心技术，可以给人类带来前所未有的力量，从而改变自身和世界的前景。一方面，纳米技术可以极大地改善人类的生存环境，给社会带来前所未有的机遇。例如，纳米技术可以增强人的生理能力、

① Patrick Lin & Fritz Allhoff, Nanoethics and Human Enhancement: A Critical Evaluation of Recent Arguments, *Nanotechnology Perceptions*, Vol. 2, 2006, p. 48.

② Gordijn Bert, Converging NBIC Technologies for Improving Human Performance: A Critical Assessment of the Novelty and the Prospects of the Project, *The Journal of Law, Medicine & Ethics*, Vol. 34, 2006, pp. 726 – 732.

感知能力和精神能力，可以修复、拓展和替换人的器官，从而提高人的生存能力，改善人的生存条件。在未来我们甚至可以利用会聚技术进行人机交互和脑与脑的交互，从而创造出人机合一的电子人，从根本上提升人的性能。[①]

由此，纳米增强会在何种程度上改变我们自身？我们如何理解身体的概念和人的概念？假如技术设备成为人体的一部分，那么技术人造物是否在一定程度上可以替代人的部分道德能力？对于纳米技术增强带来的利益和财富，哪些人会获得好处？哪些人会承担风险？我们如何理解人的自由与责任？

四 纳米隐私与监控:身体与行为信息的泄漏

隐私是伦理学中的一个核心问题，同时具有十分重要的实践意义。隐私权是指我们有权自己决定与什么人分享我们的个人信息和生活。隐私是一个人所特有的、不想被他人知道的利益，一个人也有权决定是否泄露隐私。隐私一般包含着个人信息，这些信息与个人的尊严、社会地位、自由与自主权相联系。隐私不仅是一个伦理的概念，还是一个政治和法律的概念，公民享有隐私不被侵害的权利。

纳米技术的微型化特征使得隐私问题进一步突出。首先，纳米技术使得一切设备小型化，如果把纳米技术用于存储器的设计，那么美国国会图书馆的信息将会被放入一个糖块大小的装置中。正如莫尔所言，以纳米技术为基础的小型化监控设备和偷拍设备功能更加强大，体积更加微小而不易被发现。例如，很容易把一个纳米发射器放在一个房间或者别人的衣服里，人们在完全觉察不到其存在的情况下受到监视和跟踪。[②]我们更容易携带无形的监视器从而窃取信息，更容易窃听电话而不被发

---

① Roco Mihail & William Sims Bainbridge, Converging Technologies for Improving Human Performance: Integrating from the Nanoscale, *Journal of Nanoparticle Research*, Vol. 4, 2002, pp. 281 - 295.

② Moor James & John Weckert, Nanoethics: Assessing the Nanoscale from an Ethical Point of View, in D. Baird, A. Nordmann & J. Schummer (eds.), *Discovering the Nanoscale*, Amsterdam: IOS Press, 2004, pp. 302 - 311.

现。把追踪器植入人体内变得更加容易。一些追踪监视设备可以被放进食物内，当人吞咽的时候，它就能进入到人体内任何需要的地方。这样政府、企业、公众就会利用这种小型化的监视器轻而易举地收集、储存和传播个人信息。人们将会处在一种被操纵的境地，自身行为的自主性和自由受到严重的危害。

其次，纳米技术会使得先前存在的信息技术和医学技术对隐私的侵害加重。纳米技术的发展使得芯片和计算机得到极大的发展，纳米技术和信息技术融合在一起后可用于收集大量个人信息，商业竞争对手、黑客、恐怖分子可利用窃取的个人隐私对个人进行攻击。克里斯·图米（Chris Toumey）在《纳米技术对隐私的影响》一文中指出："纳米技术和医学技术相结合，可以提高指纹鉴别质量，从而从指纹中推导出生活信息和习惯。由此，纳米尺度上的技术进展更多地侵入了人的身体和行为信息。"①

最后，纳米隐私问题的最大困境在于其监控性。纳米微型化以及与生物技术、信息技术和医疗技术的结合使得隐私的侵入从外在的身体转移到内在的身体和感知信息。莫尔指出："纳米微型化使得公众将拥有他人的更多信息，同时纳米技术植入物可以从根本上控制人的身体，从而使得人拥有控制他者感知和行为的能力。由此，整个社会仿佛被置于一个监控的大网中。"②

五　结语：纳米伦理学——促进纳米科技负责任地发展

通过以上对纳米伦理学研究进展的梳理，我们发现，尽管部分学者质疑纳米伦理学合法性，指出其无法与诸如生命伦理学、信息伦理学等应用伦理学的问题相区分，但是支持纳米伦理学合法性的学者则从纳米

① Chris Toumey, Privacy in the Shadow of Nanotechnology, *NanoEthics*, Vol. 1, 2007, pp. 211 - 222.

② Moor James & John Weckert, Nanoethics: Assessing the Nanoscale from an Ethical Point of View, in D. Baird, A. Nordmann & J. Schummer (eds.), *Discovering the Nanoscale*, Amsterdam: IOS Press, 2004, pp. 302 - 311.

尺度的角度提出了纳米伦理学的新颖性，从诸如人类增强、公正、自由、隐私与监控等角度对纳米伦理问题不断探索。

总之，当前国外纳米伦理学的研究内容主要包括两个层次。第一个层次是未来的概念层次，主要包括对纳米人类增强的伦理反思，探讨了人类增强的动力、类型和能否得到伦理辩护。纳米技术的脑—机结合（brain-machine interface）和人机一体化如何确保行动者的行动建立在自主之上而不受技术系统的干涉？第二个层次是现实社会语境层次，主要包括纳米机器人和纳米药物对人的隐私权、社会公正、自主权、监控的影响。在微观的纳米尺度上进行操作的纳米技术在改变人的身体、大脑的过程中带来哪些风险？纳米技术不断微型化和嵌入式的实现如何确保人的基因信息得到应有的保护和不被滥用？人类增强的会聚技术是否会被少数人获得而远离公众的需求，从而加深社会不公正，造成纳米鸿沟？

但是，当前纳米伦理学的研究更多是一种对可能性的研究。具体而言，纳米技术是一个尺度概念，其研究与应用虽然已部分成为现实，但是大部分的应用和发展只是理论上的可能。对纳米技术发展的伦理探讨也是建立在对这种可能性的研究之上的。这种对可能性的伦理研究范式主要体现在对预期和前景的反思以及采取一种后果主义规范的立场，即纳米技术的应用可能导致的伦理后果。这就造成了德国哲学家阿尔弗雷德·诺德曼（Alfred Nordmann）所说的“假如—那么”（if and then）的困境。具体而言，当前纳米伦理研究是超前于科学技术本身的进步与发展的，伦理学家采用的甚至是一种对期待和未来反思的预测性伦理方法（speculative ethics），即假设未来、得出结论并总结相关的伦理问题。①

过于强调预测性和未来性概念分析的纳米伦理学研究是针对纳米技术的后果和可能性而进行探讨的。这种方式一方面容易导致对风险和利益进行功利主义的评估，另一方面也容易导致乌托邦或敌托邦的幻想。但是，这种研究困境并不是说对纳米技术的伦理反思不重要。从根本上

① Alfred Nordmann, If and Then: A Critique of Speculative Nanoethics, *Nanoethics*, Vol. 1, 2007, pp. 31 - 46.

而言，纳米伦理是在新兴技术发展早期对技术进行伦理评估的一种模式。重要的问题是如何寻求一种可行性的伦理框架来评估纳米技术的发展，构建一种公众能够接受和需要接受的纳米伦理研究的框架，从而考量不同主体的需求、期待、意愿和社会伦理规范，反思技术的可接受性，引导纳米技术向负责任的方向发展，而不是在众多可能性中迷失方向。

国外纳米伦理研究对于中国学者认知纳米技术的风险和潜在的伦理问题也具有启发性。相比较而言，纳米伦理研究在国外纳米科学技术的发展中占据重要的地位，而在中国则处于一种被忽视的地位。美国国家纳米科学技术发展计划认为要实现纳米技术的负责任的发展，必须把纳米伦理与社会影响的研究融入科学技术的进程，技术的发展会影响公众的当前与未来生活，因此相关的社会、伦理的反思决定了公众对纳米技术的认知、态度、信任和接受度。美国投入大量资金对纳米伦理进行研究，邀请公众和人文社会工作者共同参与国家纳米科学技术发展计划。中国是世界上较早开展纳米科技研究的国家之一，且在纳米科学研究中处于世界前列。中国成立了国家纳米科学研究中心、苏州纳米研究所，主要致力于纳米技术的科学发展、工程应用和风险。但是，相应的伦理与社会分析相对单薄。中国如何把纳米伦理的研究融入科学技术发展进程中，共同推进人文的反思与科技的发展，以保障纳米科技安全与负责任地发展，从而构建一个负责任发展的科技国家的形象，这是未来需要进一步研究的问题。

（选自《国外社会科学》2016 年第 2 期）

历史学篇

战后美国史学研究的主要流派

［苏］И. 杰缅季耶夫　吴安迪　摘译

第二次世界大战后，美国资产阶级史学研究发展进程经历了两个阶段。在战后第一个十年里，美国史学界是在“冷战”和帝国主义反动势力积极活动的情况下形成的。1950 年 12 月杜鲁门总统给美国历史学会的咨文里提出了统治集团对美国史学家的要求。他写道，美国政策的主要任务是和共产主义做斗争，在这场斗争中“美国史学家的工作有着巨大的意义”。在 20 世纪 50 年代末至 60 年代初开始了美国战后历史的第二阶段。“冷战”政策的破产极明显地证明了世界力量的对比发生了变化。在美国本土上长久以来暗中增长着的矛盾发展成了尖锐的社会危机。在剧烈动荡的 60 年代，一批后来成了“新左派”运动基础的青年，取代了 50 年代的“沉默的一代”。

从 50 年代末到 60 年代，在描绘当代资本主义模式的许多理论当中，突出的一个理论是“工业化社会论”。这一理论极力用“资本主义改革的”可抉择性来对抗资产阶级社会制度革命变革的必然性，它是以阶级矛盾的消失和资产阶级国家的超阶级性为其基础的。战后时期美国思想、政治生活的这些特点，对史学的发展有直接或间接的影响。

历史科学的社会意义的提高及其在思想上和政治上的潜在能力的增强，促进了美国战后历史研究工作的大规模开展。由于拥有大量的科学研究中心，培养了大批职业历史学家，垄断组织（个人基金会）和国家机关给予物质上的支持，所以美国的历史研究工作比西欧各国具有更大规模。在研究工作方面起主导作用的有哈佛大学、哥伦比亚大学、威斯康星大学、加利福尼亚大学、芝加哥大学、康奈尔大学、普林斯顿大学。战后还建立了许多专门研究所，特别重视国际关系和苏联问题的研究。有几十个专门研究所和研究中心根据政府的合同进行工作。目前在美国大约有150个研究中心从事苏联经济、历史和政治的研究，其中约有20个机构专门研究苏联历史。负责这方面领导工作的是哈佛大学的俄国研究中心和哥伦比亚大学的俄国研究所，前者是1948年由卡内基基金会出资组织的，后者是1946年由洛克菲勒基金会出资组织的。1975年开始出版二十五卷本的《俄国历史和苏联历史现代百科全书》。

美国史学家专业组织中最大的组织是美国历史学会（AHA）。学会的机关刊物是《美国历史评论》（*American Historical Review*）。最重要的历史期刊还有：全面研究美国历史的杂志《美国史杂志》（*Journal of American History*），该杂志在1964年以前叫作《密西西比河流域历史评论》（*Mississippi Valley Historical Review*）；研究美国南方史的《南方历史杂志》（*Journal of Southern History*）；研究美国现代史的《现代史杂志》（*Journal of Modern History*）；研究美国早期历史的《威廉和玛丽季刊》（*William and Mary Quarterly*）；研究工人运动史的杂志《工人史》（*Labor History*）；研究黑人历史的《黑人历史杂志》（*Journal of Negro History*）等。

国家档案馆和华盛顿的国会图书馆以及各州历史学会的图书馆是主要的历史文献库。各大学图书馆还各自经常收集一些有关美国史专题方面的原始资料文献。例如，加利福尼亚州斯坦福大学就是唯一以收藏美国历史上早期报刊而闻名的大学，另外胡佛学院收集有现代对外政策史方面的资料。总统个人的档案也很重要，这些档案是历届总统离开白宫后收集在一起的国家文献。近来，“口头档案”（录有近代历史事件参加者和目击者证词的录音带）也极为流行。

战后时期美国资产阶级历史科学在理论准方法论的基本原则方面发生了相当大的变化。20世纪30年代在美国史学界兴起的对古典实证主义的批判，至40年代末50年代初已达到了顶峰。资产阶级史学已转向欧洲的新康德主义和美国实用主义的传统。存在主义和行为主义也在走着同一条路子。他们重复着新康德主义关于自然科学和社会科学在方法论之间存在着原则差别的老调，以及在社会科学方面不能确立普遍规律的主张。1946年出版的由很多著名史学家参加编写的论文集《历史研究中的理论和实践》就反映了这些相对主义观点。

他们以反对“自然主义”和实证主义社会学为幌子，实质上反对把社会的发展理解为自然—历史过程和认识这一过程的可能性的马克思主义历史观。例如C. 比尔德，他在30年代中叶就放弃了实证主义而站在主观主义立场发表意见了。他感叹地说：“历史嘛！不过是一只猫而已，让人抓着尾巴扔到了它很不想去的地方。另一个持不同观点的人用同样的材料可以写出和我观点完全相反的书。”在相对主义思潮高涨的影响下，比较流行的是根据人的感情和情绪来解释历史事件。另一些研究工作者则把历史过程当作是偶然性的堆砌。例如，著名美国史学家O. 汉德林在《美国历史的转折点》一书中力图证明，偶然性（气候、杰出政治活动家的暴卒等等）对美国历史上的重要事件有着决定性的影响。他们宣称，从统治阶级现今的政治利益角度来“重写”历史是很必要的，史学家的社会责任也正体现在这点上。相对主义的历史哲学同反动的政治之间的联系引起许多研究者的反对。但是，资产阶级史学家在摆脱主观主义“困境”的同时，并没有放弃其理论基础。例如，D. 马林在批判相对主义—现在主义原则时，主张不要任何方法论，并宣扬历史科学可以“独立”于政治斗争之外。为了摆脱怀疑一切的态度，史学家除了回到传统的“纯事实”概念外别无出路。因此有人提倡兰克的个体研究方法。他们认为，真理就在资料里，为了发现真理不需要理论，只要有技术，即评价资料的技术就足够了。结果是研究狭窄的和局部问题的著作越来越多。对历史事实的描述代替了对历史事件内部联系的解释和分析。

英国史学家A. 汤因比提出的社会发展“循环论”在美国也甚为流行。P. 萨罗金的“文化超级体系”产生和衰落的哲学—历史图式就是受这种理论影响的。他们认为确定某一社会现象和过程的进步或反动是不可能的。美国社会学家H. 巴恩斯认为，“社会变化”这个概念比“历史进步”更为“贴切”（relevent），因为这样就不需要去评价这种变化是进步的或是反动的。

第二次世界大战后，史学界的“经济主义（进步主义）派”衰落了。L. 赫克尔（战前曾是“经济主义派”的信徒）公开声明对“经济主义”完全失望，他认为经济主义“对政治进行唯物主义的解释是站不住脚的。那是马克思主义的分析”。C. 比尔德由于放弃了用经济变化来说明历史，而使他越来越远离了对历史发展现实规律性的认识。

战后头十年，史学界最流行的是“一致论”（consensus）。这一理论认为，在整个历史道路上，在社会政治制度的基本问题上，美国社会是一致的，不存在任何社会政治性的重大冲突。“利害一致论”对美国历史分析的方法同“进步主义”不同。在对事件的分析上，心理动机论代替了经济决定论。否认革命传统和社会主义传统，认为在美国从来没有过“欧洲意义上的阶级斗争”。

60 年代发生的严重社会危机明显地表明了历史的传统教条和现实生活的不相适应。著名的美国社会学家 C. W. 米尔斯曾写道，现在主义使普通读者对历史产生这样的印象，似乎“历史实际上是胡说八道，是为了满足当代政治家的需要而编造出来的以历史为题材的惩恶劝善的神话”。很多资产阶级研究工作者认为，对史学理论体系的许多方面都应重新评价。

资产阶级史学的思想政治基础的危机也对史学的方法论产生了影响。战后成为资产阶级史学主要理论支柱的新康德主义方法论早就受到了批判。到了 60 年代，这一批判获得了新的刺激因素。自然科学惊人的发展和与历史科学有关的边缘科学（如语言学、经验社会学）所取得的成就，也削弱了新康德主义认识论的基础。史学家们越来越感到缺乏一套完整的理论来解释已积累起来的事实材料和总结历史经验。在 60 年代持续不断的争论中，方法论问题一次又一次地被提了出来。

然而，不少美国史学家仍旧采用描写方法，不赞成使历史学和其他科学接近。但也有相当一部分人主张在一定界限之内要接近其他社会科学。采用与历史相近的边缘学科的研究方法来改进历史研究的技术，常常能获得有效的成果。广泛采用的方法还有跨学科的综合研究法，即从经济学、社会学、心理学、地理学等等方面来研究历史过程的方法，还创办了一本《边缘历史学》杂志。还有少数资产阶级史学家依靠其他科学的逻辑—技术方法，去解决历史材料的综合问题，把逻辑—技术方法作为历史研究的方法论。此外还有采用数量数学方法的“计量历史学派”。

上述的几种思想政治倾向和方法论原则是形成美国战后史学主要流派的基础。在“一致论”的范围内形成了美国史学界有影响的两个流派——新保守主义派和新自由主义派。

新保守主义派主张重新研究美国全部历史，但他们把主要的注意力放在早期阶段，即殖民阶段和独立战争阶段的历史。代表人物有 D. 布斯廷、R. 布朗和 L. 哈茨。这一派在研究中采用比较法和文化—历史法。他们的著作力求证明美国人民的统一性，美国历史的无冲突性和连续性。他们否定独立战争的革命性质，阉割其社会内容。新保守主义派对 1861—1865 年国内战争史的研究方法也颇有代表性。30 年代中期 J. 兰德尔、E. 克雷文就否定发生国内战争的必然性。战后，这种论点又有了新的支持者，他们根本不去分析当时南方和北方在社会经济方面的矛盾，而把雇佣制和奴隶制的斗争归结为宪法范围内的争论，是道德、伦理和思想意识方面的冲突。他们力图论证进化的发展必然导致和平废除奴隶制，说什么国内战争制造出的问题比解决的问题还多。

新保守主义派中还包括 20 年代出现的“商业学派”。这个学派的中心是商业史学会以及设在哈佛大学的商业史教研室。该学派最早是研究垄断组织内部的组织工作、财政业务、商品储存和销售的历史，后来又转为研究托拉斯创始人、“工业巨头”的生平。第二次世界大战后，这一派人数大增。该学派的创建人曾把反对社会主义思想作为自己的主要任务，现在则力图从垄断资本的立场来重新看待整个美国历史，并且把大规模的商业活动看作是国家经济发展的动力。

新自由主义派的史学家也是反对“进步主义派”的，但他们不同于新保守主义派的地方在于，他们不否定在美国有自由思想和保守思想的斗争，有时也承认有社会矛盾。他们把自由主义改革传统看作是历史发展的动力。

新自由主义派最有影响的人物是史学家 R. 霍夫施塔特。反映他的改良主义历史观点的作品有：早期著作《美国政治传统》（1948）和《改革的时代》（1955），稍后的著作有《美国生活中的反唯理论》（1963）。他对各社会集团的社会心理方面所做的观察是很有意义的。他认为，历史过程首先应被看作是一系列的政治变化，这些变化取决于“心理气氛”（即社会上流行的情绪、意见、情感等）的变化。他确信人们的行动一般来说并不受“物质利益的因素或者拥有权力的欲望”所左右。说实际利益是推动力，不如说偏见、恐惧和仇恨是推动力更恰当。

新自由主义派的另一个主要代表人物是 A. M. 施莱辛格。他的学术活动是和政治活动紧密联系在一起的，他曾积极参与制定“新边疆”政策，并且是 J. 肯尼迪的专职助手。他认为，总的来说理想社会是不可能达到的，企图用激进主义办法来解决所有折磨人类的矛盾问题是徒劳的，应当沿着局部改善的途径慢慢走下去。因此，施莱辛格所描绘的美国历史的图景乃是自由主义改良时期和保守主义时期的循环交替。他研究的领域主要是“新政”史，写过一部巨著《罗斯福时代》。因为，引起 30 年代社会冲突和改革的问题和当代的现实是相似的，所以，从 50 年代起，论述“新政”的著作特别多，尤其是在海德公园罗斯福图书馆（那里保存着这位已故总统的文献档案）开放以后。他在另一本著作《一千日》中，非常细致地分析了 J. 肯尼迪的许多社会、政治措施，他把肯尼迪看作是罗斯福精神的直接继承人。

美国工人运动史是新自由主义派研究的特殊领域。战后美国社会斗争的整个进程在很大程度上抵消了威斯康星学派“纯”工联主义和“实干”工联主义思想的影响。战后，除 F. 塔夫脱等几人仍坚持旧观点外，其他如 W. 卡林逊、I. 贝恩斯坦、S. 李普赛特等新自由主义派史学家则力图使威斯康星学派的思想适应现代需要。这一派的主要中心是康奈尔大学和加利福尼亚大学，前者最注重研究劳动关系和政府对工人的政策，后者比较注意工人运动史本身。这一派的史学家都把国家看成是凌驾于阶级之上的、可以解决各种经济矛盾和社会矛盾的仲裁人。他们提出了“社会工联主义”观点，它和“实干工联主义”的区别是：后者提倡在经济互利的前提下，工会和企业主合作，而“社会工联主义”则从更广泛的角度去研究劳资合作。他们认为工会有利于巩固资本主义制度，因此，它应当与资产阶级政党和国家机构在内外政策方面合作，不仅在经济领域，而且要在社会生活的一切领域里积极发挥作用。

60—70 年代出现了许多新的流派和史学观点，若干老的流派（如“经济主义”派）又东山再起。现实生活中的尖锐冲突也促使不少严肃的学者从根本上改变了从前的看法。他们在美国经济史、社会政治史、工人运动史、黑人运动史、反帝运动史等方面的研究，都有重大变化。

在独立战争研究方面，M. 詹森在 50 年代还一直捍卫的“经济主义”派传统，现在由他的学生加以发展了。他们把革命前社会上差别很大的许多事实和“下层阶级”对社会不平等的反抗，也列为学术研究的内容。有影响的 B. 贝林学派不同意传统的保守主义观点，这个学派强调独立战争进程中美国政治思想气候的变化，并承认这场战争在思想领域中的革命作用。许多资产阶级史学家还把独立战争简单地说成是思想和政治斗争，他们试图把这次战争说成是一直“延续到今天的革命”，是摆脱了殖民桎梏国家的“最好的楷模”。

对南北战争和黑人解放斗争史的研究也有不少变化。60 年代激进主义争取民权运动的兴起，就是一个明显的例子。黑人历史和生活研究学会扩大了活动。J. 富兰克林、C. 韦斯里及其他许多史学家继续着 40—50 年代跟新保守主义斗争时的传统，致力于再现战前南方残酷的奴隶制度的实际情景。他们还不断再版 W. 杜波依斯的历史著作。在菲斯克大学和哈佛大学等一系列大学出现了许多旨在推动美国黑人史研究的学术机构。他们对美国黑人问题采取激进主义态度，并激烈地抨击种族主义。许多南方籍史学家也对给奴隶制辩护的观点进行了批判。

60 年代有更多的机构专门从事工人运动史的研究。这一时期成立了若干新的研究中心（底特律大学、宾夕法尼亚大学、亚特兰大大学），开始较有目的和有系统地利用档案文献，研究方法也更加多样化。还有一批史学家（如 S. 西恩斯特朗、H. 古特曼、D. 蒙特戈麦里等）和威斯康星学派决裂，另组了一个被称为“新潮派”的流派。这一派放弃了制度主义以后，正从社会、文化史方面来寻求研究普通工人生活和劳动的新方法。研究选题也很广泛，这一点从《工人史》杂志上可以看出。

60 年代初，许多史学家，特别是年轻的一代，开始采用跨学科方法和数学方法研究史料。许多史学家在通过数量分析来运用跨学科方法时，力图克服现在主义和“杰出人物统治论”的有害影响。他们扩大了运用史料的范围，希望找到一条认识广大群众生活的途径，并在自己身后不留下有个人特点的材料。培养数量分析专家的主要学术机构有匹兹堡经济史研究中心、宾夕法尼亚大学、芝加哥大学、斯坦福大学和密歇根大学。至 1974 年初，密歇根大学所属的大学政治研究联合会档案库中已搜集了译成电码的有关调查统计和选举等方面的情报卡片近 1100 万张。

“新政治史”派是运用数量方法的一个流派。这一派着重分析研究立法、司法机构的表决，也研究民间的表决。分析国会的表决有助于说明国家机构中各政党的立场。分析竞选运动有助于理解美国各党派、政治机构的活动。但是，这一派只局限于用行为主义模式来分析竞选集团的“政治行为”，而不去理会这些集团所属的阶级。

运用这一方法的另一流派是“新社会史”派。这一派着重研究不同社会集团的人种学和人口学结构，以及人口的流动。

经济史是比较适合广泛地运用数学方法的领域。新方法可以根据零散的资料，构成某些历史现象的模式，其中缺少的环节可以根据逻辑联系和类似资料的对比加进去。但是，运用这一方法的障碍在于缺乏科学的方法论。许多史学家（如有影响的“计量历史学”派）认为数量分析不是研究技术，而是史学的方法论。R. 伏格尔、D. 诺尔特等人认为这一方法普遍适用，可以创建一门新的“数学历史学”，它可以建立在纯逻辑之上，不受哲学的约束。W. 罗斯托的“经济增长”论对“计量历史学”的形成有直接影响，它特别强调数量分析，而排斥对社会结构、阶级关系等范畴的分析。因此，他们的研究结论往往不大受人欢迎，甚至一些历史学家后来就不再采用这种方法了。

50 年代下半期，激进派历史学家特别积极地宣传自己的观点，他们在理论上和方法论上反映了“新左派”的实证论观点。但他们特别注重历史事件的经济内幕，对上流社会的传统史学观念持否定态度，力求阐明人民大众在历史上的作用。他们还提出更广泛地利用“口头历史”。这一派突出的代表人物是芝加哥罗斯福大学教授 J. 列米施。其他如 G. 科尔科、J. 维因斯坦等也是较为著名的“新左派”史学家。现在，“新左派”运动“叱咤风云”的时期已经过去，这一流派在史学研究中已经不再占据主要地位了，但他们的工作还是对后来的研究留下了影响。

美国的马克思主义史学家队伍暂时还比较小，发表的著作也不多。但是，研究美国历史重大问题的马克思主义著作数量还是显著增加了。其中，W. Z. 福斯特的著作占主要地位。他依据美国进步史学家的已有成就，在批判地重新认识资产阶级历史文献的基础上，对美国工人运动和民主运动有不少论述。《美国共产党史》《美国政治史纲》《美国历史中的黑人》及其他一系列著作都是出自他的笔下。他把历史看作是此起彼伏的阶级斗争。他指出，美国的社会对抗随着帝国主义时代的到来而变得更加尖锐了。

V. 佩尔洛的两部著作（《美国帝国主义》和《金融巨头的帝国》）描述了垄断增长的状况，指出垄断在美国经济军国主义化方面的作用。

P. S. 伏纳在研究美国工人运动史方面作出了巨大贡献，他的著作《美国工人运动史》连资产阶级史学家也承认具有很高的学术水平。他还为出版反对奴隶制的杰出战士 F. 道格拉斯的文章、演说词和信件做了大量工作。

H. 阿普特克在战后写了《美国黑人奴隶起义：1526—1860 年》、《走向自由：美国黑人历史研究》、《论黑人自由》、《N. 特纳领导的奴隶起义》、四卷本的《美国黑人历史文献》、《美国人民史》等。

美国史学研究在战后初期，其政治倾向主要表现在为官方纲领辩护上。后来由于国内外形势的改变，史学界也发生了不少重大变化，出现了各种流派和观点，对某些传统的史学观点更多地采取了批判态度，一些新的研究方法也发展起来了。

（选自《国外社会科学》1979 年第 1 期）

二十世纪的历史学与社会科学

[美] L. 斯通* 杨 豫 摘译

历史学的演变

16 世纪至 19 世纪，历史学作为研究、著述和教育领域日益普及。吉齐亚迪尼、拉雷、克拉兰敦、吉本、伏尔泰和麦考莱等历史学家的前所未有的脍炙人口的不朽叙事史著作，是这个时期上层文化不可缺少的成分。19 世纪 50 年代，历史学结束了业余作家的长期垄断时期，却尚未完成它的专业化过程，只是开始有了明确的性质和研究范围。1848 年，牛津大学史学教授 H. 沃恩指出，历史学家应当解决的关键问题是“揭示社会背景下的决定性变革”。沃恩对历史学所做的广义解释包含了今天“新史学”中的人口史、社会史和文化史的范围，超越了民族国家政治演变的界限，包括了范围广泛的社会和文化现象。

1870—1930 年，历史学发展为独立的专门学科。大学设立独立的历史系和博士学位，成立历史学职业协会。在资产阶级自由民族主义的影响下，历史学的研究对象规定为民族国家行政和法制的演进以及这些国家之间的外交关系和军事关系。到 1900 年，历史学的课题、方法和资料已臻完备，这一发展的丰碑则是多卷本的《剑桥近代史》。然而，历史学的长足进步是付出了昂贵代价的。沃恩等人提出的范围广泛的研究对象

---

* Lawrence Stone，美国普林斯顿大学历史学教授。本文是他的论文集《过去和现在》（波士顿 1981 年版）中的第一篇。——译者注

受到严格的限制。历史主义取得了胜利，它严格地限定，揭示真理只能忠实地在档案中搜集事实，历史学是客观的。

其结果是利弊参半。它把叙事式的政治史发展到成熟的地步，以档案研究为坚实基础，以学术性为最高标准，从而描绘出西方主要国家过去一千年来政治、军事、宪政和外交等方面进化的轮廓。但是，历史学提出的问题和使用的方法无疑十分狭窄。到 20 世纪初，第二代历史学家分成了两类。绝大多数属第一类，他们满足于探讨 1900 年以前提出的问题，即尽量详细地叙述孤立事件，尤其是政治事件，却不把这些事件与其他事件相联系，或赋予它们更丰富的意义。学术组织发行的刊物，如《美国历史评论》、《英国历史评论》和法国的《历史杂志》从 20 年代到 50 年代只发表少数专家的观点。还有一些更专门的杂志，如《法国革命历史年鉴》，兴趣范围更其狭窄。历史学家不再以公众为读者，只在人数很少的同行中进行对话。

社会学家和读者们都批评这类历史学家仅注意僵死的事实，而偏废一切理论；谴责他们以天真的态度看待历史的客观性；谴责他们一有可能就低估物质经济条件的重要性；批评他们从不认真考虑社会结构和社会流动的意义和功能，只满足于对政治作肤浅的分析而不探究其内在的力量；谴责他们只关注少数上层人物的活动而忽视下层群众。

第二类人数很少的历史学家偏激地反对上述狭隘的实证主义，却走向了另一个极端，成为宏观论者。例如，O. 施本格勒和汤因比梦想建立人类进化的全球模式。与此同时，社会科学家也分裂为相似的两类——实证主义者和模式创立者。前者说："我们不知道我们的发现有什么特别意义，但至少是真实的。"后者则说："我们不知道我们的观点是否真实，但至少是有意义的。"

不幸的是，这两类社会科学家都对历史证据和方法既不感兴趣又不予以尊重。他们拒不承认历史与他们的工作有关，藐视历史学对一系列事件的定性描述。他们认为，实证主义的特殊论无法进行模式比较，也不可能发展为一般概念。他们还认为旧的历史方法不可能科学地提供可靠的证据。结果，政治学家、人类学家、心理学家和其他社会科学家普遍产生对历史方法的怀疑。经济学家和社会学家，除熊彼特和维贝尔等少数例外，都否认历史学与他们有关。尤其是社会学家，故意用晦涩、夸张、反复、空洞和无意义的语言或过分复杂的代数公式等反文字形式以示与历史学家的区别。这些弊病在美国的社会学中最为突出。除了默顿和米勒等少数例外，许多人类学家像是在写天书。美国影响最大的社会学家帕森斯的文章除了专家外恐怕谁都莫明其妙。这种风气目前有蔓延到法国和意大利的迹象。

从1870年至1930年这段时间内，历史学和社会科学的趋势是两者分道扬镳，相距越来越远。历史学日益狭隘和内向，社会科学则愈益远离历史学。结果，对人类过去和现状的研究被分割为由学科界线划分的范围有限的和支离破碎的领域。这种分割的缺陷是显而易见的。在正常情况下，要解决人类的任何真正问题是按人为的学科界线分割的任何一个部门甚至几个部门所不能胜任的。历史学家孤立于从更为广泛的人类经验中产生的新学科之外。社会科学家则往往迷恋于实证主义的数量方法，把它盲目地应用于细枝末节的问题，或迷恋于庞大的宏观理论，使自己囿于一隅。默顿等有历史头脑的社会学家呼吁历史学家和社会科学家携手合作，共同解决某些范围内的问题，但基本上未有反响。

1930年前后，历史学的潮流开始变化。"新""旧"历史学家展开了历时30多年的论战，尤以法国最为激烈，也波及历史研究的另外两个中心——英国和美国。1929年，几乎同时在法国和英国创刊的《历史年鉴：经济与社会》和《经济史评论》揭开了旷日持久而激烈的论战序幕。从L. 费弗尔的著作《为历史学而战》开始到1960年，具有社会科学倾向的"新历史学派"终于取得了才华横溢的年青一代历史学家的支持而获得成功。到1976年，新历史学派在法国，并在一定程度上在美国已成为操纵学术界的权威，并且最终渗透进法国的索邦大学和美国的哈佛大学那样的正统派的堡垒。这个运动在美国的胜利表现为60年代大量期刊的涌现，如《社会与历史比较研究》《多学科历史杂志》《社会史杂志》《计算机与人文科学》《历史方法通讯》《童年史季刊》《心理史杂志》《家庭史》等。

与此同时，社会科学也出现转向历史学的趋势。其明显的标志是德国伟大历史社会学家维贝尔的大量著作在50年代和60年代第一次译成英语。经济学虽然仅仅是为了收集更为具体的证据以验证他们的理论，但也对历史学发生了新的兴趣。结果，在不同的国家以不同形式出现的经济史产生了不同的后果。最为突出的是法国的 H. 瑟埃和 E. 拉布鲁斯，他们用收集到的价格、工资、货币、地租、人均产量、投资和海外贸易等各种经济变量的数据重新解释重大历史问题。

历史学家对社会科学发生兴趣并热切希望社会科学家转向历史学在 60 年代末形成高潮。这表现为《美国历史评论》和法国《历史杂志》明显地受到社会科学的影响（只有《英国历史评论》依然故我）以及法国年鉴学派对美国史学界的渗透。从美国正在出版的书目中可以发现，这些著作的研究对象是被压迫者和下层民众，如奴隶、穷人和妇女。作者运用借自社会学、人类学和心理学等社会科学的理论和方法来解决社会结构和社流动、家庭与性别、犯罪与异动、民间文化与巫术等问题。1966 年，美国《时代文学》副刊用了整整三期的篇幅刊载文章讨论“历史学的新途径”。E. 希尔乐观地写道：“我第一次看到美国出现了历史学与社会科学合流的迹象。学者们不再认为把自己囿于各自的学术界线内是合理的，历史学家开始摆脱历史主义的束缚。我们目前所能见其端倪的结果将是学术上的比较社会科学和比较历史学。这是真正的‘人类科学’的开端。”

社会科学的影响

社会科学对这个新动向的贡献首先在于它迫使历史学家明确无误地准确表述尚未表述的甚至确实尚未意识到的设想和假定。历史学家被告知，他们没有这种设想和假定的说法是欺人之谈。人类思想在“未成型之前”毕竟是“模糊和直觉的”，是“半隐半现的”。社会科学家要求把它们展现出来，形成观点。

其次，社会科学要求精确地限定史学术语。历史学家一直在使用十分含糊的概念。第二次世界大战以来英国史学界的两次长期论战：关于 16 世纪和 17 世纪初乡绅的兴起或衰落及其与英国革命的关系和 18 世纪末 19 世纪初工人阶级生活状况的论战，在很大程度上是由于争论各方未充分明确地限定他们使用的术语而引起的。历时 20 多年的法国革命的社会起源的大论战也如此。

社会科学的第三个贡献就是提炼了有助于限定问题和争论的研究方

法，尤其是要求进行时间和空间的比较，从而区别个别和一般。它们要求使用科学的系统抽样技术，避免从孤立的事例中引出错误的结论。

第四个重大贡献是方法论，即用可能获得的大量数据资料验证已被普遍接受的假设和表述。定量方法如果使用得当当然比旧历史定性方法优越。首先，它利用可以检验的数据在符合逻辑的科学基础上而不是靠对各自有利而任意摘录的资料来作出证实和否定。其次，它具有强大的否定能力，往往能够完全推翻只是建立在文字史料基础上的或由于民族和个人偏见造成的错误观点。再次，它能准确表达历史学家使用的“更多”“更少”“更大”“更小”“愈益增多”“愈益减少”等惯用字眼的含义。最后，它有助于历史学家澄清自己的观点。努力用数学方式表达思想能有效地帮助弄清尚不明确的观点。但是同时也要看到，定量方法也是回避思想的手段，它在历史学中正在造成越来越严重的危险和倒退。

社会科学的第五个贡献是提供了需要用历史证据去检验的各种理论和观点。

历史学家对任何一门社会科学应持的态度是：不要为它们神秘的辞藻、高深的理论概括和复杂的代数公式所吓倒。历史学家最好是选择立竿见影的能直接应用的公式、模式、假设、规范和方法，又不要把它们当作绝对真理，更不要畏惧使用复杂的方法，尤其是数量方法。事实上，尽可能使用这一切常识，定能弥补自己技术上的无知。

坦率地说，这是一个充满危险的过程。每一门学科的边缘都在迅速变动。来自另一个学科的匆匆过客往往容易拾起他人所抛弃的思想和方法。无视社会科学的贡献无疑是致命的，但是要想掌握全部社会科学，甚至只掌握其中一门也是不可能的。由于研究人类的学科日益增多和专门化，历史学家能够涉猎一下已是极高的奢望了。但是，历史学家应当有勇气向这些学科进发，同时也不要忘记自己相对无知的局限性，这种无知是知识爆炸和知识划分为泾渭分明的专业化学科的必然结果。

新历史学

在过去 40 年的动荡中脱颖而出的“新历史学”的特征在于，第一，它用新的分析法而不是旧的叙事法组织材料。25 年以来出版的历史著作几乎全是分析式的。第二，它提出了新问题，如事情为什么按其方式发生，不再提出一些关于“什么”或“如何”的旧问题。

第三，它注意到了关于过去的人类与社会的关系中三个新领域。(1)人类生存的物质基础，如人口极限、技术水平、经济的生产方式和分配方式、资本积累、经济增长等。(2)社会历史学对民族国家中一切机构的成分、组织及其功能的研究，包括社会教育机构、社会管理机构、劳务机构、地方行政机构、文化娱乐机构等。此外，还对社会过程予以关注，如社会集团其中的个别人在社会、地理、职业等方面的流动；财产、权力和地位分配模式的变化；政治运动和思想意识的社会根源等。(3)新型的文化—社会史集中研究印刷品、禁书等思想交流方式的变化；上层文化的社会政治背景；上层文化与民间文化之间的可逆性交流。其中对半文盲群众文化的研究，不仅是劳工史的重要组成部分，而且它本身已成为独立的研究领域。

第四，新历史学确定了新型的研究对象，即不再是至今充斥历史著作的只占人类2%的上层人物，而是广大群众。新历史学付出了极大的努力与只研究政治和宗教权力的世袭继承者、财富的垄断者和上层文化的独占者的旧历史传统决裂。在过去的几十年中，只注意帝王将相、贵族与主教的倾向已有很大转变。研究群众历史的著作尽管篇幅不大，却寓意深刻，如E. 吉诺维斯论美国奴隶的著作，E. 汤普森和E. 霍布斯鲍姆论英国工人阶级的著作，M. 布洛赫、G. 列费弗尔、G. 杜比、P. 库珀和R. 拉杜里（Roy Ladurie）论法国农民的著作都是公认的经典著作。困难的是99%的人类没有留下自己过去的思想、感情、价值观念和世界观的文字记载。人类学和社会学鼓舞了这方面的研究，但是研究技术却靠有献身精神的历史学家去发展，他们被迫去发掘新型史料。

“新历史学”研究中至少有六个领域正在从原始状态迅速进入英雄时代。其一是科学史，包括少数天才人物之间思想交换的内史和反映社会文化的外史。T. 库恩的科学范型及其变化的概念以及默顿的科学社会学著作使这个领域产生了飞跃。其二是人口史。人口学家承认人口规模、人口增长和年龄构成对20世纪人类生活的许多方面起了重要作用，从而开始对过去的人口资料进行研究。特别是教区纪录等人口普查材料的丰富果实迟至今日才开始收获。其三是社会变革史。这是对个人与其周围的社会之间的相互关系的研究，包括识别社会集团和社会阶级，分析社会机构、社会结构、价值观念、个人和集团的社会流动模式。其四是群众精神（mentalités）文化史。在这方面，关于16世纪和17世纪，有R. 曼德鲁论民间信仰，N. 戴维斯论礼仪和节庆，K. 托马斯论巫术，E. 埃森斯坦论印刷术和活字发明的作用等著作。关于18世纪，有M. 沃维尔对基督教衰落的研究，R. 达恩顿对下层启蒙主义文化的传播的研究。关于19世纪，有英国的E. 汤普森和法国的M. 阿古隆以及R. 梯利对正在形成的工人阶级的政治文化的研究。其五是城市史。它还是一个正在探索方向的学科，包括对城市中一切事物的研究。它正在用数量方法对城市地理和生态、城市宗教和社会观念、城市社会学和人口学，城市政治和行政管理进行研究。最后一个领域是正处在探索阶段的家庭史，包括对人口控制、亲属关系、家庭与家产结构、结婚方式和仪式及其经济社会因果关系、性别作用在各个时期的变化、对性关系的态度与实际状况的变化、维系夫妻、父母和儿女之间关系的因素的变化等与家庭生活有关的各种问题。

此外，至少还有三个研究领域正在发展。新型的政治史尽管前途无量，但目前正处于试验阶段。它利用计算机和唱名分析法研究民众投票行为与社会文化背景变化之间的关系。心理史研究包括两个分支。一是对个别人的研究，探索过去的政治领袖和知识分子在婴孩和少年时期的经历对心理成长和行为的影响，尤其注重于他们一生中的空白时期。二是对社会集团的心理研究。这方面最有影响的著作是P. 爱莉斯的《童年世纪：家庭生活社会史》（1962年）和S. 埃尔金斯的《奴隶制：美国的机构和知识生活研究》（1968年）。但是，心理史的研究正沿教条的非历史的道路发展，完全不顾以历史为基础的文化条件的影响。

经济史正处在飞跃阶段。它在1910—1950年期间度过了幼年时期。那个时期的杰出学者，如美国的F. 莱恩、T. 科克伦、J. 内夫，英国的波斯坦、J. 克拉彭（Clapham）、T. 艾什顿（Ashton），法国的M. 布洛赫、H. 瑟埃，或者去世，或者退休。当前一代经济史学家的主要任务是付诸行动，填补空白，修正简单化的结论，清扫自己的领域。尤其是美国中西部的“新经济史”派正在应用经济模式和纯经济学的先进数学理论推动经济史的发展。

为了解决这些新领域的各种问题，历史学家采用了一些新方法，而这些方法全都来自社会科学。方法之一是集体传记法（Proposopography）。它主要用于社会史的研究，包括对历史上某一社会集团中的人物的一生进行集体研究，如他们的出生和死亡、婚姻与家庭、经济地位和社会地位的继承、居住地点、教育程度、财产和收入的主要来源、职业经历和宗教信仰等，从而寻找他们共同的背景特征，并依此解决政治行为的社会根源以及社会结构与社会流动等问题。

第二种重要方法是地方史研究。通过对乡村、省、群的深入研究来说明历史变化中的更广泛的问题。这方面的主要成果出在法国，如库珀和拉迪里对各省的研究著作，P. 德荣对城市的研究著作，M. 塞加朗和G. 布夏尔对村庄的研究著作。美国的P. 格雷文、J. 德莫斯、K. 洛克里奇使用同样方法使新英格兰殖民史研究发生了重大变化。以莱斯特为中心的地方史学派，尤其是W. 霍斯金斯和J. 瑟克斯（Thirks）的著作大大丰富了英国史学。

“新历史学分派”从社会科学中借取各种技术，如数量方法、意识理论模式、明确定义和术语等等，其中运用最广并成为主要手段的是计算机技术。1960年前后，历史学家突然开始使用计算机。计算机的应用在历史研究中的潜在作用和现实作用经过长期实践已被历史学家所充分认识。但是，用计算机处理数据，必须输入规定的（往往是人为的）范畴，而且事先必须对问题作明确的合乎逻辑的组织。计算机拒绝任何含糊的概念，而事先对数据作精确的范畴处理往往费时太多。

因此，总的说来，计算机技术可以扩大抽样范围，处理复杂的变量关系，但是它不但没有加快反而减缓了研究速度。

历史学与社会科学的前景

40年来，吸取了社会科学营养的新历史学使历史研究返老还童，获得了新的生命力。这一时期与第一次世界大战以前的40年构成了历史学最有成果、最有创造力的时期。

但是，历史学的前景未可乐观。因为新历史学运动已经表现出妄自尊大的迹象。他们为自己的胜利冲昏了头脑，过分夸大他们的成功，对传统史学的对象和方法给予不应有的蔑视。这种态度不可避免地产生新旧史学之间的冲突，招致两败俱伤。新历史学缺乏谦逊的态度明显表现在美法著名历史学家的著作中。1971 年，D. 兰德斯和 C. 梯利（Tilly）的论文集《作为自然科学的历史》以及 1974 年 P. 肖努（Chaunu）的著作《历史、社会科学：现代的时间、空间和人类》提出，历史是不折不扣的社会科学。但是反对者认为，“历史学首先是有背景的学科”，它的对象是特定时间和特定地点下的特定问题和特定的人物。决不能为了使资料与社会科学的模式相结合而把历史背景弃之不顾。

实际上，在目前这个奇怪的时期，历史学已远远走在社会科学前面，为它们的先导，因为几乎一切社会科学都陷入了严重的危机，都在内部重新估价各自的科学性。历史学一直受到社会科学的诱惑，以为它们也是科学的。现在的问题，不是历史学与社会科学结合，而是与它们脱离。此外，既然一切社会科学都处于动荡和改组的过程中，那么谁也无法预卜它们的未来。社会学家，如维贝尔和默顿等，曾为历史学家提供帮助。但是他们现在已经退缩到数量研究方法和抽象的功能主义理论中去了，而这两者都无益于史学研究。目前，人口学、符号人类学和社会人类学对历史学有着最大的影响。今后 10 年，社会心理学也许能为历史学提供最多的帮助。在学科界线不断变动的时期，最能对历史学产生影响的学科也在不断变化，历史学家不得不长期地注视社会科学的新动向和新思想。我们目前也许正处在一个新的巨大进步前进行重新估价的过渡阶段。

但是有理由认为，具有社会科学倾向的历史学家至少面临三方面的危险。首先是过分盲目地应用数量方法去解决一切问题。夸大数量方法的潜力并把它作为最终手段是再容易不过的。但是历史学家急不可待地应用数量方法产生了错误的结论。况且，数量方法的运用本身也有严重缺陷。这充分地表现在 R. 福格尔和 S. 恩格曼的著作《苦难时期：美国黑奴经济学》中。这部著作产生的错误结论说明，数量方法无论多么成熟都不可能弥补解释错误的有缺陷的资料。这就是计算机专家们所说的 GIGO 效应（“输入废物，输出废物”）。而 20 世纪中叶以前的一切统计资料多少是不准确、不完全的。对此，历史学家只能用其他方法处理。其次，数量方法企图用科学方法处理资料并不能提高一个多世纪来历史学家含辛茹苦所达到的学术水平。再次，数量方法的最严重缺陷是迷恋数量方法的一部分历史学家忽视或否定非数量形式的一切证据的倾向。实际上，只有将统计资料和文字资料以及各种可能获得的资料结合在一起才能得出正确的结论。在证明某个重要的历史观点时，只有采用尽可能广泛的史料，包括统计数据、当代人的评述、法律文体、私人日记和通信、公开演说、道德和宗教方面的记载、生动的文学著作、艺术作品、习俗和礼仪等等，才能使人信服。

另一个更大的危险是研究规模问题。1960 年首次应用计算机正是计算机技术迅速发展的时期。这种与传统的研究方式不同而酷似现代实验室的研究方式通常是在某个教授的指导下集中一个研究组和大量的设备。但是，这种研究方法存在严重的问题。首先，耗费巨大资金和人力的研究结果，其可靠性依然取决于指导者一开始收集的资料的可靠性。如果一开始就忽视了某些资料，待到发觉时就为时已晚、无法弥补了。此外，它必须依赖原始资料的准确性和完整性，然而大量的资料是不完整的。由此引出的问题是，在某个研究项目上集中如此大量的经费和人力是否明智？如果将这笔经费分散给许多独立工作的学者，其成果是否会更大？

更危险的是，它还包含了自我否定的因素。许多新毕业的学生愈益相信只有用数量方法处理课题才是有价值的。这种态度必将使历史学回到“新历史学”早年力图摆脱的学术狭隘性中去。芝加哥、哈佛和罗契斯特等大学已明显地表现出历史系的学生是按两种完全不同的方案训练的。一部分学生受到传统史学方法的指导，阅读主要研究领域的主要著作，了解广义的历史概念，实习处理原始史料的方法。另一部分学生则付出大量的时间去掌握统计方法，建立模式等复杂的社会科学专门知识，因而无法获取广泛的历史知识和智慧，不熟悉作为历史学家必须具备的处理原始史料的方法。进行这样的专门训练虽然有充分的理由，然而这将是两类迥然异趣的历史学家分裂的起点。如果要维持历史学作为人类的集体事业的状况，必须防止这种方法论的分裂。

新历史学面临的第三个危险是惯于用线性因果关系的等级结构解释历史。这是法国当代学者的特征。他们的教条认为存在三个层次的彼此独立的解释：第一层是下部基础，即构成某个历史阶段原动力的经济和地理因素；第二层是政治组织和政权结构；第三层是上层建筑，即信仰、精神和文化体系。严格地说，这种结构有可能窒息想象力丰富的历史探索。事实上，它否定了对含糊的、目的不甚明确的历史过程作出解释的可能性。反对这种体系的历史学家将它斥为不顾时间和空间，用所谓业经验证的科学规律和科学方法把对人类的研究和对变革的解释降低为简单的机械的决定论。

对于历史学家来说，当务之急应当是重新强调具体的和特殊的历史环境的限制，强调总的理论模式与历史过程的关系，应当反对为数量方法而使用数量方法，应当对耗资过大的大型合作研究项目抱怀疑态度，应当注重史料考证的可靠性及其特殊重要性，应当认识到定量资料和定性资料的相互结合才是研究奇怪的、不可预测的、不合乎理性的人类的唯一可靠的方法。同时，新历史学派对于他们在难度极大的学科中的发现是否可靠也应当表现出谦逊的态度。如果能做到上述各点，便能避免史学领域，特别是美国史学界的分裂。当前的种种迹象表明，对于新的教条主义理论和新的经院哲学需要予以警惕。

（选自《国外社会科学》1983 年第 9 期）

当代史学研究方法的变革与趋势

荣颂安

第二次世界大战后，随着实证主义史学的衰落和“新史学”的崛起，史学研究方法发生了重大的变革。传统史学方法正在失去其过去的统治地位，各种新的史学研究方法在各个史学研究领域中逐步确立了自己的优势。其中，下列四端，殊堪瞩目。

跨学科研究异军突起

史学跨学科研究在战后发展十分迅速。对这一研究方法进行最先尝试的是法国史学家 H. 贝尔在 1900 年创办的《综合历史评论》。使这一方法真正崭露头角的是 L. 费弗尔和 M. 布洛赫 1929 年共同创办的《经济社会史年鉴》。“年鉴”学派反对传统实证主义史学的政治史观，认为以兰克为代表的传统实证主义史学，在史学研究方法上要求史学与其他学科保持严格的界限，强调“照历史的本来面目加以叙述”，把史学研究局限在考证历史文献资料，客观描述政治事件始末、国家民族兴衰、历史人物成败的狭小圈子里，只能把史学引入死胡同。提倡包括经济、社会、文化在内的“总体历史”。主张运用跨学科方法，开展综合研究。

史学跨学科研究突破传统史学方法束缚，在史学界取得优势，是在第二次世界大战后。1946 年，法国建立了“高等研究实践学院第六部”（1975 年改名为高等社会科学研究院）。该部在“年鉴”学派史学家的主持下，成为法国历史与社会科学一体化的研究与教学中心。1950 年，在巴黎举行的第九届国际历史科学大会上，人口史、思想史、经济史、社会史、文化史、各国社会制度史研究的全面兴起，标志着“年鉴”学派倡导的史学跨学科研究方法开始得到国际史学界的普遍公认。此后，史学跨学科研究不仅在法国，而且在英国、美国、联邦德国、日本、苏联和东欧各国获得迅速发展。

一般说来，为史学跨学科研究奠定理论基础的是“总体历史”理论。20世纪60年代后，所谓“长时间”理论和“深层历史”理论在这方面也有重大影响。前一理论认为，那种缓慢的、几乎是不知不觉的、统治人类历史漫长时期的“时间”运动，对历史学家来说是最为重要的，因为它能够揭示社会发展的主要趋势；后一理论强调人们的意识应该成为历史研究的主体，历史研究的最终目的就是要揭示这种处于人类历史“深层”的一定历史时期中人们一般的心理活动方式。这样，历史学不仅与经济学、社会学、地理学、人口学、统计学、语言学等学科结下了不解之缘，而且日益加强了与心理学、人类学、民族学、人种学、民俗学、宗教学、生态学、气候学等学科的密切联系，不断地开拓着历史研究的新领域。

史学跨学科研究的具体方法是多种多样的。通常采用的主要有两种。（1）多学科的合作研究。如法国在进行城市史研究中，就有历史学家、社会学家、地理学家、政治学家、经济学家、文学家、剧作家共同参加。（2）历史学家利用其他学科的成果和方法来进行历史课题的研究。如F.布罗德尔在他的重要著作《地中海与腓力二世时期的地中海世界》一书中，就运用了地理学的成果；在他另一部重要著作《物质文明、经济和十五至十八世纪的资本主义》中，则以历史学为中心，把经济学、社会学、政治学结合在一起，成功地勾画出了封建社会制度解体和资产阶级社会制度形成的历史面目。

史学跨学科研究不仅开拓了历史研究的新领域，形成了诸如历史人口学、地理历史学、社会历史学、心理历史学、历史人类学、历史民族学等新兴学科，而且还有助于对历史进行综合考察，揭示历史过程和事物的本质。

进入70年代后，史学跨学科研究不仅在经济史、社会史、人口史等领域中继续蓬勃发展，而且，其中心开始转向文化史和精神状态史新领域。法国“年鉴—新史学派”重要代表之一 M. 伏费尔，近年来就发表了一系列有关精神状态史的研究专著。在《巴罗克虔诚与非基督教化》一书中，他广泛采用了历史地理学、宗教心理学、文化心理学的成果。在美国，随着社会史研究的兴起，历史研究开始大量借鉴社会心理学、精神分析学、民族学、人种学、文化人类学等学科的成果与方法，近年又注重于把这些学科运用于感情关系史的研究。在日本，史学家们特别重视对普通民众思想的研究。在这股史学新潮流中，历史学加强了同宗教社会学和民俗学的密切联系。不久将召开的第十六届国际历史科学大会，已把“行为史和人类学史研究”“生态学、自然科学和人文科学”“殖民地经验对现阶段被压迫国家的文化和心理影响”“对第一次世界大战的新看法：空间、时间和社会心理因素”等课题列为重点讨论内容，它反映了当前史学跨学科研究正在更加广泛、深入地发展。

数量研究日趋风行

跨学科研究不仅打破了社会科学各学科之间的界限，而且打破了社会科学与自然科学之间的界限。20 世纪 60 年代以来，随着自然科学向社会科学的不断渗透，现代自然科学的新理论如信息论、控制论、系统论，特别是数量分析方法，开始被大量地运用于历史研究。

在以往的史学研究中，初级描述性统计数字的运用并不罕见，但一般都没有超出算术统计的范围。当代史学的数量研究，作为一种日臻系统和完备的史学研究新方法，则是伴随现代电子计算机及其技术的发展和运用而产生的。战后，数量研究方法进入史学研究领域，发端于 50 年代末的美国。1957 年，哈佛大学的经济学家 A. 康拉德和 J. 迈耶首先把数量方法引入经济史研究，到 1963 年 R. 富格尔在美国经济学会上发表了《“新经济史学”初释》后，在经济史中使用数量方法进行研究就被称为“新经济史”，成为当代美国史学的一个重要流派。与此同时，政治史学家 L. 本森在 1961 年发表了《杰克逊民主主义的概念》一书，把数量方法引入了政治史领域，形成了“新政治史”学派。社会史学家 M. 柯蒂、S. 塞恩斯特罗姆则把数量方法用于社团的社会结构和社会流动的研究，奠定了“新社会史”学派的基础。此后，历史数量研究借助于日益普及的电子计算机在美国发展极为迅猛。在数量方法运用最早和最广泛的经济史领域中，多年来新经济史学家研究的课题主要有：扩大统计的连续性；解释工业发展；推算和解释有关总生产要素生产率的技术变化；解释新技术的推广；进行人力投资；奴隶制经济学；城市扩大化的决定因素等。新政治史学家们发掘了大批为传统政治史学家所忽略了的诸如选举和表决结果报告、唱名册、传记等数量资料，就美国政治史中的一些重要课题进行了探讨。新社会史学家们则把数量方法广泛用于人口史、社会结构史、社会流动史、家庭史、性史、地方史、城市史、农村史、妇女史、种族史，以及工厂、监狱、城镇、医院和教堂等社会组织史的研究。进入70年代后，数量史学家们不仅在经济史研究方面赢得了决定性的胜利，而且在政治史和社会史研究方面打下了基础，并创办了自己的杂志和学术团体，从1972年起还开始出版集美国数量史学研究之大成的《历史学数量方法研究丛书》。

历史数量研究在美国兴起之后，迅速传播到世界各国，对各国的史学研究产生了深刻的影响。法国“年鉴”学派运用数量方法对经济史、社会史、文化史和精神状态史所进行的研究，英国剑桥学派和联邦德国哥根廷学派运用数量方法对人口史所进行的研究，均取得了卓越的成果。苏联史学家们特别重视对数量方法的理论探讨，70年代以来，在诸如国内统一市场形成、伯罗奔尼撒战争等研究方面，以及在运用电子计算机加工、处理史料和考古学、民族志资料方面，也取得有益的经验。随着各国历史数量研究的发展，1980年，在布加勒斯特召开的第十五届国际历史科学大会上，已决定由联邦德国、美国、匈牙利、苏联、瑞典等国负责筹备成立历史数量方法国际委员会。

目前，各国史学家普遍采用的历史数量方法主要包括三方面的内容：(1)利用电子计算机系统地收集、整理和储存史料；(2)运用统计学和数学原理，对数据进行数量分析；(3)制作数理模型，开展对历史现象和过程的模拟研究。随着历史数量研究的不断发展，现今各国大多建立了历史计量数据资料库。在数量研究中，诸如平均数、集中趋势和离度趋势的测度、回归分析、相关关系、动态数列，以及属于更先进的推测统计学中的随机抽样等统计方法已被经常采用。70年代以来，数学方法的利用频率有了迅速增长，数量史学家开始用线性代数来研究社会结构、经济结构各因素之间的联系，洛伦茨曲线也已为数量史学家所接受。在许多课题的研究上，还广泛运用了微分、积分、解析几何、判别式分析、概率单位分析和逻辑分析等方法。近年，欧美一些数量史学家还试图采用模糊数学、博弈和决策理论、曲线拓扑理论等先进的数学方法来分析历史研究中所遇到的复杂结构，与此同时，历史数理模型也开始被采用。

数量研究方法受到各国史学界的高度评价。美国史学家认为，数量方式在历史研究中的运用，从五个方面推动了当代史学的发展：（1）大量数量资料得到应用，弥补了旧史料的不足；（2）开拓了诸如制度和结构一类的史学研究新课题：（3）促进了史学研究中争论的圆满解决；（4）归纳整理了可供机器辨读的成套资料，积累了学术研究资本；（5）大批史学家开始接受统计学、数学、电子计算机理论和操作技术的训练，促进了史学研究队伍的现代化。苏联史学家认为，历史数量研究的主要目的和意义在于帮助史学家精确、清楚地提出问题，并且不仅从质的规定性上，也从量的规定性上去解决问题，有助于研究结论的更加可靠和令人信服，有助于在通常的传统研究方法不能令人满意的情况下，揭示历史发展的依赖关系及其规律。

60年代以来，历史数量研究的蓬勃兴起与发展，表明传统史学中那种描述的、定性的说明和论证，已远不能适应当代史学的发展要求，历史研究的定量化、精确化已成为战后史学发展的基本趋势。

比较研究重新抬头

历史比较研究，是探讨历史发展一般规律和特殊规律的一种重要史学方法。广义地说，它作为一种认识客观事物的重要逻辑方法在历史研究中运用，几乎同历史学本身的历史一样悠久。但是，它作为一种历史研究中所使用的系统的、全面的、深化的研究方法，却主要是在20世纪，特别是第二次世界大战以后，在欧美发展起来的。

为当代历史比较研究奠定理论基础的是法国“年鉴”学派创始人之一的M. 布洛赫。1928年，布洛赫发表了《欧洲社会历史的比较研究》，在这篇文章中，布洛赫第一次对历史比较研究进行了系统的理论探讨。他的两部代表作《法国农村史的基本特性》和《封建社会》，为历史比较研究提供了范例。此外，德国著名史学家 O. 施本格勒和英国著名史学家 A. J. 汤因比在历史比较研究方面也有重要建树，他们分别在自己的代表作《西方的没落》和《历史》中，对人类文明史进行了宏观的比较研究。

战后，历史比较研究开始引起世界各国史学家普遍的关注和兴趣，呈现出蓬勃发展的局面。当前，受到史学界广泛赞扬和公认的历史比较研究主要有：(1) 各文明体系的比较；(2) 历史过程与制度的比较；(3) 具体历史人物、事件、集团、机构和观念的比较；(4) 结构的比较；(5) 国家与国家之间的比较。在比较研究的具体方式上也极为丰富多彩。从时间范畴来分，可分为同期的比较和异期的比较，并行的比较和垂直的比较；从空间范畴来分，可分为宏观的比较和微观的比较，宏观与微观相结合的比较；从对象关系来分，可分为历史类型的比较、历史“渊源”上的比较和历史上国家之间相互影响的比较。

最近三四十年以来，历史比较研究在法国一直非常盛行。以布罗德尔为代表的“年鉴”学派十分重视对历史进行结构的比较分析。60 年代后，法国史学家特别强调国家之间的比较研究，并以经济、社会、日常生活各个方面，就法国与其他国家的历史进行了广泛的比较研究。美国是当代比较历史研究十分活跃的国家。1958 年，创办了国际性季刊《社会学与历史学比较研究》，20 多年来，仅该刊发表的比较研究文章就有 700 余篇。一批史学家如贝格比、C. E. 布莱克、沃拉斯汀致力于世界文明体系、现代化动力的宏观比较研究。更多的史学家则热衷于对历史过程、制度、事件这些“中等范围”内的比较研究，就边疆问题、奴隶制、家庭、妇女的地位、革命、战争、民间冲突、劳工关系、社会结构、流动性和政治行为等等课题，广泛进行了比较研究。在日本，战后深有影响和地位的“大塚史学”，就是由以大塚久雄为首的一批经济史学家建立起来的比较经济史学的研究体系，它试图通过对西欧经济史的比较研究，来探索日本资本主义现代化的道路。近年来，苏联的史学家则比较重视历史比较研究理论与方法的探讨，取得了富有意义的成果。

1980 年，美国比较史学家 L. 格鲁根据提交《社会学与历史学比较研究》季刊的来自 30 多个国家的 500 篇手稿的分析，论述了当代历史比较研究的七大特征，在一定程度上，反映了比较史学发展与研究的现状。这七大特征是：(1) 比较研究最受欢迎的课题是与当代政治活动有密切联系的殖民地问题；（2）有关妇女史、节育、犯罪、恐怖主义、社会公益服务等目前流行主题的比较研究文章很多，从而把一系列新问题引进了历史研究领域；（3）比较研究在奴隶制、租地使用权、革命等课题的研究方面，具有特别的有效性；（4）比较研究促进了通常处于分隔状态的某些分析范畴，如农民、工人和更广泛的文化、人种意识和经济结构的相互联系；（5）当前绝大多数文章仅仅集中全力注意单一的历史事例的比较，也有一大批文章比较研究了跨时代的但发生在单一社会里的几个事例，此外，还有一些理论性文章；（6）尽管人们相信社会结构比社会态度更加重要，但后者的比较研究却占更大的篇幅；（7）在社会流动性、政治行为、法律、教育、宗教运动、现代化和革命的比较研究方面，提供了富有启发性的新认识。

历史比较研究对当代史学研究产生了积极的影响，正如苏联一些史学家所指出的，历史比较研究是一种“间接实验”的科学方法，借助于这种方法，通过比较的途径，将更加有助于揭示历史现象的共同性和特殊性，从而获得对事物在历史发展不同水平上的认识，并确定发展的趋向。美国史学家则认为，历史比较研究具有三种广泛相联系的目的或者说功能：（1）能产生一种选择意识，显示一些值得注意的发展运动；（2）解释历史的差异和独特性，估量并最终把那些造成独特条件的可变因素分离出来；（3）认识共同的模式，进行历史的概括。

战后历史比较研究的重新抬头和盛行，反映了当代史学的发展正力图打破地区、民族和国家的界限，逐步迈向世界。因此，作为冲破传统史学狭隘性的重要途径，历史比较研究直接处于当代史学研究方法变革的主流之中，有着极其广阔的发展前景。

口述研究十分活跃

60 年代以来，口述历史研究的活跃，是战后史学研究方法变革的又一重要内容和特征。

口述历史是历史学最古老的形式，起源于远古时代的民间传说。但当代口述历史，远非昔日世代相传的那种口头传说可比，它具有更加广泛的含义，不仅是指一种收集和传播史料的方法，同时也是指全部或部分地以这种史料为依据写成的历史。它是在20世纪30年代末，随着现代电子工业和录音技术的发明和进步而兴起的。1938年，美国史学家A. 尼文斯发表了《通往历史之路》一书，主张开展历史的口述研究。十年后，由于尼文斯的口述历史研究项目获得成功，建立了美国第一个口述历史的专门研究机构——哥伦比亚大学口述历史研究室。与此同时，美国森林史协会在进行森林史的口述研究过程中，建立了美国第一个磁带图书馆。60年代后，随着各著名大学口述历史研究的开展，美国口述历史开始获得迅速发展。1966年，全国已有大约90个口述历史的专门研究机构，并在同年举行了美国口述历史第一次代表大会。次年，美国口述历史协会正式建立。到1971年，该会已拥有1400名会员，开始出版《口述历史评论》杂志。最近20年来，口述历史在美国被广泛地用于政治史、企业史、部落史、宗教史、种族史、家庭史、城市史、社会团体史，以及音乐史、绘画史、戏剧史、电影史、电视史研究。其中，由口述史学家对现代总统所进行的一系列口述研究，是一项由联邦政府机构倡办的口述历史研究规划。迄今为止，已先后对胡佛、罗斯福、杜鲁门、艾森豪威尔、肯尼迪、约翰逊、尼克松进行了口述研究，并正在有计划地收集有关福特和卡特的资料。

从60年代起，口述历史开始由美国传播到世界各国，在加拿大、英国、法国、日本等许多国家获得显著的发展，涌现了一批专业的口述史学家和专业性团体，出版了口述历史专门杂志和大量的口述史著作。在英国，口述历史作为一种新的研究方法，在劳工史、家庭史、妇女史、儿童史、贫民史、社团史研究中得到广泛的运用，出版了《家庭与劳动》《男女平等》《罗思柴尔德大厦》《渔猎生活》等口述史著作。在法国，进入70年代后，口述历史研究十分活跃。比较有影响的有对法国1936年的勃鲁姆政府，1938年的达拉第政府和1940年的维希政府的口述研究，以及J. 儒塔尔对长衫党的研究、D. 施纳佩关于社会保险问题的研究、P. 博尔对第二次世界大战期间基督教徒的研究等等。有关人种问题的口述史著作《骄傲的马》《野草汤》等，受到了各界人士的欢迎。口述历史在日本则在地方史、妇女史研究中得到普遍运用，有关方面的不少著作，都是在广泛采访调查的基础上，利用口述史料写成的。口述历史在亚洲、非洲、拉丁美洲的许多国家中的发展更为迅速，成为这些国家史学研究的极其重要的方法和途径。

当代口述历史研究的基本方法，是以现代化手段（如电子录音机、信息转换器等）向提供历史见证的有关人员进行口头调查。目前，各国的口述史学家通常是通过同当事人或与当事人有密切关系的知情人进行交谈，或是根据当事人的传记和回忆录、群众性回忆和民谣等等，来进行各种专题的口述研究。

作为一种行之有效的现代史研究方法，口述历史在战后的蓬勃发展不是偶然的。当代史学很少再研究传统的上层分子，而是越来越多地研究普通人的历史，研究普通人的生活方式、家庭、休息和公众态度，而有关这方面的资料在文献史料中是找不到的，于是，口述历史便成为撰写普通人历史的有效工具，从而开创了通过普通人的话语来传播历史的可能性。正如英国著名口述史学家 P. 汤普森所指出的：口述史的最大作用“在于它给了我们一个机会，把历史恢复成普通人的历史，并使历史与现实密切联系。口述史凭着人们记忆里丰富得惊人的经验，为我们提供了一个描述时代根本变化的工具，同时，通过人们自己的话，同各种各样的人们共同理解历史对他们生活的影响”。目前，随着现代录音技术与手段的发展和普及，口述历史的影响与作用正在不断地扩大，逐步改变着仅仅依靠文献的历史的一统天下，为当代史学研究带来了新的生机。

* * *

战后，史学研究方法的变革，对当代史学的发展产生了重大的影响。它不仅使历史研究的范围迅速扩大，而且加速了史学由叙述性朝分析性方向的发展，从而在广度和深度上促进了当代史学研究。但是，也不能不看到，由于缺乏正确的史学理论的指导，这些新方法在应用实际中也产生了不少问题。例如，跨学科研究常常忽视甚至是故意摒弃对政治史的研究，在近年注重于文化史和精神状态史研究的时候，往往又忽视造成这种状况的社会和经济的原因；数量研究则使历史变得越来越抽象、难懂，有些研究结论甚至十分荒谬；忽视了历史可比性的比较研究，不仅无益于历史规律的探讨，相反制造了历史混乱；等等。20 世纪 70 年代后期以来，叙述史方法的复兴，不能说与此种状况没有关系。

值得注意的是，战后马克思主义史学方法的影响日益增长。诸如法国的“年鉴”学派、美国的“新左派”，以及日本的进步史学派，在方法论上，都不同程度地受到马克思主义的影响。美国著名史学家 B. 贝林在 1981 年美国历史学协会年会的讲话中曾经说过：“无论我们采取哪一种历史研究方法，马克思主义的眼光对于我们认识过去仍然具有强大力量。”与此同时，马克思主义史学方法本身在不断吸收当代史学新方法的合理成分的过程中，进一步得到发展和完善，充分显示了其无比的生命力。

（选自《国外社会科学》1985 年第 5 期）

美国城市史学的回顾与展望

史明正

20 世纪的美国是一个城市国家。据美国人口统计局统计，到 1980 年，近百分之八十的美国人口居住在城市或与城市密切相连的城郊。作为世界上最发达国家的象征，美国城市不但反映而且影响着现代美国的社会、经济、文化和政治生活。

然而，美国史学家对城市的研究起步较晚，美国城市史学作为一门社会学科尚处于探索阶段。19 世纪末期 20 世纪初期，特纳（Frdenck Jacekson Turner）和他的西部边疆学说统治美国史坛。特纳的边疆学说认为，美国历史是一部西部开发史，对西部边疆的不断探索和征服是推动美国历史向前发展的动力。因此，边疆研究是美国史研究的关键所在。在这个总纲之下，其他探讨，如民族性格、人口迁移和两党政治才变得有意义。毫无疑问，特纳的边疆学说是对美国史学的重大贡献。生长于美国中西部的史学家特纳凭借自己的直觉和洞察力，充分地肯定了西部边疆的无偿土地对提供生计保障、促进民主政治、塑造民族性格等方面所发挥的作用，为今后史学的发展提供了一个研究模式。

1920 年，美国人口统计局公布了最新统计结果，宣布西部边疆开发完毕，全国大多数人口已经在城镇落户。这个统计结果引起了一些史学家的重视，他们开始对美国城市在历史发展中的作用进行研究。美国城市史学的奠基人当推哈佛大学教授阿瑟·施莱辛格（Arthur Meier Sehlesinger）。1933 年，老施莱辛格出版了《1878—1898 年城市的兴起》一书，把这段美国历史纳入了城市发展的轨道。七年之后，他又在《密西西比河谷历史评论》发文《论美国历史上的城市》。老施莱辛格认为，城市对美国文明史发展的影响与边疆不相上下。城市作为社会的安全阀和改革的场所，加强了美国人的团结和集体责任感。这种群体的概念与边疆所倡导的个人主义探险精神一道塑造了美国的民族性格，推动了历史向前发展。他强调指出，在美国成为一个城市国家以后，城市的作用将远远超过边疆，史学家应给予城市以足够的重视。总之，老施莱辛格没有提出研究城市史的系统方法论，但他的研究成果引起了史学家的注意，奠定了美国城市史学的基础。

20 世纪 50 年代是美国城市史学的发展初期。老施莱辛格、奥斯卡·汉德林（Oscar Handlin）、阿伦·内文斯（Allan Nevins）等著名史学家在几所美国大学里开始开设城市史课程，数量可观的博士研究生开始把美国城市史作为论文主题。1953 年，城市史学会成立，次年开始出版其学术刊物。这一时期的学术著作大都属于“城市志史学”范畴。史学家力图通过研究某个典型城市的兴衰史来揭示整个国家城市发展的规律。城市志史学的基调为记叙体，与中国的地方志和县志类似，往往侧重于记载具体事件或传闻，忽视了综合分析和寻找城市发展的内在规律。城市志史学的代表作包括理查德·韦德（Richard C. Wade）的《城市边疆》，贝尔德·斯蒂尔（Bayrd Still）的《米尔沃基：一个城市的历史》，以及布莱克·麦凯尔维（Blake Mckelvey）关于纽约州罗彻斯特市发展史的四卷本著作。

在大动荡的60 年代，美国城市史学发生了重大变化，起源于20 年代末期经济大萧条、成长于第二次世界大战和冷战，并在艾森豪威尔时代达到高潮的美国传统史学主流开始瓦解。60 年代遍及美国各地的贫民窟骚乱和肯尼迪—约翰逊两届政府所实行的种种社会改革方案再一次把人们的注意力引向城市和生活在城市里的中下层。在这种形势下，史学家们开始摒弃传统的政治史和外交史，把重心逐渐转向社会史。他们开始自下而上地研究历史，兴趣放在种族文化和阶级背景上，研究下层人民的生活工作和价值观念，以及这些无名人士如何影响美国的政治经济生活。

在史学研究重心转变的60 年代还发生了另外两个深刻的变化：科技革命和教育普及。科技革命使美国进入了计算机时代，史学研究开始运用这个科技新成果搜集、储存、分类和分析历史资料。计算机的运用使史学变成一门更为精确的社会科学，此外，50 年代美国人口激增带来了60 年代大学教育的普及，攻读社会科学学位的研究生也达到历史最高水平。据统计，在 1882 年到 1970 年之间，美国大学中关于社会史研究的博士论文共有 1417 篇，其中半数以上是在 60 年代完成的。这个数字显示了一大批年轻学者开始对社会史研究发生兴趣，并且取得了初步的成果。

作为社会史的一个分支，美国城市史研究在 60 年代获得新的突破。截至 1967 年，美国 50 余所高等院校开设了城市史课程，其他 150 所学校开设了与城市史密切相关的课程。1967 年，查尔斯·格拉布（Charles Glaab）和西奥多·布朗（Theodore Brown）合编《美国城市史》教科书，填补了城市史课本的空白。同年，牛津大学出版社开始出版由韦德为总编辑的题为“美国城市生活”的专著系列。几年以后，《城市史学刊》创刊，《城市史年鉴》和《城市史评论》也分别在英国和加拿大出版发行。

美国城市史学的发展更体现在其方法论方面的突破。许多史学家认为，城市史学要真正成为一门社会学科，必须形成自己独立的理论框架和思维模式。1961 年，史学家埃里克·兰帕德（Eirc Lampard）在《美国历史评论》杂志中发表了题为“美国史学家与城市化研究”的论文。在这篇文章中，兰帕德对运用方志形式研究城市的方法提出质疑。他认为，城市史研究不应该成为城市问题研究，更不应该成为具有浓厚文学色彩的历史传奇。相反，“我们应该建立一套全面的、探索性的‘群体结构’理论”，城市应是许多相互作用因素的平衡产物，这些因素包括人口、环境、科学技术水平和组织结构。兰帕德指出，这个理论框架有助于史学家们理解人口迁移、劳动分工以及工业化之间的相互联系。最后，兰帕德提醒史学家们注意社会流动性这个美国社会突出的现象和它在城市化中发挥的作用。他指出，美国阶级之间的界限本来就不十分森严，城市的蓬勃发展为人们提供了大量的就业机会和其他改善生活的机会，许多出身寒微的人士，特别是从乡村迁移到城市以及从欧洲移民到美国的中下层人士，通过自身的奋发图强改变了原先的境遇，跻身上层之列。同时，由于城市竞争激烈，不少原来经济基础比较雄厚的上层人士逐渐丧失了竞争力，变得贫困潦倒，沦为社会的最底层。美国城市社会中这种自上而下和自下而上的流动非常普遍，应该构成城市史学的研究对象之一。

真正对兰帕德上述理论进行实践论证、从而开创了美国城市史学新局面的史学家当推哈佛大学的斯蒂芬·塞思托姆（Stephan Thernstrom）和麻省理工学院的萨姆·沃纳（Sam Bass Warner）两位教授。1964 年，塞思托姆发表了他的代表作《贫穷与进步：关于一个 19 世纪城市社会流动性的研究》。在这部论著中，他成功地验证了 19 世纪的美国为城市工人阶级提供了众多改善生活机会的假设。在研究方法上，塞思托姆运用了人口统计结果，对他的研究对象——马萨诸塞州纽伯利港 1850 年和 1880 年之间的人口变迁进行了系统的探讨，正如一位评论家所指出的那样，《贫穷与进步》这部著作“首创研究凡人小事的史学之风，首次运用社会流动性这个社会学的概念分析城市历史，并对复杂的计量统计方法应用于史学研究进行了前所未有的尝试”。

《贫穷与进步》这部著作的问世标志着美国“新城市史学”的诞生。受塞思托姆的启发，大批学者也开始进行社会流动性的研究，并把重点放在美国其他工业城市，到了 70 年代初期，以研究城市人口发展规律、职业流动和地区流动与经济发展之间关系为特征的“新城市史学”取得重大成果。塞思托姆等人主持编辑了《19 世纪的城市——新城市史学论文集》，全面地总结了新城市史学的最新进展及其在城市史学研究方面的贡献。

“新城市史学”代表了史学发展的一次重大转变。塞思托姆摒弃了长期统治史坛的“杰出人物史学”，首次把史学兴趣引向千百万无名大众，因而迎合了 60 年代激进主义政治的现实，受到新一代史学家的欢迎和效仿。在方法论上，“新城市史学”代表着计算机时代史学研究的新潮流，即将数理统计方法引入史学研究，建立可以应用于其他群体研究的模式和变量。总之，作为社会史的一个分支，“新城市史学”丰富和发展了社会史学。正是由于这个原因，塞思托姆在《城市史学刊》的一次谈话中表示，他已经不再称自己为新城市史学家，而称社会史学家。

继塞思托姆之后，“新城市史学”的发展又一进展体现在西奥多·赫什伯格（Thoedor Hershberg）主持的“费城社会史研究课题”。这是一个为期 10 年、耗资数百万美元的集体研究工程。整个研究围绕着费城这个美国东部城市发展各个方面，力图把社会流动性问题与其发生的环境紧密结合起来。研究成果汇编成集，题为《费城：19 世纪的工作、空间、家庭和群体经历》。在导言中，赫什伯格批评塞思托姆过分强调社会流动性问题的独立性，而忽视了它与其他因素的相互作用。赫什伯格认为，新城市史学与旧城市史学的根本区别在于前者视城市为变化的过程，而后者则视城市为静止的地点。换言之，城市并非事件发生的背景和陪衬，相反，城市是积极主动的范畴，常常成为事件发生的引导者和推动者。赫什伯格还认为，城市史研究应该注重城市系统中环境、行为和群体经历这三大基本因素及其相互作用和联系；变化和运动中的城市应该成为史学家研究的基本框架和出发点。只有这样才能有力地表现城市的生命力，揭示城市发展的内在规律。

“费城社会史研究课题”通过对费城的细致分析，构成了城市史学中独特的微观研究方法。该工程针对其研究对象——生活或者曾经生活在费城的250 万居民建立了庞大的数据库，分别对工作、空间、家庭和群体经历进行专题研究。同时，赫什伯格和其他研究者还调查了费城在 1850 年、1860 年、1870 年和 1880 年中城市住房、商业网点、工厂作坊和交通运输等状况，通过比较研究寻找该城市在数十年间的变化规律。参加费城社会史课题研究的不仅限于城市史学家，众多的经济学家、人类学家和社会学家也加入其中，并且使用同一数据库进行不同性质的研究，取得了不同的成果。从这个意义上讲，新城市史学具有跨学科的特点，综合了经济学、社会学和地理人口学之长，使其对城市的研究更为广泛而深刻。

在新城市史学统治史坛的六七十年代，前面提到的史学家萨姆·沃纳独辟蹊径，运用一套迥然不同的史学方法研究城市。他侧重分析作为人类行为发生场所的城市和城市建设的历史演变过程。在代表作《有郊区电车的城郊：波士顿的成长过程，1870—1900》中，沃纳认为，科学技术的进步，特别是有轨电车的发明和使用，是推动波士顿城市向郊区延伸，从而改变人口分布格局的根本动力。他的研究方法更具有独创性，通过分析鲜为人知的波士顿三个郊区一共 23000 个造房许可证，他能够就建筑规模和风格、公共设施和市政建设，以及邻里种族和阶级成分的构成作出许多可靠的判断，从而对美国现代城市的成长过程提供了大量的独特的见解。

此外，沃纳对城市史学的方法论也作出了重要贡献。1968 年 10 月，他发表了著名的学术论文《假如整个世界都是费城的话——城市史学的基本框架（1774—1930）》。这篇文章通过筛选几项可以统计的变量为城市研究提供了一个模式，这些变量包括人口的增长、工业化的过程、工业区和生活区空间位置的相对改变、居民住宅区密度以及劳动力的组织结构。

在《私有化城市：费城在三个阶段的发展》一书中，沃纳试图对上述变量理论进行检验。同时，他引进了一个重要的意识形态概念“私有主义”。在沃纳看来，私有主义等同于资本主义，其主要特征表现在私人财产所有权至高无上。作为一种资本主义唯利是图的价值观，私有主义在美国城市发展过程中发挥了决定性作用，特别可以用来解释城市盲目建设、贫民窟和贫富悬殊等弊病。在 1972 年出版的另一部专著《荒芜的城区》中，沃纳继续了私有主义的论题，认为私有主义是城市发展的推动力，使美国城市充满活力，但他强调城市规划的重要作用，呼吁政府在城市规划中扮演积极的角色。私有主义和城市规划相辅相成，缺一不可。

进入 80 年代以后，美国城市史学的发展呈现出百花齐放、百家争鸣的局面。五六十年代单一的学术观点和方法独占史坛的格局被打破，取而代之的则是层出不穷的新观点和新方法。史学家的兴趣涉及城市的各个方面：城市政治、新地区主义、城郊化和阳光带城市、城市规划、种族关系、城市工人阶级、城市造房和交通，以及城市大众文化等等。下面对其中的几个重要发展趋势加以简单介绍。

首先是对城市政治寡头和改革者的研究。这是“新城市史学”几乎完全没有探讨的问题。传统的城市政治研究把重点放在 19 世纪末期出现的城市政治寡头和与其针锋相对的城市改革者。传统的观点认为，寡头统治机器腐败不堪，代表少数金融资本家的利益；改革者们则高举民主大旗，反映人民大众的呼声。到了五六十年代，许多史学家改变了这种看法，认为政治寡头不一定是公众的敌人，他们在推行民主政治，推动城市改革中发挥了积极的作用，因此不应该抹杀他们在历史上的功绩。相反，一些史学家对城市改革者的贡献产生疑问。他们指出，改革者来自社会的各个阶层，并非一个团结的联合实体。有些改革者本人就是政治寡头，另外，一些改革者并不支持民主政治。因此，对改革者的贡献不能一概而论，政治寡头与改革者势不两立的观点带有强烈的主观色彩，因而是站不住脚的。进入 80 年代，这个问题又在史学界经受第三次评价。受新马克思主义思潮的影响，史学家开始抨击寡头行善的机能主义观点。乔恩·蒂伏德（Jon Teaford）认为，真正在美国城市中起决定作用的既不是政治寡头，也不是改革者，而是成千上万有知识、懂技术的专业工作者，在每项决策通过之前，政府部门都需要请教由专家组成的智囊团。活跃在各行各业的建筑师、城市规划者、工程师、教授和律师才是城市建设的主导力量。相比之下，政治寡头和城市改革者的影响则逊色多了。

80 年代的城市史学家还更加注意对美国城郊的研究。关于城郊研究的著作和文章不断涌现，其中最负盛名的要数哥伦比亚大学历史学家肯尼思·杰克逊（Kenneth T. Jackson）所著的、曾荣获两项史学奖的《草坪边疆：美国城郊化》。这部著作首次从全美国角度对美国两百年的城郊化历史作了综合分析。该书开始先介绍了 18 世纪和 19 世纪初期的工业化之前的“步行城市”，以及这种城市格局如何被新的交通工具和美国人对田园生活的向往所瓦解。自 19 世纪中叶以后，科技革命带来了运输方式的飞跃，起初的载人马车和后来的有轨电车无一不推动了人口从城市中心向城郊扩散，到了 20 世纪，汽车的发明加速了城郊发展的进程。第二次世界大战以后，美国政府又通过修筑高速公路，提供造房贷款和分期付款等措施积极支持和鼓励人们向城郊迁移，使城郊逐渐成为居住和工作的场所。总之，杰克逊的《草坪边疆》一书从深度和广度上都发展了美国城郊化的研究成果。同时我们也可以看到，从特纳的“西部边疆”一直到杰克逊的“草坪边疆”，美国的城市发生了多么深刻的变化。

战后美国城市发展的另外一个显著特点是所谓“阳光带城市”的兴起。“阳光带城市”指包括佛罗里达州迈阿密市在内的东南部各大城市和以加利福尼亚州洛杉矶为代表的西海岸城市。1950 年以来，这些城市人口激增，就业率和人均收入有的已经超过基础雄厚的东部城市。此外，由于这些地区终年气候温暖，阳光普照（阳光带城市由此而得名），所以旅游业和文化娱乐业非常发达，大批美国人退休之后也搬迁到“阳光带城市”来安度晚年。卡尔·艾博特（Carl Abbott）在探讨“阳光带城市”

兴起原因时指出，第二次世界大战期间，联邦政府出于战略需要，将军事基地和训练设备设在美国南部和西部。国防工业，比如军舰和飞机制造业也都集中在这个地区。联邦政府的大量军事开支创造了大批就业机会，吸引了全国各地的劳动力前来工作，这种兴旺势头经久不衰，造成“阳光带城市”的形成。到1980年，美国最大的10个城市有5个在“阳光带”——休斯敦、达拉斯、菲尼克斯、圣地亚哥和洛杉矶。可以预见，随着时间的推移，美国政治、经济和文化重心的不断南移，“阳光带城市”作用会愈加重要，史学家也会对美国城市发展史中这个饶有兴趣的现象有更深入的认识。

美国是一个多种族、多元化的移民国家。城市移民史向来是美国城市史的重要内容之一。美国著名史学家奥斯卡·汉德林所著的《离根者：缔造美国民族的伟大移民运动史话》代表了传统观点。汉德林把欧洲移民描绘成被迫告别乡下、迁徙到陌生的都市的离根者。在美国城市的少数民族居住区里，这些新来的移民逐渐丧失了本国的传统文化，犹如无源之水、无本之木，最终被美国主导文化所同化。

近年来，城市史学界对城市移民过程、种族居住区的建立和移民文化生活等问题提出了新的见解。约翰·博德纳（John Bodnar）在他的新著《植根者：美国城市移民史》中总结了近年来的研究成果。他指出，欧洲移民定居美国以后，原有的文化传统、宗教信仰和民间习俗虽然受到同化力量的强烈冲击，但并没有完全消失，恰恰相反，移民们不但始终保持着传统的家庭关系和道德观念，而且常常利用传统的价值观适应新的环境，向现存的美国主流文化提出挑战。博德纳列举了移民建造社区的例子来阐明他的观点。他写道，芝加哥市的“小意大利城”作为意大利移民定居美国后为自己建造的生活和工作区，充分反映了意大利民族文化特点。事实上，“小意大利城”不过是在美国这个新的国土上建立的传统的乡村生活方式罢了。它植根于欧洲传统文化，但丰富了美国主流文化的内容，为其注入了新鲜血液，使其向多元化发展。总之，历史学家们认为欧洲移民被同化不是普遍的现象。他们引入“涵化”这个概念来表明主导文化和少数民族文化初次撞击之后相互作用、相互融合的事实。“涵化”一词比“同化”更注重文化交流的双向性，强调少数民族文化是美国城市充满生机的重要原因之一。

最后，城市大众文化已经成为史学家热衷研究的课题。大众文化涉及面甚广，各种文体生活，如体育、电影、电视、舞会、音乐酒吧等等，皆属于城市大众文化研究范畴之列。史学家试图通过对这些大众娱乐方式的研究，搞清在城市发展的某一阶段这些娱乐方式在人们日常生活中的作用，以及它们是如何塑造人们的生活方式和价值观念的，冈瑟·巴思（Gunther Barth）所著的《城市大众：19 世纪美国现代城市文化的兴起》一书代表了这方面的研究水平。在该书中，巴思具体分析了五种大众文化形式：城市单元住房、都市报纸、百货商店、舞场和剧院。他指出，这五种大众文化形式随着美国现代城市的发展而产生，代表了现代城市大众文化的特点。正是由于美国是一个多种族、多元化的国家，共同的文化娱乐方式才显得日益重要，因为大众文化方式可以帮助不同背景的城市居民适应紧张的、快节奏的城市生活。此外，大众文化还具有强烈的凝聚作用，有利于社会各阶层人士和不同种族、性别和年龄的人们互相沟通和接触，有助于全社会人士接受和吸收某一特定的价值体系。从这个意义上讲，大众文化的传播在美国现代城市兴起过程中占有重要地位，其作用不亚于工厂的兴建和政治机器的运转。

简而言之，80 年代的美国城市史学在许多重要方面取得了令人瞩目的突破。无论从深度还是广度上全都得到发展，成为城市史学史上成果甚丰的时期。那么，今后 90 年代乃至 21 世纪美国城市史学的发展趋势如何呢？笔者认为，在今后相当长的一个时期之内，美国城市史学除了保持上述各种研究的势头之外，还将在下列各领域有所发展和突破。

第一，比较城市史学。越来越多的学者认识到，不能孤立地研究美国城市史学，应该置之于国际城市发展的大背景之中。实际上，一些史学家已经开始从事城市比较研究。布赖恩·贝里（Brian J. L. Berry）在其著作《比较城市化：20 世纪的不同途径》中，把美国城市演变视为国际城市化发展进程的一部分，与欧洲城市、日本城市和第三世界各国的城市相提并论。他认为，推动全球城市化的动力在于 19 世纪和 20 世纪的工业革命和资本主义生产方式，就这个意义而言，世界上许多城市有大量的共同性，探索城市的共同性有助于掌握城市的发展规律，了解其兴衰原因，从而建立起科学的城市系统研究框架。拟定于 1989 年在中国召开的“中美城市史比较研究”讨论会，将成为美国城市史学比较研究国际化的有力证明。

第二，应用城市史学。在城市规划与建设等方面，城市史学可以提供宝贵的历史经验，为公共政策的制定出计献策。不久前，美国城市史学的权威刊物《城市史学刊》出版了一期特刊，专门载文讨论如何借鉴历史经验，解决城市中能源、交通、垃圾、下水道等问题。史学家马丁·梅洛西在《论美国城市中的污染和改革》一书中提出的综合治理城市环境污染的主张受到许多市政官员的重视和采纳。美国各大中城市所设的城市规划委员会中，一般都有城市史学家参加。可以预见，学术界和市政府在市政建设中的通力合作还会继续下去，应用城市史学也会获得更大的发展。

第三，城市史学方法论。首先，城市史学将会更广泛地吸收和运用相邻学科的研究方法，经济学、地理学、人口学、统计学和社会学与城市史学的联系将会日益密切。因此，城市史学跨学科的特点表现更为突出。其次，城市史学家将会更加注重城市的宏观分析，强调政治史、社会史和文化史的有机结合，使城市史作为一门社会学科逐渐系统化和科学化。最后，城市史将与口述史相结合，从听觉上扩大城市史学的研究范围。一些史学家还通过历史图片和照片研究城市的发展，充分利用形象的优势作为论点的有力说明，同样获得重大效果。对口述史学和历史图片创造性的运用将会极大地丰富城市史学的研究方法。

总之，以老施莱辛格的先驱性著作为标志的美国城市史学发展到今天，已经历时 50 多个年头了。正如它的研究对象——充满活力的美国城市一样，美国城市史学在数十年中经历了几次重大变化。可以推断，随着时间的推移，美国城市史学在研究内容上会不断广泛和深入，在方法论上会不断更新。而不断发展、不断创新正是美国城市史学充满生机的奥秘所在。

（选自《国外社会科学》1989 年第 3 期）

口述史学的综合性质及研究方法管窥

杨雁斌

自近代以来，科技进步已成为社会发展的一个显著标志，正是在这种形势的影响下，社会科学获得了较大的发展，许多学科开始从传统的哲学和人文科学中独立出来，从而确立了自己的合法地位。例如，历史学虽然是一门传统的古老学科，但直到19世纪上半叶才作为独立的学科得以确立。第二次世界大战以后，整合分化的趋势又成为当代社会科学的主要发展趋势。时至今日，这一趋势愈益明显，综合性学科（交叉学科）的不断涌现，就有力地证明了这一点。

在这种形势的影响下，现代历史科学自然也不会例外。近年来，许多跨学科研究的方法和手段在历史学中得到普遍的应用，如综合分析方法、计量方法、比较方法和模拟方法等等。与此相应，历史科学内部也相继分化出许多独立的分支学科，不言而喻，口述史学也是其中之一。

口述史学的综合性质是不容置疑的。笔者以为，在现代历史科学为数众多的分支学科当中，口述史学的综合性质尤为明显。通过对其他相关学科和口述研究方法的分析和比较，我们可以对上述问题有更加深刻和全面的认识。

一　口述史学的综合性质

口述史学是一门典型的综合性学科，其研究范围之广，是历史学其他分支学科所不可比拟的。在经济史、科学史、劳工史、政治史、社会史、家族史、妇女史等史学研究领域，口述研究异常活跃。口述研究的特点是叙述性较强，除此之外，也具有很强的社会性，这些特点决定了它的广泛性。

1. 经济史

经济史作为历史科学的一门分支学科发展较早，其历史渊源可以追溯到19世纪末。1883年，美国哈佛大学首次设置了经济史课程。其后，美国30多所高等院校也相继设置了同样的课程。经济史研究的发展历程表明，口述凭证是其历史资料的重要来源之一。

在经济史研究领域，文献资料十分有限，有关工业发展、劳动生产率、工人收入状况等方面的文献资料更是寥寥无几。毫无疑问，文献史料的短缺给经济史研究带来了极大的困难。以英国采矿业为例，现存的有关文字资料不仅极度缺乏，而且显得杂乱无章。为整理这些资料，研究人员不得不花费很大的精力。19世纪末，英国的采掘工业十分落后，企业规模小，当时人们又过于注重短期效益，因此，这方面的文字记载少得可怜。

为改变经济史研究的被动局面，历史学家C. 斯托姆－克拉克提出，经济史研究必须充分利用口述史料。他通过访谈的形式，搜集了大量的有关企业组织形式的资料及技术资料，这些资料本身是极有价值的。斯托姆－克拉克认为，大量的口述凭证能够与有关的文字资料相互印证，而对于文献资料来说，口述史料也可以作为一种必要的补充，因为它总是能够反映一些鲜为人知的历史事实。例如，通过访谈，口述史学家可以了解到如下一个事实：在1914年以前，英国矿工的收入极不稳定，生活没有保障，当时的工资概念“几乎是没有意义的”。[①]

从某种意义上说，口述研究最为活跃的领域是农业史的研究领域。众所周知，长期以来，农业耕作技术与种植技术主要是通过口述的形式得以世代相传下来，这方面的文字资料很少，而口述史料则可以弥补这方面的不足。因此，就农业史研究而言，口述史料是其历史资料的重要来源之一，这一点是不容置疑的。除此之外，许多口述资料还涉及农业

---

① ［美］J. 琼斯：《矿工：口述凭证的相关性》，载《口述史》杂志1971年第4期，第74页。

生产力和生产关系等众多问题。

2. 科学史

科学史犹如经济史，较早就形成了自己独特的研究领域，进而发展成为一门独立的学科。科学史由于其自身的特点，与经济史有着一种潜在的联系。例如，科学发明不可能脱离经济的发展，与技术的进步不无关系。从目前的情况看，科学史领域的口述研究主要侧重于研究科技进步的社会因素，并把科学研究与经济研究结合起来。

D. 埃奇曾发表过一部名为《英国射电天文学的诞生》的专著，在这部著作中，他引用了许多口述史料。埃奇认为，为数众多的科学家是科学史发展的见证人，他们所提供的许多口述凭证对科学史的研究是很有意义的。值得注意的是，科学家们留下来的有关文献资料也十分罕见，这种现象绝非偶然。其原因在于，科学家们不可能认识到他们当时的所作所为与后来的科学史研究有着密切的联系。口述史料虽有不足，但这些史料能够为科学史研究提供一些重要的依据，如当时的科学团体的组织形式、科学研究的方法和手段等。

通过对口述史料的分析和研究，我们可以看到，口述凭证虽然能够起到文献资料所起不到的作用，但也存有明显的不足。例如，对于科学发展史上的同一历史事件，每个当事人的叙述总是有些出入，在个别问题上，甚至出现了某些当事人的回忆大相径庭的现象。由于每个人当时所处的地位和对问题的看法不尽相同，出现这种现象是可以理解的。在科学史研究领域，上述现象的出现也是不可避免的。问题的关键在于，科学史研究不仅要重视各种各样的口述凭证，更要依据现存的文字史料，应将二者紧密结合起来。另外，口述凭证的筛选也是至关重要的。

3. 劳工史

劳工史也是口述史研究的重点之一，而且由来已久。在这个研究领域，口述研究具有以下四个特点。

第一，口述研究的成果颇多，历史学家的有关著述甚丰。自第二次世界大战以来，口述史学家开展了广泛的社会调查，撰写了大量的与劳工史有关的专著和论文。除了为数众多的专著之外，还有一些形式各异的定期出版的文摘刊物和专业杂志，每年向社会传递大量的有关信息。有些历史学家为了更好地开展研究，专门编纂了一些与劳工史有关的工具书，如《劳工个人回忆词典》等等。

第二，许多口述凭证记叙了劳工发展史上发生的重大历史事件，因而被历史学家当作研究劳工史的重要史料。这些史料内容丰富，其中包括大罢工的起因及发展过程，企业组织的建立和发展，等等。对于大多数历史学家来说，口述凭证的获得主要是通过访谈的形式，这方面的资料相当多，因此，筛选口述史料比搜集这些资料更为重要。通过分析和比较，历史学家们能够比较客观地认识和了解这些历史事件。

第三，社团研究也是口述研究的重点，这一点与社会学的研究相类似。在口述凭证的搜集过程中，社会调查方法是史料搜集的主要手段，除此之外，在现存的十分有限的文献资料中搜集个人回忆等资料，也是一种行之有效的方法。这方面的主要成果有斯托姆 - 克拉克和莫尔等人在近期发表的有关的历史学著作和社会学著作。

第四，许多口述史料对劳动过程本身的研究也是很有价值的。这类研究不仅牵扯到劳动技术问题，而且涉及由此而产生的社会关系等问题。毋庸置疑，这种研究同样不可能脱离口述史料，因为现存的文字资料远远不能满足需要。S. 特克尔的口述史专著《劳作》一书搜集了许许多多的口述史料，该书长达600余页，共有130多名来自社会各界的美国人分别叙述了自己的工作经历，该书内容之丰富，实属罕见。

4. 政治史

政治史与劳工史有着密切的联系，也是口述研究十分活跃的史学研究领域。例如，在劳工史研究领域，社团研究是口述研究的重点之一，同时也是它的一大特点，而政治史研究同样不可能脱离社团研究，因为社团研究和阶级关系分析等是政治史研究不可分割的组成部分。

除了社团研究之外，口述研究在政治史领域的特点还表现为，它能够较为全面、较为真实地反映重大的历史事件。政治历史事件一直是政治史研究的主要课题之一。由于许多政治事件本身错综复杂，各个时期的历史条件又不尽相同，因此，内容丰富的口述史料就成为政治史研究必不可少的历史资料。历史学家H. 威廉姆斯为了澄清某一历史事件，曾采访了近300名当事人和其他有关人员，这些当事人为其研究提供了大量的口述史料。由于许多当事人都是历史事件的直接参与者，因此，他们所提供的口述凭证都从不同侧面反映了当时的历史状况，因而具有一定的真实性。而对于历史学家来说，他们可以根据自己的需要，从中筛选出对自己的研究课题有利的资料，因而使其研究更具有针对性。

5. 社会史

谈到社会史，笔者认为，口述研究所起的作用是不容置疑的。其原因在于，口述研究的一个鲜明的特点就在于它的社会性。口述研究的主要对象是广大的下层民众，这一点与社会史研究是一致的。

在社会史研究领域，口述研究主要体现在以下几个方面。

（1）乡村社会史

在不发达的社会中，乡村历史悠久、人口众多，这就为口述研究创造了有利的条件。乡村的社会结构、经济结构、政治状况和文化习俗等等都是口述研究的重点，埃文斯和威廉姆斯在这方面做了大量的研究。从研究成果来看，他们的研究是卓有成效的。威廉姆斯的著作《英国乡村社会学》以其完整翔实的历史资料（其中不乏口述史料）阐释了英国乡村的社会发展。威廉姆斯指出，英国乡村长期以来存在着较为稳固的社会结构，但第二次世界大战以后，它受到了来自各方面的挑战，来自民间的大量的口述凭证都证实了这一点。[①]

（2）城市社会史

城市社会史的研究同样离不开口述史料，我们可以清楚地看到，大量的口述凭证对该项研究产生了很大的影响。毫无疑问，城市市民的生活是历史学家们十分关注的。在这方面，历史学家通过各种渠道搜集了大量的有关凭证，这些口述凭证内容丰富，涉及面广，几乎涉及市民生活的方方面面，如市民的居住条件、工作条件、文化娱乐和个人嗜好等等。

（3）文化社会史

文化社会史的研究范围也是相当广泛的，其内容包括宗教、教育、闲暇活动等。历史学家们认为，宗教、教育和闲暇都是社会文化现象，都属于文化社会史研究的范畴。口述史料的特点是生动、翔实，因而深受历史学家们的欢迎。例如，近年来，民歌研究已成为音乐教育的一个

---

① 见［英］P. 汤普森：《过去的声音——口述史》，牛津：牛津大学出版社 1984 年版，英文版，第 81 页。

不可分割的组成部分，这方面的口述凭证颇多，均来自民间的传说，而生动形象正是民歌的特点之一。此外，闲暇研究也离不开口述史料，从目前的情况来看，现存的文献史料很少记载人们的闲暇活动，如果没有大量的口述史料，历史学家们不可能对各个历史时期人们的社会生活有深刻的了解。

6. 家族史

几乎可以肯定地说，家族史也是口述研究最为活跃的研究领域之一。众所周知，口述研究的主要对象是广大的下层民众，而普通人的家庭（包括家族）很少留下见诸文字的历史记载。从另一方面来说，现存的有关文献史料往往具有一定的倾向性，因此，这些文献资料难以真实地再现历史。由此看来，我们可以得出如下结论：在家族史研究领域，许多案例研究主要取决于有关口述凭证的搜集和整理，换言之，家族史研究的质量主要取决于口述史料本身的质量。

口述史料的积极作用还在于，它往往能够反映一些鲜为人知的历史事实，促使历史学家开始研究一些过去从未研究过的问题，因而开阔了他们的眼界。例如，人类学家 O. 刘易斯就对墨西哥人的家族史进行了详尽深入的研究，而这个问题在过去往往被人们所忽视。K. 康奈尔的历史著作《爱尔兰农民社会》引用了许多口述史料，在占有丰富的历史资料的基础上，康奈尔分析了 19 世纪爱尔兰的农村社会结构。家族史的这些研究成果都有一个共同的特点，即口述史料的搜集和整理是家族史研究不可或缺的前提。

7. 妇女史

比之其他的研究领域，妇女史的研究开展得较晚，大多数历史学家对其视而不见。其原因在于，在传统社会里，妇女主要从事家务劳动和其他服务性劳动，因此，有关妇女活动的文献史料微乎其微。

近年来，妇女史研究发展很快，许多相关的研究成果也相继问世。值得注意的是，口述史料是妇女史研究的主要资料来源，换言之，对于妇女史研究来说，当事人所提供的口述凭证是至关重要的。由于妇女史研究本身的特点，历史学家们对口述凭证的要求较高，然而，在该领域所进行的口述研究却往往能够收到令人满意的效果。究其原因，不外乎两条：其一，妇女占人口的大多数，是社会发展的一支重要力量，因此，取证工作不会遇到太大的困难；其二，口述史的研究方法与社会学的研究方法相类似，社会学家采用社会调研的方法已有多年，在这方面积累了丰富的经验，而妇女又是社会调研的主要对象之一，这样，口述研究就完全能够借鉴社会学研究成功的经验，为自身的研究创造条件。

二 口述史学的研究方法

这个问题是顺便谈到的。关于口述史的研究方法问题，国际史学界长期以来对此议论纷纷，许多历史学家认为，口述史的研究方法虽然切实可行，但仍有许多不足之处，有待于进一步的改进。下面简单地介绍几种可行的方法。

1. 口述凭证的搜集

口述凭证的搜集是整个研究工作的基础，访谈则是口述史学家和其他历史学家普遍采用的研究手段。所谓访谈，是指口述史学家以现代化的手段向提供历史见证的有关人员进行口头调查。口头调查的对象极为广泛，一般由口述史学家来选定，而调查的时间和地点则可以通过双方的协商来酌定。

在访谈之前，口述史学家往往要根据自己的研究项目和选题，制订出较为详尽的调研计划，以保证口述史料的系统性和完整性。在访谈过程中，口述史学家常常要利用现代音像技术来完成整个调研过程。如果一次访谈的效果不理想，口述史学家还可以进行多次采访，或者扩大访谈的范围，直到取得满意的结果为止。由此看来，口述史的研究方法的特点是较为主动，而其他历史研究只能够被动地利用有限的文字史料，其研究范围自然会受到一定的限制。

除了访谈之外，还有几种可供选择的方法。历史学家可以从现存的各种各样的文献资料中直接提取口述史料，这种方法常常能够使历史学家们轻而易举地获取他们所需要的有关历史资料。例如，马克思在其巨著《资本论》中曾经引用过一些评论和个人回忆，其中包括一些内容丰富、生动形象的奇闻逸事，这些口述史料分别来自报纸杂志和白皮书。18 世纪著名的学者伏尔泰也曾经从有关的文献资料中搜集了个人回忆之类的口述史料，他本人对某些口述凭证（如个人回忆）十分重视，认为个人回忆具有不容置疑的客观性。

利用报纸专栏开展征询调查，也是一种搜集口述史料的有效方法，历史学家 H. 梅休就曾做过这方面的尝试。梅休对口述史的主要贡献在于，他改变了传统的调查模式，提出了一种新的模式。

2. 口述史料的整理和利用

口述史料的整理对于整个研究工作来说也是至关重要的，整理的目的在于为有关的历史研究提供重要的依据。许多历史学家和口述史学家认为，口述史料的整理和利用可以分三个步骤进行。

第一步是对口述凭证进行分类。众所周知，口述凭证的特点是生动形象，内容翔实，涉及面广，但系统性不强，显得有些杂乱无章。因此，口述史学家必须对其进行分类。在分类过程中，口述史学家既要把握学科分类的原则，又要注意历史资料本身所具有的特点。在历史事件的分类问题上，口述史学家更要小心谨慎，为后来的分析研究打下基础。

第二步是对口述史料进行比较分析。在口述凭证的搜集过程中，口述资料出现重复的现象是不可避免的，这就需要口述史学家对其进行综合比较，以筛选出有价值的历史资料。对于口述史学家来说，这是一项艰苦的工作，也是一项难度较大的工作。例如，口述史学家为了澄清某一历史事件，必须进行多方面的考证，验证许多当事人所提供的有关口述凭证。与此同时，口述史料的查证工作也必须同文字史料的考证工作结合起来，以保证口述史料的客观性和完整性。

第三步是口述史料的提供利用。口述史料提供利用的方式可以多种多样，口述史学家可以将有关的音像制品直接向社会提供，实践证明，许多历史学家和其他学者对这类原始资料颇感兴趣。除此之外，口述史学家还可以对口述资料进行编目加工，定期出版文摘杂志和索引目录。由于口述史学本身具有较强的综合性，其服务面相当广泛。可以毫不夸张地说，如果脱离口述研究，今天的历史研究就简直难以想象。

3. 口述史料的估价问题及方法

这是个长期悬而未决的问题，国际史学界对此存在着不少争议。口述史学家若想解决口述史料的估价问题，必须采用一些行之有效的方法。

首先，必须保证口述史料的完整性。调研计划要周密，内容要一致，目的要明确，访谈和取证工作都应遵循这样的原则。在访谈过程中，口述史学家应保持客观公正的立场，坚定不移地贯彻自己的研究方针。其次，必须对林林总总的口述凭证进行比较分析，以筛选出有价值的口述史料。更为重要的是，口述史料必须与文字史料相互印证，力求真实地还历史以本来的面目。再者，口述史料的综合分析也是必不可少的。口述史料所反映的内容必须符合当时的经济环境和政治环境等特定的历史条件，也就是说，应当从宏观上来检验口述研究的客观性。毋庸置疑，口述史学家若能做到上述几点，口述史料估价问题的解决就大有希望了。

（选自《国外社会科学》1993 年第 8 期）

霍布斯鲍姆论唯物史观

易克信

在当代英国，以马克思主义为指导的政治运动虽没有广泛的群众基础，但马克思主义理论的研究却呈现繁荣景象。学术界的马克思主义理论研究主要集中在传统的英国知识分子关注的三个领域：文学、历史和经济学。在马克思主义哲学研究方面，历史唯物主义是主要论题。由于唯物史观对史学界的影响巨大，许多专业历史学家也跻身历史唯物主义研究者的行列；在这众多的唯物史观研究者中，埃利克·J. 霍布斯鲍姆是最引人注目的人物。

埃利克·J. 霍布斯鲍姆是伦敦大学经济学和社会史学荣誉教授，英国科学院及美国艺术与科学学会研究员。在长达半个多世纪的学术生涯中，他结合自身专业认真研究马克思主义理论，发表了不少阐述马克思主义学说的著作，其《原始的反叛》《资本的世纪：1848—1875》两部巨著蜚声国际史学界，尤其是后者，曾以多种语言出版。从 1978 年起，霍布斯鲍姆主持编写了四卷本鸿篇巨制《马克思主义史》，并是其主要撰稿人之一。作为非共产党学者的霍布斯鲍姆以马克思主义者自诩，以其深厚的学识与精湛的见解在英国理论界享有盛誉。他以社会史专家的眼光考察马克思主义的唯物史观，对唯物史观在史学界的巨大作用和深远影响尤有透彻的领悟，在这方面发表了许多独到的见解。

20 世纪 80 年代初，为纪念马克思逝世一百周年，霍布斯鲍姆连续发表了多篇有影响的论文，其中以《马克思和历史》《马克思与历史认识》

为题的两篇长文尤为著名。在这两篇文章和《马克思主义史》中，霍布斯鲍姆从发展的角度总结和阐述了马克思主义唯物史观百多年来所产生的巨大影响，提出了应用和发展历史唯物主义学说所应遵循的原则。他指出，马克思主义理论的核心是唯物史观，《德意志意识形态》中有关于唯物史观的一段说明："这种历史观就在于：从直接生活的物质生产出发来考察现实的生产过程，并把与该生产方式相联系的、它所产生的交往形式，即各个不同阶段的市民社会，理解为整个历史的基础；然后必须在国家生活的范围内描述市民社会的活动，同时从市民社会出发来阐明各种不同的理论产物，如宗教、哲学、道德等，并在这个基础上追溯它们产生的过程。这样做当然就能够完整地描述全部过程（因而也就能够描述这个过程的各个不同方面之间的相互作用）了。"① 这段说明是马克思和恩格斯毕生努力坚持的历史唯物主义观念。这种观念对历史科学产生了巨大影响，这并不是由于唯物史观力图取代历史学，而是由于它科学地规定了历史学的职能和任务。"马克思逝世后，在很大程度上革命化了的历史编纂学……是唯物史观本身的全面成果。"

霍布斯鲍姆认为马克思对历史科学产生的影响是通过三种途径实现的。一是通过唯物史观本身，而唯物史观可以概括为这样一句话："不是人们的意识决定人们的存在，而是相反，人们的社会存在决定人们的意识"；二是通过他的社会发展模式；三是通过他著作中关于过去或整个社会的各种具体问题的观察结论。来源于马克思主义的许多成分已经渗透进了一般历史学，使之发生了急剧的变化，例如，对阶级的作用和社会的思想意识这两个问题的研究，史学界就日益趋向于强调历史上的经济因素和社会因素的作用，着重于探讨"基础"和"上层建筑"的根源。霍布斯鲍姆认为，促成这种转变的因素固然有多种，但马克思主义则是其中起决定性作用的因素。马克思著作中包含有复杂多样的促进因素，一百多年来人们一直按照各自的兴趣和当前的问题，从不同的途径受到马克思的启发。"每一代人不仅都发现了马克思，而且都发现了自己的马克思"。霍布斯鲍姆为自己的以上论断注入两层含义：一是马克思的不同著作不时成为讨论中心；二是马克思思想的不同方面受到强调。最早接

① 《马克思恩格斯全集》第3卷，人民出版社1956年版，第42—43页。

受马克思历史观的人们强调上层建筑对基础的依存性；现在某些马克思主义者热衷于研究意识形态问题，当前许多马克思主义历史学家的研究热点则在国家的独立作用方面。受马克思思想激励的历史学家能够提出或重新阐述某些问题，力图把马克思的思想发展到超出马克思原文的范围，“这不过说明，充满生气的马克思主义是从马克思的引文不再够用的地方开始的”。

霍布斯鲍姆认为马克思主义的唯物史观对当代历史科学的实际影响是多方面的，在非欧洲社会史（尤其是东方史）、古典古代史领域均有表现，而在近几十年来极其活跃的社会史研究领域，唯物史观的影响尤其明显。经济史的研究更是成了马克思主义者和接受马克思思想的史学家们独领风骚的领域，凡是用社会科学（或者说就是经济科学）来组织历史材料的人，大都应用马克思的经济学范畴。马克思主义对历史编纂学总的发展方向也产生了深远的影响，其具体例证就是“17 世纪危机”的论点被整个国际历史编纂学界所广泛接受的事实。20 世纪 50 年代初期，在马克思主义史学界曾开展了一场辩论，引发这场辩论的是莫里斯·多布的著作《资本主义发展研究》（1946）一书。多布在此书中试图按照中世纪鼎盛时期后接踵而来的倒退这种“封建主义危机”的模式来描绘封建主义向资本主义过渡的发展图景。通过 50 年代初期那场辩论所形成的看法是：15—16 世纪的经济扩张以后紧接着出现了一次类似中世纪鼎盛期后的倒退，正是在克服了这一“17 世纪危机”以后，才有可能不断地进行工业革命。霍布斯鲍姆认为，虽然某些历史学家此前曾经指出过这种倒退现象，但主张欧洲史（甚至还有世界史）应该按照“17 世纪危机”的观点重新编写的这种建议主要还是从马克思主义者之间的那场辩论中产生的，并且是通过马克思主义者的推动而为整个国际历史编纂学界所采纳的。尽管这个论题的国际性辩论仍在继续进行，但经济史学家总的来说都已接受了这一论点。马克思主义者对这场危机的解释虽未被人们普遍采纳，但马克思主义的启发已深刻改变了对 17 世纪的历史研究这一点是毋庸置疑的。

霍布斯鲍姆强调说，马克思所提出的问题仍有着重要的意义，他的理论和方法继续提供进一步探讨的框架。在史学研究方面，人们是受普遍承认的研究方法和准则所指导的，这就是马克思唯物史观能够影响并且已经影响了非马克思主义研究的原因。“衡量马克思主义影响的标志不是自命为马克思主义者的历史学家的数目多寡，也不是有多少人接受了以马克思主义名义提出的解释。衡量这种影响的事实是，在今天，一本书的作者若不声明其思想立场，往往就难以知道这本书究竟是一位马克思主义者所撰写，还是出自一位非马克思主义者之手。”霍布斯鲍姆以大量事实为依据所做出的关于唯物史观在史学界具有深远影响的论断，对否认唯物史观的历史科学地位的论调是一个十分有力的驳斥。

霍布斯鲍姆对唯物史观的核心范畴——生产方式——进行了阐释与论述。他指出，生产方式是我们认识人类社会的多样性及其相互作用的基础，也是认识人类历史运动的基础。马克思在1859年的《〈政治经济学批判〉序言》中把生产方式定义为构成某一社会的经济结构和生存的物质手段的生产方式、生产关系的集合。不管是何种类型的社会生产关系，不管它们在社会中可能具有何种其他职能，生产方式都是决定生产力发展和剩余价值分配形式的结构，是决定社会进行改革并在适当时候向另一种生产方式过渡的结构。生产方式也决定上层建筑所可能有的结构的层次。不同的生产方式构成一连串的发展阶段，马克思把这些发展阶段看作一个系列，在这个发展系列中，人类日益从自然界中解放出来并对自然界具有日益增大的控制力，从而对生产力及生产关系产生影响。生产方式也就是在某种特定的技术和劳动分工的基础上进行生产的方式。对于生产方式的分析必须建立在对生产所具备的物质力量进行研究的基础上；必须既对技术及其组织进行研究，又要对经济进行研究。

霍布斯鲍姆强调指出，历史唯物主义不是经济决定论；马克思既反对经济还原主义，也不是单线发展论的倡导者。历史唯物主义并不认为历史发展中的所有非经济现象都可从特定的经济现象中推导出来，都可还原于经济基础。过去有些人往往用因果的和单线发展的观点来考察一种生产方式向另一种生产方式的过渡，即认为每种生产方式内部都存在一个“基本矛盾”，这个“基本矛盾”产生了导致生产方式变革的运动和动力。这种观点通常都被认为是马克思的观点，霍布斯鲍姆对此提出了质疑，认为这种观点遇到了很大的麻烦，也引起了无休止的争论。他为生产方式的变革提出了两点假设：第一，一种生产方式内部所包含的试图动摇这种方式的基本因素只构成变革的潜力，而不构成变革的必然性；

第二，导致一种生产方式转变为另一种生产方式的机制也许不完全在该生产方式的内部，而是产生自不同结构的社会的结合与相互作用。从这个意义上讲，任何发展都是混合的发展，他认为这个结论完全符合马克思的思想。

霍布斯鲍姆就如何应用和发展唯物史观的问题发表了耐人寻味的独到见解。他说，马克思是迄今唯一提出了论述全部复杂历史的方法论原理的科学巨人。马克思的唯物史观能够对人类社会发展的整个历程做出概括和解释，因此是进行任何历史分析的原则基础。要想回答历史的重大问题，就必须沿袭马克思所提出的指导线索，按照他所做出的最早论述，继续他所开创的探索历程。对此，霍布斯鲍姆着重指出两点。第一，任何社会或社会制度的发展都具有混合性和复杂性；任何社会或社会制度都与其他制度及历史状况产生相互作用。他认为这个论点是对马克思关于人们创造自己的历史，但并非随心所欲，而是受历史流传下来的直接所处环境的制约这一著名观点的发挥。第二，阶级和阶级斗争的问题。这两个概念是马克思的基本概念，至少在分析资本主义制度的时候是如此。但他认为，这两个概念在马克思的著作中没有明确的定义，而且引起了无数的争论。此外，很大一部分传统的马克思主义史学论著都不能以明确的术语来进行论述，因而对唯物史观的传播造成了极大的困难。但尽管如此，马克思的唯物史观今天对非社会主义国家的影响比任何时候都更为巨大，原来对马克思主义持敌视态度的著名史学家也纷纷转而接受唯物史观的指导。50 年多年前主要由马克思主义者阐明的许多原理今天已成为传统史学的组成部分，马克思主义是史学现代化的决定性因素。

关于坚持和发展马克思主义唯物史观的问题，霍布斯鲍姆的看法是：马克思主义历史学家承认马克思的原理是历史学的出发点而不是终点。必然会出现同马克思的原理相悖的现象，但只要这些原理确实被证明是错误的或业已过时，就应该随时准备对之加以修正。但这并不表示要重新考察或者完全摒弃唯物史观的基本路线。马克思主义史学应主要是运用马克思的方法，而不是去对他的原理进行注释，应力图做马克思尚未做过的事情。

对于马克思主义史学的多元性问题，霍布斯鲍姆持完全开放的态度，并对其进行了颇为中肯的分析。他认为，马克思的唯物史观虽提供了观察和解释历史运动的科学方法论原则，但马克思并没有给我们留下对于历史的唯一“正确的”解释。即使是接受马克思主义遗产的史学家，对于同一历史过程也不可能持完全一致的见解；马克思主义史学著述的多元性在今天是一个无可否认的事实，这不应被视为一种消极现象。科学是以共同方法为基础的不同意见之间的对话，但必须以共同的方法论为指导，才能确定对立意见中的是非曲直。如果没有任何据以评判真伪的方法，马克思主义史学就不再成为科学。马克思主义史学界应以马克思的唯物史观作为方法论指导。

此外，马克思主义史学也不可能与其他史学理论和史学研究相隔绝。马克思主义史学家不应排斥非马克思主义者和反马克思主义者的史学著作。凡是真正有价值的史学著作，绝不会没有相应的观点。当然，对于那些以意识形态专家的身份写作的历史学家要进行批判和思想斗争。

霍布斯鲍姆也不讳言自己对马克思主义唯物史观的批评。例如，他认为，马克思和恩格斯尽管正确地强调了政治、法律和其他思想观念是从基本经济事实中派生出来的，但却多少忽视了这一过程的形式方面而偏重了内容。不仅在把政治的、法律的和其他制度作为意识形态来分析时如此，在看待上层建筑成分的相对自主性方面也是如此。“于是，在马克思和恩格斯关于这类论题的已知看法中就存在相当大的空白，从而关于这些空白究竟是或可能是什么的问题就非常之不确定。当出现了寻求更完备的马克思主义理论的需要时，后来那些力图填补这些空白（如在法律方面）的马克思主义者在经典著作中就几乎找不到能引导他们的线索……马克思、恩格斯著作中缺少合适的文本在某些方面促成了后来的马克思主义理论发展的偏离和歪曲。”①

霍布斯鲍姆欣慰地指出，马克思主义已经极大地改变了历史的进程。马克思在19世纪40年代同德国哲学家和意识形态学家进行论战过程中所表述的唯物史观，已对历史科学产生了爆炸性的影响。他由衷地相信，有朝一日，任何真正有价值的史学论著都将是在唯物史观的指导下产生

① ［美］霍布斯鲍姆主编：《马克思主义史》第1卷，渥太华：渥太华大学出版社1982年版，英文版，第228页。

的，再也不必提问其作者究竟是不是马克思主义者。因为到那个时候，马克思主义者已凭借马克思的思想彻底改变了历史。

（选自《国外社会科学》1994 年第 7 期）

20世纪的法国史学：从“革命”到“危机”

陆象淦

一

20世纪的法国乃至整个西方史学的发展是同“年鉴派”的兴衰密切相关的。

众所周知，法国的“年鉴派”作为西方新史学运动的策源地和肇始者，发轫于20世纪20年代末，但其思想渊源则可以上溯至19世纪末和20世纪初法国的一些著名学者，如亨利·贝尔和弗朗索瓦·西米昂等。亨利·贝尔于1900年创立的《历史综合评论》表达了反对把历史视为没有联系和没有深层的合理解释的资料和事实罗列，从而仅限于简单叙述事件的新倾向。他提出的“历史综合理论”强调，史学要成为科学并能提供切合实际的解释，就必须“包罗人类生活的一切因素”；史学“只有包容整个人类的演变，并同生活的一般演变息息相关，才能享有科学的尊严，才能对人类的命运发挥其应有的指导作用……就像在自然科学中一样，细节应居于次要地位，研究工作必须受整体性的问题支配”。从这样的历史综合观出发，他创办的《历史综合评论》杂志不但吸收了吕西安·费弗尔和马克·布洛赫等历史学家，而且邀请了当时著名的地理学家、社会学家、经济学家和心理学家作为编委和合作者。正是在这种革故鼎新氛围的推动下，作为经济学家的弗朗索瓦·西米昂1903年在《历史综合评论》上针对当时被看作实证主义的“方法学派”代表人物夏尔·塞纽博斯的经典作品《应用于社会科学的历史方法》(1901 年)，发表了《历史方法与社会科学》一文，呼吁历史学家摆脱三个偶像——个人偶像、政治偶像和编年偶像。西米昂认为，历史叙述阻碍历史学家撰写科学的作品，把他们封闭在一代又一代的帝王将相的征战史和政治史中。他希望历史学家关注普遍现象、那些重现和能成为规律的现象。

如果说贝尔和西米昂等人的论述是史学革新的前奏，那么吕西安·费弗尔和马克·布洛赫创立的《年鉴——经济与社会历史》及其学术活动标志着“年鉴派”运动的开始。费弗尔青年时代深受贝尔的历史综合理论的影响，曾是《历史综合评论》杂志和贝尔主编的《人类进化文库》的主要撰稿人之一。20 世纪 20 年代，费弗尔在当时以倾向进步和革新而闻名的法国斯特拉斯堡大学执教期间，同布洛赫建立了深厚的友谊，在相互交谈和切磋中孕育了革新史学的设想和计划。1929 年，他们在科兰出版社的支持下，合作创办了《年鉴——经济与社会历史》杂志。这个杂志在创刊号社论中提出了两点目标，旗帜鲜明地表明了自己的立场：一是打破专业的严格界限和门户之见，提倡多学科协作研究，力主人文科学的统一；二是把“历史综合理论”从探讨阶段推进到具体实践阶段，亦即通过集体努力把多学科综合研究的新范型运用于现代史研究。作为实现这样的目标的第一步，费弗尔和布洛赫对传统的经验主义和实证主义史学的“历史工匠式的历史”展开猛烈抨击，强调历史学必须从单纯依靠对“文献”史料的汇集来描述个别事件和现象的旧范型中解脱出来，转向从总体上把握和揭示事件和现象的内在联系和实质的新范型，从表层的研究转向深层的研究。布洛赫认为：“唯一真正的历史，乃是总体的历史。”费弗尔则说：“历史学是关于人的科学，是关于人类过去的科学，而不是关于物或者概念的科学。”

在布洛赫和费弗尔留下的坚实的理论和实践遗产的基础上，随着第二次世界大战后环境的改变和新一代历史学家的成长，《年鉴——经济与社会历史》更名为《年鉴——经济·社会·文明》。当时还健在的费弗尔对于这种更改解释说：“《年鉴》改变了，因为其周围的一切正在改变着：人、事，一言以蔽之，整个世界。”战后的《年鉴》名称去掉了原来的“历史”二字，其本意显然是为了进一步强调历史作为各门社会科学交汇点的作用。与此同时，法国高等实验研究院于 1948 年创建了第六分部，由费弗尔担任主任，其目的是为了保持在多学科范围内的教学与科研的密切联系。

从 20 世纪 50 年代中期到 80 年代中期，被称为“年鉴派”和新史学的“辉煌的 30 年”。1956 年费弗尔去世后，其弟子费尔南德·布罗代尔接任了《年鉴——经济·社会·文明》主编和高等实验研究院第六分部主任的职务。布罗代尔不但是一个知识渊博的学者，而且是一个“实业家”。在他领导的 20 多年间，“年鉴派”的阵地不断扩大，建立了社会科学高等研究院和人文科学之家等实力雄厚的教学和研究实体，培养和造就了大批社会科学高级人才，使“年鉴派”的影响不但在法国，而且在西欧、北美和拉丁美洲的许多国家迅速扩大。一般地说，布罗代尔遵循了费弗尔和布洛赫所奠定的运动的基本方向和精神，主张社会—人文科学诸学科间的统一性，维护历史和现实相互密切联系的观点。他写道：自《年鉴》创立以来，“历史学家愿意并已经兼任经济学家、人类学家、人口学家、心理学家和语言学家的角色。……可以说，史学是社会科学中结构最不稳固的学科之一，因此也是最有可塑性、最开放的学科之一”，史学必须继续沿着这一路线“从关于人的其他学科中吸取养料”。但是，布罗代尔没有停留在“年鉴派”创始人的学说上，而是进一步发展了“总体史”观，提出了“时段”理论。在他看来，所谓“总体史”，应揭示历史过程的三个相互关联的向度：（1）历史运动的纵深性、层次性和梯度性，即历史运动存在着几个内在的层次；（2）作为纵深的历史运动的存在形式之一的统一的社会时间；（3）只有同时从时间和空间这两个方面来考察历史运动及其过程，把社会现象同其具有的特定时间和空间联系起来，才能认识人类历史。历史首先是一个时间的概念，而时间又只能通过事物的变化显示出来。大千世界中的万事万物无不具有自身特定变化的轨迹和节奏。处在不断变化中的整个人类社会的发展过程作为史学的对象，也包含着不同的结构运动和节奏。传统史学的缺陷恰恰在于用单一的时间尺度去衡量“一些既无同样延续性又无同样发展方向的运动”，这不啻于削足适履。不同的历史现象和历史运动，需要用不同的时间尺度来衡量。

布罗代尔认为，历史运动具有三种基本速率或时间形式：长时段、中时段和短时段，或称“地理时段、社会时段和个人时段”，它们代表着“历史的三个层次”。所谓长时段，是指特定地域空间内变化速率极其缓慢而对人类群体及其历史进程具有不可逾越的长期影响的因素或现象。这是一种以世纪为基本量度单位的历史运动，是表面看来似乎“不动的历史”，诸如山川、原野、海岸、岛屿、地理、气候、生态环境、自然与人的关系，以及社会组织、文化传统、心态结构等等。布罗代尔强调，由于长时段所包括的因素或现象具有长期稳定性，而且实际上是人类群体及其经验不能以任何方式超越的架构，所以也可称之为结构。它归根结底决定着历史的进程。任何表面看来异常迅速的短期变化，即所谓事件，都可以在长时段中找到其根源。

与长时段不同，中时段是特定地域空间内变化速率较慢而对人类群体及其历史具有一定作用的“周期性波动”，诸如人口的消长、物价的升降、工资的变化、生产的增减、利息的多寡等等。布罗代尔指出，中时段一般是经济史和社会史首先关注的现象，其波动周期为 10 年、20 年或者 50 年，也可以称之为“局势”。如果说长时段代表了结构及其转换的历史，那么中时段则是特定结构中各种成分或因素变动和转换的历史。

作为表层历史时间形式的短时段，则是特定地域空间内变化速率快而在短期内对人类群体及其历史具有暂时影响的因素或现象，亦即传统史学所说的“事件”，诸如战争、革命、国际冲突、缔结和约、王位更迭、改朝换代等等。在布罗代尔看来，传统的“事件史”的根本缺陷就在于罗列某些“轰动新闻”式的政治事件，并在其中寻找历史变动的原因。实际上，在人类群体及其历史的演进中，事件只居“次要地位”。

显而易见，布罗代尔所提出的“时段理论”对于历史时间的这种理解，不仅关系到对历史本身及其解释机制的认识，而且必然导致研究主题及方法论的变革。长时段、中时段与短时段三者的结合虽然应该是“总体史”的研究目标，但布罗代尔强调的重点乃是长时段的历史。这样，研究的主题必然要从政治、军事、人物及各种事件转向地理环境、人口、社会经济结构、文化心态等。在“多层性”的历史中，布罗代尔最关注的是“人在他们与大地发生密切关系中的几乎静止不动的历史”，或曰“人与大自然不断重复对话的历史”，亦即地理、气候和生态环境对历史的作用。这种倾向在他的代表作《腓力二世时代的地中海与地中海世界》和《15—18 世纪的物质文明、经济与资本主义》中充分体现出来。

1968 年法国学生运动掀起的“五月风暴”之后，布罗代尔辞去了《年鉴——经济·社会·文明》主编的职务，把杂志交给了雅克·勒高夫、埃曼努埃尔·勒罗瓦－拉迪里和马克·费罗等“年鉴派”第三代历史学家。不久，勒高夫等人打出了“新史学”的旗号，以表明“年鉴派”在新时期的不同特点。一般认为“新史学”源于 1978 年问世的勒高夫等人主编的《新史学词典》。其实，这一名称可以溯源到 1974 年出版的三卷本文集《研究历史》。该书主编勒高夫和皮埃尔·诺拉在序言中开宗明义地指出，出版这样一本包括各种不同色彩的论文的集体著作，其目的是要“说明和提倡一种新型的史学”，而研究“新问题”“新方法”“新对象”成为其主要口号。

如果说《历史研究》是“新史学”的第一篇宣言，其主编者对某些方法论取向的价值和利弊尚无确切的把握，而只是作为问题来探索，那么 1978 年出版的《新史学词典》可以说是“新史学”在 70 年代推进和拓展的一个小结。这本词典对新史学的内容作了更丰富的描述，不仅阐述了“长时段”“结构史”“历史人类学”“物质文化史”“马克思主义与新史学”等重要问题，而且论证了诸如“文化函体”“直接的历史”“边缘人物史”“想象史”“环境”“空间”“死亡”“性欲”等基本概念。主编雅克·勒高夫在卷首的《新史学》一文中全面分析了新史学形成的背景及其演变，它对“年鉴派”的继承和革新关系，它在今天的发展及对国内外学术界的影响，它所面临的任务。勒高夫着重指出，自 20 世纪 60 年代以来，科学领域正在经历一场深刻的变革。对于人文社会科学来说，这场变革的影响尤其突出，其中有三个现象标志着新知识的诞生。其一是以崭新面目出现的或出现了几十年但仅在最近才开始普及的学科，如社会学、人口学、人类学、人种学、生态学、符号学、未来学等；其二是在研究和教学方面有所革新的部分传统学科，通常在名称之前冠以一个“新”或“现代”之类的修饰词，如新经济学、现代语言学等；其三是跨学科研究使两门或几门学科结合起来，从而出现由一个名词加一个修饰词的组合科学，如社会历史学、历史地理学、历史人类学等，或者由两个名词组合成的新学科，如心理语言学、人种历史学总体史等。跨学科研究甚至超越了人文科学与自然科学的传统界限，产生了诸如社会数学、心理生理学、人种神经病学、社会生物学之类的新学科。在知识的这一更新过程中，历史学占有独特的地位。新史学正是在这样的背景下形成和发展起来的。

在谈到新史学与“年鉴派”的关系时，勒高夫肯定新史学将沿着“年鉴派”开创的道路前进。根据他的看法，由于“年鉴派”历史学家们的努力，经济史和社会史的基本地位业已确立，调查和集体研究的方法已经推广，对于其他人文科学的开放继续进行，尽管存在种种困难。许多历史学家看到，必须维护新观点，发现新问题，觅求新领域，以保证史学研究的领先地位。而通过国际合作、按问题逐步推进的总体史研究仍然是史学尚待达到的目标。但是，以早期“年鉴派”方式进行的经济史和社会史研究在新史学中不再扮演拓荒者的角色。相反，在《年鉴》创办初期无足轻重的人类学却成为新史学的优先对话者。排斥政治史不再是一个信条，因为政治的概念已发生了变化，新史学不能再对政治问题置若罔闻。同样，建立在崭新基础上的历史事件也应恢复名誉。心态史和表象史在《年鉴》杂志初期只具雏形，今天已成为一个主要领域，而新史学大力推崇的计量史则是新生事物。

勒高夫为新史学的进一步发展确定了三大任务。其一是提倡对文献进行新的分析，其中包含三层意义。（1）改变对文献的看法和判断，必须看到文献不仅出自历史学家的选择，而且也受到时代环境的制约。（2）对时间概念进行“再加工”。也就是说，必须打破单一的、同质的和直线发展的时间概念，确立一种新的时序。（3）对比较研究方法做一个小结，避免过泛的定义，把在时间上或地域空间上过远而不可比的历史系统生拉硬扯在一起。其二是向总体史和想象史前进。其三是进行史学理论建设。

从新史学的倡导者的上述主要言论来看，新史学虽然大体上继承了“年鉴派”提出的“总体史”研究的方向，但其含义已有很大不同。如果说“年鉴派”第一代史学家提出“总体史”方向，主旨在于提倡研究经济史和社会史，把两者看作揭示社会深层基本结构或层面的领域，那么在战后的50—60年代，随着“年鉴派”的第二代主将布罗代尔的时段理论的提出，“总体史”有了新的含义，成为三个层次的历史运动的交叉和结合，其中地理环境等深层历史结构被看作解释历史发展机制的主要因素。而70年代的新史学在开拓心态、文化、表象、生态、人类行为等新领域的同时，出现了以“序列史”代替“总体史”、以“心态史”或“历史人类学”代替时段理论的趋势。

二

一般认为，就其在国内外的影响而言，新史学在1975—1985年的10年间达到了巅峰。但是，恰恰是在新史学家们踌躇满志之时，有人不无担忧地提出了这种“史学爆炸”和“史学碎化”隐伏着的危机问题。1987年终于出现了一个批判性的重大转折。一位当时似乎名不见经传的青年学者弗朗索瓦·多塞在这一年发表了一部题为《支离破碎的历史——从年鉴派到新史学》的专著，对新史学的理论和研究实践模式进行批判，引发了一场论战，其结果却颇具戏剧色彩。一年之后，《年鉴》杂志1988年3—4月号上发表了一篇题为《史学与社会科学——一个批判的转折》的社论，进行了某种形式的自我批评，承认史学存在着“危机”，并强调“年鉴派”史学的开放性，以及随着时代的发展再次革新史学研究方法、分析准则的必要性。接着，在1989年的11—12月号上，《年鉴》编辑部再次发表了题为《我们在进行实验——再论史学与社会科学》的社论。这篇社论开宗明义，申明《年鉴》只想扮演“实验场所”的角色，而并非如人们常说的“学派，因为学派变成为宗派或小团体的相应危险太大了”。社论着重检讨和批评了社会史中出现的简单化倾向：“它过早地专注于从简单（或简单化）而大量的可计量指标出发来衡量社会现象，并试图建立各种分布图和演变曲线，进而对它们进行描述和评论。……我们过分热衷于把历史实在的不同侧面并立起来，按照经济史所提出的大分工来划分社会范畴，然后把文化活动塞进这样构成的社会—经济图表的框框里。一种平庸的社会图解法应运而生，但很快证明它有着自身的局限性。”同时，社论指出：“《年鉴》的副标题‘经济—社会—文明’既不应被理解为鼓励人们把总体史同某种算术的和混为一谈，也不应被理解为鼓励人们去寻求社会经济不同层次之间相连接的规定性。正确地说，经济的因素来源自文化的因素，正如社会的因素来源自经济的因素。一切社会都是作为保持这三个范畴之间的等量系统而运转的。应该把分析这些等量的保持方式看作理解社会和时代的一个重要源泉。”社论最终不得不承认“年鉴派”和新史学的范型像任何一个重要范型一样，“不再指望左右，或者退一步说，统一社会科学”，并认为只有依靠跨学科研究才能产生新的知识，忘掉“传统的包袱”，以及业已接受的思维模式这个“长时段的樊笼”。正是本着这样的精神，《年鉴》杂志于1993年终于第三次更名为《年鉴——历史和社会科学》。

法国和国际学术界多数人士认为，《年鉴》编辑部的这些自我批评言论及杂志副标题的更名，无疑标志着一个时代的结束。新史学的“霸权”地位一去不复返。今天，法国学术界已经不再使用“年鉴派”或新史学的说法，而是改用“法兰西历史学派”这个十分含糊的称谓，这在西方国家是颇为罕见的。一般认为，作为这种“批判的转折”的结果，法国史学界近年来出现了三股不同而又相互关联的思潮：

——在保持宏观史观的同时，再度对政治和被理解为集体观念系统的表象表现出强烈兴趣；

——随着近20年来社会科学领域里对个人角色及其信念或认识的作用的再度重视，微观史观逐步崛起；

——源于语言学和哲学的“语义学”观点的兴起，“叙述”和“诗学”问题成为史学方法论的中心问题。

就其来源而言，这三股思潮显示出对意大利微观史学、英国新社会史、德国日常生活史特别是美国的“语言学的转向”的或大或小的影响。它们虽然侧重点不同，但从思想源流和方法论的视角来看，具有若干共同的特征。首先是强调个人角色的作用及对个人角色的理解。这个主体—角色—认知范型尽管没有排除建立在经济和社会组织第一性基础上的宏观历史观，却已经使之退居次要地位。曾经担任《年鉴》杂志编委会成员和法国社会科学高等研究院主任研究员的贝尔纳·勒佩蒂着重指出，从布罗代尔到勒高夫和勒罗瓦-拉迪里，“年鉴派”新史学家们有的强调经济，有的强调心态，其共同特点在于“角色的消失和社会自组织模式实际上被否弃”。然而，“社会首先再度成为史学的优先对象。它不再被界定为生产关系或世界表象的某个特殊层面，而被界定为相互作用的产物，一个社会实践范畴。社会在组织其结构或者调整其运作的过程中，不存在任何外在的或超验的固着点（无论经济性质的抑或文化性质的）。它处于各种角色的作用之中，正是这些角色构成了社会，并且使它自身的参照系制度化。它们可能是经济性质的或者文化性质的，这是另外一个问题”。无论是以个人及其关系为出发点的微观史方法，抑或侧重分析权力符号和信仰、规范和价值的传递现象的新政治史，都是建立在这样的范型基础上。在提倡微观史的历史学家们看来，一切社会实践和文化实践都可以通过角色的个人战略透视出来。微观史在关注个人的经验并从赋予其意义的环境出发来对之进行重构的同时，融合了人类学的方法。法国社会科学高等研究院院长雅克·雷维尔指出：“实地的经验……在于认真对待点点滴滴的信息，并觅求了解这种个人的细节，这些片断的经验如何最终使人可以进入某些社会的和符号的逻辑。”根据这位历史学家的看法，微观史可以界定为分析层次的改变。这样的改变在历史学中可以发现新的过程和产生某些不同的知识。重新关注各种个人角色，这不仅仅是 80 年代以来西方哲学中具有代表性的“回归主体”思潮在历史学中的翻版，尽管这一思潮在西方的社会科学领域里有很大的影响。它不仅反映了对于抽象的社会或社会性观念丧失信心，而且更为深刻地表明了认识我们通常只限于最广义地了解的总体社会过程如何由个人的或群体的特殊活动轨迹来运载的意愿。例如，工人阶级的形成乃是社会史的一个古典课题。以往一般被看作是现代化、工业化、城市化、劳动分工和某种社会身份构建的几乎必然的产物。但是，意大利青年历史学家毛里齐奥·格里包迪透视了 20 世纪初农民如何成为都灵菲亚特工厂的工业人口的实际轨迹，说明这种变化过程完全不是直线的，而是经过许多反复，十分曲折的。从这个意义上说，微观史试图揭示宏观史往往以抽象和单线的方式来阐释的社会复杂性，深入研究个体——无论是个人或者社会群体——的历史变异。以挪威历史学家弗雷德里克·巴茨为代表的另一派微观史研究者则借助民族学方法论和符号互动论模式，侧重从研究日常生活和个人之间的关系出发来了解社会。

上述三股思潮的另一个共同特点是在西方流行的分析哲学和后现代主义的所谓“语言学的转向”的影响下，强调历史的多义性和不确定性。“语言学的转向”一词自 20 世纪 70 年代以来常见于美国的历史学，按照一些法国学者的看法，由于这个范型引起的一系列争论，很难找到其确切的定义。实际上，它是基于对语言自身规则、语法、性能、结构、词义、转喻等语言模式研究之上的认识论的泛称。根据“语言学转向”的观点，历史只是通过文本批判来理解的一种文学体裁。社会实在只能借助研究“关于社会的话语”亦即表象来理解。社会史以及“年鉴派帝国主义”成为“语言学的转向”倡导者抨击的主要对象。相反，文化史和“性别史”（即所谓从女性的观点重读历史）则是他们偏爱的领域。这事实上是以福柯和德里达等人为代表的后现代主义在史学领域里的反映。在后现代主义者看来，在“话语”之前没有“实在”的存在，“话语”本身是自由的，无须借助外界的权威而存在。西方的文化史学家正是用这种理论来强调文化的“自律性”，而“性别史”学家则对后现代主义所说的知识背后隐藏着权力，真理背后隐含着统治与被统治、控制与反控制社会机制的理论表示认同。

与此同时，史学的“叙述性”问题再次成为一些理论家的热门话题。例如，前面提到的因批评新史学“碎化”而闻名的弗朗索瓦·多塞认为，史学话语的诗学问题着重指出了“历史”一词在法语中既是指历史科学，又是指一种叙述形式的双重含义。问题不在于历史学家们的文学风格，尽管一些历史学家承认这一点。所谓史学的“叙述性”意味着对于知识的诗学进行分析，也就是说研究一种话语借以避开文学而确立科学状态的写作程序。这类探索不仅见诸史学，而且见诸近一个世纪以来致力于通过各自固有的话语建成为科学的所有社会人文科学。从这样的认识论观点来看，史学话语和普遍意义上所说的历史问题具有关键的意义。事实上，人文科学和社会科学研究的是不可重复生产的现象，它们无不遵循某种不可逆转的历史性。正因为如此，多塞在其近著《把握意义》中强调，同“长时段”的决裂关系到范型的转换，乃是历史学家和人文科学家的一种解释的、语义学的转换，标志着他们要把自己的学科建成为社会物理学的雄心严重受挫。人们越来越认识到，历史学家和社会科学家必须经历一般所说的语义学危机，亦即解释的多义性、隐含的主观性以及对于撰写方式、叙述、论证给予更多的关注。历史学家和社会科学家将更多地注意各种角色的解释能力。历史学家的使命乃是作为过去与未来之间的摆渡者来重建一个构想或者一个前景。今天我们懂得，过去的这种重构只能是多元的，只能是建立在解释的冲突以及对话的基础上。欧洲的历史即是这方面的极好例子：如果必须抹掉触到这些人或那些人痛处的所有东西，那么就不会再有教科书，而只有白纸一张。一种删改的历史是不可取的，而必须常常进行对话，必须接受这样的事实，即可以用不同的方式叙述某一个事件。多塞的结论是：“当前的语义学的转换、不同解释的对照的意义即在于此，它引导我们走向开放。我们不敢再夸口说将找到意义、真理，但试图提供诸多解释中的一种解释，留给将通过其他道路寻找真谛的后代。这就是人们所说的社会科学的科学性，它不是指主体性的单纯对话，而是说人的角色重又占据了全部中心地位——正是本着这样的精神，我将《把握意义》一书的副标题确定为‘人文科学的人道化’。”

三

关于“史学危机”之说，早在新史学鼎盛的 20 世纪 70 年代中期就有人提出过。到 80 年代末，随着“年鉴派”和新史学影响的急剧衰落，关于“史学危机”的争论也日益频繁。学者们在讨论中见智见仁，各抒己见，对这种危机存在与否及其表现形式和实质等等问题有着不同理解，大体上包含三方面的内容。其一是对于“年鉴派”和新史学的功过的评价；其二是对史学和整个社会人文科学的现状的看法；其三是对当前后现代主义思潮的评估。

雅克·勒高夫等新史学的主将虽然承认“史学危机”的存在，而且实际上在他们本身研究的主题和方向上有了实质性的改变，但依然强调“年鉴派”和新史学所倡导的革新功不可没。在法国人文科学之家主持下出版的一部总结从第二次世界大战结束到 1995 年的半个世纪法国史学状况的论文集中，勒高夫和另一位学者尼古拉斯·鲁塞利埃在序言中写道：“三个主要的导向指导了历史学的革新：社会因素和文化因素的渗入、计量的使用和对于长时段的关注。”他们特别着重指出，“长时段”推翻了传统的分期，并将史学的两个基本的辩证法——现在—过去的辩证法和连续—断裂的辩证法建立在新的基础上。它使人可以把马克·布洛赫所说的“起源的偶像”最终放进过时观念的博物馆。它引入了诸如“根”

“继承”“发生”等同决定论很少相关而能使政治、文化和社会因素更好渗透的概念。不过，他们也承认，除了涵盖整个时期的这三个主轴，70年代以来发生了两大变化。一是作为历史学反对结构主义的静止不动论和反对“不变的”历史形象的结果，加强了同人类学的联系，从而在接近《年鉴》杂志的历史学家和其他研究者中间开辟了被称之为“历史人类学”的领域。二是文化史的迅速拓展。而作为80年代标志的两个重要现象则是政治史和当代史的崛起。前者代表着一个传统领域的革新和复兴，后者则是一个新生事物。

至于“史学危机”，勒高夫等人认为毋宁说是把今天大多数法国历史学家共同感觉到并在讨论中的各种疑问汇集起来的最简易的手段。其中有同社会科学的普遍危机和对于史学内部危机的反思——“年鉴派”及其“霸权”终结所引起的反思和史学教育领域里的退步所引起的反思相联系的疑问；有同社会本身的危机及其同史学的关系和由此而产生的新要求相联系的疑问：历史学家被社会要求承担庆典和纪念活动鼓动者、文化遗产保护者、回忆录顾问甚至介乎学者和法官之间的身份模糊的专家角色；还有就是历史学家和历史学身份本身的疑问：一方面是大学和学术讲坛上的杰出成就所强化的传统要求，另一方面则是历史的传播、普及，加强它在国家和民族中的地位的呼声。

显而易见，这样的看法同新史学批评者的观点存在着距离。在新史学批评者看来，当前的“史学危机”归根结底是范型和模式根本转变所引发的危机。用弗朗索瓦·多塞的话来说，它标志着建立某种社会物理学，试图把社会因素完全物化、客体化，创建某种硬科学，把社会变成物的模式的终结。“年鉴派”第三代的代表人物勒罗瓦-拉迪里在1973年说过：“明天的历史学家将是电脑程序员，否则将什么也不是。”也就是说从不同的程序出发，从计量史和量化出发，就可以获得历史真理。借助气象史可以写出一部没有人的历史。今天史学领域里的危机说明了这种号称“新的哥白尼—伽利略式革命”的失败。

有些法国学者更多地则重于当前的时代氛围与危机感的联系。《论史学“危机”》一书的作者、法国社会科学高等研究院主任研究员杰拉德·诺瓦里埃指出，历史学乃是深刻影响着当今世界的翻天覆地变化的牺牲品。大学所拥有的经费和职位的减少——尽管效率提高了——造成了工作条件的恶化，超负荷的教学和行政工作使历史学家同其他学科的同事们一样士气低落。长期占据主导地位的法兰西历史学派今天不得不同其他国家的史学作品直接竞争。要在国际舞台和因特网上立足，就必须用英语发表，或者有幸同美国研究人员关注的主要课题相吻合。对于构成前一代人的统一大范型的结构主义和马克思主义信念的集体破灭，加剧了史学的四分五裂，把个人主义推向极端。新闻媒体干涉一切的地位损害了历史研究，加剧了它对于商业出版和大众口味的依附。自 19 世纪末以来史学赖以作为学科生存许可证的历史客观性和真理性的传统观念，顶不住扬言每个群体都有权确立自己的真理规范或者一切历史话语无非虚构的相对主义的猛烈进攻。

但是，这种悲观论调的反对者们认为，严格地说，史学是否处于危机这样的问题是一个虚假的问题。早在 1911 年，亨利·贝尔在论述当时已经就这个问题展开争论的著作中写道：“自历史科学作为一般科学以来，人们可以随心所欲地说它不是科学，或者它不断地处于危机之中。”这个问题之所以似乎不可解决，乃因为不存在能够衡量这样的危机的客观标准。我们可以说一个政党在选民不再投它的票时，就陷入了危机；一个企业在其生产的产品不再有销路时，就陷入了危机。但就历史学而言，市场的制裁并非是评估这个学科健康状况的最佳显示仪。我们清楚地知道，市场上销路最好的历史作品是一般称之为“小历史”的作品，但在学术方面却价值不高。正因为不存在对于学科的外在的评判标准，历史学家们既是法官又是检察官。对他们自己的实践的价值作出诊断的还是他们自己。从法国史学界的状况来说，“职业”历史学家的数量从来没有像今天这样多，各种学术机构从来没有出版过这样多的专业历史杂志，从来没有这样多的法国史学著作被翻译成外文，何况，许多历史学家与其说陷入危机，毋宁说正在锐意创新。所以有人说，最倾向于谈论危机的是属于中生代即新近获得教授或主任研究员职位的那一代历史学家。较年轻的历史学家懂得慎重对待这个问题为好，而年长的一代有他们自己的总结和著作需要维护，毋宁说更倾向于否定危机的存在。从这样的观点来看，关于危机问题的众多歧见无非是正在影响着史学的社会学变动的一种反映。在近几十年来的史学上烙下了深刻印记的一代逐渐到达引退的年龄，继后的一代最关心的是表明自己比前辈“高明”，所以必然要否弃旧范型，树立他们自己的范型。即使是在赞同史学危机之说的人中间，也可以鲜明地看到，他们的观点随着各自所处的机构的地位不同而有所分歧。大体上说，大学教师倾向于强调历史学家职业的危机（物质条件的恶化，教学任务和行政工作的增多损害了研究），而国家科学研究中心和其他大机构的研究人员首先提出的是史学知识的危机（旧范型的没落，知识的“碎化”）。

就这种争论的本质而言，核心问题依然是历史中的真理性和客观性问题，这是关系史学未来发展的基本问题之一。有的学者不无忧虑地指出，断言历史学家应该研究现实是已经“过时”的看法，只有分析表象才值得今天关注，这样的演变是十分危险的。如果不加以警惕，很可能导致历史虚无主义。如果一切都是表象，任何东西都无所谓客观性，那么怎样来批驳那些否认德国纳粹杀害犹太人的毒气室存在的歪理邪说呢？断言每个群体把握着理解自身历史的钥匙以及确立自己的真理的标准，这种观点特别是在美国颇为流行，但同学者们所信仰的普遍学术理念是背道而驰的。

正是在这样的意义上，杰拉德·诺瓦里埃着重指出：诚然，历史学家们怀疑是否可能进行客观的历史研究，是对于50—60年代的唯科学论的一种反弹，因为当时他们之中的一些人在马克思主义和结构主义影响下试图推导出某些历史“规律”，维护效仿自然科学的历史真理。今天要回答相对主义的挑战，显然不能再重复过去的老路。相反，应该从中吸取教训。根据诺瓦里埃的看法，50—60年代的唯科学论历史学家与他们今天的相对主义的对手有着一个重要的共同点，这就是他们的思考都集中在史学的“对象”问题上。断言史学是一门科学或者相反说它属于叙述，两者都假设存在着某些“普遍的”准则，使我们能够说科学、艺术等等的基础是什么。事实上，提供这些准则的不是史学本身，而是来源于康德的各种不同的哲学认识论思潮。如果我们想重新吸取科学的积极价值而又不陷入唯科学论的教条主义，就必须树立另一种历史客观性定义。历史学家应该抛弃只关心科学对象的认识论学说，诸如实证主义和语义学等等，而转向将科学认识理解为整个“社会实践”的哲学思想。

法国“年鉴派”和新史学的兴衰历程及由此而引发的争论所提出的

问题，无疑很有启发意义。这是法国乃至西方文化界的一场自省反思，其中不乏某些发人深思的教训。近一个世纪以来，历史学和整个社会人文科学领域里的许多学者为把自己的学科建成像自然科学一样的“硬”科学而作出了不懈努力，但结果往往徒劳无功。“年鉴派”和新史学又是一例。首先，这也许再一次说明史学作为科学有其固有的特殊性，其科学性和客观性的准则不可与自然科学同日而语。社会历史现象的不可重复性是一个无可否认和回避的问题，不是生搬硬套自然科学的某些方法或者概念术语所能解决的。其次，“年鉴派”和新史学的例子还说明一个学派或思潮绝不能为取得的某些成功而自我陶醉，故步自封，必须随着时代的发展而不断前进，否则终将被淘汰出局，不论它在某个领域里占据多么大的“霸权”。再次，这个例子表明百家争鸣、充分发扬学术民主、建立真理面前人人平等的良好氛围，乃是科学发展的基本条件，对于某些僵化事物的挑战往往是由“小人物”发动的。

马克思主义的历史唯物主义和辩证唯物主义观点认为，人是意识到自我的存在，是具有社会存在的一个系统。他们生活在不断变化的环境中，以选择—适应的方式对环境作出反应。新的世纪将是人类加强自身探索的世纪。随着人类对于自身认识的提高，历史认识必将升华到一个新的高度。历史学也必将在人类探索自身奥秘的 21 世纪中引起人们更大的兴趣和关注，发挥其应有的作用。

（选自《国外社会科学》2000 年第 1 期）

“新军事史”在西方史学界的兴起

许二斌*

从19世纪末20世纪初开始，以兰克学派为代表的传统史学受到了空前的批评和挑战。美国历史学家詹姆斯·哈威·鲁滨逊（James Harvey Robinson）首先打出“新史学”的旗号，提出历史学家不能仅仅满足于如实地叙述事件，而应当对事件进行深入的分析和解释。他主张应当拓宽历史学的研究领域，不能只反映帝王将相的思想和行动，并指出历史学要改变闭门造车的局面，要拆除学科之间的樊篱，广泛吸纳现代社会科学研究的新方法、新手段和新成果。① 吕西安·费弗尔和马克·布洛赫开创的法国年鉴学派则将“新史学”的主张应用到历史研究的实践当中。在年鉴学派和不满于传统史学的其他历史学家的推动下，一种新的史学范型逐渐确立：历史学的关注焦点从事件转移到结构，研究历史的方法、手段也得到了新的探索。在“新史学”潮流的影响下，西方的军事史研究在20世纪50年代以后逐渐发生了深刻的变革。

无论在国内还是在西方的史学界，军事史一向是一个相对冷僻的研究领域。传统意义上的军事史主要有两种类型。一种是为军事理论研究提供素材的军事史，像利德尔·哈特（Liddell Hart）和约翰·富勒（John F. C. Fuller）这样的军事史专家，同时也是声名显赫的军事理论家。他们研究军事史的目的是通过对以往战争的研究总结出一些经验和教训，以

---

* 许二斌，男，1974年生，厦门大学历史系副教授，博士。

① ［美］詹姆斯·哈威·鲁滨逊：《新史学》，齐思和等译，商务印书馆1964年版。

指导未来的战争。这一类军事史主要针对专业军人，具有较强的专业性，其研究者多数都是退役或现役的军人。① 另一种军事史则试图通过对战争的生动叙述，颂扬战争中的英雄和具有高超谋略的军事家，从而满足普通读者对军事事务的好奇心，或者激发人们的爱国情绪。这类军事史著述不是专为军人读者写的，往往具有较强的可读性。② 传统军事史研究的是战争的起因、过程和结局，兵力、武器、装备、军事思想、谋略、战术及伤亡数字等常常是其关注的焦点。

到20世纪中期，由于历史条件的变化和“新史学”潮流的影响，一些学者开始对传统模式的军事史感到不满，并且敏感地意识到军事史领域即将发生深刻的变革。历史学家亚瑟·艾克赫（Arthur A. Ekirch Jr.）在美国历史学会1956年年会上提交的论文中指出，只关注战争本身的“战鼓加军号”式的军事史已经过时，军事史不能完全留给军人去研究，因为军事历史“已经变成整个历史进程的一部分，如今我们是在最宽泛的意义上考虑军事事务的，并且是在战争与社会其他方面的关系上来考虑的”。③

就在亚瑟·艾克赫对传统军事史进行批评，并对军事史的未来走向进行展望的时候，一位英国历史学家已经开始用其学术实践探索一种新的军事史研究模式。1955年1月，以研究瑞典史著称的英国历史学家迈克尔·罗伯茨（Michael Roberts）在贝尔法斯特女王大学担任教授，并作了题为“1560—1660年的军事革命”的学术报告。这场学术报告的核心观点是，16世纪末由荷兰的莫里斯亲王首先使用，后来被瑞典国王古斯塔夫·阿道夫推广的步兵“齐射”战术（将步兵在战斗中的队形由方阵变成横列，最前排的人发射完后作反方向行进，然后第二排的人发射，也作反方向行进……依次类推；这种战术要求将步兵组织成规模更小的战术单位，并进行严格的训练；对训练和纪律的要求最终导致了常备军

---

① ［英］利德尔·哈特的《第二次世界大战史》（上海译文出版社1978年版）和［英］约翰·富勒的《西洋世界军事史》（广西师范大学出版社2004年版）是这类军事史的杰出代表作。

② ［古希腊］色诺芬（Xenophon）的《长征记》（商务印书馆1985年版）可能是这类军事史的典型代表作。

③ Arthur A. Ekirch Jr., Military History: A Civilian Caveat, *Military Affairs*, Vol. 21, No. 2, 1957, pp. 49–50.

在欧洲的出现）在欧洲引起了一场军事革命。这场军事革命对此后相当长一段时期内欧洲各国的经济生活、政治制度乃至学术思想等均产生了广泛而深远的影响。① 毋庸置疑，罗伯茨学术报告的内容属于军事史范畴。然而，他研究军事史的模式与以往的军事史研究有着本质的区别。他讨论军事问题的目的既不是为了指导未来的战争，也不是为了满足军事迷的好奇心或进行爱国主义宣传，而是试图把军事问题作为透视社会历史的一个切入点。他所关注的不是军事本身，而是军事与社会其他因素的互动关系。

罗伯茨的报告于1956年发表后在欧美各国史学界产生了极大的影响。此后，有越来越多的学者开始认识到以军事为切入点探讨社会历史的巨大学术价值，并纷纷在各自领域内沿此路径开展研究。其中影响最大的是法国学者安德烈·科尔维兹（AndréCorvisier），美国学者威廉·麦克尼尔（WilliamH. McNeill）、杰弗里·帕克（Geoffrey Parker），英国学者约翰·黑尔（John R. Hale）、马修·安德森（Matthew S. Anderson）和弗兰克·塔里特（Frank Tallett）等人的研究。

安德烈·科尔维兹于1976年出版的《1494年至1789年欧洲的军队与社会》一书考察了近代早期欧洲各国军队的社会构成，讨论了各级军官和普通士兵进入军队以前所属的社会阶层，以及他们进入军队的各种方式（封建式招募、强制征召、自愿报名或是充当雇佣兵）。该书的主要观点是，近代早期欧洲军队与平民社会的关系十分密切，军队的价值观往往被社会大众接受并效仿。但是到了18世纪，西欧军队与平民社会的分野逐步扩大，使得平民社会开始厌倦军队的价值观。而东欧的情形正好相反，18世纪以后东欧社会的军事化程度更高了，投笔从戎变成了普鲁士和俄国贵族提高声望的一个必要前提。②

威廉·麦克尼尔1982年出版的《权力的竞逐：公元1000年以来的技术、武装力量和社会》一书，关注的是最近1000年来欧洲的技术创新、

① Michael Roberts, The Military Revolution, 1560 – 1660, in Clifford J. Rogers (ed.), *The Military Revolution Debate*, Boulder: Westview Press, 1995.

② André Corvisier, *Armies and Societies in Europe, 1494 – 1789*, Bloomington: Indiana University Press, 1979.

武装力量和社会这三者之间错综复杂的互动关系。例如，作者在讨论火药革命时写道，1465 年至 1477 年法国和勃艮第的军备竞赛使火炮技术迅速发展成熟，1494 年法国军队凭借这种新式攻城炮的威力横扫了整个亚平宁半岛。火炮技术的发展，"使付得起高价购置新式武器的统治者权势大振"，而意大利城邦和其他弱小国家则变得岌岌可危。然而，就在 1500 年前后，意大利出现了抵御攻城火炮的新技术。到 16 世纪 20 年代，意大利式的防御工事已经能够有效抵挡火炮的轰击。这种新工事的迅速推广"在欧洲历史上发挥了关键作用"。当时，神圣罗马帝国皇帝查理五世统治着西班牙、尼德兰和德意志的广阔领土，"欧洲有可能通过政治统一形成单一的帝国；但就在这种可能性出现的同时，新工事的推广在其实现的道路上设置了十分有效的障碍"。[①]

英国伦敦大学的著名军事史专家约翰·黑尔的《欧洲文艺复兴时期的战争与社会，1450—1620 年》一书出版于 1985 年。该书是英国苏塞克斯大学历史学教授杰弗里·贝斯特（Geoffrey Best）主编的《战争与欧洲社会丛书》当中的第一部。本书作者关心的不是战争的过程，而是如下一系列问题：这一时期欧洲为何会有多次战争发生？火药武器的使用怎样推动欧洲军队规模的膨胀，并由此对社会大众产生了怎样的影响？军队当中步兵与骑兵的比例发生了什么变化？第二等级和第三等级分别在战争中扮演什么角色？普通士兵在军营中过着怎样的生活？战争对于周围地区平民的生活有何直接影响？战争对于经济、税收、信贷和行政管理有哪些影响？[②]

杰弗里·帕克 1988 年出版的《军事革命：军事改革与西方的兴起，1500—1800 年》一书，考察了一种能够抵御火炮轰击的新型防御工事如何在 16 世纪改变了欧洲陆战的面貌——随后，这种防御工事在全球各地建立起来，成功地保护着欧洲人的贸易据点——以及欧洲人如何将重炮应用到战舰上，并发展出一种适用于远洋作战的海战模式。帕克写道，

① William H. McNeill, *The Pursuit of Power: Technology, Armed Forces, and Society since A. D. 1000*, Chicago: University of Chicago Press, 1982. 引文出自中译本《竞逐富强：西方军事的现代化历程》，倪大昕、杨润殷译，学林出版社 1996 年版，第 92—95 页。

② John R. Hale, *War and Society in Renaissance Europe, 1450 - 1620*, Baltimore: The Johns Hopkins University Press, 1986, p. 47.

由于欧洲发生了上述军事变革，欧洲人的军事力量在16世纪超过了美洲的印第安人，17世纪超过了大部分印度尼西亚人，18世纪超过了印度人和非洲人。到1800年，西方国家能够在占地球陆地表面35%的土地上建立起它们的全球性帝国，首先是得益于这种越来越明显的军事优势。[①]

1988年，纽约的圣·马丁出版社出版了英国学者马修·安德森的一部重要著作《旧制度下欧洲的战争与社会，1618—1789年》。这是《战争与欧洲社会丛书》的第二部。根据欧洲军队主要构成方式的演变过程，安德森的著作分为三个部分：军事承包人的时代（1618—1660年）、常备军的时代（1660—1740年）、向国民军队过渡的时代（1740—1789年）。作者先扼要陈述这一时期欧洲主要的军事斗争，然后着重对当时欧洲军队的组织形式、军人的招募程序、军饷的支付情况、军队规模的膨胀以及战争对社会的影响等问题进行细致深入的分析。[②]

弗兰克·塔里特的《近代早期欧洲的战争与社会，1495—1715年》一书出版于1992年。在简短的导论后，该书第二章讨论了近代早期欧洲战争的技术、装备和作战方式的变化，以及普通士兵在围攻战和野战当中的体验。第三章考察了军队招募士兵的不同方法、士兵的社会来源以及促使他们进入军队的各种动机。第四章研究的是普遍士兵在军队中生活的情况，如他们的伤亡率、医疗卫生状况、生活必需品的供应情况以及他们的宗教信仰等。第五章讨论的是战争对经济和平民社会的各种影响，如军队的抢劫等行为对附近地区的直接破坏、庞大的军费开支对财政的影响、战争对国家政治状况的影响等。[③]

以上几部著作所探讨的主题都与军事相关，然而这些著作与传统模式的军事史有着明显的区别，西方学者把此类研究称作“新军事史”（new military history）。归纳起来，“新军事史”与传统军事史主要有以下几点显著区别。第一，研究目标不同。传统军事史的研究目标或者是总

---

① Geoffrey Parker, *The Military Revolution: Military Innovation and the Rise of the West, 1500 - 1800*, Cambridge: Cambridge University Press, 1988.

② M. S. Anderson, *War and Society in Europe of the Old Regime 1618 - 1789*, New York: St. Martin's Press Inc., 1988.

③ Frank Tallett, *War and Society in Early-Modern Europe, 1495 - 1715*, London: Routledge, 1992.

结以往战争的经验和教训，或者是满足普通读者对军事事务的好奇心；而"新军事史"的研究目标是以军事作为切入点来理解社会历史。第二，研究内容不同。传统模式的军事史对战争中武装力量之间的相互较量给予了充分关注，但对武装力量与社会之间的关系一般都没有兴趣；而"新军事史"最关注的就是武装力量与它们所在的社会之间的关系。换言之，传统军事史只关注战争本身，而"新军事史"把关注的焦点从战争本身转移到战争以外，许多过去一直被忽视的问题——如军人在社会总人口中的比例对社会的影响，军人是怎样与平民接触从而影响平民的生活的，士兵在入伍前的社会阶层、地区分布，士兵在军队中的生存状况和心理体验等——开始进入研究者的视野，并逐渐成为研究的重点。第三，史学范型不同。传统军事史属于"叙事史"，"新军事史"则更加注重结构和分析。无论是哪种类型的传统军事史，强调的都是对事件（战役）的如实叙述。传统的军事史学家相信，战役是影响人类命运的重大事件，而战役的结果在很大程度上取决于统治者和军事指挥官的决策，因此，传统的军事史十分注重分析大人物（统治者和将军）的思想和行动，以便于理解他们决策背后的原因。与此相反，"新军事史"避免叙述事件，也不把关注点集中于大人物的思想和行动，而是研究普通士兵和普通民众的生活，属于典型的"新史学"。第四，研究者不同。传统军事史的研究者多数都是现役或退役的军人，而"新军事史"的研究者绝大部分是没有军事经历的专业历史学家。

到 20 世纪 90 年代，欧美各国从事"新军事史"研究的学者已经形成了一个庞大的学术群体。他们举办过多次学术研讨会。比如，1991 年 3 月在北卡罗来纳州的达拉谟举行的美国军事学会①第 58 届学术年会的会议主题就是"新军事史"。近年来，在美国军事史学会主办的《军事历史杂志》（*The Journal of Military History*）上发表的文章当中有相当一部分可以归入"新军事史"的范畴。此外，美国的《武装力量与社会》（*Armed*

---

① 美国军事学会（American Military Institute，AMI）的前身为 1933 年成立的美国军事史基金会（American Military History Foundation），1939 年更名为美国军事学会，1991 年再次更名为军事史学会。该学会致力于促进军事史的研究，主办有《军事历史杂志》（*The Journal of Military History*）等刊物，现有会员 2300 多名，其中既有研究军事史的学者，也有不少军人以及对军事史感兴趣的普通民众。

Forces and Society）、《历史上的战争》（*War in History*），英国的《战争与社会通讯》（*War and Society Newsletter*）及法国的《国际军事史杂志》（*Revue internationale d' histoire militaire*）等刊物也经常登载“新军事史”方面的文章。

尽管受到某些坚持传统军事史研究的学者的批评，但“新军事史”的兴起已经成为国际史学界一股不可阻挡的潮流。当然，“新军事史”的兴起并不会完全取代传统模式的军事史研究。正如杰弗里·贝斯特教授所指出的那样，现在西方学术界流行的“新军事史”，试图弥补在传统模式的战争史研究中所缺少的某些东西，而那些习惯于在战争史中寻求英雄主义或爱国主义情感熏陶的人，以及那些喜欢通过阅读传统战争史中对暴力场面的描绘而获得刺激的军事迷，在阅读“新军事史”的著作时肯定会感到失望。① 尽管在西方学术界有越来越多的学者致力于“新军事史”的研究，但仍旧有相当多的学者选择从事传统军事史的研究，他们的研究成果同样可以得到学术界的高度评价。

“新军事史”在西方史学界的兴起拓宽了军事史的主题，丰富了军事史的研究途径和方法，革命性地改变了军事史的性质。长期以来，一般历史学家不愿意涉足军事史这一研究领域，一方面是因为缺乏足够的兴趣；另一方面是由于人们往往认为，不曾亲身经历任何军事活动的学者在军事问题上的见解缺乏可信度，担心这种“纸上谈兵”可能会造成理论与事实的偏差。然而，“新军事史”不仅拉近了历史学家与军队之间的距离，而且弥合了军事史与一般历史学科之间的鸿沟。总之，“新军事史”的兴起对西方历史学的发展已经产生了十分重要的影响，其未来的发展趋势值得关注。

（选自《国外社会科学》2008 年第 4 期）

---

① Geoffrey Best, War and Society in Revolutionary Europe 1770 - 1870, Montreal &Kingston: McGill-Queen's University Press, 1998, pp. 5 - 7.

民族学与人类学篇

摩尔根以来的原始社会研究

林耀华　黄淑娉

美国民族学家摩尔根对原始社会的研究作出了重大的贡献。在1877年出版的主要著作《古代社会》一书中，摩尔根从唯物主义观点出发，系统地阐述了他的通俗的社会进化概念，这种概念认为，人类社会都是通过蒙昧、野蛮和文明这几个大致相同的连续阶段发展起来的。这种看法实际上体现了他对人类原始社会发展规律的科学见解。

马克思和恩格斯一向很注意研究原始社会的问题。马克思在1881年5月至1882年2月间研读了《古代社会》一书，写下了十分详细的摘要和批语，打算写一本专门阐述原始社会史的著作，但未能实现。恩格斯完成了马克思的遗愿，根据马克思的《摩尔根〈古代社会〉一书摘要》和摩尔根书中的事实材料，写成了伟大的经典著作《家庭、私有制和国家的起源》。他“批判地对待摩尔根”，把摩尔根的研究大大地发展和深入，重新阐明了原始社会史的一系列重要问题。列宁称赞这本书是“现代社会主义的主要著作之一”。

马克思和恩格斯曾经对摩尔根及其主要科学成就给予高度的评价。恩格斯在1884年指出，“在论述社会的原始状况方面，现在有一本像达尔文学说对于生物学那样具有决定意义的书，……摩尔根在他自己的研究领域内独立地重新发现了马克思的唯物史观，并且最后还对现代社会提出了直接的共产主义的要求”（恩格斯：《致卡·考茨基》，见《马克思恩格斯选集》4卷，第442—443页）。

摩尔根的《古代社会》一书出版已经整整一个世纪了。在这一百年间，对原始社会历史的研究在继续进行着，积累了大量的新的资料，同时，在这个研究领域内也不断地展开着无产阶级同资产阶级、唯物主义同唯心主义的激烈斗争。这里将欧美和苏联的研究状况作一简要的评述。

一

资产阶级学者根本不承认人类社会发展的规律，更不承认有原始社会的历史。原始社会史作为一门学科，研究人类社会最初的一个发展阶段，是马克思主义的历史科学同资产阶级的史学进行尖锐的斗争中产生和发展起来的。资产阶级学者认为历史是从有文字记载开始的，在此之前不是什么历史，而是所谓“史前人”或“野蛮人”阶段，从而根本抹杀人类原始时代的历史。（当然，马列主义经典文献中也使用“史前”prehistoric 这个名词，但是含义已经不同，沿用旧词，称史前史，实际上是指原始社会史，同原始社会史意义相通。）资产阶级学者把没有文字的、尚处在原始时代的民族，作为人类学研究的范畴，不在历史学研究的范畴之内。资产阶级人类学特别是英美资产阶级国家的人类学，包括的范围很广。体质人类学研究人类的起源、发展变化以及人种等问题；文化人类学研究人类所创造的文化，包括物质文化和精神文化两个方面；社会人类学研究那些无形的或难于触摸到的、人类初期创造的诸如氏族、家庭等社会组织以及宗教信仰和活动；等等。文化人类学和社会人类学之间很难划分界限，但民族学（ethnology）一词，却可概括这两者。因此，像摩尔根这样一个学者，通常被称为民族学家，也被称为人类学家，因为他研究的对象主要是原始时代的民族，所以我们也称他为原始社会史学家。

资产阶级民族学之成为一门独立学科，是在 19 世纪中叶。当时处在殖民主义早期阶段，民族学主要研究“没有文字的未开化民族”和“没有历史或历史不完全的民族”，欧洲、美洲以外的“初民世界”“史前民族”“野蛮社会”。随着帝国主义殖民扩张的发展，特别是第一次世界大战之后，民族学的研究也逐步扩展到研究“文明民族”和“现代社会”。因此，要了解原始社会的研究在资产阶级国家的进行情况，就必须同时了解资产阶级民族学研究的历史和现状。

民族学首先形成的是进化学派（The Evolutionary School）。资产阶级把摩尔根作为这一学派的首要代表，其实摩尔根是自发的唯物主义者，和进化学派的其他代表人物不很相同。其他代表有德国的巴斯典，瑞士的巴霍芬，英国的斯宾塞、泰勒、弗雷泽、拉伯克、麦克伦南等。进化学派主要研究人类社会及其文化的起源和演变，应用进化论来说明人类的过去，企图找出普遍的进化规律来解释人类怎样由原始时代进入19世纪文明。他们认为人类社会和文化是不断进步的，由低级阶段进到高级阶段，各民族文化发展程度不等，都循着相同的次序前进，所以一切原始社会都经历了平行发展的道路。但是，他们却把人类早期文化的相似点归因于人类心理的一致性。这是一种唯心主义的观点，以一致的心灵作为人类社会进步的原因，当然不可能把社会发展的推动力揭示出来。而且，他们所讲的社会进化，是以资本主义制度为顶点的。

巴霍芬的名著《母权论》（*Das Mutterrecht*）于1861年出版，他指出人类由杂交的原始状态发展到一夫一妻制，母权制先于父权制，但又认为这是宗教观念发展的结果。恩格斯在批判他的宗教神秘主义唯心主义的同时，肯定了他的功绩，尤其指出他奠定了研究家庭史的基础。斯宾塞和泰勒都被认为是进化学派的创始人，但泰勒更着重于研究原始历史和原始文化。进化学派把文化看作各个孤立现象的机械汇集，认为每一个现象都是独立存在的。泰勒曾经写道："正如某一地区各种植物和动物的目录能使我们了解这一地区的植物区系和动物区系一样，组成某一民族一般生活特性的各种现象的清单，便汇集为一种我们称之为文化的整体。"泰勒在《原始文化》一书中，搜集了大量的资料，对各种文化作了细致的叙述，说明它们是怎样从世界各地独自起源和平行发展的；但是，他仅仅罗列了一大堆文化现象，不能分析各种文化现象之间的联系，描画不出一幅总的社会发展图景，也说不出发展的原因是什么。苏格兰学者弗雷泽对原始和古代民族的巫术、宗教、祭仪等进行了研究，并提出了图腾崇拜起源的理论。由于他站在唯心主义的立场上，不是把宗教现象同社会存在的物质条件联系起来，因此不可能对宗教现象作出正确的解释。

尽管进化学派存在着不少错误的、唯心主义的观点，但他们应用比较的方法研究各族人民的文化现象，证明了早期人类社会和文化的统一性，并指明了循序进化的方向，在当时起着一定的进步作用。摩尔根被认为是进化学派的主要创始人之一，但他以唯物主义观点，提出了原始社会的各文化阶段，全面阐述了原始社会起源和发展的问题，建立了原始历史研究的系统，不仅批评了当代的资本主义社会，“还用了只有卡尔·马克思才能用的字眼来谈论这一社会的未来的改造”。因而远远地超出于其他进化论者之上。马克思、恩格斯对摩尔根学说的高度评价，以及他们根据摩尔根的材料对原始社会史所作的研究和发展，更加引起了资产阶级的恐惧。资产阶级学者千方百计找论据来证明资本主义制度的永恒性。他们硬说私有制、阶级、一夫一妻制等都是人类自古以来就有的，而且永远存在，一成不变。韦斯特马尔克在 1891 年发表的三大卷《人类婚姻史》就是一个例子。他提出父权制先于母权制，原始社会的基本社会结构不是氏族，而是一夫一妻制家庭，为了说明这一点，连动物的生活也用来作为论据。这本书产生了恶劣的影响。恩格斯对这本书和当时的有关资料作了充分研究之后，在 1891 年修订的《家庭、私有制和国家的起源》第 4 版中驳斥了韦斯特马尔克的错误理论，并对人类的原始状态和原始婚姻等问题发表了十分精辟的见解。

从 19 世纪末到 20 世纪初，西方资本主义发展到帝国主义时代，资产阶级民族学为了适应殖民扩张发展的需要，出现了反动的播化学派（diffusionist school）。播化学派在总的理论方面，是反对进化学说，否认人类历史发展过程中存在着普遍规律的。播化论的先驱人物，是德国的拉采尔，他认为人类社会发展的决定因素是地理环境，第一次论述了人类及其文化的地理分布，认为地球上各种文化因素都是通过借用的途径传播开来的，并具体指明了文化传播的一些真相，首创出了文化区域的概念。播化学派分两个派别，即德奥的文化圈学派和英国的播化学派。文化圈学派代表人物是德国人格拉布涅尔，奥地利天主教神甫施米特、科波尔斯等人。这一学派在 20 世纪初提出了文化圈（Kulturkreise）的理论，认为人类的创造能力非常有限，因而每一种文化现象，都是在一个中心一次产生的，不同地区的相同的文化现象，是从原始中心传播出来的结果。格拉布涅尔就是以他研究的大洋洲为例，把原始文化分为几个文化圈，用出自同一中心的观点来解释各个民族文化中的类似现象。根据他的论点，整个文化史是几个文化综合体在地球上移动的历史，是它们彼此之间机械结合的历史。这种论点实质上是反历史的。施米特发表过不少关于原始社会和文化的著作，他概括和发展了格拉布涅尔的理论，把各民族文化划分为若干个文化圈，其中的原始文化圈又分为图腾父权制猎人文化、族外婚母权制锄农业文化和父权制游牧人文化。在文化圈理论的基础上，他提出了反科学的原始一神教理论，主张宗教自古就有，而最早的就是一神教；以及最古老的家庭形式是一夫一妻制、私有财产是社会的永恒基础等谬论。科彼尔斯以轻视的态度批评巴霍芬和摩尔根的杂交说和母权制先于父权制的理论，主张“个人和家庭对于私有财产的承认”产生于“最原始最古老的阶段”。施米特和科彼尔斯合著的《民族和文化》（*Volker and Kulturen*，1924）把亚、非、拉、大洋洲等地区划成文化圈，为帝国主义划分势力范围寻找理论根据。

英国播化学派的代表人物是埃利奥特·史密斯和他的学生佩里。师徒二人极力主张埃及是人类文化的发源地，认为各种高级文化因素都是从世界文明的中心尼罗河传播出去的。这种臆造的反历史的埃及中心论，由于缺乏科学的事实，不攻自破，因此后来也没有追随者继承这种谬论了。

继播化学派而起的是美国的“历史学派”（the historical school）。这一学派的创始人是哥伦比亚大学的鲍亚士。美国大多数的人类学家和民族学家都出自鲍亚士的门下，其中比较著名的有克娄伯、罗维、韦士勒、哥登卫塞等人。由于美国“历史学派”也把文化的发展归结为地理的转移和传播，所以有人把德国的文化圈学派、英国的播化学派以及美国的“历史学派”统称为文化历史学派，其实他们都反对历史发展的观点，把各个人类社会的文化现象看成静止的东西。所谓文化圈或文化区概念，不过是把一些偶然性的、胡乱捡来的而其间毫无共同特点的东西机械地堆在一起罢了。美国“历史学派”否定社会发展的规律，主张单纯地描写事实，不作理论概括；打出了批判进化论的旗号，以摩尔根的学说为主要攻击对象。鲍亚士强调实地调查，主张历史仅仅是研究和描写具体的文化，表面似乎脱离理论，实际上以隐蔽的方式反对摩尔根的学说。他的学生罗维著《原始社会》一书，是专门为反对摩尔根的《古代社会》一书而写的。罗维在书中对摩尔根提出的人类社会和文化的发展阶段、氏族学说、家庭婚姻史的发展、政治组织、财产等各方面的问题，进行了全面的否定和攻击。他所攻击的中心问题是人类社会发展有普遍规律的理论。他诬蔑摩尔根的《古代社会》早就过时了，是“无可挽回的古董”。恩格斯曾经指出摩尔根发现了氏族的真正本质，“给我们阐明了国家产生以前原始时代社会制度的基本特征”。而罗维则竭力反对摩尔根的氏族理论，他写道，“可以断言，即使在他最不行的时候，摩尔根也没有说过比这个更荒谬的话；这一句评语已经足够了”。他们反对摩尔根，是因为马克思、恩格斯赞扬摩尔根，所以攻击摩尔根显然就是为了攻击马克思主义。罗维的《国家的起源》一书，则完全是针对恩格斯关于国家起源的论述而写的，他认为国家是“无知的人民在一定地域内维持着政治秩序”，因而国家是普遍存在的东西。罗维是“历史学派”中最露骨攻击马克思主义的人。

第一次世界大战之后，为了适应殖民统治新时期的需要，资产阶级民族学中崛起了一个新学派，叫作功能学派（the functional school）。这个学派的代表人物是英国伦敦大学的奥籍波兰人马林诺斯基、英国的拉得克里夫－布朗和南非的史末资。这个学派完全是反历史主义的，他们抹杀历史，认为殖民地民族没有什么历史可言。他们针对进化学派着重研究人类社会文化的起源和发展，提出了文化的“意义”和“功能”的观点，认为一个社会的每一种文化现象（社会制度、风俗习惯等）都有它的功能，都在实际生活中起着作用，不能脱离整体。因此，他们主张研究文化现象“不问其起因，而只问文化是什么，怎么发生作用和怎样变迁”。他们的似乎是改良主义的主张，实质完全是为殖民主义者的利益服务。所谓“文化变迁”，并不是指社会发展，而是指被殖民者侵入之后社会所发生的变化。研究殖民地落后民族的文化，目的是为了保持他们的落后状态，以适应殖民统治的需要。功能学派特别强调它的理论的实用方面。拉得克里夫－布朗早在20年代就在大洋洲、非洲等地为英国殖民官吏开设训练班。马林诺斯基更进一步提出了间接统治的主张，即永远保持殖民地民族的原始落后状态，通过当地的首领、传统的制度和习俗来进行管理，比殖民者直接管理能够更好地统治他们。当时，战后年代殖民地各族人民和帝国主义之间的矛盾日益尖锐，帝国主义之间对殖民地的争夺也极其剧烈，这个学派的功能学说和间接统治政策有利于缓和帝国主义和殖民地人民之间的矛盾，巩固殖民主义的统治，压制殖民地土著人民要求独立的斗争，完全符合帝国主义的需要。英国殖民事务部采纳了马林诺斯基的意见训练殖民官吏，同时设立官方民族学家的专职，从事殖民地人民文化的研究。南非联邦的反动政客史末资的整体论和功能学说相吻合，他们互相支持，互相引证，为挽救帝国主义的殖民制度效劳，他们的理论就成为英国殖民政策的思想基础之一。功能学派的著作很多，其中调查研究有关土著民族的原始状态的资料，还有些参考价值，但在理论方面，确是集中了许多反动透顶的学说，只能作为批判的对象。功能学派妄图挽救垂死挣扎的殖民主义，顽固地为帝国主义效劳，因此它的理论迄今在美英等国还很盛行。

从 20 世纪 30 年代开始，在美国民族学中产生了一个新流派，即美国心理学派。直到第二次世界大战以后，为了适应美国追逐世界霸权的需要，这个学派的学说更见盛行，迄今这一学派在美国仍占统治地位。这个学派的代表人物有本尼迪克特、米德和卡迪涅尔等人。他们在美国印第安人和大洋洲土著民族中，作了大量的调查研究，目的在于找出在个人人格和社会文化背景的相互影响下形成的各个独特的社会模式。他们认为个人的心理决定社会的状况，心理的变化引起社会结构的变化。各族人民之所以不同，在于有不同的性格结构，而这种民族性格是一代传一代的。他们把人类文明分成几种类型，即几种“文化模式”，认为属于优秀种族的人（例如美国人）有优良的心理素质，因而能够创造出高级的文化模式，而属于劣等种族的人，也就是那些落后民族，有一种不正常的心理素质，在生物本性上是不完善的，必须依靠优秀种族的帮助，改变他们的恶劣心理，最后统一到美国的高级文化模式里去。本尼迪克特在 1934 年出版了《文化模式》一书，产生了广泛的影响。尽管这一学派声明他们对种族主义持否定态度，但他们的“民族性格”和“文化模式”实际上是披上心理学外衣的种族主义。这一学派也因此被称为“心理种族学派”。他们事实上也是更加隐蔽而巧妙地为帝国主义、殖民主义和霸权主义制造理论根据的。心理学派同功能学派一样，在研究落后民族的同时，用同样的概念和方法去研究现代社会。

总的说来，资产阶级民族学自从成为一门独立的学科起，在资本主义上升时代，进化学派的论点确有进步的一面，也起了一定的作用。到了帝国主义时代，民族学的各个流派就变得一派比一派更加反动、更加远离科学性了。这些流派都是站在资产阶级立场上，用唯心主义观点，彻头彻尾地为帝国主义殖民主义、种族主义和霸权主义服务的。

在日益反动的处于衰退状态的现代资产阶级民族学中，摩尔根始终是他们各个流派攻击的对象。有的把摩尔根看作过了时的老古董，或采取根本不提的态度。大多数继续反对他的学说，企图以所谓“新的资料”“新的解释”来推翻摩尔根学说的基本观点。例如，他们竭力寻找亚、非、拉的落后民族从来都存在父权、私有制的材料，来反对原始社会存在母权制、生产资料公有制的理论。又如，他们认为摩尔根根据亲属制度得出来的家族形态进化的理论是站不住脚的，并提出了一种“新的解释亲属制度的理论”，认为亲属称谓是指人与人之间的行为和态度，而不是血亲和姻亲等组织结构的关系；还认为，既然灵长类已有家庭，那么人类社会一开始就有家庭是必然的。有的人甚至诬蔑只有“顽固的马克思主义者”才继承摩尔根的理论，把它作为唯物主义的社会主义的“圣经”。事情很明显，他们反对摩尔根，固然由于摩尔根在原始社会的研究中自发地达到了唯物主义，而更重要的是，由于马克思、恩格斯的支持使他有更高的声望。

19 世纪末以来，在摩尔根的学说遭到反对和攻击的同时，也有一些学者一直在坚定地维护摩尔根的学说，第二次世界大战以后，人们重新研究摩尔根和他的著作。称为新进化学派的一些人，如美国密歇根大学教授怀特（Leslie A. Wihte）等人，写了一些书介绍摩尔根的生平和学说。他们受马克思主义的影响，推崇摩尔根，在许多方面维护他的学说，但是他们并不懂得辩证唯物主义和历史唯物主义，在他们的著作中有反马克思主义的观点。他们主张社会进化是多线的（multilineal），修正摩尔根提出的符合于社会发展阶段的单线的社会进化学说。20 世纪 60 年代以来，美英各国对摩尔根重新产生兴趣，他们重版了《古代社会》和摩尔根的其他著作。例如，1964 年怀特整理重版了《古代社会》，并就摩尔根的生平和著述发展的情况写了一篇很长的引论。1967 年，李柯克也重版了《古代社会》并写了一篇引论。迄今为止，《古代社会》一书在世界上已有九种不同语言的译本。摩尔根的其他重要著作，如《易洛魁联盟》《人类家族的血亲和姻亲制度》《美国土著居民的住房和居住生活》等，也于五六十年代重新再版问世。1959 年还第一次出版了摩尔根的《印第安人日志（1859—1862 年）》。这样，在资本主义世界似乎又要掀起一股研究摩尔根的热潮了。

二

在苏联，原始社会史一向属于民族学的研究范围，而且是民族学研究的主要内容之一。

十月革命以前，俄国的资产阶级民族学最初作为地理学的一个部门，通过“考察”“旅行”来研究国内外的民族情况，为沙皇俄国的殖民政策服务。一些俄国学者调查了当时处于原始状态的民族，积累了不少资料。例如，米克卢霍·马克莱关于巴布亚人和大洋洲以及东南亚一些原始民族的经济、物质文化和风俗习惯的第一手记述，是很有价值的资料。又如阿努钦（Д. Н. Анучин，1843—1923），是属于进化学派的民族学家。他写了一些关于西伯利亚和中亚细亚的古代民族的著作，特点就是善于运用民族学、考古学和人类学等各门科学的资料进行综合研究。他训练出一批学生，自成一个阿努钦学派，其中有许多学者后来在苏维埃时期作出了不少贡献。还有一些学者如兹别尔、柯瓦列夫斯基、施特恩堡等，接受了摩尔根的理论，同时也受到马克思主义观点的影响，写了一些较好的著作。兹别尔在 1883 年发表了《原始农业文化概论》，提出原始经济以集体的、公社的形式为主。柯瓦列夫斯基写了《公社土地占有制及其解体的原因、过程和结果》（1879）、《原始法权，第一分册：氏族》（1886）、《家庭及所有制的起源和发展概论》（1890）等书，为原始社会向阶级社会过渡、家长制家庭公社和农村公社问题的研究作出了贡献。他证明了家长制家庭公社是由群婚中产生的以母权制为基础的家庭到现代个体家庭的过渡阶段，这一发现得到了恩格斯很高的评价。施特恩堡在 1892 年写了关于库页岛的吉里亚克人（即尼夫赫人）的生活和社会制度的报道，为摩尔根的家庭发展史和群婚的学说提供了新的证据。恩格斯在《新发现的群婚实例》一文中几乎引用了全篇报道，并指出施特恩堡的发现的重要性。普列汉诺夫在 19 世纪 90 年代研究过原始社会的问题，在《没有地址的信·艺术与社会生活》中阐述了他对原始宗教和原始艺术的见解。

十月革命以后，20年代末至30年代中期，在苏联发生过关于民族学问题的激烈争论。争论的问题是，民族学能否作为一门独立的学科存在，有没有马列主义的民族学，民族学的任务和对象是什么，等等。在1932年全俄考古学民族学会议上，民族学被取消了。直到1937年，苏联科学院民族学研究所成立，民族学才恢复了它作为一门独立的学科的地位。在这十几年间，民族学的研究对象逐渐缩小，甚至缩小到仅仅用直接观察法考察现代各族的原始残余，研究原始公社制度。但是，不论民族学研究的范围如何变动，原始社会史始终是苏联民族学的基本内容之一，研究工作从未间断。

列宁和斯大林有许多关于民族问题和原始社会问题的论述，对于民族学和原始社会史的研究有十分重要的指导意义。在列宁、斯大林领导时期，苏联学者对原始社会史的研究做了不少工作，取得了很大的成绩。1920年，列宁在共产国际第二次代表大会上就说过，“共产国际还应该指出，还应该从理论上说明，在先进国家无产阶级的帮助下，落后国家可以不经过资本主义发展阶段而过渡到苏维埃制度，然后经一定的发展阶段过渡到共产主义”（《列宁全集》第31卷，第213—214页）。列宁的这一段话，是直接过渡方针的理论根据，那就是在无产阶级专政条件下，落后民族或国家，甚至尚处在原始时代的民族，可以不经过资本主义阶段，超越一个或几个发展阶段，直接向社会主义过渡。十月革命后初期，苏联政府组织了许多考察队，包括民族学工作者，对居住在边区，特别是北方边区那些尚处在原始公社制度发展阶段的少数民族进行了大量的考察工作，为这些民族地区的社会主义改造提供事实根据，对贯彻直接过渡方针作出了贡献。这些考察队的工作也为原始社会史的研究积累了丰富的资料。许多苏联学者采取综合研究的方法，研究民族学、考古学、人类学、历史学、语言学等学科所提供的材料，复原人类第一个社会形态——原始社会的历史。

从30年代起，一些民族学家和考古学家曾极力根据马克思主义经典作家的著作，用辩证唯物主义和历史唯物主义的理论原则来阐明原始社会史的问题。他们出版了一些有关原始社会史的概括性论著和关于原始社会史的基本问题的著作，如尼科尔斯基的《原始文化纲要》（1923）、《原始社会史》（1951），柯斯文的《母权制》（1938）、《从母权制过渡到父权制》、《原始文化史纲》（1953）、《氏族社会》论文集等。考古学家叶菲明柯（П. П. Ефименко）的《原始社会》主要以考古学资料描述原始社会的发展。他们还发表了不少个别民族的原始公社制形态的研究论文和原始社会问题的专题论文。他们在马克思主义的理论指导下，依据人类社会发展的规律，把原始社会作为人类社会发展的第一个社会形态，把原始社会史作为历史科学的一个组成部分，批判了资产阶级民族学否认社会发展规律、把原始社会当作“史前人”或“野蛮人”并把这种研究归于人类学范畴的观点。因此，原始社会史作为一个学科的建立，以及原始社会史研究所取得的成就和进展，是同在列宁、斯大林领导下的苏联学者的辛勤努力分不开的。

关于氏族制度的理论，是原始社会史研究的中心问题。恩格斯认为，氏族是国家产生以前的社会制度的基础。一百年来，反对摩尔根的人一直都企图推翻他的氏族学说。西方民族学家说氏族不是普遍存在的，家庭是最古老的社会单位。罗维就举出了不存在氏族的例子，包括北美一些落后民族以及西伯利亚的楚克奇人和科里亚克人等在内。三四十年代，苏联学者研究了大量的民族学、考古学资料，对世界许多民族的氏族组织进行了研究，证明恩格斯和摩尔根的理论的正确性，氏族仍然是原始社会的基本细胞。他们发现楚克奇人和科里亚克人有一种特殊形式的社会制度，这是由于母系氏族组织解体而父系氏族制度又发展得不充分而形成的，北美某些族也不具备氏族的外观，可能也是同样的情况。对于氏族和部落产生的先后问题，有各种不同的看法，主要的有两种：一种是氏族同部落一起产生；另一种是氏族产生在前，部落是后来发展起来的。

摩尔根确定了母权制氏族先于父权制氏族，恩格斯认为“这个重新发现，对于原始历史所具有的意义，正如达尔文的进化理论对于生物学和马克思的剩余价值理论对于政治经济学的意义一样”。摩尔根的这一理论一直受到攻击。于是发生了关于母系氏族和父系氏族相互关系问题的一场辩论，而苏联大多数研究者同意恩格斯和摩尔根的理论。柯斯文等人对母权制问题作了广泛的研究，在《母权制》等论著中阐述了母权制的历史地位，提出了关于母系氏族的发展、向父系氏族过渡、母系氏族的各种变体等许多具体资料。

针对西方资产阶级民族学家提出的氏族一开始就是父系，以及施米特等人提出的北方游牧民族是纯粹的父权制区域、不存在母权制的理论，苏联学者从30年代起就着重研究了西伯利亚从事渔猎、游牧的民族，如埃文基人、乌里奇人、恩加纳桑人、布里亚特—蒙古人，以及中亚、高加索、东欧的许多民族，发现这些民族中普遍存在表现为各种形式的母系氏族制残余，这些残余的存在说明先前存在过母系氏族。他们还广泛地搜集了世界各洲的采集狩猎部落的资料，进行比较分析研究。南美33个采集狩猎部落大多数是母系氏族部落。北美印第安人的狩猎部落，也是母系制占优势。因纽特人和阿留申人中存在着母系氏族的许多痕迹。被认为是父权制典型的非洲中部的毕古米人，现存的虽是父系氏族，但还保留有母系氏族的许多痕迹。澳大利亚西北部和东北部都有采集狩猎的土著部落，西北部的土著更古老，保留母系氏族的遗迹更多，东北部的土著部落因与欧洲移民较多接触，母系痕迹就比西北部土著为少。这些资料足以证明，原始氏族的形式是母系氏族，而不是父系氏族。在苏联史学界，对摩尔根和恩格斯关于母系氏族为主的论点是没有争论的。

关于母系氏族组织的物质基础的问题，摩尔根和恩格斯因限于当时所有的资料，讲得不够充分。苏联学者对这个问题进行了研究，根据民族学实地调查和考古学的挖掘资料，进一步阐述了恩格斯和摩尔根对这个问题的见解。对于氏族时代的生产关系，他们也作了探讨。

关于氏族组织的起源及其最初形式的问题，恩格斯根据摩尔根的材料，指出澳大利亚人的婚姻级别与最初的氏族组织的关系，说明划分部落为两个族外婚的氏族，这两个最初的氏族后来就成为胞族。由于当时的民族学资料还不丰富，恩格斯和摩尔根对这个问题的说明不够详细、具体。苏联学者如托尔斯托夫、佐洛塔列夫等人对许多民族的社会组织进行了研究，证明了恩格斯的理论是正确的，二胞族组织或称两合氏族组织是氏族组织的最初形式；同时，还证明了两合氏族组织普遍存在于不同社会经济结构和不同发展水平的各民族之中。他们还提出了氏族"环状"联系的理论，认为东南亚、非洲等地许多民族都有由三个或三个以上的氏族联合起来的氏族"环状"联系，并认为这一发现是对恩格斯的两合氏族组织的补充。

关于阶级和国家的起源问题，苏联学者在对西伯利亚和中亚一些民族的研究中，提出了一些新的资料，说明阶级和国家建立过程的各个阶段和形式，进一步阐明了恩格斯关于国家学说的正确性。

苏联民族学对世界各民族的研究，是第二次世界大战后提出的一项新任务。从50年代初开始，陆续出版“世界民族志”丛书二十卷。第1卷《非洲民族志》于1954年出版，博得国际进步学术界的好评。

第一次世界大战前后，苏联对原始社会史的研究也受到西方资产阶级民族学的流派特别是文化历史学派相当大的影响。十月革命后初期，在原始社会史的研究中出现了反摩尔根的倾向，有些著作大肆宣传“文化圈”的理论，马尔（H. Я. Mapp，1864—1934）的唯心主义观点对原始宗教和原始艺术的研究也产生了影响。苏联的研究者过去曾经对这些问题展开过批判，但批判得很不彻底。其后，特别是50年代中期以来，研究者们在原始社会史的研究中，提出了不少与先前不同的理论，有的看法显然是错误的，有的就是对马列主义的修正。

关于原始社会史的分期问题。在马克思主义的历史科学中，长期以来所根据的是恩格斯修订过的摩尔根的分期，叫作“史前各文化阶段”，各阶段都有文化特征作为标志，恩格斯曾指出，“这些特征都是不可争辩的，因为它们是直接从生产中得来的”。他认为摩尔根的分期法无疑依旧是有效的。50年代中期开始，苏联有些学者借口列宁给高尔基的信中提到过“原始群和原始公社”，另提出一种分期法，说摩尔根的分期已经“过时”“不适应于现代科学水平了”，实际上是反对马克思、恩格斯所肯定的分期法。

苏联一些学者提出的所谓新分期法，就是把原始社会史分为两大时期：原始群时期和原始氏族公社时期。实际上，他们完全歪曲和篡改了列宁的原意。马克思、恩格斯和列宁在他们的著作中，提到原始社会的发展阶段，都是使用三段分期法。第一段是在蒙昧时代低段，这时的人，马、恩都提到是“人类的童年”，马克思也用过“原始蒙昧人”，恩格斯另用过“正在形成中的人”；这时的群体，马、恩都用“群”或“原始群”（英、德文为horde，俄文为стадо）。第二段是在蒙昧时代中段，这时的人，恩格斯称之为“完全形成的人”，已达到真人的地位，马、恩也用“原始人类”一词；这时的群体，马、恩都说是“血缘家族”，是一种原始公社，马克思还提到这是人类“第一个社会组织形式”。第三段是在蒙昧时代高段，这时的人已达到了智人（Homo sapiens）阶段；马、恩都提到由于普那路亚家族的产生，从而萌芽了氏族制度。列宁在《国家与革命》一书中，涉及原始时代的三个阶段，按俄文正确的译法应为“拿棍子的猿群”“原始人类”“结成氏族社会的人类”。这里“拿棍子的猿群”就是他给高尔基的信中说的“原始群”，两处都用стадо这个词。列宁用的“原始人类”和马、恩相同，这一阶段的社会组织就是血缘家族公社。至于给高尔基信中所说的“原始公社”一词，实际上是概括第二段的“原始人类”和第三段的“氏族社会的人类”而言。由此看来，马、恩、列关于原始社会发展的程序看法是完全一致的。列表对照，更见明确。

马克思、恩格斯提法	**列宁提法**	
正在形成中的人——群或群团	拿棍子的猿群——原始群	
原始人类——血缘家族	原始人类	原始公社
氏族制度——普那路亚家族	结成氏族社会的人类	

显然，根据马克思主义经典著作，原始社会的分期，应是三段分期法。

这种分期法同近百年来人类学、考古学、民族学研究的科学事实完全相符，特别是20多年来古人类学和考古学在国内外的新发现，完全证实了马列主义经典作家关于从猿到人和原始社会发展的理论无比正确。苏联一些学者鼓吹所谓新的两段分期法，起初他们使用了列宁提的“原始群”而把列宁说的“原始公社”篡改为“原始氏族公社”；后来，他们对原始群的含义众说纷纭，莫衷一是，因对经典著作原意无法解释，所以又不得不把原始群说成为“人群”，把“原始群”私自加上“人”字，篡改为“原始人群”，用以表示原始群已不是“猿群”而是“人群”。这样，就把列宁的“原始群和原始公社”篡改、歪曲为“原始人群”和“原始氏族公社”，因而和经典作家的原意毫无共同之处了。

苏联还有些人否认人类早期曾经有过杂交的原始状态，他们根据类人猿和猿猴的性关系资料，提出了既然猿猴的母系亲属之间不进行交配，则猿猴群过渡到“原始人群”以后，更不可能产生无限制的交配。这种说法和上述西方资产阶级学者的观点完全一致。这是早经恩格斯批驳过的一种论点。恩格斯在《起源》第4版中曾经指出，“动物的家庭和人类的原始社会是两不相容的东西”，“动物社会对于推断人类社会确有某种价值——但只是反面的价值而已”。

关于家庭史的发展问题，苏联有些人否定了恩格斯和摩尔根提出的血缘家庭和普那路亚家庭的存在，并且提出，从杂交发展出来的第一种婚姻形式是族外婚，也就是群婚的第一阶段，这种婚姻是与氏族组织同时从杂交状态直接产生出来的。这种提法并没有什么科学事实的根据，氏族绝不可能直接从杂交状态产生。摩尔根和恩格斯对于作为家庭早期形式之重要残余的亲属制这一术语所作的解释，现代民族学家也只能够补充它，使它更为明确，但不能够驳倒它。

关于氏族的起源以及与此密切相关的族外婚起源的问题，恩格斯曾经指出，氏族是从群婚直接引起的。他强调了从血缘婚姻到族外群婚是一个重要的进步，说明这一进步可以作为“自然选择原则是在怎样发生作用的最好例证”。在50年代中期以前，苏联一些研究原始社会史的专家如叶菲明柯等同意恩格斯和摩尔根的理论。现在，他们有些人直接或间接批判恩格斯和摩尔根，说“以避免近亲通婚的有害后果作为族外禁婚原因的理论已陈旧多时了”。其实，根据现代遗传学家如苏联的杜宾宁以及资本主义国家一些学者的研究，都强调了近亲通婚有害论。他们的研究成果完全证实了恩格斯关于自然选择对族外禁婚所引起的重大作用这一观点的正确性。

从上述的例子可见，20多年来，苏联研究原始社会史的一些人以批评摩尔根的学说为借口，实际上是批评马克思、恩格斯的学说，反对摩尔根只是他们反对马克思主义的一种隐蔽方式。50年代中期以前，他们认为关于氏族学说等原始社会史的基本原则问题是不可动摇的，现在一步一步地把这些原则否定了，而且越走越远。

（选自《国外社会科学》1979年第3期）

英美人类学界对都市的研究

张继焦

人类学家对城市起源问题一直很感兴趣，他们主要利用考古学资料和文化变迁理论进行研究。对现代都市的研究，大约始于 20 世纪 20 年代，经过 30 多年的发展，直到 60 年代才受到重视。70 年代，都市人类学的学科地位得到确立，成了人类学的一个重要分支。《都市人类学》杂志于 1972 年在美国创刊。1979 年，都市人类学协会在美国成立，并出版了定期刊物《比较都市研究》。目前，在英美等国的许多大学里都设有“都市人类学”课程。

一

人类学家过去一直倾向于研究偏远的、简单的原始社会。最近几十年，他们才逐渐步入复杂社会，研究其核心地区——都市。自 20 年代末起，美国学者林德夫妇的“中镇”研究和沃纳的“杨基城”研究，开创了美国本土都市人类学的先河。40 年代，英国人类学家米诺对马里共和国的廷巴克图市的研究，是非洲都市研究的第一例。

第二次世界大战之后，亚洲、非洲、拉丁美洲及大洋洲等的殖民地国家纷纷获得独立，在这些发展中国家中一大批现代都市逐渐发展起来，农民和部落民族成群地拥到城市里来，并产生了一系列社会问题。人类学家担起时代重任，用人类学知识探讨了当今都市化和都市社会的各类问题，进行了人类学史上的第三次革命。从 50 年代起，一批英国人类学家到非洲各国的都市中进行研究。对西非和东非的城镇研究，包括城市移民的适应情况、志愿社团、家庭和亲属等问题；在中非和南非的研究，则侧重于农民移居城市和矿区寻找工作的现象。与此同时，美国人类学家也注意到美洲、亚洲和大洋洲的都市问题。他们与英国人类学家的研究兴趣不同，研究对象多是大都市中的新移民及其居住区，如贫民窟、少数民族聚居区及强占公地搭房子的违章建筑区等亚文化现象。从 70 年代起，都市人类学的研究对象的所在国已不限于第三世界国家，也包括西方发达国家。

都市人类学的研究既注重都市在时间上的历时性，也注意其空间上的共时性，换句话说，既注重都市历史发展的全过程，也注重都市的分布和相互间的比较。近年来，跨文化比较研究的方法得到广泛的运用，英美人类学家进行了大量的比较研究，如拉丁美洲都市、非洲都市与英美都市的比较，受殖民主义影响的都市与未受殖民主义影响的都市的比较，日本和印度的都市与传统亚洲都市的比较，以及处于各种不同时空条件下的都市之间的比较，乡村与都市之间的比较，等等。这些比较研究成果动摇了研究西方都市的一些社会学家所得出的某些结论，比如，在都市中核心家庭占优势，亲属关系的范围和重要性缩减，等等。事实上，在第三世界国家的都市中，亲属与社会的传统纽带可能仍很强。这一点也适用于西方都市中的少数民族社区，如黑人区、唐人街等居民区。

都市是一个大系统、一个整体的群落。要全面了解和把握都市的各方面，单靠人类学一家是不够的。早在 1905 年，比尔斯教授就任美国人类学会会长时，就发表演讲，倡议多学科的合作，以便建立广泛的理论。1973 年在美国芝加哥举行第九届国际人类学和民族学大会，其后推出的其中两本会议论文集：《都市化过程：多学科综合研究》（1978）和《美洲的都市化过程：从开始到现在》（1978），收集了世界各地、各个学科（如历史学、政治学、经济学、艺术史等）专家的研究成果。目前，研究都市问题的学科众多，各门学科的研究角度和方法各不相同，可以相互取长补短，以便对都市进行多角度、多层次的深入研究。

二

英美人类学家在世界各国，主要是在第三世界国家进行着广泛的都市研究工作。

1. 城乡关系研究

雷德菲尔德（R. Redfield）是乡村人类学研究的开创者。在《尤卡坦半岛的民间文化》（1941）一书中，他对墨西哥尤卡坦半岛的四个社区进行了对比研究，其中有小规模的孤立社区，也有相当大的滨海城镇，并提出了著名的“乡村—都市假说”（Folk-urban Hypothesis），阐述乡村与城市之间的关系。他认为，城市是这个大世界的中心地区，村民居住在大世界的边缘，乡村与城市有着密切的关系，这种关系的基点就是城市发展依赖于乡村。这一理论对都市人类学研究有一定的影响。米诺研究廷巴克图市的目的就是要检验雷氏所提出的假说是否具有普遍意义。

二战以来，英美一些都市人类学家还在继续探讨城乡关系问题。波科克（D. F. Pocock）等人认为，在第三世界，如果都市的成长未受到殖民主义的剥削和控制，则乡村与都市仍属同一体系，以同一套文化模式维系。一旦殖民时期或其后的都市化产生工业、企业及薪资工作，城乡的联系就断裂了，文化共享的关系转变为阶级的关系，都市的富裕造成了乡村的贫穷。大多数人类学家都赞成下述观点：城市不仅是乡村社会的政权中心，而且是文化传统和价值观的发源地，这些因素经常不断地传递和渗透到乡村社会中去。

2. 移居者适应问题研究

实际上，都市人类学的大多数研究都在探讨移居城市的乡民的适应问题，只不过各项研究的角度有所不同。

美国人类学家旺果对秘鲁的利马和美国纽约的华人进行了比较，发现在这两个大都会中华人移居群体的社会适应情况不同。纽约的华人形成一个牢固结合体，没有被同化，实行内部通婚并拥有自己的小天地。而利马的华人已完全参与秘鲁社会，与秘鲁文化融为一体。旺果指出，纽约的唐人街是适应美国实行的种族歧视政策而产生的。而秘鲁没有种族歧视的情况，所以没有类似纽约的唐人街。[1]

都市的诱惑是世界性的。在第三世界国家中，都市的兴起和发展，多受外国文化，特别是西方文化的影响。农民移居或前往都市工作，追求高薪工作和享受现代都市生活，相当于到一个完全陌生的环境中谋生。要了解移居者适应问题，必须解释清楚下列基本问题：乡民的价值观，古老的亲族和社会关系在都市中如何发挥作用，乡民的文化模式在都市中如何转变，等等。在这方面，班顿（Michael Banton）的研究成果尤为精深，令人瞩目。他以迁居者为经纬，讨论了原居地以及新居地一些制度的变迁与迁居者的适应情况。他指出，社会适应研究，应由原有的酋长制度、志愿社团以及家族入手，比较研究在新居住地原有制度以及新生的制度变化，[2] 马里斯（Peter Marris）则研究了非洲都市中的家庭变迁。[3]

人类学家不仅研究家庭或家族，还研究了邻居、同事、朋友等关系所形成的社会关系，因为这些以传统的血缘、亲缘或业缘为纽带的关系，可以保持民族认同和“归属感”，维持集体活动，是乡民在都市中生存必不可少的基础。对拉丁美洲、非洲和亚洲的都市的研究都表明，移居到城市去的人几乎都有亲戚朋友可以投靠，这种情况使得后来者不必独自探索着去适应都市生活，他们可以从先到者那儿学到一切有关的知识和技能。这也说明了第三世界的都市中亲属关系的重要和强韧。

3. 志愿社团研究

这类研究实际上也属于移居者适应问题研究范围。

个人与家庭脱离乡土来到都市中，与乡村的亲属和社区的纽带暂时断绝，志愿社团及其他类似的社会组织代之而起，以认同和生存为慰藉，并作为陌生环境中接待新来者的工具，安德森（R. A. Anderson）认为志愿社团是“任何基于志愿且具有组织形式的私人团体，其成员以

---

① ［美］B. 旺果：《唐人街：经济适应与华人的民族认同》，《美国人类学家》，纽约，英文版，1982 年。

② ［英］M. 班顿：《西非城市：自由市（Freetown）中的部落生活研究》，伦敦：牛津大学出版社 1969 年版。

③ ［英］P. 马里斯：《一个非洲城市中的家庭和社会变迁》，美国：西北大学出版社 1972 年版。

部分时间和无薪无酬的方式从事各种活动，参与并支持其团体，以追求共同利益”。[①] 比如，在西非利比里亚的自由市中，滕内人（属基内族的支系）组成了一种志愿社团——“剧团”。剧团的成员由来自同一农村地区的同乡组成，排斥外人参加。剧团内组织严密，纪律严明。平常的任务是演出传统的音乐和舞蹈节目，通过复兴传统文化来配合都市的需要，借此提高滕内人在城市中的社会和经济地位。美国的芝加哥黑人骑士帮、海外华人的同乡会等都属于志愿社团。有些学者对东南亚各国城市中的志愿社团进行了研究，如 S. A. 加斯滕斯的《新加坡社会的华人社团》（1975）、P. E. 威尔曼特的《三宝垄市的华人：印度尼西亚一个变化中的少数民族社区》（1960）等。

从某种意义上讲，志愿社团是一种“复制的社会组织”。乡村中传统的社会结构依旧存在，但它是在城市中的一套复制的社会组织。英国人类学家李特尔（K. Little）认为，志愿社团“提供了传统和都市生活方式之间的联系。……一方面地域团体强调会员对部落的责任与义务，另一方面，它也促使会员采用现代的观念和社会习俗。换言之，作为一项‘适应机制’，这些区域社团为乡下来的移民提供了一座文化桥梁，让他们从一种社会环境过渡到另一种社会环境”。[②] 李特尔几乎一生致力于非洲都市的志愿社团研究，成果卓著，其中《西非的都市化：社会变迁中志愿社团研究》（1956 年第一版，1970 年第二版）一书最为重要。在这本书中，他将志愿社团放在都市化、社会与经济变迁的大背景中进行探讨，视野开阔，见解深刻。他认为，妇女和年轻人在志愿社团的帮助和支持下，都能在都市社会中充当合适的角色。

4. 少数民族聚居区研究

都市中的少数民族聚居区（ghetto）通常是指由一个民族聚居而成的地区。ghettos 原是意大利人用来称呼城郊犹太人聚居的地区。在美国这个名词用于称呼那些由少数民族或外国移民聚居而成的贫民窟或违法建筑区。非洲的所谓“异乡人区”（Stranger's town）指的是不同族群或不同

---

① ［美］R. 安德森：《海代尔巴（Hederabad）的志愿社团》，《人类学季刊》，英文版，1964 年第 37 卷，第 175 至 190 页。

② ［英］K. 李特尔：《作为一种社会过程的都市化》，伦敦，1974 年版，第 90 页。

宗教信仰者的居住区。

违章建筑区（Squatter's town）有多种称法，如 barriadas、barrios、callejones、vecindades 等。曾有几位人类学家和其他学科的学者联合研究了秘鲁首都利马市违章建筑区的形成过程及其社会功能。一群来自山区的农民有组织地采取集体行动，在城市外围的荒地上，趁着夜晚用简易的材料搭成暂时可以栖身的棚屋。这种居住区可能是政府公地，也可能是私人土地，没有供水、供电和卫生等设备。当市政府设计新的城市发展规划或开辟公路时，总会对既存的违章建筑区做一些让步，允许他们取得土地所有权，可以用砖瓦搭建永久性的房屋。于是，这个居住区便变成了城市的一部分——少数民族聚居区或贫民窟。曼吉（Willian Mangin）认为，违章建筑区或少数民族聚居区其实是一个由来自同一个地方的人组成的类似俱乐部的组织。它提供某种程度的社会保障和感情上的安全感。新来者可以在这个俱乐部中逐渐适应都市生活，学习工作技艺等。

李兹夫妇（A. Leeds，E. Leeds）曾经研究了巴西里约热内卢市大约三百个贫民区（当地话称为“fevelas”）。他们指出，大多数的研究都把这些贫民区当成是乡下人进城的栖身之所，而不把它们看成是都市的一部分。事实上，这些居住区已经有相当长的历史，已经成了都市构成中不可缺少的组成部分。市政当局不可随意拆除违章建筑区或贫民区，强迫他们搬迁。要研究都市社会，深入了解少数民族聚居区、违章建筑区或贫民区及其社会和文化现象是很有必要的。在都市中的少数民族聚居区、贫民区中可以进行移民群体的民族特征、同化问题、文化适应和文化变迁等各方面的研究。

5. 贫穷文化研究

贫穷文化（culture of poverty），有人称为“匮乏文化”。近年来，有一种很普通的看法，认为不论哪个国家，其贫穷现象都是相同的，可以当成一种特殊的文化来看待。这种观点主要是受美国人类学家刘易斯（Oscar Lewis）的影响。他在其第一部著作《五个家庭：墨西哥贫穷文化研究》（1959）中首先使用了“贫穷文化”的概念。后来，他又在《桑契士的子女们》（1961）和《生涯》（1966）两部著作中充分地阐述了“贫穷文化”的内涵和意义。

刘易斯认为，“贫穷文化”与贫穷并不一样，贫穷是指生活必需品的短缺和生活水准的低下，而“贫穷文化”则并不单纯具有经济意义，其社会和文化意义比经济意义更重要。“贫穷文化”的特征包括：教育水平低；工资收入低；家无恒产，亦无数日之粮；死亡率高；生活期望较短近；常表现出宿命论的态度；很少参加各种组织，如工会、政党等；很少利用都市的各种设施，如百货商店、银行、博物馆等；等等。“贫穷文化”可以发生在大城市中，也可以发生在乡村地区，它可以代代相传，形成一种独特的生活方式，在整个大的文化体系中，形成一个亚文化系统（subculture system）。“贫穷文化”是超越地区和国家界限，具有国际一致性的。刘易斯是通过对美国、波多黎各、墨西哥和印度等国的少数民族聚居区和贫民区进行深入研究而得出上述见解的。

刘易斯的研究成果常为人引用，但亦常遭人批评。例如，他的“贫穷文化永难消灭，穷人就是穷人”的观点，受到了许多学者的指责。格莱敦（Thomas Gladwin）便是其中一位持异议的人类学家。他在《美国的贫穷》（1967）一书中指出，“贫穷文化”不是一种亚文化，也不是永存的文化，它只是优势文化（dominance culture）居高临下地位的反映，是现行的社会制度所造成的。目前所实施的各种消除贫穷的政策都将失败，因为这些政策正是以贫穷文化永久存在的假设为基础的。其结果是穷人永远没有技术、被人看轻、没有权利。瓦伦丁（C. A. Valentine）与格莱敦对“贫穷文化”的看法基本相近，瓦伦丁还提出了一个补救方案，即政府当局应在工作和教育等方面从根本上给予穷人平等的待遇和机会。

研究“贫穷文化”问题时，都市人类学家大多注意到犹太人区，墨西哥裔美国人社区、黑人区、讲西班牙语的波多黎各人社区等少数民族聚居区。因此，“贫穷文化”常与种族问题混为一谈。刘易斯早已指出，白人“贫穷文化”的真正含义，还须进行更细致的研究。

三

都市的范围大、人口多、流动性大。人类学家进入都市这个复杂社会中进行研究，是对传统人类学研究领域的突破，这种突破同时也要求传统研究方法的突破。都市人类学家逐渐认识到，仅仅靠传统的实地调查和参与观察等方法已远远不够了，他们除了积极引进社会学的各种调查方法（如问卷、抽样、统计等）之外，还大胆尝试使用新的分析方法。都市人类学家在研究都市中的小团体或小地区时发现，只研究个人在有组织团体中的角色和行为是不全面的，因为，一个人的生活和交往圈往往大于他所在的团体范围，他在与团体内成员交往的同时，还与团体外的各类人交往。为了全面探讨都市中的人际和社会关系，受过“曼彻斯特学派”——葛拉克曼及其学生训练或影响的英国人类学家创立了“情境分析法”和“网络分析法”等新的研究方法。

1. 情境分析法

情境分析法（situational analysis）是范维森（Van Velsen）和米切尔（Clyde Mitchell）等学者，在特纳的“结构戏剧”（structural dramas）（1957）和范维森的“伸延个案法”（extended case method）（1967）两种研究非洲部落的冲突和社会关系的方法基础上，发展而成的一种综合分析方法。

非洲的都市与乡村差别极大，在迅速发展的都市中，自部落或乡村迁到都市的移民背景很复杂，而且都市中的人口是流动的，都市居民不再共有同样的价值观念和社会组织。英国人类学家运用情境分析法剖析了非洲都市这种流动性和异质性的人口状况。比如，对参加聚会（婚礼、舞会、会议等）的每位成员的动机和行为，进行情境分析，可以发现参加聚会者的意图和彼此间的交往与冲突。窥一斑可见全豹，据此可推知大社会的结构和人际交往规律。情境分析法是一种从具体事件出发，通过由个别到一般的过程，来揭示社会行为的动机和社会关系的分析方法。

2. 网络分析法

网络分析法（network analysis）则是一种从个人的活动追溯其全面的社会关系的方法。博特（1957）、爱波斯坦（1969）、米切尔（1969、1973、1974）、巴恩斯（1969、1972）、包思本（1973）等人类学家对此都有较深的研究。[①] 一般来说探究社会关系可以从三个方面入手：其一，人际关系，如个人之间的交往，其动机、行为、心态等；其二，群体关系，如不同民族之间的关系，不同职业团体之间的关系等；其三，社会

① ［美］J. C. 米切尔：《社会网络》，载《人类学年鉴》1974 年第 3 卷，第 279—297 页。

组织内的关系，如志愿社团、俱乐部、互助会等民间社会组织的内部结构及其成员关系。这些不同类型的关系有疏密大小之别，小型网络往往织度密集、网孔小，可以探讨朋友、亲戚邻居的关系；大型网络松散度大、网孔大，便于了解城市内部、城镇之间、城乡之间的观念与信息的交流和传播。比如，在一项比较研究美国亚利桑那州内的两个小城市的课题中，人类学家运用网络分析法调查和解析社区居民的社会行为及其相互关系，结果表明两个城市的居民的社会关系范围与社会关系形式是不同的，产生差异的原因是社区的管理形式不同。于是，人类学家提出了一些改进管理的建议。[①] 网络分析是自我中心分析的一种形式，通过个人网络的分析，可以对具体社会的网络进行归纳和比较。

都市人类学家用网络分析法揭示了都市居民组织经济、政治、亲属等关系的目的和过程，及这些社会关系的结构和功能。这样，人类学研究便突破了制度分析这种静态研究的局限，也避免了小团体研究容易出现的对事实曲解等问题。从60年代后期起，网络分析法还扩展到都市之外，被用来分析城乡关系、城市与国家的关系、都市制度与国家政治制度的关系等问题。这些新的研究方法各有千秋。它们的运用不仅使人类学对复杂社会（乡村和都市社会）的研究更上一层楼，并且反过来促进了传统人类学对小型部落社会的深入研究。

（选自《国外社会科学》1992年第9期）

① 周大鸣、乔晓勤编著：《现代人类学》，重庆出版社1991年版，第297页。

社会人类学：地位、对象、问题*

[俄] B. 普利亚耶夫　　夏　芒　译

20 世纪中叶，最有洞察力的研究者就已注意到研究人的方法的多样性了。从那时以来，情况明显地变得复杂了。一方面，新学科的形成和研究人的科学之间跨学科联系的增长，证明科学正在转向全面探索人类发展的未知现象和规律性（见 Б. 安纳尼耶夫：《人是认识对象》，列宁格勒，1969 年）。另一方面，从方法论上讲，在探索完整的人的理论过程中对知识整体化进行哲学上的概括论证，表现出明显的不足。

研究人的方法的多样性，是 20 世纪人学的仍具代表性的特点，这种多样性产生了大量从性质、水平和形式上说都是极不相同的信息资料，从中理出头绪已变得越来越困难了。为了不被大量的人类学信息"活埋"，显然必须"停下来想一想"那些方法论原则，它们可以把这一大堆材料变成很有组织的体系。要做到这一点，就必须首先解决三组问题。

第一，如何确定和实现科学的认识人的形式和方法，同科学以外的，即审美的、宗教的、日常生活的、非理性的认识形式和方法相结合。当说到揭示或描述人的行为（从他清楚地理解生活目标、制定和采取决策到具备责任感和探索生活的意义）时，这一点非常重要。

第二，如何在复杂的认识形式和方法体系中，确定人类学研究的地位和作用，这种研究本身正在形成相对独立的亚体系。至于说到"专门"从事认识人的各个知识领域，其中每个领域都企求成为对人的完整性有

---

* 摘自俄《社会政治杂志》1993 年第 7 期。

自己见解的领域。人类学核心的形成过程还在继续，但目前已经可以谈到诸如哲学人类学、民族人类学和一些正处在形成阶段的新人类学学科等人类学的组成部分。

第三，现代人类学的这个人类学核心结构是什么样的以及每一独立学科在其中占有什么地位。换句话说，人类学是反映人的完整性的哪一个截面，其研究对象和使用的认识程序的特点是什么。

在这篇提请读者关注的文章中，只试图解决这三组问题中的一个问题，即论证专业人学中最年轻的领域之一——社会人类学的认识地位。

“社会人类学”这一术语本身当然不是新的。但这一术语的运用迄今为止更多的是带有文学体裁性，而较少内涵概念性。在社会人类学名下经常隐含着另一个名称，或称文化社会学，或称民族人类学，因而它的认识任务一般归结为研究决定人的本质和行为的某些民族文化体系，更准确地说，是把人看作文化的组成部分。

显然，在这种场合下，“社会人类学”这个术语不带有独立的概念负荷。例如，在历史唯物主义中，它看来是表示社会环境、社会关系体系对人的决定作用概念。在这种理解中，社会人类学乃是在历史唯物主义概念范围中的社会学理论的另一种表示法。

“社会人类学”概念可以用独立的和原本的人类学内容加以充实，只不过这一内容从人、人的主观性转向其存在的客观社会形式罢了。这种社会人类学取向作为相对独立的人类学领域，其意义何在呢？我们从几种一般情况说起。

社会生存形式从其相对独立的特点而言，可以看作是复杂的有机型的自组织系统和自我发展系统。这种系统具有统一的整体特点，其各个部分和成分相互间处于某种联系之中。作为整体的系统具有一系列属性，这些属性是每一个部分处在单独情况下或各个组成部分的简单总和都不具备的，但它们的产生和出现正是由于所有组成部分在统一的整体中相互联系和协调的结果。因此，在社会系统中可以分出两个有连带关系的领域。其一，这就是各组成部分的超越个体的联系和联合，以及由它们派生出来的共同的系统属性。其二，这就是众多的相对自主的（相互间“独立的”）系统组成部分。将整体分为这两个部分，我们实际上注意到了一个系统中同样的一些组成成分的两个存在方面（方式）。

第一种情况下说的是各成分的有机统一（我们姑且不谈它们的自主性、个性，它们“融入”了相互作用之中）。在这种情况下，系统本身“仅仅”被视作关系、联系和系统共有的属性。就社会存在而言，这意味着，人（社会系统组成成分）的活动，从相应的科学理想化方面说，被看作为某种“总体而言是人类的”，但却是无个性的、非人格化的东西，被看作是各社会设置和超越个体的共性的关系体系。没有这种理想化的层次和形式，社会学不可能成为科学。

在第二种情况下，指的是同样的组成成分的另一个存在方面（方式）。在这种情况下，已不把它们视为有机的整体（它们已“混合”“融合”在整体中），而是视为有区别的，相对自主的、个别的存在。在此情况下，活动本身也不被视作无个性的（或超越个体的）社会存在的本质，而视为人格化的、具有个性的实体，就像人的内心结构一样。

把人类作为众多的相对自主的、相对独立的个人，对他们作为这样的个人发挥作用的规律性，对他们根据种群和由系统获得的属性所形成的内在的和外部的结构加以认识，这就是人类学概念所直接关心的领域。

建立反映统一认识客体的“社会—人”的统一的理论结构，这一想法从方法论来说十分诱人。众所周知，历史唯物主义就提出过这种要求。但是，这一尝试远非在所有方面都是恰当的和成功的。而问题不仅在于马克思主义的社会哲学有着意识形态—政治的重负，虽然正是这种负担预先决定了社会—经济论据无条件地优先于人类学论据。在辩证唯物主义和历史唯物主义框架中，人无论从理论上还是从实践活动上说，比之客观的、非人格化的、超越个人的社会结而言，是次要的（受制约的和从属的）。统一的客体——“社会—人”，从一开始就被意识形态化了。

还有一点也不能不看到，“传统的”哲学人类学观点也具有类似的片面性（当然，它也许没有太多的意识形态—政治负担）。在哲学人类学中，人无论从本体论上还是从认识论上，都被视作必然的存在中心。用现代哲学人类学鼻祖之一 H. 普莱斯纳的话说，人是存在的中心，“并非由于是科学的研究对象和自我意识的主体，而是作为自己生活的客体和主体，也就是说，对他而言，他自己就是研究对象和中心。因为他正是以自己作为存在的这个身份进入历史的，历史仅仅是他实现思考和认识自我的方式方法”（H. 普莱斯纳：《有机物的阶梯和人》，载《西方哲学中的人的问题》，莫斯科，1988 年，第 101 页）。

显然，在另一种哲学概念体系中，我们实际上也遇到了同样的片面性，只不过它是着眼于另一个方面的。况且，问题不能通过简单地“消灭”对立面的一方，由一方完全吞噬掉另一方的办法来求得同样的解决。而这样的试验，无论是脱离实际死守教条的历史唯物论者，还是现象学和存在主义的极端分子均已做过。

尽管很反常，但对现代哲学中这一问题表现出最深刻理解的人之一是 M. 海德格尔。他在著名的《关于人道主义的信》中指出：“因为马克思在认识异化的意义时，就洞察了历史的本质层面，所以马克思主义的历史观超过了其他的史学。相反地，无论是胡塞尔还是据我所见的萨特，因为不承认存在的历史方面的本质，因而，无论是现象学还是存在主义，都没有达到可以在其中与马克思主义对话的那个层面”（M. 海德格尔：《关于人道主义的信》，载《西方哲学中的人的问题》，第 336 页）。

海德格尔呼吁自己的哲学同道抛弃对马克思主义哲学的肤浅的、虚无主义的态度。为了同马克思主义进行建设性的对话，“人们还要避免使用据说可以把它打倒的廉价的反驳。唯物主义的本质不在于断言似乎一切都是物质，而在于形而上的定义，按照这个定义，一切的存在都是劳动的材料……是包括整个制作的自组织过程，也就是说，感觉自己是主体的人把现实实体化了”（M. 海德格尔：《关于人道主义的信》，载《西方哲学中的人的问题》，第 336 页）。

遗憾的是，这种呼吁未能在苏联官方哲学中传开。我们的“原则”不允许多多少少认真地提出关于具体对话的问题，尤其是不允许迎接现代非马克思主义的思想运动。

上述这些可以得出一个结论：在我们定义为认识客体的“人—社会”系统中，不能单一地将构成这一系统的各个成分加以对立。应该寻找那种不仅能“保持”它们之间的联系，而且又以这种联系作为自己基础的对立关系。系统（社会）的一个成分的本质，必须通过另一成分（人）的本质加以揭示，反之亦然。在人的概念中必须要有关于社会的观念作为重要成分，而在社会的概念中必须要对人以及人的本质、结构、活动作本质的说明。这只有在人和社会的概念不是简单地相互并列，而是社会存在着某种统一的、更具普遍哲学思考的变化了的形态条件下，才能够做到这一点。

作为假设，我们提出如下的模式：社会哲学—普通理论社会学—社会人类学，在这个模式中，社会哲学是作为社会存在的最一般的理论，而理论社会学和社会人类学是这一模式的另两个组成部分，它们分别研究社会有机体的完整性和社会主体——人的完整性。

社会人类学作为人类学知识领域之一，绝不企求在认识人的完整性中排斥其他学科。这一任务要靠所有的人类学学科、首先是哲学人类学来解决。

社会人类学研究人的完整性有自己的“侧重面”。它的目标是揭示人的内心世界同与人有关的客观存在的设置、群体和关系的外部社会环境的联系。社会人类学的这个对象领域更加展开地说可以是三个基本层面的统一。

1. 人的内心世界受其社会存在的客观形式的制约。这些形式本身，第一，是许多代前辈人努力的产物；第二，是构成每一代人的其他人的创造能力和创造性活动的成果。在内部和外部关系的这个方面所表现出来的客观现实生活的社会环境，乃是必然性的领域，它伴随和决定着单个人的自由。

外部社会环境的结构、它的客观的非人格化的形式和关系，构成社会学的研究对象。社会人类学之所以对这方面的关系感兴趣，是因为它把这种关系和外部客观的社会性形式，体现为人的内心主观世界的某些品质和特点的过程。

2. 人的内心世界对客观的社会和关系而言具有独立性。内心世界的全部复杂的结构性组织及其各个现象的自我制约性，是社会人类学注意的对象。因此，社会人类学特别感兴趣的是揭示人的精神世界及其主体性形成和发挥作用的本身固有的内在逻辑，尤其是这一精神世界的最高层次（反射意识、良心、责任、生活的意义）是非常间接地同外部客观的社会形式联系在一起的。在这里，社会人类学的对象领域，非常紧密地同个人心理学、伦理学和美学的认识任务交织在一起。

3. 人的主观精神活动及其内心世界活动（包括人既从意识上，也从具体活动中克服外部社会环境的必然性问题）的产品，对外部客观社会形式的制约性，这是人的真正的自由领域。在这里，自由成为既是行动方针的选择，又是创造；既是游戏，又是冒险；既是责任，又是生活意义的探索和获得。正是内部和外部的这种联系构成了社会人类学的重要的具体内容。在这里，形成了它的一套基本的概念和自己的方法论基础。

考虑到上面所讲的，我们可确定社会人类学作为人类学相对独立的领域，其研究的主要问题和方向是：

研究人的个性的个人特点、独特性和唯一性，个人的内在精神世界就是个性的核心；

分析研究作为人创造潜力基础的人的意识的各内省层次问题；

重新并更加广泛地提出作为人克服外部必然性的自由问题，人的超验性是“超越”直接的、现有的存在和自己的结构（克服自我!）的能力；

对人的自由的多种多样的表现形式——创造、游戏、选择、探索生活的意义等进行专业的分析；

人的良知和对行动方针的选择以及实施所负的责任问题。

社会人类学按最近似的说法可以确定为关于人的内心世界的学说，这个世界保障人的主体性及其作为社会环境创造者的积极性。从总的方面来说，社会人类学的对象就是大写的正在进行创造的人。

社会人类学的对象并不是一块无结构的石头。它是内在地相互矛盾的。这种矛盾首先表现在社会人类学所研究的人的内心世界的所有主要现象的个人倾向，同它们在社会化的社会存在形式的客体化之间的相互关系上。况且，这也是同主观向客观、人的内心世界（它的“产物”）向外部客观的社会性形式过渡有关的矛盾。Б. 安纳尼耶夫指出：“内心世界工作的效果是通过外在化途径表现在作为产生社会价值的创造产物的行为和活动中的。通过按不同的关系形式从封闭系统向开放系统的复杂转变，人对物质文明和精神文明做出自己的贡献”（Б. 安纳尼耶夫：《人是认识对象》，第 328 页）。我们强调的是，主观性（人的内心世界的产物）向客观的社会存在的“过渡”乃是个人对社会发展作出的个人的、不与他人雷同的独特贡献的表现方法。这个命题也可以反过来这么说：在社会存在的外部客观形式和关系中，不管怎么说都体现着那些“按照自己的样子和类似的样子”创造世界的人的内在精神世界的个人品质。

所以，对社会人类学而言，社会舆论乃是重要的信息渠道，它能够判断人们内在的、隐秘的想法、情绪、愿望、期盼的状态。人们想在社会结构和政治结构中，在法律制度中，在阶级、民族、群体间的关系中，把它们看作是已经实现了的东西。这就意味着，社会人类学对象中还存在一个矛盾领域。它同人们内心世界的社会结构和状况（要求）的内容和职能协调一致方面的问题是联系在一起的。任何一种客观的社会形式，任何一种客观的社会关系，如果不考虑它们是起源于人和因人而丰富充实的，就无法理解。这些形式和关系是作为亿万人的主观力量和品质的荟萃而存在的。它们是充满了“人性”的。所以任何“控制”社会过程发展的尝试，如果不考虑它们的人的内容，那么，或迟或早都注定要遭到失败。的确，社会结构的发展有其“自己的”独立的客观逻辑。但这种独立性也有一定的限度：人们的目标和利益；人是具体的、活的个人；他们以其大写的“我”充实了所有客观的社会形式。

社会人类学可能和应该为巩固和扩大在一切社会生活领域——经济、政治、文化中还保留着的人道主义基地作出自己的贡献，尤其应为巩固和扩大保留在人的内在堡垒——人的内在精神世界中的人道主义基地作出贡献。

（选自《国外社会科学》1994 年第 5 期）

生态人类学的产生和发展

李　霞*

文化人类学对生态环境的关注和研究导致了一门新的分支学科——生态人类学（ecological anthropology）的产生和发展。生态人类学①是指用人类学的理论和方法研究人类、生态环境及文化之间关系的学科。绫部恒雄说："综合性地研究人类生活的人类学，大体上可以分为主要研究社会和文化方面的文化人类学和主要研究社会和生态学方面的生态人类学。"② 生态人类学的思想渊源可以追溯到古希腊思想家的环境决定论（environmental determinism）。在其产生和发展的过程中，相继出现了环境可能主义（environmental possibilism）、文化生态学（cultural ecology）、文化唯物主义（cultural materialism）、生态系统途径（ecosystem approach）及民族生态学（ethnoecology）。

---

* 李霞，中国人民大学社会学系。

① Frederick Sargent 在其 1974 年编著的 *Human Ecology*（North-Holland Publishing Company & American Elsevier Publishing Company）一书中谈道：人类生态学（human ecology）并不等同于生态人类学（ecological anthropology）或文化人类学（cultural anthropology），因为人类生态学实际上是对多学科（例如社会学、生物学、人口学等）进行的综合研究。

② ［日］绫部恒雄：《文化人类学的十五种理论》，周星译，贵州人民出版社 1986 年版，第 145 页。

一 生态人类学的思想渊源：西方思想史上的环境决定论

生态人类学的渊源可以追溯到西方思想史上的环境决定论。环境决定论认为环境因素决定（determine）人类的社会特征和文化特征。[①] 希波克拉底（Hipocrates）的体液理论（humour theory）是最早的环境决定论。体液理论认为人有四种体液：黄胆汁、黑胆汁、痰和血液，分别代表火、土、水和血。四种体液在身体中相对比例的不同造成个体在体格和人格上的差异。而体液的相对比例又取决于气候条件。简而言之，在希波克拉底的体液理论中隐含的环境决定论思想是：气候决定体液的相对比例，进而决定人的体格和人格。

如果说希波克拉底的环境决定论思想还停留在个体的体格和人格层面，柏拉图和亚里士多德的环境决定论思想则已涉及社会和文化层面。他们认为，气候通过决定个人的人格与智力进而决定该社会的政府形式和宗教类型。亚里士多德认为温和的气候产生希腊的民主政府，炎热的气候产生专制政府，寒冷的气候无法产生任何真正的政府形式。到18世纪，孟德斯鸠将柏拉图和亚里士多德的思想运用于宗教研究，得出如下结论：炎热的气候产生消极的宗教，例如印度的佛教；寒冷的气候产生压抑个人自由与活力的宗教。到20世纪中期，仍然有人继续研究气候与宗教的关系，例如地理学家亨廷顿（Ellsworth Huntington）通过研究也得出与孟德斯鸠相似的观点：由于温和的气候有助于智力思考，所以最高级的宗教形式只在气候温和的地区产生。[②]

以体液理论为基础的环境决定论在19世纪末和20世纪早期逐渐衰落，但环境决定论仍然贯穿于生态人类学以后的发展过程中。在实质意义上，环境可能主义、文化生态学、文化唯物主义及生态系统途径仍然是不同表现形式的环境决定论。只是在民族生态学提出极端的文化相对

---

① Kay Milton, Ecologies: Anthropology, Culture and the Environment, *International Social Science Journal*, Vol. 49, No. 4, 1997, p. 477.

② E. Huntington, *Main Springs of Civilization*, John Wiley & Sons, New York, 1945.

论以后，各种形式的环境决定论所赖以存在的基础才受到严重的挑战与颠覆。但是民族生态学对环境决定论的彻底颠覆又造成了另一个人类学难题：极端的文化相对主义危及人类学的继续存在和发展（下文将作进一步的说明）。所以笔者认为，环境决定论有其自身的缺陷是毋庸置疑的，例如它强调简单的、线性的因果关系，而忽视人、环境与文化之间的相互作用。但是环境决定论有其合理内核：环境确实对人及社会有重要影响，因为目前西方人类学者仍无法圆满解决由于彻底颠覆环境决定论而引起的极端的文化相对主义难题，所以我们在人类学研究中完全否定和抛弃环境决定论，可以说是有些不理智。

二 生态人类学的产生：环境可能主义、文化生态学及文化唯物主义

虽然法国的 M. 莫斯对因纽特人的研究①和英国的埃文斯·普理查德对努尔人的研究②属于最早的生态人类学研究，但作为一门学科，生态人类学的产生和发展主要是在美国。历史特殊论学派是人类学产生的大背景，斯图尔德是生态人类学的开创者，哈里斯对生态人类学的产生和发展也做出了独特的贡献。

20 世纪 20—30 年代，博厄斯所开创的历史特殊论学派在文化与环境的关系问题上持环境可能主义立场。环境可能主义在本质上是一种较弱的环境决定论，它认为环境不是积极地模塑人类文化，而只是在文化的发展方向和水平上作一些限制，它只是指令（dictating）事物的可能性。③ 换而言之，环境不是严格地（stringently）限制文化发展。例如博厄斯认为文化特征和文化模式的起源一般发现于历史传统而非环境之中。但是博厄斯并非完全忽略环境对文化的影响，他认为：环境虽然与文化特征的起源无关，但它限制和修改现存的文化。进而言之，环境可

---

① 因季节的不同，因纽特人的社会生活分为冬季的社会集中时期和夏季的社会分散时期。并且在不同的时期，他们的宗教形式和道德内容也随之不同。

② 努尔人的村落在雨季时分散在一定的地域内，在旱季时则集中在河流附近。他们的非中央集权的政治体制与此有密切关系。

③ Donald L. Hardesty, *Ecological Anthropology*, John Wiley & Sons, New York, 1977, p. 5.

以解释一些文化特征为什么不发生，而不能解释一些文化特征为什么发生。[1] 克鲁伯关于北美玉米种植业分布的研究是采用环境可能主义理论框架的最有名的例子。他通过研究发现：北美玉米种植业的地理分布受到气候的限制，因为玉米种植需要以下气候条件——至少有长达四个月降雨丰富且无杀伤性霜降的种植季节。另一个有名的例子是史泰宁（Stenning）的研究：采采蝇的存在限制了非洲牛群的分布与迁徙模式。环境可能主义一个重要的概念是文化区（culture area）。它由 O. 梅森（Mason）首次提出：1895 年他在《环境对人类产品或艺术的影响》一文中将美国印第安人居住区划分为 18 个文化区。梅森的工作由威斯勒（Clark Wissler）与克鲁伯所继续。他们都认为在文化和自然之间存在着总体性的相关，并且文化只能被文化而不能被自然所解释。文化区概念实际上可以说是环境决定论和极端传播论进行折中的产物。但是，与环境决定论相比，环境可能主义也不是一个更令人满意的解释性框架，因为它仍然无法解释人们的经济策略与政治策略的细节、人们的信仰与意识形态的内容、人们的婚姻优先性（preference）及仪式表演（ritual performance）。

斯图尔德开创的文化生态学（1955）复活了人类学家对环境决定论的热情。他的主要观点是：具体（specific）的环境模塑着特定（particular）的文化特征。他暗示文化特征有两种类型：由环境因素决定的文化特征及其遗留物（remainder）。前者实际上就是文化核（cultural core），它由社会的经济部门组成，与生计活动密切相关；后者又称次级特征或二级特征，它包括社会结构的许多方面及仪式行为。他还提出了文化生态学方法：首先，应该区分出在使用环境资源时运用的技术；其次，应分析在使用技术时采用的行为模式；最后，应该弄清这些行为模式影响其他文化特征的程度。斯图尔德提出以上理论和方法意图在于反对环境决定论。但是，具有讽刺意味的是，这样恰恰支持和加强了环境决定论，因为在实际研究中很难将文化特征作以上区分。例如，他对肖肖尼人的研究得出的就是彻头彻尾的环境决定论观点：文化和自然环境虽然是相互作用的，但自然环境却起着最终的决定作用。

---

① Donald L. Hardesty, *Ecological Anthropology*, John Wiley & Sons, New York, 1977, p. 4.

旺达（Vayda）与拉柏波特（Rappaport）指出斯图尔德文化生态学的严重缺陷。首先，斯图尔德的文化生态学方法不能支持他的理论观点。因为，第一，选择程序不能充分地去除假相关的可能性；第二，即使在统计学上显著的相关也并不必然是因果联系；第三，即使显著的相关与因果关系被显示出来，那也并不意味因果关系是唯一和必然的。其次，文化核只包括技术，而不包括艺术和意识形态，但实际上，后两者也与环境相互作用。再者，在斯图尔德的视野中，环境没有包括其他生物体，例如致病微生物，也不包括其他的人类群体。最后，斯图尔德的文化生态学排除了生物学研究，从而没有研究文化和生物学的相互作用。尽管文化生态学有很多缺点，但是它认识到：环境和文化不是分离的领域，它们相互定义对方；两者处于辩证的相互作用之中。值得一提的是，尽管生态人类学作为术语最早由拉柏波特提出，但实际上斯图尔德是生态人类学的真正开创者，这就是他的文化生态学又常被称为生态人类学的主要原因。

哈里斯文化唯物主义的主要观点是：所有的文化特征（包括技术、居住模型、宗教信仰与仪式）都是人类对自然环境适应的结果。他认为，马克思的“物质生活的生产方式制约着整个社会生活、政治生活和精神生活。不是人们的意识决定人们的社会存在，相反，是人们的社会存在决定人们的意识”。[①] 这一段话是文化唯物主义的核心。但是他认为马克思的表述要修正一下：客位（etic）行为的生产方式和人口再生产方式，通过决定客位行为的家庭经济和政治经济，进而决定作为思想的上层建筑。他说“可以把这一原则称为基础结构决定论的原则”。[②] 哈里斯的文化唯物主义避免了斯图尔德将文化特征划分为文化核和遗留物（即次级特征、二级特征）所引起的理论和方法上的困难。但是，哈里斯还是滑向他曾小心翼翼要避开的环境决定论陷阱：他认为，在与环境有关的物质条件的范围内，所有的文化特征都具有生态意义。哈里斯的最大贡献是系统地提出了对以后整个人类学界产生深远影响的主位（emic）和客位研究方法，前者是指旁观者使用对参与者富有意义的、

① 《马克思恩格斯选集》，第二卷，人民出版社 1995 年版，第 82 页。

② ［美］哈里斯：《文化唯物主义》，张海洋等译，华夏出版社 1989 年版，第 65 页。

适合于参与者的概念和分类，后者是指旁观者使用对旁观者富有意义的、适合于旁观者的概念和分类。主位方法的特点是：提高本地人中提供信息者的地位，将他的描述和分析作为最终的判断；客位方法的特点是：提高旁观者的地位，将他在描述和分析中使用的范畴与概念作为最终的判断。他以对印度禁忌吃牛肉的研究为例具体说明以上两种研究方法：从客位方法（人类学家所处的西方文化认知框架）来看，这种禁忌是非理性的，牛肉一直是西方人的主要食物之一；从主位方法（当地人的思维方式）来看，这种禁忌是理性的，因为在印度，牛有其他事物无法替代的用途——提供牛奶、耕地、运输以及可作为燃料、肥料及地面覆盖物的粪便，这样禁吃牛肉实际上是维护着一个社区的存在与发展。主位方法与客位方法使人类学家既考虑到了世界文化的普遍性，又关注到了世界文化的多元性与差异性。

三 生态人类学的发展：生态系统途径及民族生态学

在20世纪60—70年代，生态人类学逐渐产生生态系统途径和民族生态学两种研究路径。

生态人类学采用了生物学中的生态系统概念形成了生态系统途径，即在生物圈的某些被划定界限的范围内，全部生命物质与非生命物质通过物质交换结合在一起。也就是说，在物质交换系统中，人类、其他的生命体及非生命物质相互影响、相互作用。生态系统途径的贡献是：第一，它强调人与环境相互影响的观点；第二，在研究方法上，它要求人类学家测量和比较不同食物的饮食价值、不同的耕作方式对土壤肥力的影响、各种类型的人类活动所消耗的能量、家畜的粪便对环境的影响等；第三，它关注人口与环境之间的关系，从而促进一门新的分支学科——人口生态学的产生和发展。但是，由于生态系统途径有浓厚的生物学色彩，这样就难以避免以下缺陷：由于过分关注环境（受达尔文主义支配的生物学强调环境的决定性作用）而倾向将文化从人类学的研究中排除出去。此外，也避免不了所有受早期生物学影响的理论的共同缺陷：因果循环的目的论色彩。拉柏波特对新几内亚高地策姆巴加人

（Tsembaga）的研究是一个有名的例子。在传统上，策姆巴加人的社区经历与其相邻社区之间的和平与敌对不断交替的时期。在敌对期间，发生敌对的社区接受各自盟友社区帮助。敌对结束后，为答谢帮助，杀猪宴请盟友。进入和平时期，猪会迅速增多，以致妇女们难以照料它们，并引起一些后果，例如，猪闯进邻居的花园，跑到田野里毁坏庄稼。更重要的是，策姆巴加人采用的是原始的、刀耕火种的农业（通过放火烧山大面积地制造草木灰使土地生产一定的粮食），其有限的粮食产量不足以饲养很多猪。当猪多到与人争夺食物时他们会决定杀掉一些猪，否则在刀耕火种的农业生产方式下增大粮食产量必然以放火烧山毁坏环境为代价。这样，一方面，维护了人、猪和环境这个生态系统的平衡；另一方面，用猪肉举行邀请其他社区参加的感谢仪式和宴会，既巩固了老的盟友关系，又产生了新的盟友关系。拉柏波特指出：在敌对与和平轮流交替的仪式周期（交替点是猪宴）中，环境资源在人和猪之间得到重新分配。值得注意的是，拉柏波特并没有使文化在生态人类学研究中边缘化，他说，产生策姆巴加人仪式周期的原因不仅仅是他们对猪的物质性需要，而且是他们对人和猪、社区和社区、他们和祖先之间等关系的理解。在某种程度上，拉柏波特的研究说明了生态系统途径作为一种研究路径的可行性。

民族生态学是认知人类学的一个亚领域，它以结构语言学为手段去了解当地人对周围环境的感知，从而得到当地人所具有的世界观，并得出如下结论：环境不是一个实在（reality），而是人类感知与解释外部世界的产物，即环境是文化建构的产物。例如，在西方人看来，动物主要是供人类使用的物质资源，而在非西方社会中，动物可能被当地人看作是祖先神灵的化身。按照“环境是文化建构的产物”的逻辑，民族生态学否认所谓西方科学观和非西方世界观之间存在着本质差别，因为在本体论意义上，他们都是文化建构的产物。于是，西方与非西方、文明与野蛮在逻辑上的类比关系则显得十分荒谬。“一旦知识本身被看成是社会建构的，那么西方科学所理解的生态学与其他任何环境观点一样，都不过是‘民族生态学’。”① 这种见解固然符合人类学家文化平等

① ［美］哈里斯：《文化唯物主义》，张海洋等译，华夏出版社 1989 年版，第 13 页。

的情怀，但却产生了人类学至今无法解决的理论难题：极端的文化相对论。此外，民族生态学还面临着方法论难题：由于语言元素（当地人的术语学）与认知过程并不存在完全的一一对应的关系，因而将结构语言学作为研究工具不能不说是有些问题的。

四 20世纪90年代以来的生态人类学

20世纪90年代以来的生态人类学发展有两大趋势：反对极端的文化相对论和在后现代主义的影响下失去自身的同一性（identity）。

极端的文化相对论在倡导所有文化平等的同时，也强调不同文化之间的不可比性和不可翻译性，即不同文化互为分离的实体。这就否定了文化间的交流、沟通和跨文化比较的可能性，但这与当今全球范围内不同文化间存在频繁而广泛的交流与沟通的事实不符合，也与人类学家一直行之有效的研究方法——跨文化比较法相矛盾。甚至可以说，由于人类学的学科宗旨在于理解文化，极端的文化相对论否认某个社区或社会之外的人能理解该社区或社会的文化，从而从根本上动摇了人类学存在和发展的根基。因为极端的文化相对论有此缺陷，以后就不断有一些人类学家对之提出质疑和异议，从而推动了人类学的发展，并使倡导使用人类学知识服务社会的应用人类学获得了理论依据。

后现代主义一直与人类学有不解之缘：斯特劳斯的结构主义人类学导致了波及法国人文社科界的结构主义和解构主义的兴起，之后以解构主义为先锋，萌芽于法国的后现代主义迅速在英美世界成星火燎原之势，并且至今影响力尚存。在此过程中，人类学也对源于自身的后现代主义作出种种回应：相继兴起了民族生态学、实验民族志、反思民族志及女性主义人类学等。民族生态学一方面采用结构语言学研究方法，像后现代主义一样关注话语；另一方面，受到后现代主义反对整个西方传统关于肉体与心灵、行动与思考、女人与男人、自然与文化之间的二元对立的启发，提出“环境是文化建构的产物”的观点。这使得生态人类学能更深入地看待自然、文化与人之间的关系，逐渐形成了多样性的理论观点，而丧失在其早期发展阶段所拥有的大量统一的概念和基本原理。此外，后现代主义主要是一种文本层面的话语，这使得生态人类学逐渐偏重文化研究：从自然看/决定文化的视角（环境决定论）逐渐转变为从文化看/决定自然的视角（民族生态学）。由于主流文化人类学（美国历史特殊论学派）一直坚持文化只能被文化所解释（The culture is only explained by culture）的信条，所以生态人类学视角的转换在一定程度上可以说是与美国主流人类学合流的标志。在以上两层意义上，凯·米尔顿（Kay Milton）认为生态人类学失去了自身的同一性。笔者认为，这是生态人类学仍然继续发展的标志之一。

在不远的将来，生态人类学不会再是凯·米尔顿所说的“一种观点”（a point of view），而是一门真正成熟的学科。回顾生态人类学的百年发展，我们有理由相信它的这个美好前景。

（选自《国外社会科学》2000 年第 6 期）

21 世纪世界民族问题的基本走向

郝时远*

20 世纪的人类社会经历了有史以来最为激烈和复杂的剧变。其中民族问题在这种动荡变幻的国际形势中发挥了不可低估的作用。在进入新千年和面向 21 世纪的时刻，和平与发展的世界大势正在显示日益强劲的作用，人们对世界和平的追求和对社会发展的推进不仅需要重新审视和确定人与自然、人与社会的关系，从而实现可持续发展的目标，而且需要重新构建和协调国际、族际关系，从而实现相容和睦发展的环境。民族作为当今人类社会最基本的人的共同体形式，各民族之间的关系在国际社会和国家内部都是直接影响和平、稳定和发展的重要因素之一。20 世纪 90 年代以来出现的国家裂变、领土争端、地区冲突、部族仇杀、种族排斥、宗教纷争、霸权干预等一系列现象基本上都有民族问题的背景或直接来源于民族问题。因此，在人类社会进入 21 世纪并对新世纪充满和平希冀与发展愿望时，关注民族问题对新世纪的影响是毫不奇怪的。对于我们这个民族大千世界来说，历史上的世界民族问题给现实留下了什么样的遗产？20 世纪人类社会的民族问题对 21 世纪将产生什么样的影响？这是我们判断 21 世纪世界民族问题基本走向的基础。

一　世界民族问题的历史遗产

人类社会的民族过程基本上是与国家过程同步的。自民族形成以后，

* 郝时远，中国社会科学院民族研究所所长、研究员。

民族问题就成为多民族国家内部社会关系的重大事务之一，同时也成为多民族世界国际关系的重大事务之一。在多民族国家中，阶级压迫放大到民族关系的结果造成了民族压迫；在多民族世界中，帝国征服扩大到国际关系的结果造成了奴役统治。所以，民族问题始终是在国家内部和国家关系两个层面上展开的。无论是闭关自守的国家，还是开疆拓土的帝国，民族征服、民族压迫是阶级社会的必然特征，古今中外概莫能外。阶级社会解决和处理民族问题的政策，主流是暴力征服、强迫同化、分而治之、以夷治夷等强制性的措施，同时也存在因俗而治、和亲羁縻、分封归化等缓和性的措施。但是，强制也好、缓和也罢，都是建立在民族不平等基础上的政策。阶级不平等必然造成阶级斗争，民族不平等也必然造成民族反抗。所以，阶级统治及其民族压迫是造成民族问题的根本原因。

人类对平等的追求可谓由来已久，但是将平等作为一种政治理念和变革思想还是在资产阶级革命时期提出的。当然，提出是一回事，实行是另一回事。资产阶级在完成了对封建主义的革命之后，又成为维护资产阶级利益的社会保守势力，阶级社会的维系和工业革命的发展，使资本主义国家的阶级压迫和民族压迫更加严酷，并在资源、财富、市场和劳动力的需求下扩大到了全球。古代历史中的世界性交往基本上是在帝国扩张中实现的。从罗马帝国、蒙古帝国到奥斯曼帝国，欧亚大陆是民族征服、民族迁徙、国家演变、宗教冲突最突出的地区，当然经济文化的交流也在这种扩张和冲突中得到了发展，而其他大陆的国家与民族基本上长期处于封闭发展的状态。从16世纪开始的“地理大发现”到西欧资本主义的迅猛发展，使西方少数资本主义国家以掠夺资源、开拓市场、转嫁危机等方面的需要和倚仗“船坚炮利”的技术优势展开了全球性的殖民主义侵袭。亚洲、非洲、美洲、大洋洲的那些文明古国和传统社会，纷纷在血与火的洗礼中被西方少数国家征服和占领，沦为殖民地或半殖民地。在全球化研究中，一种流行的观点认为哥伦布发现“新大陆”是人类“全球纪元”的开端。如果仅仅从各大陆之间的交往来说也许是这样，因为毕竟这种交往突破了传统的欧亚大陆局限。但是，西方殖民主义的全球性扩张是一种单向的侵略和残暴的征服，是人类社会有史以来最广泛的一次帝国征服，是人类社会有史以来民族冲突最严重的时期，这种全球化是带给大多数国家和大多数民族严重灾难的全球化。如果一定要以欧亚大陆以外的洲际交往作为“全球纪元”的开端，同一时代中国的郑和下西洋之举倒是符合条件的例证。

如果说，漫长的封建社会造成了世界民族问题的浓厚积淀并对现实世界有所影响的话，那也主要存在于某些“非我族类、其心必异”的社会观念残余中。而近代殖民主义全球性的扩张所造成的民族、种族、宗教和领土等问题却对现代社会产生了多方面的直接影响。例如，非洲地区大多数国家是建立在殖民主义势力领土分割基础上的，非洲地图上几何图形的边界划分不仅没有遵循国家形成过程的民族聚居和自然疆界传统，而且这种边界造成的同一部族、同一民族的分离现象也比比皆是，由此而产生的领土问题、跨界民族问题也成为影响非洲现实国家关系、社会稳定和族际团结的重要因素；美洲的印第安人、因纽特人，北欧的萨米人，澳大利亚的土著人问题也是殖民主义时代的遗产，他们的传统社会在殖民主义扩张时期被摧毁，传统的生产、生活方式被破坏，传统文化濒于灭绝，今天的土著正在为历史公正和现实发展而进行着斗争；在亚洲，殖民主义时期造成的印巴分治遗留下来的克什米尔问题，是集民族、宗教和领土为一体的冲突，也是典型的殖民主义遗产。此外，在印度尼西亚、菲律宾、斯里兰卡等国家的民族和宗教冲突中也都有殖民主义时代的背景，包括印度尼西亚排斥华人的问题也可以追溯到荷兰殖民主义统治时期的“分而治之”和“以夷治夷”政策。当然，最广泛的遗产是种族主义，“种族优劣”“白人至上”之类的观念和实践成为现代文明社会中最可悲的现象，直到 20 世纪 90 年代初世界上还存在着实行种族隔离制度的国家，而种族歧视和种族排斥的现象至今仍然普遍存在，等等。可见，我们今天面对的世界范围的民族问题大多是由西方殖民主义统治造成的，正是这份“丰厚”的民族问题遗产，造成了 20 世纪世界民族问题的全面释放，这种释放也构成了 20 世纪国际形势剧烈变动的动因之一。

二 民族问题全面释放的 20 世纪

19 世纪末的世界虽然已经被西方少数资本主义国家瓜分完毕，但是瓜分者之间的斗争并没有结束。西方资本主义构建的全球殖民主义体系，是一个充满矛盾和冲突的体系，殖民主义宗主国同殖民地之间的冲突，西方各资本主义国家之间的冲突，西方资本主义同传统的帝国之间的冲突，构成了这一体系的基本矛盾同时，这一矛盾体系的种种冲突中不仅都包含了民族矛盾，而且增加了资本主义所造就的资产阶级和无产阶级的阶级矛盾。这些矛盾的激化、聚集使20世纪的前夜表现出国际矛盾、族际矛盾、阶级矛盾的异常尖锐性。这三种相互交织、相互促发的矛盾导致了20世纪第一次世界大战的爆发、全球性的民族解放运动和无产阶级革命运动的兴起。

第一次世界大战是新老帝国主义重新瓜分世界的分赃战争，其结果是奥斯曼、奥匈和沙俄传统帝国解体和德意志帝国的失败。与此相伴的是中东欧地区和亚洲等地区的民族主义运动高涨以及无产阶级政权在沙俄帝国废墟上的建立。奥斯曼、奥匈和沙俄帝国的解体，使中东欧地区出现了一系列以民族主义理念建立的独立国家，而以中国孙中山的三民主义、土耳其的凯末尔主义为代表的东方民族主义思潮，鼓舞了亚洲殖民地、半殖民地的民族解放运动，构成了20世纪第一次世界民族主义浪潮；德意志帝国的战败，导致其海外殖民地的丧失并被战胜者所瓜分；而苏联的建立，则为人类社会处理和解决民族问题开启了新纪元。各殖民地、半殖民地民族解放运动的兴起和无产阶级革命运动的发展，对西方殖民主义的全球统治和资本主义世界形成了根本性的挑战，西方资本主义国家在围攻新生苏维埃政权的过程中不仅自身经历了经济大萧条的冲击，而且也为力图雪耻的德国和战后分赃不均的意大利的极端民族主义膨胀提供了条件，并最终导致德、意、日法西斯轴心国发动的第二次世界大战。在这场浩劫中，法西斯主义实行的种族虐杀、民族征服、领土扩张政策对全人类的威胁在很大程度上搁置了资本主义世界对苏联社会主义的仇恨，消灭法西斯成为世界各国人民的共同目标。建立在极端民族主义基础上的法西斯主义对种族主义的无上推崇和残酷实践，也在相当程度上改变了西方其他国家历史上“白人至上”的种族观念。第二次世界大战使以西欧资本主义国家为主的殖民主义“宗主国”构建的全球性殖民主义体系开始瓦解。在民族自决和战后联合国推动的“非殖民化”运动中，殖民地和半殖民地以国家独立、民族解放为特征的政治民族主义运动形成全球性的浪潮，即 20 世纪第二次世界民族主义浪潮。

冷战期间，苏联虽然是社会主义国家，但是在它与美国争霸的过程中，其社会主义建设走的是一条盲目判断和推进自身社会主义进程，从而导致简化处理包括民族问题在内的所有社会问题的道路，结果形成了对内实行大俄罗斯主义和对外实行大国沙文主义的霸权体制，从而逐步背离了马克思主义和社会主义基本原则，出现了向传统俄罗斯帝国回归的取向。这种社会帝国主义的霸权体制，在同美国的对抗中不允许其他社会主义国家根据自己的国情实际发展社会主义，在社会主义阵营中极力推行“苏式社会主义模式”一体化的思想禁锢和体制控制，甚至不惜动用武力干预，其结果不仅导致马克思列宁主义的僵化和社会主义活力的丧失，而且最终导致自身的瓦解，并使一批按照“苏式社会主义”统一模式建设社会主义的国家不可避免地承担了这种弊端造成的恶果。从这个意义上说，苏联对社会主义阵营的控制和干预都是为了消除实现社会主义的道路多样化。南斯拉夫虽然最早摆脱了“苏式社会主义模式”，但是始终没有摆脱苏联及其控制的社会主义国家的干预和压力，这也迫使南斯拉夫为了建设比苏联更好的社会主义而走上了脱离国情实际、更加激进的“自治社会主义”的道路，最终在追求“国家消亡”和绝对民族平等的目标下形成无度分权的形势，造成对地方民族主义的姑息养奸。如果说苏联解决民族问题失败的原因可以归结为大俄罗斯民族主义的膨胀和社会化影响造成了非俄罗斯民族的分离主义，那么南斯拉夫解决民族问题失败的原因则走到另一个极端，即为了防止大塞尔维亚民族主义而姑息甚至助长了各个联邦政体的地方民族主义。而大民族主义和地方民族主义都是危害社会主义民族关系的极端性表现，其结果只能是苏联解体和南斯拉夫解体。同样，就苏联解体过程中的外因而言，究竟是西方和平演变的渗透作用强大还是来自被苏联长期控制的“卫星国”的民族主义反抗性强大，也是值得研究的。当戈尔巴乔夫向“柏林墙”发射了“新思维”的炮弹时，“柏林墙”轰然倒塌的反作用力直接作用于苏联国内的政治演变和民族分立运动。苏联这个事实上的现代帝国解体，同样伴随着其本土和势力范围的民族主义运动。20 世纪的第三次民族主义浪潮也由此发端，世界国家的格局也因此再次发生了变化，增加了 20 多个新的国家。

苏联解体意味着美苏两个超级大国构建的霸权体制解构，正如历史上所有的帝国霸权体制瓦解一样，被压抑的民族问题通过封疆裂土、独立建国、领土争端和权利要求等形式释放出来一样，再次形成了民族主义的浪潮。美苏争霸是全球性的，这也决定了源起于前苏东地区的民族主义浪潮迅速向西欧、北美乃至全球的蔓延。如果我们将苏联解体、南斯拉夫解体和捷克斯洛伐克解体算作冷战后前社会主义国家民族问题的热点，那么它们在冷战后一系列全球性的以民族问题为背景的热点中并不构成数量上的优势，构成第三次民族主义浪潮的民族问题热点主要发生在资本主义世界。德国、奥地利等国的新法西斯主义和种族主义回潮，比利时佛来芒人和瓦隆人的矛盾导致国家的联邦化，西班牙的巴斯克“埃塔”组织谋求独立的恐怖活动加剧，法国的科西嘉民族独立运动随之高涨，加拿大魁北克的法裔民族主义势力险些通过“全民公决”造成国家的分裂态势，美国的种族冲突从“洛杉矶事件”后持续不断，墨西哥印第安人的“萨帕塔解放军”与政府展开武装对抗。非洲大湖地区出现以布隆迪、卢旺达为代表的部族仇杀并向毗邻国家和地区的蔓延，土耳其、伊拉克的库尔德人的独立运动再次出现高潮，塞浦路斯土耳其族和希腊族的分裂形势更加严重，印度的教族冲突激化，印度与巴基斯坦之间的克什米尔冲突尖锐，斯里兰卡的泰米尔“猛虎”组织同政府军的对抗难以消停，菲律宾棉兰老的穆斯林摩洛解放军同政府的对抗和阿布萨耶夫伊斯兰极端主义势力制造的“人质事件”令世人瞩目，印度尼西亚排斥华人的暴行和亚奇、西伊里安的独立运动以及在苏门答腊等地普遍发生的教族冲突和分离运动相继爆发，斐济国内对印度移民的排斥行动形成热点，中亚地区以乌兹别克分裂势力为代表的极端主义对多国的困扰，加拿大因纽特人、北欧萨米人、中美洲印第安人和澳大利亚土著人为民族平等权利的斗争此起彼伏，等等。这些热点都是在20世纪90年代以后出现或再度高涨起来的。所以，冷战后的民族主义浪潮虽然在前苏东地区普遍表现出反苏反共的特点，但是就构成这股浪潮的规模主体来看，恰恰反映了资本主义社会难以解决的民族问题的现实。对于前苏东地区来说，民族主义浪潮的涌起是苏联霸权主义的必然结果；对于西方发达国家来说，种族主义回潮、少数民族的分离要求和土著民族的权利要求加强则是资本主义社会难以克服的痼疾在冷战格局结束后的爆发；

至于第三世界的资本主义国家普遍出现的民族、宗教问题及其冲突，很大程度上是由西方殖民主义的遗产和冷战霸权压抑并制造的问题所引发的，同时也包括冷战时期这些国家处理和解决这些问题的错误政策所造成的积弊。

不难看出，20 世纪的三次民族主义浪潮的兴起，都是同帝国霸权的衰落、瓦解直接相关的，是同第一次世界大战、第二次世界大战和冷战的结束相随相伴的。这三次民族主义浪潮从总体上构成了对帝国主义统治世界历史的清算，是在帝国霸权衰落时的剧烈释放。当然，在这种释放中，争端和冲突乃至战争是难以避免的，民族主义的极端性在某些宗教思潮的影响下也表现为严重的暴力恐怖活动及其跨国性的特征，一些泛民族主义、泛宗教主义如同种族主义一样也沉渣泛起，而这正是民族主义“双刃剑”作用的必然反映。

20 世纪 90 年代以来出现的民族主义浪潮及其对国际形势的影响，使一种“21 世纪将是民族主义世纪”并将造成“世界国家数量成倍增加”的观点流行一时。但是，如果我们从帝国霸权与民族主义运动的互动关系的规律性来看待这一现象，就能够把握这种释放的现实原因和未来走向。同时，我们还必须看到这些对抗和冲突最终只能通过和平方式得到解决的主流趋势。伴随着第三次浪潮的掀起，南非的种族隔离制度垮台并建立起种族和解的新南非，困扰英国的北爱尔兰问题也在和平框架下走向新的途径，长期难以消解的巴以冲突也达成和平协议并对缓和整个阿以矛盾发挥了积极影响，当然这些缓和的矛盾由于积弊甚深在实现完全和平的进程中还会有反复，但是这种“仇必和而解”的大势是和平与发展时代的必然体现。事实上，从 90 年代初开始出现的世界民族问题热点在世纪之交的今天，大部分都得到了控制或纳入了和平谈判的轨道。同时，冷战对抗造成的国家与民族分裂的局面也正在消除，除先期实现统一的越南外，继东西德国的统一之后，朝韩实现高级别会晤和自主和平的统一进程已经成为举世关注的和平热点。此外，在西方殖民主义体系全面崩溃后遗留下来的租借地、托管地也在陆续消除，如中国香港和澳门的回归以及东帝汶问题的解决彻底结束了亚洲地区的殖民主义历史；1994 年贝劳的独立，结束了联合国在推动“非殖民化”进程中确立的委任托管制；等等。可见，20 世纪不仅是帝国霸权衰落的世纪，同时也是世界民族问题全面释放的世纪。

三 多样化与和平、发展的世界大势

当今世界进入了全球化时代，这一时代同近代西方殖民主义全球性扩张的时代是不同的。尽管美国和其他西方国家在政治、经济、军事和文化等方面仍发挥着主导性的作用，但是它们面对的已经不是当年那些闭关锁国的古老国家和尚未进入国家进程的传统社会，它们面对的是数以百计的主权独立的现代民族国家，而且是面向世界开放性发展的国家。所以，今天的全球化是世界各个国家面对一系列全球性问题而形成的全球化，是发达的西方国家同所有发展中国家共同解决全球性问题形成的双向、多向互动关系的全球化，尽管这种互动程度有强度上的区别，但是国际社会业已形成的和正在形成的制衡关系决定了这种互动的双向和多向性。这种世界各国、各民族参与的全球化，表现了人类社会多样性的发展趋势。

冷战结束后的世界，国际社会最关注的一个重大课题是建立新的国际秩序问题。20 世纪的两次热战结束后，在少数大国的主导下先后建立了“凡尔赛体制”和“雅尔塔体制”，这些体制从实质上讲都是帝国强权体制，是压抑多样化发展的体制。冷战结束后，美国试图建立一统天下的“单极世界”霸权体制，但是所有从冷战霸权束缚中解放出来的国家都走上了开放发展和积极参与国际事务的道路，这使整个国际关系的发展趋势走向缓和，缓和的基础是平等相待、相互尊重主权独立和领土完整，体现了和平主题的要求。同时，平等才能保持多样。在经济一体化所影响的现代化生活水准趋同的形势下，实现现代化的道路也表现出多样化，越来越多的国家认识到现代化只是一种社会发展程度和人民生活水准而不是一种既定的现成模式，对于发展中国家来说，现代化并不意味着“西方化”，对于很多发达国家来说，现代化也不意味着“美国化”，对于社会主义国家来说，现代化也绝不意味着资本主义现代化。这种多样性观念的确立和发展道路的多样性选择，也决定了世界政治格局的多极化走向。对于国际社会而言，政治多极化就意味着国际层面的民主权利扩大，就意味着对霸权主义的遏制。同时，也意味着不同的政治理念和社会制度在平等基础上的竞争而不是在对抗条件下的争霸。资本主义和社会主义究竟哪一种主义具有社会制度的优势和能够实现人类社会充分的平等、自由和民主，要通过发展的实践来证明。发展权作为人权最基本的权利之一，不仅包括了发展的要求和实践必须得到尊重，而且也包括了发展道路的选择需要得到尊重。这一点在国际社会日益密切的交往中已经形成了理论上的共识，这是实现发展的题中之义，并且已经在发展的实践中开始体现。

人类社会是一个建立在多样性共存共容基础上的社会，生物的多样性是奠定生态平衡的自然基础，动植物物种的消失在中断大自然生物链的同时造成了生态环境的恶化，并直接危及人类的生存和发展。生物多样性所维护的生态平衡，对人类社会的启示是深刻的。人类在生物学意义上是统一的，但是在文化上是多样的，这种多样性是保证人类社会创造性和发展活力的基础，同时这种多样性也理应成为维护各民族共存共容和平机制的基础。但是，从历史上看，所有的帝国统治都是建立在对人类多样性的否定的基础上的，这从阶级社会解决民族问题的主导政策和基本取向中是不难看出的，从文化上消除社会的异质性就必然实行民族压迫等强制性的措施，因为文化的多样性是以民族为依托的。所以，帝国霸权、专制统治都是对人类社会多样性的反动，它们也必然遭到人类社会多样性的反抗。正如法西斯帝国试图以“纯正的日耳曼人”“罗马帝国后裔”“大和民族骄子”一统天下时，它们面对的是世界各个种族和各个民族的共同反抗，尽管那些民族有不同的信仰。20 世纪后半叶，人类生存环境的问题引起了国际社会的高度重视，维护生态平衡是从保护生物多样性着手的。在可持续发展的观念成为国际社会追求现代化目标的路标之后，文化多样性的保护、传承和发展问题又引起世人的普遍关注。文化多样性的保护，前提是各种文化在平等基础上的共融共存和通过借鉴、吸收而得以发展。那种将文化差异放大为“文明冲突”的观点是建立在传统的西方文化优越论基础上的。这种优越论是历史上“白人至上”的现代解释，是以种族、民族不平等为前提的。而文化多样性的观念是人类文明观的新境界，也是人类社会种族观、民族观的新境界，而这个境界是马克思主义已经提出的，因为马克思主义对人类社会的区分历来是阶级的而不是民族的和种族的。文化多样性的观念，是和平与发展世界大势的思想底蕴，它在实践中事实上已经提供了成功的范式，国际社会的奥林匹克运动就是这种文明范式的代表。

多样性是自然生态平衡的基础，多样性也是人类社会和平与发展的基础。人类的文明是世界各种族、各民族共同创造的。印度的伟大诗人曾说过，世界上各民族遇到的生存困难不同，他们克服困难的方法也不同。正是这种不同创造了人类社会五彩缤纷的文化，正是这些绚丽多彩的文化之间的交流、借鉴和吸收促进了各个民族乃至整个人类社会的发展。不同或相异是自然界和人类社会普遍的现象，处理、协调或解决这种现象产生的矛盾不是建立在消除多样性的基础上，而是建立在求同存异、和而不同基础上的。多样性是创造力和发展活力的源泉，多样性的汇聚和融通会形成人类文明的整合，同时会在更高层次上升华为新的多样性。2000 年在法国和西班牙先后举行的文化多样性国际论坛，不仅突出了保护文化多样性的重要意义，而且体现了反对美国文化霸权主义的共同取向。在以经济一体化和信息网络化为代表的全球化发展过程中，政治多极化和文化多样性是维护和平与保障发展的基本条件，新的国际秩序只有在这种基础上才能形成和建立。

四　21 世纪是民族和解的世纪

人类社会的历史昭示世人，帝国霸权与阶级压迫是造成国际层面和国家内部民族问题的根本原因。20 世纪世界民族问题三次大规模的释放，可以说主要是针对帝国主义和霸权主义的，表现在国家内部的民族问题也大都包含着帝国霸权统治、控制和干预的背景。正是历史上和现实中帝国霸权对众多国家和民族内部事务的干预才造成这些国家处理和解决民族问题的困扰与难度。因为在帝国霸权的影响下，特别是它们对小国、弱国的统治和控制下所采取的种种分化政策和转嫁危机的措施，往往起到挑拨离间、制造仇怨和相互制约的作用。这一点在第一次世界大战后中东欧地区的民族和领土划分方面，在第二次世界大战后西方殖民主义体系全面崩溃过程中对各殖民地、半殖民地独立建国运动的干预方面，在冷战时期以意识形态和社会制度划分势力范围的种种霸权行径都是十分普遍的，而且这种帝国霸权的影响仍在继续。

在苏联解体之后，美国作为一个奉行霸权主义的世界最强国，认为领导世界的时代已经来临。它在向全球推行“美国式的现代化”过程中，不仅通过打着“人权”“民主”旗号的“炮舰政策”四处干预，而且也把利用民族、宗教问题作为分化他国实力、颠覆他国政权的“新干涉主义”口实。如海湾战争之后，为了从伊拉克内部造成萨达姆政权的垮台，支持伊拉克北部库尔德人的独立运动成为美国试图彻底战胜伊拉克的重要手段之一；在推动北约东扩的进程中，美国不仅介入波黑内战，而且利用南斯拉夫科索沃问题发动了残暴的侵略战争。而美国等西方国家在推行代表新霸权主义的“新干涉主义”政策时，它们所宣扬的种种冠冕堂皇的理由都是采取双重标准的。例如，美国支持伊拉克库尔德人的民族独立运动，但是对土耳其镇压库尔德人的独立运动听之任之；美国反对南斯拉夫政府在科索沃对阿尔巴尼亚族极端势力分裂国家的行径进行弹压，但是对科索沃阿尔巴尼亚族极端恐怖主义势力对塞尔维亚等民族的排斥和迫害却视而不见；美国对宗教激进主义极端势力的领袖本·拉登恨之入骨，但是对俄罗斯打击得到本·拉登势力支持的车臣恐怖主义匪帮却横加指责；等等。这样的实例不胜枚举，而美国等西方国家的这种行径，是在继续制造世界民族问题的新遗产，原因是为维护和树立美国独霸世界的霸权新体制。美国的霸权主义及其利用民族、宗教等问题干涉他国内政的行径，同历史上西方殖民主义帝国崩溃前所采取的保留其影响力的控制力措施是一样的。然而，越来越多的国家和组织已经将美国等西方国家的禁飞令置之脑后；科索沃在以北约为主的维和部队控制下不仅没有实现和平，而且成为以美国为首的北约制造“科索沃模式”的“鸡肋”成果；美国和西方国家对俄罗斯解决车臣问题的干预，并没有阻止俄罗斯对车臣极端恐怖势力的清剿；等等。这也不得不让人深思，苏联解体后，美国的霸权主义的全球性凸现究竟是霸权主义增强了还是霸权主义的回光返照？美国既然遵循帝国霸权的历史传统，那么它也必然遵循帝国霸权必然衰落的规律。因为霸权主义的天敌——民族主义的确是在高涨。这种高涨不仅来自发展中国家，而且来自西方发达国家内部。从这个意义上说，反对霸权主义仍将是 21 世纪国际层面民族问题的重要特征。

20 世纪是世界民族问题全面释放的世纪，但是释放并不意味着解决。

在这种释放中，历史上压抑越久，释放的力度越大，这就如同弹簧受到的压力越大，在撤除压力时的反弹越高一样，不过这种反弹力量的释放是随着弹簧的一次次弹跳而消减的。当然，表现在国家内部的民族问题中还存在一些以民族自决为口号、以独立建国为目标的突出问题，这些现象在当代民族、宗教问题国际性特点影响下还会掀起个别高潮。但是，民族自决作为反对西方殖民主义统治的民族解放运动，在20世纪基本上已经完成了它的历史使命，民族自决原则只适用于那些被帝国强权统治、奴役、控制的民族，而通过独立建国来解决民族问题的时代也已经过去。因为那种“一个民族、一个国家”的“单一民族国家”模式，在人类社会今天的世界国家格局中几乎是不存在的。世界上数以千计的民族分属于数以百计的国家必然决定了多民族国家是世界国家格局主体的现实，每一个国家中都或多或少存在少数民族，即便确实有单一民族的国家也由于日益增多的移民而表现出社会群体的异质性，而20世纪90年代以来出现的新一轮移民浪潮正处于方兴未艾的阶段。就冷战后出现的所有新建或重组的国家来看，可以说没有一个是单一民族国家，它们都面临着如何处理和解决民族问题的任务。所以，试图通过建立独立国家来解决民族问题的选择不是解决民族问题的出路，单一民族国家在国际社会中同样面对着国际层面的民族问题。众所周知，民族问题具有长期性的特点，同时民族关系作为社会关系的特殊组成部分渗透到社会各个方面，并与宗教等问题密切相关，加之很多民族由于历史的原因形成跨界而居的状态并造成国际关系问题，这使民族问题的复杂性和国际性特点也十分突出。在这方面，20世纪世界民族问题对国际和平和国家稳定造成的危害，美国霸权主义利用民族、宗教问题弱化、分化他国和危及他国主权独立、领土完整的行径，已经给世人留下了深刻的教训，这也使各个国家对民族问题重要性的认识达到了前所未有的水平。这种认识，对各个国家处理和解决国际层面和国家内部的民族问题创造了极其有利的条件。人类社会解决民族问题的着眼点是如何建立多民族国家内部和多民族世界范围的平等和睦、共同发展的机制，而不是分离和分裂。

从世纪之交的世界民族问题发展态势中可以看出，那种造成国家裂变的民族冲突的高潮已经过去，除少数热点仍在僵持外，如斯里兰卡、印巴克什米尔、巴以等，其他地区的热点基本上得到了控制，寻求以和平方式的政治解决已经成为普遍的选择。90 年代以来，一些国家采取措施缓解民族矛盾，从联邦制（如比利时）、民族区域自治（如西班牙、加拿大）到地方议会（英国和北欧国家），从欧盟在维也纳设立种族主义监控中心到澳大利亚开展社会和睦运动，都代表了寻求族际和平的政治取向。包括正在冲突的斯里兰卡、菲律宾也都确定了建立自治区的和平方案。这也预示着 21 世纪的世界民族问题主要体现在各个国家内部如何解决自身的民族问题方面。在和平与发展的时代，各个国家根据自己的国情实际，通过某些政治形式（如联邦制、民族区域自治等）解决民族争端和消弭分离主义是实现民族和解的途径，和平是发展的保证，但是没有发展也不可能有持久的和平，所以促进经济发展和文化繁荣是解决民族问题最艰巨的任务，因为各个民族的真正平等是通过发展来实现的。所以，从 20 世纪世界民族问题的消长态势、世界各国对美国霸权主义的警惕和反对、世界各民族对和平与发展的追求，可以预见 21 世纪将是世界各国致力于通过和平与发展方式解决民族问题的世纪，也可以说是世界各民族和解的世纪。

（选自《国外社会科学》2001 年第 1 期）

西方政治人类学60年的演进

董建辉[*]

政治人类学是文化人类学的一门分支学科，它运用文化人类学的理论和方法，对各种政治制度和政治行为进行研究，从而总结出政治的本质和政治发展的一般规律。政治人类学自1940年问世以来，已经走过了60年历程。在这60年间，政治人类学的研究主题与范围都发生了很大变化，研究方法也随之不同，但政治人类学始终保持了其固有的基本特征。政治人类学研究的日趋成熟，引起其他众多相关学科的注目。在我国，从20世纪80年代后期开始才出现对这门学科的简单介绍。其实，无论从基础理论的探索还是从现实需要的角度来说，我国开展政治人类学的研究都十分必要。① 追溯西方政治人类学60年来的发展历程，总结其一般性特征，对于在人类学本土化实践过程中拓展有中国特色的政治人类学研究，促进我国人类学学科理论建设，无疑具有重要的意义。

一　20世纪60年代以前

政治人类学是从19世纪末研究政治制度的演化过程中发展起来的，这一时期可以称为政治人类学发展的萌芽时期。由于受达尔文进化论的

---

* 董建辉，厦门大学人类学研究所副研究员。

① 董建辉：《政治人类学研究的几个问题探析》，载《民族研究》2000年第3期，第52页。

影响，人类学者把政治视为社会衍化过程的一部分，主张政治组织随着社会整体的衍化而渐趋复杂化，重点考察国家的形成过程或国家的起源。其代表人物是英国的亨利·梅因和美国的摩尔根。其中尤以摩尔根的思想更为突出，它对恩格斯的《家庭、私有制和国家的起源》和马克思关于资本主义社会衍化的观点都产生了重大影响。

20世纪初，进化论的观点遭到了来自各个方面的猛烈抨击，焦点之一是进化论者将社会的进化发展看得过于简单了。它把所发现的各种政治制度和政治组织的变异形态统统放入进化论的分类框架中去加以思考。以后的进化论者不再在国家社会的衍化问题上坚持单一的因果论模式，而是转向综合考虑诸如人口、环境、技术、灌溉和认知等多种因素之间的相互影响，引进像正反馈、负反馈、原动力、系统论等其他学科的概念，如卡尼亚罗、魏特夫、博斯勒普、塞维斯等人的观点。但是，对政治社会发展诸阶段的衍化模式的探讨，此后一直未能成为政治人类学研究的主流。

福蒂斯（M. Fortes）和埃文斯-普里查德（Evans-Pritchard）于1940年在《非洲政治制度》一书中所提出的针对政治制度的新型分类，标志着政治人类学作为一门新学科的诞生。他们受拉德克利夫-布朗的结构功能主义的影响，侧重研究政治制度的结构及其在社会体系中所起的作用，进而把具有相同结构和功能的政治制度划为一类，从而开启了人类学研究政治制度的分类之先河。然而对政治人类学来说，此种研究的最大意义在于，它把国家和政府产生之前的社会组织也视为政治制度的一种，并从政治的层面加以考察，从而拓宽了政治研究的视野。也正是这一点把政治人类学与传统政治学区分开来，成为一个特殊的研究领域。

福蒂斯和埃文斯-普里查德奠定了政治人类学发展的理论基础，为研究部落社会及前国家社会的政治制度作出了贡献。他们通过对非洲政治制度的研究，揭示了在一些尚未产生国家政府的社会中，世系群和部落等社会组织（非正式政治组织）如何行使其政治功能，宗教和象征等文化因素又如何在社会整合的过程中起着类似权力的作用。但由于受结构功能学派的影响，他们都坚持认为社会就整体而言是一个和谐的均衡系统，其中的每一部分都对系统的平衡起着维护作用。他们的研究目的就是要阐明，在缺乏正式政治组织和机构的社会中，各种冲突团体和利益团体是如何保持势力的平衡的，从而产生出一种稳定的社会政治结构。

第二次世界大战的爆发及战前世界性经济危机的发生，使结构功能主义的社会平衡理论遭到了质疑。在“重新思考人类学”的背景下，利奇（E. Leach）和格拉克曼（M. Gluckman）对结构功能主义进行“改良”，为政治人类学注入了新鲜血液。一方面，他们都强调，社会就整体而言是一个有机的平衡系统，另一方面他们认为，社会内部同时也存在着矛盾和冲突。利奇研究了缅甸上卡钦山地区的政治制度，他的研究表明，就仪式所表达的理想模式而言，它是一个完整的均衡体系，而在具体的现实中，其内部又蕴含着一定程度的矛盾和变迁。利奇的“动态平衡”理论第一次向当时流行的结构功能主义的静态平衡理论提出了挑战，[①] 但遗憾的是，由于受列维-斯特劳斯结构主义的影响，他将社会内部的矛盾和变迁解释为结构的外在表现（模式），从而回避了真实的历史运动、变迁和革新。

格拉克曼指出，功能主义把社会“机体”平衡理想化的缺点在于，它忽视了社会中的矛盾关系。他认为，社会的一大特点就是它的内部群体倾向于裂变，并在裂变之后分别形成同盟，由跨群体的同盟吸收社会中的成员，对社会关系重新进行组合。因此可以说，社会是在冲突中获得统一的，或者说冲突是统一的表现。正是由于冲突的存在，才有助于维护政治系统的平衡。如果没有冲突和争执，社会团体彼此之间就会更加分散和孤立。[②] 利奇和格拉克曼等“新结构论者”对矛盾和冲突的强调，是人类学界对第二次世界大战所引发的紧张感和危机感的学术表述。

虽然利奇和格拉克曼最终均未能跳出结构功能主义均衡论的窠臼，但他们对政治系统中矛盾和冲突的揭示，促使政治人类学家彻底改变以往的非历史立场，开始从对政治制度和政治组织的静态描述，转向对政治过程包括竞争、冲突、变迁、决策等动态性的历时性研究。1966 年，斯沃兹、特纳和图登三人主编了一本《政治人类学》，该书的前言明确地宣示了政治人类学研究从结构功能论向过程论的转变。在前言中，他们

---

① 王筑生：《社会变迁与适应——中国的景颇与利奇的模式》，载《社会文化人类学讲演集》（下册），天津人民出版社 1997 年版，第 730 页。

② M. Gluckman, *Order and Rebellion in Tribal Africa*, London: Cohen & West Press, 1963.

把政治研究的对象明确地定义为团体成员为实现公共目的而使用权力的行为过程，突显了对政治过程的强调。

无论结构功能论的研究或过程论的研究，都存在着一个严重缺陷，即把政治领域中的人视为被动的存在物。针对这一缺憾，20世纪60年代末以后，一些政治人类学家把研究的重点集中于政治过程中的个人或小团体上，研究他们是如何操作非政治的文化因素（宗教、礼仪、婚姻规则等）来获取权力、保护权力和作出决策的。这种研究倾向被称作“行为论”，以便和“过程论”区别开来。其始作俑者是特纳（V. Turner）。其实，行为论和过程论一样，都主张对政治过程进行研究。所不同的是，过程论仅重视对一般性的政治过程的研究，忽视了政治活动的具体实践者——个人，而行为论则主张对个人或小团体的决策过程进行研究，强调人是政治行为和政治系统的主体，是政治资源的理性操作者和决策者。有鉴于此，有的学者主张用“过程方法”来统称所有重视政治过程的研究。[①] 行为论的出现使政治人类学研究在主题和范围方面都有了扩大和分化。在行为论的理论取向的影响下，很快就发展出了社会戏剧论（特纳）、博弈论（贝利）、生成理论（巴思）和政治象征论（科恩）等多种理论。他们的研究不仅包括传统的非西方社会，而且涉及现代西方世界中某些非常复杂的方面。与过程论相比较，行为论的研究显然更为深入和具体。从过程论向行为论的转变，既有受行为主义政治学影响的外部因素的作用，又是政治人类学学科内部发展的一个必然趋势。[②] 可以说，行为论的出现标志着政治人类学研究繁荣时期的到来。

二 20世纪60年代以后

传统人类学注重研究被隔离、停滞不前、具有文化均质性和封闭的部落社会，将它们视为完全自主自立的群体。战后，尤其是60年代以来，全球范围内发生的巨大变化从根本上动摇了人类学的学科传统。由

---

① T. Lewellen, *Political Anthropology: An Introduction*, Westpot: Bergin and Garvey, 1992, p. 98.

② 董建辉：《西方政治人类学研究概观》，载《国外社会科学》2000年第2期，第19页。

于受世界政治、经济、文化的冲击，过去的殖民地社会变成了独立的民族国家，人类学所研究的传统社会被整合到新的国家体系中，而且不同程度地失去了自身原有的社会文化特征。在这些国家中，由于实施西方的制度和体系以及发展现代化，国家的权威被有意识地强化，结果导致一方面部落、族群和民族间的纷争不断，另一方面地方社会和国家政府间的冲突日益加剧。面对这一系列新的变化，从 60 年代末开始，政治人类学逐渐将目光转向这些发展中国家部落群体的政治整合或政治分化的研究，以考察处在现代国家包围之中的部落群体和国家政府之间的互动关系。

此种探究以科恩和法龙（L. C. Faron）的研究为肇始。以往的现代化理论家预计，现代化将使部落体制融入国家体系中，由于政党和派系扩散到各个地域和族群，政治将不可避免地失去其原有的部落特征。阿伯纳·科恩（Abner Cohen）则通过对尼日利亚的豪萨人（the Hausa）的个案研究表明，在国家强行废除部落制的过程中，部落群体可能在一个层面上通过扩大对国家政治和经济的参与，而实现其自身的整合；在另一个层面上又通过强调自身的文化特征而增强其种族的凝聚力。通过此两种途径，旧的部落被赋予了新的含义，其政治功能得到了强化，成为国家体制下一种新生的政治力量：政治性种族。① 法龙对智利的马普切人（the Mapuche）所做的人种历史学研究则阐明，在国家政治体制下，部落政治并非完全消失，而是处在变迁过程之中，根据政府政策的变化，不断作出相应的调整。② 换言之，即使在现代化发展过程中，部落文化传统仍旧是起作用的政治资源。

进入 70—80 年代以后，政治人类学家不得不正视一个现实，即人类学所研究的几乎所有地域社会都已融入世界体系之中，而且大都集中在第三世界的发展中国家。分析一个地域社会被纳入世界体系的具体过程，遂成为政治人类学研究的一项重要内容。政治人类学家通过历史分析，

---

① Cohen Abner, *Custom and Politics in Urban Africa: A Study of Hausa Migrants in a Yoruba Town*, Berkeley: University of California Press, 1969.

② L. C. Faron, The Mapuche Reservation as a Political Unit, in Comparative Political Systems, ed. by R. Cohen and J. Middleton, Austin: University of Texas Press, 1967.

从政治经济角度广泛考察了资本主义向第三世界的渗透。沃勒斯坦（I. Wallerstein）的三卷本著作《现代世界体系》（1974，1980，1989）详细阐述了资本主义体系的历史演变及其对世界其他地区的影响，揭示了第三世界国家贫穷落后的经济原因。沃尔夫（E. Wolf）的《欧洲和没有历史的民族》（1987）以及明兹（S. Minz）的《甜蜜与权力》（1985）展示了西方资本主义如何征服、剥削非西方社会，并最终把它们纳入受西方世界支配、以西方文化为标准的世界体系。沃尔斯利（P. Worsley）与高夫（K. Gough）则把兴趣集中在研究第三世界上，他们证明第三世界是被边缘化的社会，农民战争和起义是对资本主义剥削的反抗。[①] 随着研究的深入，妇女、农民、城市贫民以及其他贫困和被边缘化的社会群体，亦渐成为政治人类学关注的对象。

几乎与此同时，政治人类学研究的另一个取向也在突显出来。自70年代后期始，西方人类学家意识到人类学研究本国社会文化的可能性与必要性，并积极探索适合的研究方法，由此拓宽了人类学的研究视角和关注焦点。在这种背景下，政治人类学也开始涉足现代社会政治制度的研究。与政治科学不同的是，政治人类学的研究主要集中于两个方面：首先是在正式的政治组织中起作用的一些非正式的政治团体，这些团体建立在社会阶级、经济利益等基础之上；其次，探究政治组织、个人和环境（文化）三者之间的关系。[②] 其中，后者更成为80年代政治人类学关注的主要课题。政治人类学介入对现代社会政治制度的研究，使得它与政治学之间的界限日益变得模糊，许多政治人类学者同时是政治学者，所采用的方法经常大同小异。

关于现代工业社会中小规模的政治团体的研究，韦瑟福（J. Weatherford）对美国国会的研究尤其值得一提。基于他担任参议员助理时的参与观察，他在其《高地上的部落》（1981）一书中，以生动幽默的语调将美国国会类比为部落，揭示了二者在地位竞争、组织结构、政治社会化和

---

① ［韩］金光亿：《现代社会人类学——60年代以来的主题、理论与方法》，载《社会文化人类学讲演集》（上册），天津人民出版社1997年版，第175页。

② T. Lewellen, *Political Anthropology*: *An Introduction*, Westpot: Bergin and Garvey, 1992, p. 189.

仪式等方面实无二致，而与教科书上所讲的美国国会之间有着天壤之别。他说：“世界上最谨慎的机构已蜕变为最仪式性的机构。其成员的才能不是用于决定国家的政策大事，而是用于考虑和安排仪式的细枝末节。”①

进入90年代后，世界范围内愈演愈烈的种族冲突和对抗问题，吸引了政治人类学家的目光。他们试图从文化层面探讨种族对抗产生和形成的机制，希冀借此对解决世界性的种族问题有所帮助。随着世界政治格局的变化，政治活动区域的进一步划分和重组、全球化所引发的张力、跨国组织的出现（如欧盟）等现象，都促使政治人类学家对政治隶属关系和认同问题重新进行深入的思考，并形成新的研究领域。② 可以预见，“9·11”恐怖事件的突发，将激发政治人类学家对全球恐怖主义组织的形成和运作机制的探讨。政治人类学通过对这些问题的研究，可以帮助我们更好地理解在日益复杂的社会文化背景下各种政治制度和政治组织的运作和变革，并对世界和平秩序的恢复和重建做出自己的贡献。

三 简要的结论

纵观政治人类学的发展历程，我们不难发现，从60年代以后，伴随着人类学学科本身的发展和世界政治格局的变化，政治人类学发展的步伐明显加快，其研究主题、理论和方法都呈现出多样化和不断更新的特点，反映出这门新兴学科正在逐步走向兴盛与成熟。虽然政治人类学在整个发展过程中与政治学之间相互影响，而且60—70年代后彼此在研究对象上还出现了部分重叠，但是政治人类学研究从总体上来说仍然保持了其自身原有的基本特征。

就研究对象而言，政治人类学主要致力于描述和分析与简单社会有关的政治制度和政治行为。作为人类学的一门分支学科，政治人类学从萌芽时期起，就一直关注对“其他”民族和“国外”社会中村落或社区一级的政治组织的研究。这些社会的特点是小型、均质、封闭，结构比

① J. Weatherford, *Tribes on the Hill*, New York: Rawson, Wade, 1981, p. 266.

② ［法］马克·阿伯勒：《政治人类学：新的挑战、新的目标》，黄语生译，载《国际社会科学杂志》（中文版）1998年第3期，第29页。

较简单，成员间享有共同的文化和行为准则，血缘和姻缘是社会联系的主要纽带。60年代末以后，政治人类学主要在两个层面上拓展了自己的研究领域：对现代国家范围内小规模的政治团体（正式的和非正式的）的研究，以及对国家一级的正式政治制度与地方一级的非正式组织之间关系的研究。尽管这两个层面的研究都与现代复杂的工业社会密切相关，但是与政治学侧重研究政府体制不同，政治人类学研究的对象带有明显的边缘化色彩。近一二十年来，政治人类学所关注的妇女、农民和城市贫民等，都属于社会政治体系中被压迫和被边际化了的群体，他们是正统的官方权力话语所忽视或遗忘的对象。考虑到政治人类学关注的焦点在当代所发生的这些细微变化，我们不妨将其界定为对社会边缘政治进行研究的一门学科。

就研究目的而言，政治人类学旨在超越特定的政治经验和理论，而建立一种带有普遍性的政治行为科学，以寻求人类的各种政治行为在不同历史和地理环境下的共同性。① 虽然政治学也有这样的学术抱负，但它更多地关注的是如何使政治权力和权威更为有效等问题。很多政治学家都热衷于为统治集团提供支配技术，以帮助维护其权力，而不问其意识取向的性质，政治人类学则关心政治权力和权威的获得过程及其行使方式的合法性。政治人类学家从政治表象背后的文化机制中去寻找答案，认为不同的政治团体、政治形式和政治行为及其相互之间的矛盾和冲突等，都是文化的支配过程的另一种表现形式，都可以从社会的经济、宗教、信仰和婚姻策略等文化因素中找到根源。换言之，政治是文化的表现和实践机制，政治展现了人们的文化取向。

因此，“政治”在政治学和政治人类学中获得了不同的含义。在政治学中，政治是一个独立运行的体系，它意味着国家和政府，并与一定的武力强制相联系。而在政治人类学中，政治是文化体系的一部分，它与其他各种文化因素密不可分，权力体制的运作通过家族、亲属关系和宗教仪式等来实现。政治人类学所使用的“政治”概念，其含义明显要比在政治学中的广泛得多。政治人类学试图通过比较各种不同文化背景下政治权力和权威的获得及其行使过程，而达致对人类社会中政治行为的

① G. Balandier, *Political Anthropology*, New York: Random House, 1970, p. 1.

普遍性的了解，进而在此基础上总结出政治的本质及政治发展的一般规律和特征。就研究方法而言，虽然政治人类学在理论分析过程中发展或使用了起源分析法、结构—功能分析法、过程分析法、行为分析法等诸多研究方法，但是与传统政治学相比较，其方法的特殊性突出地体现在重视参与观察和强调整体论。与传统政治学主要关注对政府的正式机构及与此相关的法律和宪法文件的理性分析不同，政治人类学延续了人类学的经验主义研究传统，反对主要依赖文献资料，主张通过深入的田野调查，从社区内部了解政治过程在不同的社会文化情境下是如何展开的。政治人类学家认为，只有通过这种参与观察的方法，才能透彻了解所研究的对象，同时有助于克服因研究者与被研究者之间的文化差异而可能引起的偏见。

另一方面，政治人类学强调整体观，反对把政治作为一个孤立的领域来研究。政治人类学家主张，社会是一个由各种文化制度和因素相互关联构成的整体，政治是文化因素在权力领域内的展现。它必须放在社会文化体系的大背景下，联系经济、婚姻、宗教和象征等文化制度才能得到正确的理解。在研究小的社区时，还必须考虑社区与更大单元之间的关系，包括社区与国家甚至社区与国家以外的世界之间的关系。由于现代社会中经济、政治、文化之间的联系日趋紧密，整体论的方法得到学术界越来越多的认可。

政治人类学研究迄今的发展也给我们留下了一些缺憾。主要表现在：缺乏系统性和理论性，尤其在 80 年代后，随着研究主题和范围的扩大，政治人类学研究显得过于分散，理论上的建树也大不如从前；对于生态环境对政治活动所造成的影响关注不够，过多的政治人类学者将注意力主要集中在宗教礼仪、象征等心理层面的影响上。不过，无论如何，政治人类学从人类学视角对政治问题的研究极大地拓宽了政治研究的视野，并为政治科学提供了理论和方法论方面的借鉴与启示。我们有理由相信，政治人类学在 21 世纪将取得更加丰硕的成果。

（选自《国外社会科学》2002 年第 2 期）

当代西方女性主义人类学的发展

白志红*

在过去的30年中，西方出现了互相联系的一系列运动——性解放运动、女性主义运动、同性恋解放运动以及人权运动和少数民族人权运动——这些运动改变了人们对现实生活的看法。在这些运动所产生的政治和文化影响下，针对社会性别、性、身体的研究以及新的理论应运而生。女性主义人类学（feminism anthropology，也译作女性人类学）就是其中之一。

西方女性主义理论对“女性主义”（feminism）的定义是反对妇女的不平等地位，从理论上关注作为主体的妇女，关注她们在日常生活中的社会角色和采取的策略。而女性主义人类学就是要将女性主义研究理论（feminist theory）与人类学研究有机地结合起来，以弥补传统人类学研究和女性主义研究理论的不足和偏颇。作为文化人类学的一个分支，女性主义人类学既有一套专门的理论，也是研究其他学科的视角。女性主义人类学认为并非只存在一种真理，不承认有一种权威的、处于核心地位的声音，提倡“尊重观点的多元”，力图通过“对人和社会的关系，特别是对女性和社会关系的理解，以达到对文化的理解”。[①] 研究者在提出问题、发展理论概念、设计研究方案、搜集资料、归纳概括并反映社会变

* 白志红，云南大学人类学系。

① 乐梅：《关心女性人类学》，载《社会文化人类学讲演集》（上），周星、王铭铭主编，天津人民出版社1996年版，第464—480页。

迁时把社会性别放在一个引人注目的位置上，关注对一个社区的男女（尤其是妇女）而言，社会性别制度的政治、经济、社会和文化含义是什么。早期的研究主题大多是育儿方式、生育权、资源控制与不平等、侵犯行为、女性生殖割礼等。近期的研究主要关注文化和社会经济的转变对女性产生的影响，特别是殖民主义和资本主义怎样影响女性的生活，以及两性之间权力关系的形成等。女性主义人类学不愿意建立某种单一的认识论途径和方法，反对单一的理论框架和单一的标准，试图拓展人类社会的思考。研究对象（而不是研究者本身）的诠释对女性主义人类学的思想有决定性的影响。

一 女性主义人类学的发展历程

女性主义人类学研究的发展经历了三个时期。

1. 把妇女补充到民族志研究中（1850—1920）。这一时期的女性主义人类学发现，尽管以往的人类学对女性进行了大量研究，但却没有社会性别分析的内容，且大多数研究是男性研究者通过男性信息提供者对女性研究对象进行的研究，以男性的眼光来描绘某一社区的社会文化，而忽略了女性的声音和妇女的生活体验。因此，把妇女的声音添加到民族志研究中成为这一时期的主题。对“人类”这个基本概念进行重新认识和解释，修正以往用“男性”来代表整个人类的研究，揭露男性中心主义的偏见以及传统人类学研究中有关妇女论述的欧洲中心主义偏见，所有这一切开启了人类学研究的一个新视角。这一时期的研究注重对女性的民族志描述和研究，以女性为调查对象，把妇女作为生产劳动者和精神文化的创造者来进行研究。主要代表人物有埃尔西·克卢斯·帕森斯（Elsie Clews Parsons）和艾丽斯·弗莱彻（Alice Fletcher）。

2. 把生物性别与社会性别分离（1920—1980）。这一时期的人类学家普遍接受了社会性别的文化建构的观点，把生物因素和支配着人们行为和个性的文化因素截然分开，以研究文化对人类社会发展的影响。生物性别与社会性别二元对立的结构有利于进行比较研究，社会性别的概念把所有的妇女归为一个类别，假定她们有相同的经验和相同的需求。因此，这个时期也被称为“妇女人类学时期”（The Anthropology of

Women)。这个时期的研究以母亲角色、亲属制度和婚姻为主题，重视使用跨文化的比较方法，关注不同社会文化中社会性别角色和社会性别关系是怎样被界定和控制的。主要人物有M. 米德（M. Mead），她在《萨摩亚人的成年》（1928）和《性别与气质》（1950）中批判了生物决定论，揭示了文化在塑造性别角色与性别气质中的重要作用，挑战了传统的女性气质和男性气质的神话。1974年米歇尔·罗萨尔多（Michelle Rosaldo）和路易斯·兰费尔（Louise Lamphere）主编了女性主义人类学的第一本重要论著《妇女、文化与社会》（*Woman*, *Culture*, *and Society*, 1974)，认为妇女参与了那些超出传统性别角色规范的活动，因此要从整个社会系统中研究妇女。简·科丽尔（Jane Collier）和西尔维亚·亚娜基萨科（Sylvia Yanagisako）进一步发展了罗萨尔多（Rosaldo）的研究，认为社会性别是通过等级制建构的。盖尔·卢宾（Gayle Rubin, 1975）则提出了性与社会性别制度（sex gender system）这一概念，再次把生物的性与人的行为区分开来。这一时期的妇女研究也向女性主义人类学研究靠近。谢里·奥特纳（Sherry Ortner）是另一代表人物，她认为（1996）社会性别的构建是因为妇女是自然的创造者，如生儿育女，男人是文化的创造者。但是，谢里·奥特纳在《女性与男性的关系是否像自然与文化的关系?》（Is female to male as nature is to culture?）一文中阐明，因为女性在象征意义上与自然密切联系在一起，自然又是受男人控制的，所以妇女从属于男性。性与社会性别的二元对立也有其局限性，它在主流意识中把女人划分为有别于男性的他者，忽视了人类社会中由于种族、性别、阶级、阶层、年龄等因素造成的内在差异，其结果往往是强化了男性的权利。

3. 女性主义人类学研究的第三个时期是从1980年开始至今。这个时期的女性主义人类学研究反对生物性别与社会性别的分离，反对社会性别基于生物性别的观点，指出生物性别同社会性别一样是一种社会分类，因为的确存在基于生物性别的社会期望，但是要想严格区分生物因素和文化因素是极其困难的，同样，要区分处于同一阶级中的女性和男性也是极为困难的。此外，大量的女性主义人类学研究资料证明，并非所有的妇女都有相同的需要和相同的经历，妇女解放和女性主义的研究框架往往只代表西方的、白人的、中产阶级妇女的利益与观点。在这一时期，出现了一些非白人的、非中产阶级的声音，在阶级、种族、民族、社会经济地位、宗教等方面存在的差异以及人类学著作的表述受到前所未有的重视，人类学家与观察者和被观察者（包括信息提供者）的关系也受到了质疑。80 年代和 90 年代的研究重点主要是：生产与工作、再生产与性、社会性别与国家。[①] 美国学者尤其重视对身体的研究，重视社会性别与权力的关系问题，并于 90 年代提出了“社会性别人类学”（The Anthropology of Gender）的概念，研究的视角更为全面。今天，女性主义人类学远不仅停留在倾听妇女的声音和把她们纳入研究中，而是分析劳动大军中的社会性别分化、社会性别关系，以及社会性别与民族主义、妇女与国家的关系问题，研究重点已从社会性别差异研究过渡到对社会性别关系的研究。这些做法既表达了各个不同群体的声音，又通过各种不同群体的声音丰富了人类学研究领域的内容。

二　女性主义人类学的主要理论

迄今为止，对女性主义人类学产生较大影响的理论有 4 种。第一种理论是实践理论（practice theory）。实践理论源于马克思认为一切社会行为皆是实践的观点。女性主义人类学的实践理论关注的是人们的行为，人们在实践中的真人真事，而不是人们具备什么特质。[②] 实践理论分析平等与限制的问题，实践理论反对迪尔凯姆认为妇女在象征和符号体系中没有占据一定的位置的观点和神圣与世俗的二元对立结构。实践理论质疑的是：尽管社会制度和秩序中存在许多动荡的不平衡因素和矛盾因素，但它却仍然能够继续延续。实践理论反对二元对立结构，用动态的概念如抗争、抵制来取代迪尔凯姆的静止概念。[③] 女性人类学家们把社会性别的社会构建和象征意义作为全面分析的主题，认为社会性别建构了日常

① L. Lamphere, Helena Ragone & Patricia Zavella, *Situated Lives*: *Gender and Culture in Everyday Life*, NY: Routledge, 1997.

② M. Conkey & J. Gero, Annual Review of Anthropology, in William Durham (ed.), *CA*: *Annual Reviews*, Inc., 1997, pp. 411 – 437.

③ J. F. Collier & S. Yanagisako, Theory in Anthropology Since Feminist Practice, *Critique of Anthropology*, 9 (2), 1989, pp. 27 – 37.

生活中的社会关系和社会结构，反对把妇女不同于男性的角色、身份或地位看成是生物差异造成的，强调文化在造成并维护男女两性之间的社会差异上的重要性。同时，女性主义人类学也注意到这种差异实际上是一个相对的概念，在不同的文化中和不同的历史时期，差异的含义是不一样的，提出理解妇女的生活不能脱离文化的多样性，在不同文化背景下妇女的从属地位也不尽相同。

女性主义人类学的第二种理论出现在20世纪80年代后期，即位置理论（Positionality Theory）。位置理论是对文化女性主义和解构主义的回应。文化女性主义的主要代表人物有玛丽·戴利（Mary Daly）和艾德里安娜·里奇（Adrienne Rich）。文化女性主义强调女性的特性（如重视与他人的关系），认为女性不应该与男性争高低，而应该把女性的品行（如抚育子女、相夫教子）发扬光大。法国后结构主义者反对文化女性主义的这些观点，认为文化女性主义忽略了女性本质建构过程中的压迫因素，但位置理论认为否认女性自身的价值无异于漠视社会性别。因此，这一理论研究的重点主要放在母亲角色、亲属制度和婚姻上。

女性主义人类学的第三种理论是表演理论（Performance Theory）。其代表人物巴特勒（Judith Butler）认为，人们的性行为、性倾向、男性气质和女性气质并不是由某种固定的身份决定的，而是表演的结果，异性恋的性统治是生物性别的强迫性表现，一旦有人偏离社会性别规范，就会遭到社会的排斥和惩罚。表演理论把社会性别看作是话语的结果，把生物性别看作是社会性别的结果，重视话语所产生的作用，而不注重话语的意义以及含混不清和不确定的话语。

女性主义人类学的第四种理论是酷儿理论（Queer Theory）。酷儿理论是多种跨学科理论的综合，最初由女性主义者罗丽蒂斯（Teresade Lauretis）于1991年提出，主要受福柯和后现代主义理论的影响，包括朱迪思·梅恩（Judith Mayne）、朱迪思·巴特勒（Judith Butler）、戴安娜·弗斯（Diana Fuss），以及一些法国女性主义学者如莫尼克·威蒂格（Monique Wittig）等人的影响。酷儿理论并不否认男女之间的不同，更强调人与人之间存在多种差异，试图解构“男性”和“女性”、“异性恋”和“同性恋”的概念，反对传统的性别观念中这种二元对立结构，挑战“正常”的概念，挑战主流的性认识论。酷儿理论向传统的价值观念、性别规范和性规范提出挑战，试图直接揭示社会性别的历史，质疑社会化过程，力图创造新的人际关系格局。

女性主义人类学研究表明，经济的、政治的、宗教的、地域的、民族的、阶级的和年龄的等各种各样的因素构成了非西方社会文化，不同地区、不同民族、不同宗教信仰的妇女有着各种不同的经验，机械地搬用西方女性主义的压迫、剥削的概念并不全都适合非西方文化背景。女性主义人类学批判了西方女性主义学者对非西方妇女的误解，意识到西方妇女的问题不能代表世界妇女的问题，女性主义人类学正努力寻求赋权于妇女的方法，以使她们能够改变自己的命运。

三 女性主义人类学对传统人类学的挑战

与传统人类学不同，女性主义人类学在进行跨文化研究的过程中无意通过实证研究男女两性的行为以寻求人类社会的普遍规律，而是努力再现男女的性别角色，特别是女性被压制、误解和她们生活体验中所蕴含的内容。传统人类学研究以“性”（sex）为切入点，将性纳入婚姻制度的研究中，注重研究亲属关系，关注妇女的地位、性别分工、婚姻制度和继嗣规则，以及与生产和经济关系之间的联系，从男性中心主义的立场进行分析和研究，其目的在于总结、概括整个社会结构中人类的亲属关系和身份的理论框架。因此，在人类学的田野观察记录中，女人的行为虽然同男人的行为一样受到关注和描述，但这种描述大多强化了女性与男性之间的生理差异，掩盖和歪曲了女性的生活体验。① 萨德拉·摩尔根（Sandra Morgen）在其编写的《社会性别与人类学》中提出，女性主义人类学的研究揭示了男性中心主义的偏见以及传统人类学有关女性的论述中的欧洲中心主义的偏见，② 为人类学本身的发展和转变提供了实践和理论基础。女性主义人类学对传统人类学研究的客观性提出了挑战，

---

① ［美］亨德森等：《女性休闲：女性主义的视角》，刘耳、季斌、马岚译，云南人民出版社2000年版。

② 任海：《社会性别与再表现的文化政治：女性主义人类学》，载鲍晓兰主编《西方女性主义研究评介》，生活·读书·新知三联书店1995年版，第141—172页。

质疑用西方的主观与客观的二元对立的概念来解释社会性别关系的可行性，认为在跨文化的交流中研究者与被研究者的关系是自我与他者之间的权力关系。在自我与他者这对关系中，人类学研究既表达了研究对象的观念，也表达了研究者的观点，完全客观的研究并不存在。女性主义人类学认为，无论是寻求人类社会普遍存在的规律，还是诠释生活方式，传统人类学对妇女的研究是男性研究者根据自己的观察和男性信息提供者的理解来描述妇女，而不是妇女自己的表述（More，1988）。各种各样的经验和事实经挑选、收集、取舍，被研究者按自己的理解赋予永久的价值。由此，女性主义人类学家重新审视了以男性为中心和视角所建立起来的这些知识的客观性。

此外，女性主义人类学还揭示研究的主观性，通过口述研究力图解除传统人类学家对其研究对象的权利（控制权、解释权），解除访谈者和被访谈者、研究者和信息提供者之间的权利关系，让研究对象以叙述人（narrator）的身份来表达自己的思想。采用叙述法，把研究对象作为平等的参与者写进著作中去；不虚构情节，也没有刻意去塑造人物。十分注意区分自己的评论和研究对象本身的声音，没有单纯地把研究对象看作信息提供者，而是把他们当作共同解释者。女性主义人类学重视方法论，并试图探索一种能够更好地反映“实际生活”的民族志方法。女性主义人类学认为研究者的立场和所采用的对民族志文本进行表述的方法不仅制约了研究的问题，还决定了研究的结果。同时，女性主义人类学对传统人类学民族志的写作过程提出了挑战，认为传统民族志方法掩盖了研究者与研究对象的关系问题，忽略了研究对象之间的社会性别关系。而研究者的写作方法在一定程度上使得研究对象看上去是“他者”。传统的民族志描述被当作客观、权威的学术话语，成为一种权利的语言。这种语言与描述对象所使用的语言相去甚远，它更多表现的是研究者和其他有关人员的观点，而不是研究对象社会内部的实际情况，女性主义人类学认为这实质上是一种“社会的控制工具和手段”。所以，女性主义人类学特别注意把研究者在田野调查中的经历反映到民族志的写作中，放弃了简单的“客观”“公正”的姿态，放弃第三人称叙述方法，承认民族志的不完整性。尽管女性主义人类学家们大都是根据访谈录音进行写作的，但她们都阐明自己的研究只具备克利福德（Clifford，1986）所说的“部分真实性”，承认自己的描述受所设计的问题及自己观点的影响，着力展现资料的收集过程，明确交代自己与当地人的关系，当地人对自己背景的了解认同程度及依据。在一开始的内容介绍中通常按学术惯例交代研究的理论和学术背景，包括对一些最新理论和研究成果的评论和批判。正文描述往往以一位妇女的生活史资料为主线来研究社区内部的社会关系。著作中往往并不关心被访谈者的观点是否全面，而注重被访谈者的叙述本身的动机和情景。

女性主义人类学家们并没有把自己从著作中完全抹去，但同时也很注意不喧宾夺主。她们或他们认为，在著作中暴露研究者实际上是帮助读者了解研究者是如何建构有关研究对象的知识的。在此，女性主义人类学者反思民族志写作，并时时提醒自己和读者：民族志和人类学调查报告的撰写本身也是一种文化的建构，这当中存在不可避免的“表现中的文化政治”（the cultural politics of representation）的问题。[①] 在书的开始部分用大量篇幅来讨论研究者自己、写作方式以及理论论述，这已成为90年代女性主义民族志和理论研究的固定模式。女性主义人类学关注个人生活及变化着的人际关系，认为文化这个概念不足以解释个人生活的复杂性。传统人类学通过一些概念和术语，如一夫多妻制、图腾崇拜等概念来归纳复杂的个人行为和人与人之间的社会关系，这些词语难免使人认为在政治社会机制中人们的角色是固定的，且无法展现形成这种组织和制度的个人经验。这些概念从理论上建构了一套客体，传统人类学民族志把这套客体从实际生活中剥离出来，成为空洞的社会科学话语，成为制造“另类与他者”的工具。空泛概述个人的生活细节和事件使得“另类与他者”同一化。正如福克斯所指出的：人类学不仅仅来自实地田野调查，也是由大学、研究院和受资助机构以及以往的权威的文本制造出来的。[②] 女性主义人类学对传统人类学仅仅研究异民族的现象也提出了挑战。另类与他者及差异是人类学家的法宝，传统人类学对异民族的研

① 任海：《社会性别与再表现的文化政治：女性主义人类学》，载鲍晓兰主编《西方女性主义研究评介》，生活·读书·新知三联书店1995年版，第141—172页。

② L. Abu-Lughod, *Writing Women's Worlds-Between Stories*, Berkeley/Los Angeles/London: University of California Press, 1993.

究实际上是在制造“自我”与“他者”的差异。文化这一概念成为区分“另类与他者”的基本工具，所谓“多元当代西方女性主义人类学的发展文化”也是界定自我和他者的工具。文化差异是传统人类学话语的基础，也是其产物，传统人类学是在制造并维持差异，是一种通过对文化意义的研究来描述、解释和了解文化差异的话语。

四　对女性主义研究的批判

女性主义人类学认为，没有任何一种女性主义观点能把妇女的不断变化着的多样性完整地反映出来。父权制是激进女性主义的关键概念，认为男人是通过对妇女的性和生育的控制来主宰社会的。女性主义人类学家则认为，女性主义者轻易地把父系制与父权制混为一谈，只关注男性的统治地位、社会性别等级制和性别差异的问题。女性主义人类学把父权制看作是男性占统治地位的一种形式，在父权制下，妇女仍然有许多主动性，并采取了一些策略来对付这种制度。对马克思主义女性主义者而言，男性在家庭领域对女性的控制与在资本主义市场（公共领域）中对她们的控制是齐头并进的，繁殖是造成妇女受男性压迫、服从劳动分工和社会地位低下的根本原因，并认为女性处于从属地位的现象是普遍存在的。女性主义人类学则认为，导致这种结论的原因是由于大部分研究者是男性，而其信息提供者也是男性，因此他们没有听到妇女的声音，导致对所观察到的现象做出了错误的判断。同时，女性主义人类学家以针对女性经验和社会性别制度的多样性所做的大量出色的研究表明，尽管在世界上许多社会中，男女的生活绝然不同，但所谓普遍的“女性经验”或“女性独有的方式”是不存在的。她们发现，妇女的从属和依附地位并不是因为她们做母亲的角色，也不是因为她们的活动领域是在家里，而是在于她们是否能够控制获取资源的途径、劳动条件和劳动成果的分配这三个关键的因素。

五　女性主义人类学的前景

社会性别的概念要求研究者从更为广阔的文化背景中去理解男性与

女性，对任何文化的研究不排斥对作为个体的普通女性的社会经验、从个人性的问题到制度性的问题、从个人与家庭到群体与社会进行研究。自80年代以来，从社会性别的角度对男性进行的研究也逐渐兴起。在女性主义人类学研究领域也许会出现两种倾向，一种是继续进行理论研究，从哲学的高度探求人类的本质和文化符号的象征意义，研究人生的终极意义而不是形式，探索女性与男性的生活与社会性别的内在联系，以及这种联系对女性和男性的生活意味着什么。女性主义人类学不再把研究的重点放在寻求妇女处于从属地位的根源，也不去追究男性占主导地位、父权制、身份认同等问题，既不把男女两性看做是静止的、对立的两个群体，也不把女性、男性看作是两个同一的群体，而是更多地关注由于文化、历史、种族、阶级、阶层、社会性别等因素在男女两性之间和内部形成的各种差异和社会关系的不确定性，揭示男女两性受社会性别制度限制的根源，让处于社会边缘的男男女女的经验都得到一定的体现，尽可能让他们的声音得到表达。康奈尔大学人类学家约翰·博恩曼（John Borneman）1998年发表的《关心与被关心：把婚姻、亲属关系、性别和性取而代之》一文指出："人类学为人类进行的对规范性的理想的追求，导致了对关心的压抑和对社会中人的再生产的强调"，从而提出人类学研究应强调"关心与被关心"这一主体程序（ontological process），因为"关心与被关心"是"全人类每个人的声音"，是一种"自愿的亲属关系过程"，既代表了多元的人与人之间的关系，也表现了人对人的关心。所以，他提倡用"关心与被关心"来取代性、婚姻、亲属关系和性别这些固定的和单纯的分析类型来研究人类学。因此，未来的女性主义人类学将会从性别特征、性别不平等等权力差异的范畴，又回到对人的本质的研究，转向对人的终极需要和关怀的研究。

另一种倾向是把研究付诸实践的倾向，研究计划和结构与社会问题有着明显的联系，提高研究对象的可见度，消除社会强加给他们的性别角色，让研究对象能够从研究中获益。废除男女两性之间原有的权力关系，谋求更公平、更合理、多样化的人际关系，让人们有更多的自由选择的机会。强调赋权于妇女，倡导无论男女，人们有权选择自己喜欢的生活方式和行为模式的观念，通过实践将研究转化为影响人们生活的公共政策及个人行为。在这一前提下，研究也不再是单纯的研究，而是研究者与研究对象相互学习、赋权的互动过程。

作为一种专门的理论，女性主义人类学仍处在萌芽阶段，许多地方尚不成熟，甚至自相矛盾，难以形成系统。但是，女性主义人类学为其他学科的研究提供了更为广阔的视角和参照。女性主义人类学从强调男女两性的差异发展到强调同一性别群体中不同文化、种族、阶级、阶层、宗教、年龄等因素带来的差异，在研究方法上趋于实证主义、诠释与定性研究结合使用，反对单一方法的使用。未来的研究会继续注重研究者的作用，将处于社会边缘的群体作为研究的主体，研究不同种族、阶级、阶层、性倾向、年龄的群体，强调社会性别的包容性而不是中立性。同时，也注重在宏观或微观的层面上促进社会的变革。

（选自《国外社会科学》2002 年第 2 期）

法人类学的理论、方法及其流变

张冠梓[*]

近年来，无论是法哲学、法理学等理论法学，还是部门法研究，都对法人类学表现出越来越浓厚的兴趣。而与之不相适应的是，许多人对这门学科缺乏足够而准确的了解。作为19世纪中后期在西方人文社会科学领域出现并逐渐发展起来的一门学科，法人类学是传统法学和传统人类学在外延上的扩张和“互渗”。它主要是从不同文化间相互理解的角度，来探讨人类早期的法律制度在不同文明个体中的地位和作用，从事法律的动态性研究，并被越来越广泛地应用于对包括西方国家在内的法律制度和社会秩序的研究。对传统法学而言，法人类学不仅展示了一个全新的学术视野，而且提供了一套别具特色、行之有效的思考进路和研究方法。本文谨就西方法人类学的研究对象、学科内涵、学术发展、研究特点等作一论述。

一　认识法人类学：向传统法学展示一个陌生的世界

法学的“市场”前景和社会需求，决定了它“命定”会成为一门“显学”。但事实上，法律的变迁和法学的繁荣不可能离开其他人文科学、社会科学的参与，乃至指导性的研究。在学科交叉、知识爆炸的时代，

* 张冠梓，男，1966年生，中国社会科学院青年人文社会科学研究中心副研究员，博士。

我们常常可以看到，长期以来，画地为牢的知识结构和学科研究，已经使人们在观察社会时失去了其研究领域中某些重要的视角和方面。边缘学科、交叉学科的产生，可以说体现了这种认识上的需要，也由此反映出历代学者为此而付出的不懈努力。由于法律不是任何意义上的法律学者的私藏品，在法律的疆域内“攻城略地”的，除了传统上的哲学家外，还有社会科学家和自然科学家，相应地出现了诸如法社会学、法政策学、法律信息学等一大批新兴学科，有了像科斯、卢曼、哈贝马斯以及哈耶克①这样墙内墙外两边香的“法学家”。尤其引人注目的是，近几十年来在西方法学界蓬勃兴起了以后现代为总特征的所谓的批判种族法学、女性主义法学、法律与文学运动、法律经济学、法社会学等“交叉”学科。其中的法人类学，就是法学家和人类学家在各自学科的边缘上“互渗”、培植而成长起来的新兴学科。对于人类学家来说，法律——如同宗教仪式、政治、婚姻——构成了一个可能发现人们根据他们内心深处的信仰和习惯而行为的领域。而对于一个法学家来说，许多法律上的制定、修改和程序上的主要渊源及其普遍适用，都是在日常的社会生活中所体现的概念和关系中找到的。正是由于法学和人类学之间的这种亲缘关系，推动了人类学家对法律的关注，同样也推动了法学家对人类学材料与方法的重视，进而逐渐形成一门“新兴”的交叉学科——法人类学。

顾名思义，法人类学是处于法学与人类学两大学科边缘地带的一门学问。尽管各国学者对其关注和研究的对象相若，但名称却不尽相同，如法人类学（legal anthropology）、法律人类学（anthropology of law）、人类学的法学（anthropological jurisprudence）、法律的人类学研究（anthropological study of law）、法律民族志学（ethnography of law）等。而且，关于法人类学的概念、内涵、学科性质、理论意义等问题，仍存在着不同理解和争论。一般认为，法人类学是旨在立足于人类学观点，立足于经验和感受，立足于跨文化的比较，对传统法学的法概念、研究方法进行

① 哈耶克大概是 20 世纪最了不起的自由主义学者。虽然他获得的是诺贝尔经济学奖（1974），但其学术活动远远超出了经济学。他出版了 25 本书，发表过 130 篇文章，从纯粹经济学到理论心理学，从政治哲学到法人类学，从科学哲学到思想史，他都作过颇为深入的研究。

批判，并试图建立全新的法学认识论体系的一门学科。日本学者千叶正士（音译）将法人类学简单地定义为“从社会人类学、文化人类学、民族志学等立场对法的研究”。[①] 可以说，这门学科打破了传统法学原来刻板的面孔、狭窄的视野，将我们引入一个更加广阔的领域，从而使法律多元主义的普遍事实成为理解法律行为社会中法律运作的主要因素或视角。由此，法哲学从专注于高度发达的文化和文明——西方社会，延伸到其外的、包括原始社会在内的法律，并从中获得了对传统法学的全新理解。

首先，人类学的介入大大拓展了传统法学的界域。英国人类学家马林诺夫斯基（Bronislaw Malinowski）指出：“人类学是研究人类及其在各种发展程度中的文化的科学，包括人类躯体、种族差异、文明与社会构造，以及对于环境之心灵的反应等问题之研究。”[②] 一方面，人类学展现了非西方社会的法律及其文化背景的多样性，从而导致对法律的实质和形式重新进行思考；另一方面，人类学还展示了对法律现象进行整体研究的重要意义。人类学家的传统通常是将各种文化现象视作一个相互联系、交互作用的整体进行考察和领会，法律作为人类文化的一个方面，自然也不能与其他社会现象割裂开来进行研究。法国思想家孟德斯鸠（Montesquieu）较早地提出了这一思想。他在其代表作《论法的精神》中指出，“法应该与国家的自然状态有关系；和寒、热、温的气候有关系；和土地的质量、形势和面积有关系；和农、猎、牧各种人民的生活方式有关系。法律应该和政治所能容忍的自由程度有关系；和居民的宗教、性癖、财富、人口、贸易、风俗、习惯相适应。最后，法律和法律之间也有关系，法律和他们的渊源，和立法者的目的，以及和作为法律建立的基础的事物的秩序也有关系”。[③] 德国历史法学派的代表人物萨维尼（Friedrich Karl von Savigny）在其《论当代在立法和法理学方面的革命》中也认为，法是“民族精神”的体现。它的内容不是由任何偶然或任意

---

① ［日］汤浅道南、小池正行、大仲滋：《法人类学基础》，徐晓光、周相卿译，华夏文化艺术出版社 2001 年版，第 75 页。

② 转引自林惠祥：《文化人类学》，商务印书馆 1996 年版，第 4 页。

③ ［法］孟德斯鸠：《论法的精神》（上），张雁泽译，商务印书馆 1961 年版，第 7 页。

的东西所构成，而是包含着同民族本身不可分割的必然因素。在人类“历史的早期阶段，法律已经有了该民族的固有的特征，就如同他们的语言、风俗和建筑一样。而且这种现象并不是孤立存在的，它们是自然地不可分割地联系在一起的、具有个性的个别民族的独特的才能和意向。把它们连接为一体的是民族的共同信念和具有内在必然性的共同意识”。[①]一个国家的法律体系，就是其固有的民族精神长期的、不易察觉的作用的结果。

其次，法人类学旨在对存在于不同时间、地点和社会形态中的各种人类社会的法律文化进行比较研究，使得以经验为依据和跨文化比较研究的法律科学的确立成为可能。其一，它揭示了人类不同社会的法律的各种要素结合或不结合的不同方式。比如就财产继承的方式而言，世界上存在许多不同种类的调整规范，有的有利于配偶，有的偏向于兄弟姐妹或子女，有的倾向于使财产集中，有的主张将遗产分散，也有的强调死者在处理自己财产方面的自由选择。而在有些社会中，任何形式的遗产和财产都是微不足道的。其二，原生的法律技术总是和各个民族群体的文化和意识形态有机地结合在一起，但与法律技术手段的易于转让相比，不同民族群体的传统法律心理则很难沟通与移植。法人类学从其理论上的法律多元论法人类学的理论、方法及其流变观点出发，帮助人们认识和理解不同文化背景下的法律传统及其生活。

最后，法人类学的研究成果对许多因历史悠久而传统稳固的法学理论在概念、命题、原则、规范乃至研究方法等各方面都给以全新的解释。和法学一样，法人类学必须——事实上也几乎参与了对法的所有范畴和研究领域的讨论——提出自己的主张。比如，关于法的概念的认识，法人类学分别有“最低定义法律说”“法的四属性说”“暴力论”“双重制度化”“地方性知识”等。关于研究范畴，法人类学对法律作了前国家法和后国家法、国家法和非国家法等方面的划分，认为任何社会的法律制度都是多元而不是一元的，即不仅任何社会都有法，而且每一个社会中的所有重要的社会制度都有自己的法则。

和传统的法理学相比较，法人类学有着自己的优点和特点：其一，

① ［英］欧内斯特·巴克：《英国政治思想》，商务印书馆 1987 年版，第 113 页。

它不受某一文化的束缚，可以对不同社会进行比较研究，不管这个社会如何原始或文明。它不是从性质上对不同类型的人类社会厚此薄彼；其二，它不像传统学科那样，将人类文化生硬地划分为诸如经济、政治、法律、社会结构、社会控制等部分，而是将它作为相互联系的整体进行研究；其三，现代法人类学并不局限于“排斥个体作用的社会力量”和“超肌体”的研究，而是两方面予以兼顾；其四，法人类学在动态的现象中去把握法的实质及其发展，关注法律行为及其相互之间的变化过程，关注“活的法”。

也许由于法人类学的启迪，人们现在越来越意识到，一个社会如把解决争端的重担全部诉诸法律，结果可能会诉讼成灾，积案如山，办案拖延。同时，由于法律只重视事实和证据，而不涉及他们关系的其他方面，因而诉诸法律解决的最终结果可能也并不尽如人意，乃至加大当事人之间的分歧，激化社会的矛盾和不稳定。在西方社会，法人类学至少是作为启示意义的学科之一，影响了司法制度的变革。他们提出了诸如院外案件处理的日常化和群众化；发展院外有效解决争端的机制；鼓励调解和妥协，阻止当事人运用法院解决纠纷等。日本甚至采用了一种抑制诉讼、鼓励调解、限制司法规模的“小司法”的路线。但另一方面也应当看到，正如有的学者已经意识到的，人类学，连同社会学、经济学和历史学等进入法律领域，固然增加了我们对法律的社会“面目”，即其社会“身份”的认识，但同时会导致一个非常现实的危险：各种法律关系中的法本身趋于剩余化和边缘化。法人类学、法律社会学、法律现实主义、批判法学运动以及法和经济学等研究都试图将法律研究纳入一个“开放的社会科学”之中，或至少使法学具有鲜明的社会科学色彩，甚或泛化为一般的社会科学范畴。但在法学援引其他人文社会科学的研究传统（无论是概念理论还是学科特有的方法，如定量统计或历史学或民族志的叙事等）时，当法学重新进入社会科学和人文科学时，也许会忽略法学自身的洞察力，或使其丧失独特的研究传统。因此，法律与社会的研究，不仅仅要关注在不同历史阶段或不同文化背景中法律的种种面目，还要关注“躲藏”在这些千变万化面目中的法律本身；不仅要理解法律过程同时也是社会过程、经济过程、政治过程或文化历史过程，更要理解现代社会中的法律过程为什么没有变成上述这些过程的“附庸”或者所谓“附属现象”。

二 法人类学的发生:法学与人类学的相互发现

对法人类学这门学科正式形成的年代，目前仍有许多不同的看法。有人认为德国历史法学派是法人类学建立的标志，有人认为马林诺夫斯基是法人类学的创始人，凡此不一。但一般认为，法人类学研究是在19世纪中后期或20世纪初兴起和发展起来的。孟德斯鸠、萨维尼、梅因、马林诺夫斯基、霍贝尔、斯奈德等人的学术成就和思想足迹，大致可以勾勒出这门学科孕育形成和不断发展的历史。[①] 如果对法人类学的学术发展历程再稍作深入的探究，则不难发现，来自法学和人类学两大学科的研究者在拓展各自学科的“边地”、挑战本学科的屏障和壁垒时，几乎同时发现了对方，并形成了视角互补的关系。

1. 萌芽时期

欧洲中世纪末叶，新教改革使古典自然法战胜了经院主义法学，并于17—18世纪在这一地区以各种各样的形式广泛流行。自然法学派关注人类共有的合理的精神，相信世界上有普遍的人性以及以此为基础的普遍适用的法律原则和概念，并且认为这些法律原则和概念是绝对的，不受时空限制的。孟德斯鸠第一次对此提出质疑，尽管他也认为法律一般来说是“人类的理性”，但他已意识到在不同的情形下，人类理性有可能要求不同的法律解决办法。他认为法律是由事物的性质产生出来的必然联系，而事物的性质部分地表现在宇宙中，部分地表现在人性变化不定的趋向和特性中。关于人的社会生活的一般条件，他提及了和平的欲望(因为没有和平，社会群体生活便不可能)；一些基本的需求，如衣、食、住等需要的满足；异性之间所产生的互相爱慕，以及人类内在的社会性。他还将另外一些构成法基础的必然联系称之为相对的、偶然的关系。这

① Norbert Rouland, *Legal Anthropology*, London: The Athlone Press, 1994.

些关系取决于地理环境，特别是气候条件，取决于宗教因素、某个特定国家的政治结构和不同人群的特定谋生方式等。① 既然法律是它赖以存在的文化的一部分，那么很难想象，一个国家的法律制度能够轻易地移植到另外的文化中，并适用于另一个社会。他说："为某一国人民制定的法律，应该是非常适用于该国人民的；所以，如果一个国家的法律竟然适合另外一个国家的话，那只是非常凑巧的事。"② 由于孟德斯鸠将法律看作一种相对的现象，突破了信奉绝对的、普遍法律原则的自然法理论的教条，从而为法人类学关于不同文化群体间法律的比较研究、法在群体内部的整体研究，以及法的动态研究等奠定了可能性和思想准备。因而后来的许多法人类学家将孟氏视为法律制度变迁之父和法人类学的思想先驱。③

继孟德斯鸠之后，19 世纪初出现的德国历史法学派为法人类学的形成作出了显著贡献。其代表人物之一萨维尼从批判当时酝酿制定全德统一民法典的主张出发，认为"只相信普遍适用的自然理性，不顾各民族具体历史情况及其差异"，无疑是一种法律的"幻想"。他认为，法律是内在地、默默地起作用的力量的产物，它通常植根于一个民族的历史之中，而且其真正的源泉乃是普遍的信念、民族的共同意识。就像民族的语言、建筑及风俗一样，法律道德是由民族特性、"民族精神"决定的。萨维尼指出，在每个民族中，都逐渐形成了一些传统和习惯，通过不断地运用这些传统和习惯，使它们逐渐地变成了法律规则。只要对这些传统和习惯进行认真研究，我们就能发现法律的真正内容。④ "法律随着民族的发展而发展，随着民族力量的加强而加强，最后也同一个民族失去民族性一样而消亡。"⑤

---

① ［美］E. 博登海默：《法理学——法哲学及其方法》，邓正来译，华夏出版社 1987 年版，第 54—55 页。

② ［法］孟德斯鸠：《论法的精神》（上），张雁泽译，商务印书馆 1961 年版，第 6 页。

③ 石泰峰：《跨越文明的误区——现代西方法律人类学》，山西高校联合出版社 1985 年版，第 18 页。

④ ［美］E. 博登海默：《法理学——法哲学及其方法》，邓正来译，华夏出版社 1987 年版，第 82—83 页。

⑤ 转引自《西方法律思想史资料选编》，北京大学出版社 1983 年版，第 526 页。

萨维尼及其德国历史学派关于法律是民族自觉和民族意志的观点，为法人类学的形成作出了重大理论贡献，但限于研究者学术上的保守性，法律观上的宿命论，以及缺乏对部落社会和非西方文明的法律制度的起码了解，因而局限了其自身的学术发展。真正促使法人类学诞生的直接因素是运用科学的、人本主义的方法探索人类的古典进化理论。

2. 雏形时期

早期人类学对习惯法的研究，是基于地理大发现以来欧洲殖民主义的实际需要。当欧洲殖民者在接触到欧洲之外的诸多文化的时候，为了保证对殖民地经济交往的顺利进行，欧洲殖民者认识到必须了解、掌握当地的社会控制系统，才能保证该地区的稳定，也才能达到殖民者掠夺和占有的目的。研究人员很快发现，许多文化并没有欧洲那样成熟的法律规范来指导人们的行动，他们依靠的是约定俗成的习惯法的制约。

在法人类学发展史上，1861 年被视为一个极其重要的年份。这一年及其前后不久，相继有英国历史法学派的奠基人亨利·梅因（Henry Maine，1822—1888）的作品《古代法》（1861）、《东西方村落共同体》（1871）、《惯例的早期历史演进》（1874）、《早期制度史》（1875）、《早期法律与习惯》（1883），瑞士学者巴霍芬（J. J. Bachofen）的著作《母权论——根据古代世界的宗教和法权本质对古代世界的妇女统治的研究》（1861），英国学者麦克伦南（J. F. Mclennan）的《原始婚姻》（1865）和斯宾塞（Herbert Spencer，1820—1903）的《社会静力学》（1850）、《进化的假说》（1852）、《社会学研究》（1873）等作品相继问世。这些学者由于对原始社会的法律制度进行研究而成为法人类学的先驱人物。而后，美国学者摩尔根（Lewis H. Morgan）的《人类家族的血缘制度和亲属制度》（1871）、《古代社会》（1877），以及恩格斯的《家庭、私有制和国家的起源》（1884），也当属于法人类学的早期作品。由于法人类学早期是专门研究原始社会的法律的，故早期法人类学常常又被称为 the primitive law 或 the primitive jurisprudence。

《古代法》被认为是梅因毕生工作的一个宣言书，是关于雅利安民族各个不同支系，尤其是罗马人、英国人、爱尔兰人、斯拉夫人以及印度人的古代法律制度的一个比较研究。① 梅因以古代希腊、罗马社会为基本线索，追述了法律的早期发展史，认为由“地美士第”（Themistes）时代发展到“习惯法”时代，最终达到“法典”时代是具有典型性的法的一般演变和进化模式。首先，他断定在人类初期，并不存在任何种类的立法机关，甚至不存在一个明确的立法者。② 因为在古代社会中，每个人的一生中有极大部分都处在族长专制之下，人们的一切行为并非由法律控制着，而是由家长或国王控制，按照他们的命令或判决行事。其次，是习惯法阶段，由垄断法律知识的贵族或少数特权阶级来解释和运用习惯法。第三阶段的标志是由于社会冲突而引起的习惯法的法典化。按照梅因的观点，最后阶段是为了使法官同日益进步的社会相和谐而借助于拟制、衡平、立法等手段对古代严格的法律进行修改，再用科学的法理学把所有上述不同的法律形式编制成一个一致的、系统的整体。与此相应的是梅因的另一个著名论断，即“所有进步社会的运动，到此处为止，是一个‘从身份到契约’的运动”。他认为，身份原是固定在群体（而非个体）——社会生活的基本单位——不以个人意志为转移的状态，每个人都受家庭网络和群体关系的束缚。随着文明的进步，这种状态逐渐被以契约和个人自由为基本特征的社会制度所取代，即独立的、自由和自决的个人作为社会生活的基本单位最终出现。因为“权利、义务和责任都源于自愿的行为，而且是行使人类意志的结果”。③

梅因的不少理论观点（如法律进化模式）也许显得粗糙、简单，其研究视野也囿于历史和地域的局限而未能展开和深入，然而对后来人类学产生巨大影响的，是他以比较的、经验的和历史的手段审视不同民族

---

① 作者在这里广泛论及了主权、集体财产的早期形式、封建制度化的过程、各种古代法典、法学家在制定法律上的影响、原始的亲属关系、动产所有权、土地所有权、长子继承权、拟制、原始诉讼程序、强制执行的各种早期形式、祖先崇拜和家族圣物以及平衡的发展等问题。

② 梅因认为，法律还没有达到习惯的程度，它只是一种惯行。用一句法国成语，它还只是一种“气氛”，对于是或非唯一有权威性的说明是根据事实作出的司法判决，并不是由于违反了预先假定的一条法律，而是在审判时由一个较高的权力第一次灌输在法官脑中的。参见［英］梅因：《古代法》（1861），沈景一译，商务印书馆 1996 年版，第 5 页。

③ ［美］罗斯科·庞德：《法律思想中所提出的法律目的》，载《哈佛法律评论》1917 年第 30 期。转引自［美］E. 博登海默：《法理学——法哲学及其方法》，邓正来译，华夏出版社 1987 年版，第 87 页。

的法律制度，最后得出法律发展的一般原理。梅因在研究时，其取材并不局限于法律，而是对《圣经》、史诗、剧作、印度宗教典籍等无不涉及，以面对不断变化着的、不同种族间的整体文化的宏大气魄缔造了法人类学在当时的雏形状态所能达到的顶峰。正因如此，有的学者认为是梅因真正创立了法人类学。[①]

应当说，古典进化论者对法人类学的初步建树并非偶然。“三种情况相继促进法律思想家把种族作为法律发展的因素，并且提出了有机体类推的建议。它们是：实证主义的兴起及由此而产生的有关社会的科学的发展；生物学的兴起及其对当代所有思想的影响；现代心理学的兴起及由此产生的对群体心理和各族心理的研究。”[②] 由于部分或全部掌握这些理论的学者“对早期社会制度和法律制度作了深刻研究，从而戳穿了从自然状态理论时代便留传下来的许多传统的错误观念。他们通过建立人种学、人类学和社会心理学之间的联系，促进了各门社会科学相结合的运动。更为重要的是，他们为我们在建立一项适当的社会理论或者说适当的法律（作为一种社会现象）理论之前应做的准备工作提供了路线”[③]。

3. 形成时期

如果说孟德斯鸠、萨维尼、梅因、巴霍芬和斯宾塞等分别在不同时期、从不同角度对法人类学的孕育和形成作出过理论准备和贡献，那么绝大多数学者公认至少在 20 世纪初这门学科已开始全面发展。20 世纪，随着殖民体系的崩溃和人类学的成熟，习惯法的研究脱离了殖民主义的色彩，人类学注意的焦点转向研究习惯法是如何体现文化的基本原则这个方面。波斯特、科勒、沃伦霍芬（Van Vollenhoven，1874—1933）、马林诺夫斯基等人进行了诸多方面的对殖民地原始社会法律的田野调查和民族志的记载与比较研究。

德国学者波斯特以其代表作《原始时代的两性公社和婚姻的成立》

---

① 可分别参见石泰峰：《跨越文明的误区——现代西方法律人类学》，山西高校联合出版社 1985 年版，第 22 页；罗致平：《初民的法律序言》，载［美］霍贝尔：《初民的法律》，周勇译，中国社会科学出版社 1993 年版，第 2 页；Norbert Rouland，*Legal Anthropology*，London：The Athlone Press，1994，p. 49.

② ［美］罗斯科·庞德：《法律史解释》，曹玉堂等译，华夏出版社 1989 年版，第 68 页。

③ 同上书，第 87 页。

《非洲法律学》《法律民族学概论》，科勒以其代表作《婚姻史前史》《法律学导论》等，构成了德国法律民族学的高峰。他通过在德国的殖民地开展大量的问卷调查，力图总结出原始法的一般规范。另一个引人注目的是以沃伦霍芬为代表的荷兰阿达特学派，其成就主要表现在对印度尼西亚原住民习惯法的发现和研究上。他们把研究的重点放在习惯法的规则和制度方面，广泛开展田野调查，更加接近真实的法律生活，被认为是“第二次世界大战以前典型的法人类学”。

作为功能主义人类学的一代宗师，马林诺夫斯基在法人类学方面的贡献和成就具有划时代的意义，特别是他的《野蛮社会的犯罪和习惯》对后来的法人类学有重大的影响。他认为，法的一般原则依赖于实地调查得来的材料。他于 1915 年到 1918 年在特罗布里恩德岛进行的田野工作成为被后人争相效仿的典范。马林诺夫斯基偏重于考虑实在的人类行为，以及行为者的文化意识形态，考虑规则如何适应人类的生活。

4. 发展时期

从 20 世纪 40 年代初起，以霍贝尔（Hoebel）和卢埃林（Llewellyn）合著的《切依因纳人的习俗：原始法理学中的冲突案例法》为标志，法人类学开始将注意力集中在对法律案件的研究。霍贝尔的《初民的法律》（*Law of Primitive Man*）（1954）一书体现了这种转向，他认为，法律之所以有意义，就在于它是基于该文化所特有的基本假设，要理解法律，就必须理解这些基本的文化假设。由于不同文化对法律术语的理解是不同的，所以，在人类学研究法律的过程中，一直伴随着这样的问题，即如何对法律进行定义。

自 70 年代以来，法人类学的研究在理论深度、研究方法、问题取向等方面都有了进一步的发展。法人类学较为集中的议题是探讨法的规则与过程、法律多元主义和法的政治经济等问题。自从格利弗（Gulliver，1963）的《一个非洲社会中的社会控制》出版以来，纠纷的程序成为法人类学家关注的热点问题。[①] 他们强调权力是所有纠纷过程的形式，包括判决的中心，强调规范的重要性，比如规范在争论中的作用、语言在条件转变中的作用等。同时，法的概念得到了进一步的讨论和认识。尽管这些法人类学

---

① Phillip H. Gulliver, *Social Control in an African Society*, London: Routledge, 1963.

家对于法的含义与本质的理解不尽一致，但大体有如下几个共同点。

其一，法具有地方性或民俗特征。格尔茨（Clifford Geertz，1983）深化了孟德斯鸠和萨维尼关于法因民族而异，是“民族精神”的产物等部分理论。他在“地方性知识：事实与法律的比较透视”一文中，用阐释学的方法将法学与人类学联结起来，认为应依据地方性知识（直觉和直接个案）来认识法律，或主张法律本身就是地方性知识。[①] 在任何地方，事件的文化背景都是法律分析的一个重要方面。在法律分析方面，如果有什么一般特征的话，这些特征就存在于这种文化情景化的方式之中。他反对功能主义的法律观，主张转向阐释的法律观。

其二，法律多元主义问题近年来也为法人类学不断地关注。波斯皮士尔（Pospisil，1971）认为法律制度具有多重性，一个社会存在不同的社会集团，并存在与之相应的法律体系，这些法律构成了层次性的结构。穆尔（Moore）则论证了准自治社会领域的特点，[②] 菲茨帕特里克（Fitzpatrick）进一步提出了一个不发达国家的结构主义法律多元主义概念。[③] 千叶正士（1980）认为，法律存在“三元结构”，即国家制定或认可的法律（正式法）；特殊集团根据公共意志确立的，具有权威，发挥作法人类学的理论、方法及其流变用，但未被国家认可的法律（非正式法）；作为确立和贯彻这些法律的前提的基本原则（法前提）。[④] 梅莉（Salley Engle Merry）则认为，法律多元主义至少具有5方面的意义：注意了其他的秩序形式及其与国家法的相互作用；讲求对法的历史理解；促使人们审视法律和规范性秩序体系的文化和意识形态；促进了从专注于纠纷状态向非纠纷状态的秩序分析的转变；对规范性秩序之间关系的辩证分析为理解强加法律和抵制法律的动力提供了一个框架。[⑤]

其三，法具有共同的属性。波斯皮士尔提出了法的四属性的著名见

---

① Clifford Geertz, *Local Knowledge*, New York: Basic Books, 1983.

② Sally Falk Moore, Law asProcess: An Anthropological Approach, London: Routledge and Keegan Paul, 1978.

③ Leopold Pospisil, *Anthropology of Law*, New York: Harper & Row, 1971, pp. 40 –91.

④ ［日］汤浅道南、小池正行、大仲滋：《法人类学基础》，徐晓光、周相卿译，华夏文化艺术出版社2001年版。

⑤ Sally Engle Merry, Legal Pluralism, in *Law and Society*, Vol. 22, No. 5, 1988, pp. 889 – 891.

解，即权威（Authority）、普遍适用的意图（Intention of Universal Application）、当事人双方间的权利义务关系（Obligation）、制裁（Sanctions）。[①]他认为不同文化的法具有某些共同的属性，这些属性是更确切地界定法的范围，并使其区分法律现象与其他非法律的社会范畴的标准。他的这一法概念既适用于西方法，又可以作为分析的法概念进行法的跨文化研究。历来的法人类学家都没有一个全面的法律概念，也未谈及法的一般属性。他提出了法的上述四属性无疑具有重要的意义。他认为法这种社会现象并非只由其中的某一特点决定，其完整性应是由一定时间里同时存在的上述四属性齐备才能构成的。根据对法的四属性的分析，可知法是从法律权威作出的决定中抽象出来的制度化的社会控制原则（波氏的法律权威包括的范围很广，如法官、头人、父亲、长者议事会等）。这些原则将普遍地适用，它涉及双方的权利义务关系，并具有物质或非物质性的制裁等要素。自然，也有人认为，波氏的四属性理论并不像他自己声称的那样，它并非普遍适用于所有的社会，对现实的解释力也不够有效。[②]

法人类学更多地运用法人类学的优长参与现实，以填充空白或纠正错误的人类传统知识结构。与此前的法人类学相比，他们更关注对发达资本主义社会的法律过程的研究，探讨诸如在美国和加拿大印第安人诉讼中运用人类学的证据和类似的专门知识的问题。在澳大利亚的法人类学家参与原住民遗址保护权的工作。同时，他们越来越力图将法律过程放在一个更广泛的民族甚至国际化的背景下，关注国家的作用以及国家和国际的资本主义变化。他们不再力图将法的概念运用于跨文化和所有历史阶段，而主要是在不同的理论框架内阐述具体的法律概念的含义，把规范、概念和社会控制过程置于具体的历史和社会场景之中。许多法人类学家开始以宏观社会学理论作为研究问题的渊源、理论建设和解释依据。

目前，越来越多的法人类学家又进一步突破法律多元主义的研究观点。科利（Collie）、格林豪斯（Greenhouse）和梅莉（Merry）主张，法

① Leopold Pospisil, *Anthropology of Law*, New York: Harper & Row, 1971, pp. 40 – 91.

② Norbert Rouland, *Legal Anthropology*, London: The Athlone Press, 1994, pp. 126 – 127.

的研究应该与权力的研究、历史的研究结合起来。研究者不能仅仅满足于书本知识，而是要关注具体的案例、法院的判决等法律的实际应用，要在更广泛的社会关系及其体制中看待法律。他们研究法律的历史变迁、社会作用以及诸如权利的象征性（the symbolism of rights）等方面带有不同含义的隐喻（contested metaphors）的法律意识。同时，法人类学家研究是什么因素和资源影响着法庭上的申述，以及人们的行为在法律制度中如何发挥作用。批评性的法律研究当下颇为普遍，他们探讨法律在约束统治阶层的权力和观念方面是怎样发挥作用的。通过研究法律和关系体制的互相影响，他们强调权力关系体制是不对称的。

法人类学是一门开放的学科，它的研究领域正在不断扩展，研究方法日趋多样化。但是，应当看到，这门学科在对传统法学提出挑战并作出贡献的同时，自身也遇到了新的挑战，面临着一系列亟待解答的问题，例如，它如何更好地与法律的宏观理论相结合，如何应对坚持国家法观念的专业法学家的反对，如何真正而彻底地摆脱自己一贯反对的种族中心主义，等等。倘若要使这门学科能够生存下去，法人类学就不得不关注这些领域。①

三 理论、方法与技术：法人类学的研究特色

在西方中心论盛行并由此导致“法律帝国主义”“霸权”的时代，人们不大会意识到，西方传统法学作为其传统文化的一种，本来是一种民族性、地方性的知识结构或文化属性，用它来分析非西方社会的法律文化时，往往表现出误导或不适应。最初，作为文化人类学的一个分支的法人类学首先注意到了这一问题。通过众多学者长期以来的不断努力，提出了一系列旨在对更大范围、更多民族的法律文化具有普遍理论指导意义的法理学见解。马林诺夫斯基认为：“从更广泛、更灵活的法律‘最低定义’出发，人们将发现许多类似美拉尼西亚社会中存在的新的法律现象。”② 霍贝尔也提出了“非国家法律说”。“就人类学的观点来看，法

① 见 http：//www. auburn. edu ~ alleykd envirolitigators legalanth. htm。

② 张乃根：《当代西方法哲学主要流派》，复旦大学出版社 1993 年版，第 189—192 页。

只是我们文化的一个方面——用一个有组织的社会的力来规范个人和团体的行为，并对违反既定的社会规范行为予以禁止、补救和惩罚。”① 甚至还有一些学者不主张给“法”下定义，认为这样做不仅多余可笑，而且可能导致错误的结论。② 可以形成共识的，大体是如上所述的，即法具有地方性或民俗特征，具有多元主义特征，以及法存在若干共同的属性等。尽管如此，应当说，法人类学家通过研究大量的非西方社会的固有法，特别是所谓“野蛮社会”的固有法，在拓展了法的研究视野的同时，将法的内涵提升，概括为一个全新的、普适于古今中外一切社会的法律现象的界定。它既注意到法的地方性特征，又注意了法的共同属性；既明示了各种社会法的不可比的、不可交换的，为本社会所专属的特性，又确认了它们之间可比的、可移植的、共有的属性。它不仅克服了自然法学派对于法的理解上的唯灵论倾向和缺乏技术性分析，克服了分析主义法学派对于法的理解上的唯规则说，克服了自然法学派对于法的西方价值中心主义，而且吸纳了它们的大量的知识成果。它是法学中的“另类”，也预示着法学发展和法律发展的未来。

与法人类学对传统法学的理论启迪相比，它在研究方式上的贡献也许更引人注目。法人类学的一个显著特征，就是它秉承了传统人类学的研究方式、方法。它强调田野调查，乃至参与性观察；注重对典型案例进行深入分析；提倡不同语言、地域、习俗等文化个体间的比较研究。法人类学的这些研究方法与技术对当代法学影响颇大，几乎构成了对后者在研究方式上的革命。

第一，以参与性观察为特征的田野调查。

注重田野调查是人类学有别于其他人文社会科学的特色，也是法人类学的一个基本特征。从马林诺夫斯基、荷兰阿达特学派，到后来的霍贝尔、格鲁克曼、波赫南以至当代的法人类学家，田野调查的传统被一代代传了下来。1915 年，马林诺夫斯基来到大西洋新几内亚东部一个名叫特罗布里安德的岛上，与当地的原住民一起捕鱼、耕种，学习他们的语言，参与巫术表演，观看各种仪式、习俗，“沉浸”（Deep Immersion）

---

① ［美］霍贝尔：《初民的法律》，周勇译，中国社会科学出版社 1993 年版，第 2 页。

② Norbert Rouland, *Legal Anthropology*, London: The Athlone Press, 1994, pp. 126 – 127.

于当地人的生产和生活实践。历经三年，他满载而归，回到英国，相继发表了一系列以特罗布里安德人为题材的著作，首创了迄今仍被人类学者所推崇并广泛采用的田野工作法。

这种工作方法主张，田野调查的一个重要原则是参与性观察，要求研究者投身他所要研究的人群之中，参与他们的社会生活，观察周围正在发生的事情，进而熟谙这个地区居民的规范与价值。霍贝尔指出："参与观察是指一个人既在其社会群体之中，又与之相分离。这种分离，意味着除了在极不寻常的情况下，他能及时接近其他社会宗派团体，其他团体的人应很乐意看到他们这一方面的事件也被同样报道。"① 田野调查的第一步是询问知情的报告人或身为被观察社会中一员的资料提供者，他们必须通晓自己的文化，其地位又易于接触到研究者所要观察的大部分对象。在田野工作过程中，法人类学家需要拟定提纲，选择采访方式与技巧；需要以本地语言从事语言调查，或至少将一切主要的或潜在的关键词语进行语言学分析；需要最大限度地克服"主观因素"，在对材料的真实性进行辨别的基础上，分析、整理所得到的第一手资料。

第二，关注处理纠纷的典型案例分析。

以英美为中心的法人类学流派，在20世纪60年代后期，从研究原始法、部族法的模式转换成研究纠纷的方式，即将研究的焦点从"原始法"过渡到"纠纷"，从以往主要是研究以（主要是实体法）法人类学的理论、方法及其流变定式化的规则和裁判为主的法"制度"，变成研究纠纷及其处理"过程"方面。② 促成这种转变的，是被誉为美国人类学老前辈的霍贝尔。他比较了法的3种研究方法，一是在当地人中间总结出规则，得到理论性的线索；二是观察当地人的行动，得到描述性的线索；三是研究争执、纠纷等事件的方法。相形之下，他特别主张纠纷事例研究法。这种方法在研究世界上保留有较多原始痕迹的种族的"法律制度"的过程中，着重调查和分析其历史上曾发生过的重大纠纷的解决情况，看这些纠纷是怎样解决的，依据些什么原则和程序。他认为只有这样，才能

---

① ［美］霍贝尔：《初民的法律》，周勇译，中国社会科学出版社1993年版，第40—41页。

② ［日］汤浅道南、小池正行、大仲滋：《法人类学基础》，徐晓光、周相卿译，华夏文化艺术出版社2001年版，第75页。

发现这些族群的“法”。因为“真正的法律准则只有在大的诉讼争执中才得到检验”，“所有法律意义上的案件都是疑难案件”。他得出结论说：“疑难案件直接帮助我们了解法律现象”，“只有案例方法导致真正的法理学”。①

随后，许多法人类学家都意识到典型案例的分析是最佳的田野工作方法，并纷纷加以采纳。波斯皮士尔到新几内亚的卡保库人中间进行了调查，研究长老的命令，研究纠纷以及纠纷的裁决，并由此提出了新的法理论。对他而言，法的研究范围是纠纷和纠纷的裁决。首先，在研究“法”时，在搜集纠纷和处理纠纷事例的基础上，应区别其是有关法的裁定还是法以外的裁定。和霍贝尔相比，波斯皮士尔更强调法是裁决纠纷的手段，从而消除了前者拘泥于规范的弱点。英国人类学家格拉克曼（Gluckman），从非洲的调查出发，就有关纠纷和部族法的性质接连不断地发表了新的观察与看法，产生了巨大影响。关于纠纷问题，他认为，纠纷实际上是社会的法与秩序并存，倡导“宿怨关系的和平解决”。英国学者爱泼斯坦（Epstein）、格利弗（Gulliver）和美国学者波赫南（Bohannan）、穆尔（Moore）和纳德（Nader）等人的纠纷处理研究也颇为引人注目。波赫南在研究非洲蒂布族的纠纷处理和原始法时，提出了应用实地的用语表述被调查地的法律和法的再制度化等问题。纳德则关注纠纷的处理过程，以及纠纷处理程序的变数，如第三者（机构）的有无、第三者介入的基础、条件及结果。

第三，不同语言、地域、习俗等文化个体间的比较研究。

对不同文化个体的法律制度进行比较研究，是法人类学的研究目的之一，也是其基本特征和方法。“人类学的最终目标正是要在时空上对不同社会条件作出系统的理解和解释。因此人类学是一门比较学科，它需要一种概念的工具来进行比较。”② 为了作出关于一个民族的法律的正确报告，必须完成两个单独而又有联系的任务，以确保当地制度的实质特征不被曲解，同时形成使跨文化比较研究成为可能的科学术语。一个是

① ［美］霍贝尔：《原始人的法》，严存生等，贵州人民出版社 1992 年版，第 32 页。

② Franz Von Benda-Beckmann, Anthropology and Comparative Law, in *Anthropology of Law in the Netherlands*, 1986, p. 90.

正确理解作为研究对象的民族的法律制度及其赖以构建的该民族关于不法行为的观念，以及采取的补救程序和形式的观念的认知范畴。另一个任务是将这些范畴翻译、转换成自己的交流媒介。[①]

为此，法人类学家开始讨论，究竟什么是描述另一民族法律制度的合适语言。波赫南强调，要描述另一民族的制度，首先必须全面地把握民族术语和范畴的含义，以便尽可能地接近被考察的民族的制度。格拉克曼则认为，经过英语法理学提炼的概念和范畴比部落法律语言更适宜。在他看来，只有当同一术语涵盖不同法律制度的概念时，才有可能讨论各个制度中概念的差异以及跨制度的共同因素。为了避免曲解和误读，他甚至设想一种新的独立的逻辑语言或是某种计算机语言。面对比较研究中的语言障碍，穆尔提出选择一些中性的词汇来描述其他民族的法律，如交易、债务、利益、协议等，以减少比较研究中的误解和曲解，涵盖尽可能大的法律领域。也有的学者对于上述术语问题的争论不以为然，他们认为，应当投入更多的精力关注诸如比较什么和为什么要进行比较等更为基础和抽象的理论问题。在确定比较单位时，法律必须与创立和实施它的过程在概念上区别开来。

四　结语

近年来，随着国外人文社会科学新知识、新理论的不断译介，法人类学同时通过法理学（法社会学）和文化人类学两个途径逐渐传入中国。总的来看，中国的法人类学，如同法社会学、法经济学一样，整体上尚“停留在介绍的水平或应然的层面上，既缺少量化的研究，也缺少细致精密的个案研究，甚至常常没有一个不带个人意气的如实生动的描述”。[②]尽管这门学科目前尚处引进阶段，不少法人类学的著作和学者在国内还未被学术界广泛知晓，作为一门极为特殊的研究领域甚至也还没有一个较为明确而规范的学术范畴可以依托和归类，但仍然有一些卓有远见的

---

① 石泰峰：《跨越文明的误区——现代西方法律人类学》，山西高校联合出版社1985年版，第45页。

② 苏力：《波斯纳文丛》总译序，中国政法大学出版社2002年版。

法学家开始积极地引进、介绍这门学科，并采用法人类学的若干理论和方法来看待和分析中国的法律事件、法律现象和法律文化，并取得了多方面的科研成果。同时，法人类学的理论和方法还常常被用来探讨法理学、法哲学领域的最一般性的概念和命题。

随着法律的社会功能和实际作用的发挥，关于法学的科学属性和学科地位也开始受到人们的关注。有人认为，法学之所以无法满足变迁中的复杂社会的要求，乃是因为它是在法律这种人类自己创造的尺度内工作。[①] 和其他社会科学相比，法学研究有助于维护既定的社会结构和社会秩序，却无法对社会的变革或转型提供理论上的指导。因此，法人类学作为人类学对法学的“闯入者”，担当起了给传统法学开阔视野、提供思路、贡献方式方法的作用。法人类学在中国的引用与发展方兴未艾，必将对中国的传统法学和法治化道路发挥越来越大的推动作用。

（选自《国外社会科学》2003 年第 5 期）

① 郑戈：《“法学是一门社会科学吗?”——试论法律科学的属性及其研究方法》，载《北大法律评论》1988 年第 1 辑。

语言学篇

结构、文化和语言*

——印欧语系语言、汉语、日语比较研究

［挪威］J. 加尔通**　［日］西村文子（音译）***
关　山　译

一　几点说明

本文的目的是把语言作为社会宇宙（Soziale Kosmologien）的基础来进行研究。宇宙的概念在这里说的是“深层结构”和“深层文化”，这一概念的内涵比德语中的“世界观”一词的含义更广些。定语“深层”是指那些非表面的、内含的、潜在的，被毫不怀疑地理解为当然的东西。“结构”和“文化”两个词在本文中地位是平等的，彼此间没有时间上的先后和因果关系。我们的出发点是：结构和文化都是同一深层现象的表现，我们称之为“宇宙”。这样，就摒弃了那种认为结构决定文化的“唯物主义”观点和认为文化是第一性的，它体现在结构中的“唯心主义”观点。

语言是某一民族、人民和语言共同体文化的组成部分。如果我们从一定的方面对其进行比较的话，语言就应该和能够反映出这一文化的基

* 本文摘自联邦德国《列维坦》季刊 1984 年第 4 期。

** John Galtung，巴黎新国际大学，西方著名和平研究学者，柏林自由大学名誉教授。

*** Fumiko Nishimura，政治学家，现为日内瓦高级国际关系与发展研究院博士预备生。

本观念。在进行口语交流的发送者与接收者之间，语言形成结构关系，他们构造现实，试图用表述去反映这一现实。每一语言系统的句法都具有一定的结构，借助于这些结构，按照语义的法则将被反映的对象联系起来。“结构”和“文化”这两个概念是无法截然分开的。文化是联系构成的，而每一结构又都是或者说具有一种文化。

总而言之，一种语言包含着和表达出结构上和文化上的立场；为避免回答这种内含的立场主要是结构还是文化这一难题，我们采用了“宇宙”这一概念。“立脚点”或“立场”的字眼过于强烈，我们觉得使用“倾向”一词更为合适。这些倾向具有一定的方向，某一语言共同体的成员预先就倾向（Prädisponieren）于以一定的方式行为、思维和想象这个世界。此外，语言是可以翻译的，或者很成功，或者不那么成功。它们彼此之间不是没有联系的。但是，在一个共同体中，教育会造就一种强烈的倾向，人们认为自己的宇宙简单、正常和自然。语言预先具有一种倾向，这就是我们想说的一切，但是它的决定方式是不明确的。

二　宇宙和语言分析的几个方面

我们从6个方面来分析这些宇宙，它们是：空间、时间、认识、人与自然、人与人和人与超人（=神?）。

1. 空间

语言的表现形式有二：书面语言和口语。我们习惯于把书面语言视为二维的，排列在一个平面上，手写的或印刷的，也可以将其想象为三维的。书就是三维的。我们习惯于把口语视为音素从一定时间起到一定时间止的音素序列。这些音可以录在磁带上或用其他方式保存下来，即一定时间的过程可以从空间上固定下来。书面语言的排列形式对于某一语言共同体构成其空间的方式来说是最关键的一点。此外，口语的排列形式对于时间的构成方式则是至为关键的。

用欧洲民族的语言排印的书是极标准的、明确的口语语言的三维空间的排列。首页在前，底页在后，每页都有页数，以免混乱，以一种直线方式排列起来。读的时候，每页从左至右，从上向下。中文和日文则不同。与欧洲民族语言的僵硬相比，它们比较灵活。在汉语、日语的语言共同体中，书可以从后向前，至少有三四种方式可以把手写的或印刷的二维纸张简化为一种明确的排列次序。就是在印刷方式决定之后，仍然可以用不同的方式来阅读。假如从右向左读一句用欧洲民族的文字写成的句子的话，也许会有某种含义，但是一般说来，句法上是错误的，语言敏感的读者都会反对这种方式。如果将欧洲民族的文字从上向下或从下向上来排印的话，这种方式大概在开始试验之前就会遭到这一语言共同体大部分人的反对（但是值得一试）。

对于中文和日文来说情况也是一样，但是可能获得较大的成功。在汉语、日语语言区域里有另外一种阅读方式，它使人感到这一空间具有极为丰富的含义，即采用一种不太明确的、不是那么直线进行的阅读方式，甚至还有圆形的文字排列形式。如果前、后、上、下来读一横行或一竖列或者整页都这样阅读，那就会获得某种超含义（Meta-Bedeutung）。假如一页文字写得好或排得好，那么从单一的、局部含义中所得到的比各个部分相加的总和还要多。从这一点上说，中文、日文的一印页中所含有的“信息”比一本用欧洲民族的文字所印的书所含有的还要多。

中文、日文的印页通常都排得井井有条，可以把这比作连环漫画。在观看动画片时，接收者对于发生了什么事和片子要说些什么一目了然。在观看和阅读唐小鸭故事的时候，观看者只需几秒钟就知道是怎么回事了。由于这种整体感受，观众或读者便以某种正规的、直线的方式集中注意其细节。中文和日文的情况与此十分相似。因为中、日文都是表意文字，在仔细阅读之前，迅速地、多少带有一些偶然性地把文字章节从整体上浏览一下，对其内容就有了大概的印象。此外，在欧洲民族的语言中，许多词是连接词和具有一定句法作用的虚词。中文、日文中虽然也有许多这样的词，但是读者的眼睛更容易为那些含义充实的词所吸引。总而言之，与中、日文字对空间的复杂利用相比，欧洲民族的语言在其空间结构中就显得十分简单。

2. 时间

从时间顺序上进行比较不那么容易。但是，我们可以通过音素次序和词序来比较一组词，如果按照正确的词序，是只有一种排列方式呢，还是存在着某种灵活性？是否允许某种不只是词序互换的东西的存在？如果说后者是正确的，那么是不是可以这样说，在词序互换的情况下会产生某种意变？在所允许的一切词序互换中都含有一种隐藏的信息，一种超意义？换言之，一种语言僵硬到什么程度，以至于它只允许一种词序互换，或者，一种语言灵活到什么程度，以至于它允许更多的词序互换？此外，在何种程度上说，一种语言能够使用可供选择的词序，这些词序具有意义，甚至具有一些对先前的词序所具有的标准含义起补充作用的含义？诗词创作上的这种潜在的可能性是显而易见的。

我们假设，像德语这样的语言是极为僵硬的，而像汉语那样的语言则是极为灵活的。尽管在这方面进行的研究很多，但是仍无法证实或否定这样一种假设。德语的词序是动词后置，而且数个动词堆积在一起，似乎不易于换位，除非打破所允许的界限。这里所说的换位问题是指所有的换位而言的，不是仅仅指空间上的前、后、上、下方向性的改变。

有人认为，采用统计研究的方法大体上可以确定这一假设是正确的。那么，这将会说明一点，即至少存在着一种潜在的灵活性，至于是否利用这种灵活性则是另外一个问题。但是，在许多欧洲民族的语言中不存在这种潜在的可能性，也没有可能从事词序换位的游戏，因而也谈不上时间的游戏。

3. 认识

我们通过三对概念来探讨这一问题：表语性与关系性；抽象性与具体性；精确性与模糊性。我们的想法是，印欧语系的语言更倾向于每对概念的前者（表语性、抽象性、精确性），而汉语、日语则倾向于后者（关系性、具体性、模糊性）。

从典型句子结构中我们可以看出，欧洲民族语言是表语型的语言。有一个主语，以此为出发点来表示些什么（精确化），通过形容词、带副词和不带副词的动词作进一步的规定。

中文和日文则不同。中国哲学家张东荪认为对于关系的描述更为重要，并说这是汉语语言结构的特点。他引用孟子的话：“人无有不善，水无有不下。”孟子对人性的评价是相当乐观的，而且是以一种明确的关系形式表示出来的。一般的结构可以表示为 A：B = X：Y，这种思维结构比单个主语“P（S）”的表语型陈述要复杂得多了。但是这种四重关系没有给概念下一个精确的定义。表语型的语言具有一种静止的倾向，而关系型的语言对于绝对的特征或表语则不给予明确的回答，从而把不变的因素提高到一个更为抽象的高度。它是伽利略式的，而不是亚里士多德式的，它所爱用的是功能概念（Funktionsbegriffe）而不是实体概念（Substanzbegrife）。从这种意义上说，汉语的语言结构比欧洲民族语言更为抽象。在表示“我是一个男孩儿”的时候，欧洲民族语言的这一联系（to be、sein、être）是不对称的，“我”“具有”男孩儿的特征，而不是男孩具有“我”的特征。在中文、日文中，这一联系（是、desu、aru）则对称得多。在语言的表述中注重关系，使日语、汉语更接近辩证思维的形式。表语型的表述倾向于静止、一元，所以不那么富有弹性。乍一看来，这似乎与欧洲民族的语言更喜爱抽象的表述和汉语、日语更喜爱具体的表述这一事实是相违背的，但这只是乍一看来。

汉语、日语是很具体的语言。表意文字本身也是源于具体的事物。日语、汉语都没有冠词，汉语缺少性、格、动词时态的变化，单、复数也不分。当然这不是说汉语不能表达出这些区别，而是说，一棵树，这棵树和树的区别不是自动地表示出来的。

从这两点上可以看出西方人思考方式的基本特征是原子论和推论式的。在表语式的表述中一个主语可以与另一个主语分开，而且可以附加状语。本质先于存在论（Essentialismus）促进了演绎逻辑运算，不受具体问题的干扰。相反，在关系式的表述中，原子论则没有大的活动余地。如果本质先于存在论不发展的话，这将成为演绎思维的一种阻碍。

使用欧洲民族的语言可以得出精确的结论，对这一结论可以进行验证、证伪。凡没有被证实的东西，至少可以是“未被证实的”。这种推论主要采用表语式的表述形式，这是一种判断，对其尚须按照“正确或错误”的标准作出决定和评判。中、日文具有一种隐喻的、带有文学色彩的风格，这种风格在西方往往被称为是“诗的”风格，对此有许多人作了说明。日本人在学习外语的时候常常使用“vielleicht”“perhaps”“peut-être”（大概、也许——译者），这清楚地表明日本人在语言交流时的那种模糊性。

结论：演绎推论是以概念的精确为前提的。对于这种思维方式来说，中文和日文是一种不完善的媒介。在西方，这种思维的表达方式被看作是科学（西方人所谓的科学）的必要条件。作为用中、日文表示的命题的基础的不是简单的主语，而是关系的表述，不是对一事物的属性所下的论断。论证的过程是比较模糊的。这显然是那种更为历史的、辩证的思维方式所致。当然，中文、日文都能够传达西方科学的思想，但不那么轻松，因为这种思维并不是与语言结构一同发展起来的。

4. 人与自然

中文里的许多字都是以自然界的事物为基础演变形成的。由于没有把同一概念分为抽象的和具体的特征或方面，使得所有的事物更为相同。在具体的、可触摸得到的自然界（人体也在其中）与抽象的、无法触摸得到的本质世界（其中包括人的本质，甚至灵魂）之间的对立不大，两个世界都是具体的、同样的。

在欧洲民族的语言里，也有自然界人格化的现象。自然一词的冠词不是中性的。但是有一点是清楚的，即给予人类的事物和人所创造的事物本质和抽象的含义比给予动物界、植物界或矿物界的要多。“hündisch”（像狗一样盲从、卑躬屈膝、卑鄙——译者），与其说是形容狗的不如说是形容人的。我们倾向于这种观点，即两大语系显示出两种不同的方向。欧洲民族的语言倾向于把人与自然界区分开，而在汉语和日语中，人与自然界差不多是等同的。从抽象的本质到灵魂只是一小步，但是这一小步早已存在于语言的词法之中了。

5. 人与人

我们从“集体主义与个人主义”“纵向与横向”“内向与外向”这三点上来说明一般的宇宙和具体的社会宇宙的这一重要方面。我们认为，日语倾向于每一对概念的前者，欧洲民族的语言相反，中文居中但倾向日语。

a. 英语的“I”是第一人称单数，是个人主义和自我存在的象征，它在英文中要大写，带有强烈的个人主义色彩。汉语中的“我们”是一个主语，有潜在的和实际的行动能力。日语中的“はい”在谈话中比比皆是，常常被错误地译为“Yes”“是”。“はい”的意思是说“我（为您）准备好了”“我接受”“我接受您给的信号”。简而言之，“はい”有一种“我们”的情感在里面，表示信号发出者与接受者之间的关系。日本人不爱使用第一人称，语言习惯中就有反个人主义的倾向。日本人不说“我明天去横滨”，而说“打算（计划）明天去横滨”。另外，在日语中还有反对或贬低个人主义的表达形式。西方人给日本人的印象是以我为中心和自高自大的，好像他们始终控制局势（“我明天去横滨”）。日本人更乐意使用表示集体的字眼。西方人自我介绍时一般说“约翰·加尔通奥斯陆大学”，日本人则相反，他会说“奥斯陆大学约翰·加尔通”。

汉语介乎两者之间。它既可向西方语言方向发展，也可向日语方向发展，是名副其实的“中文”。

b. 每一社会阶层都使用自己的语言，有自己的一套词汇、语法模式、俗语，也许还有自己的句法、语义和语调。上层社会视自己的语言方式为“正确”的。处于语言共同体中心地位（也许占统治地位，也许不占统治地位）的社会集团通常能够把自己通用的语言方式定为“规范的”，而其他的语言方式则被视为“口语的”。英国是唯一可以决定英语正确的使用方式的国家，这在国际上几乎是不言自明的了，而没人去想一想，为什么这一语言成为“世界性语言”。英语不是仅仅属于少数精英人物，它属于所有的人。在决定这一语言的问题上，一切讲英文的人都是平等的。

例如，牛津、剑桥的标准英语、皇家的标准英语、汉诺威的德语、巴黎西南都兰地区的法语、翁布里亚和托斯卡纳的意大利语、萨格曼卡的西班牙语、北京的汉语以及东京的日语，都具有划分标准和非标准的倾向。这样，在地理上就形成了一种地区间和个人间的级差。此外，社会关系不同，谈话方式也不一样。问题不在于称呼时使用何种人称代词，而是也要看使用何种语调以及何种词汇进行交谈。一句话用升调说，显得缓慢而委婉，同样内容的一句话，如果用降调说就显得短促和直接。

日语可以分为 4 种语言：一种是对下的，一种是对上的，一种是对最上的，还有一种是横向的。就像所使用的具体的词汇一样，词法也是不同的，即使这些词传递的内容是一样的。日本人在进行口语交流之前，必须知道彼此的地位和他们之间的关系。横向的语言是大众媒介报纸、电台和电视的语言。使用这种语言不涉及个人之间的关系。但是前三种语言依然存在并决定着上、下层关系。也许有一天人们会放弃这种语言，从而使横向语言得到普及。但是这一天还是遥远的。假如不同时改变语言的话，在日本这样的社会里会发生大学生运动吗？可能进行一场普遍的革命吗？革命的一个基本方面就是废弃纵向语言的一些表达形式。在日本不可能进行这样一场变革。假如进行这样一种变革，那么整个语言都得改变。对于一种可将整个日本民族都包括进来的横向社会在日语中找不到相应的表述。这是变革的一大障碍。语言统治着讲话人的意识，它告诉人们，谁在上边，谁在下边。即使废除了这一等级制度，也会有新的等级制度取而代之。明治维新时就是这样。

c. 内、外之分也是日语的一个特点。在日本与其余世界之间有一条明确的界限。他们谈论外国人的口吻就好像外国人不是人一样。在这里所使用的语言结构也可用于动物和用品。日语和汉语还有一个基本的特点，即这两种语言不易为人所掌握。大多数日本人和中国人在运用母语方面绝不会达到很高的水平，这加强了社会中的等级差别。日语具有较强的社会特征。对于欧洲人来说，日语的语法是简单的，但其社会语法则是复杂的。

就社会语法而言，汉语与欧洲民族的语言尚能相比。中国的文明也将其自身与外界隔离开来。此外，语言上的障碍也将外国人排除在外。欧洲民族的语言则不同，它们是将外国人变为自己国家一部分的工具。法国人视自己的语言为通用语言（la langue universelle）。一个非洲人说着一口流利的法语就是一个活生生的证明。在中国人和日本人看来，他们的语言是一种区域性的语言，是他们自己的语言。这种语言具有理想的性质，以便划清一个语言共同体的界限，保护其成员的认同。作为从语言上征服世界的工具，汉语、日语不那么具有进攻性。

6. 人与超人（=神?)

日语是具体的语言，缺少本质先于存在论的因素，因而从语言的表述上很难赋予事物类似于灵魂的特性，不管它是有生命的自然界还是无生命的自然界。从语言上说，一切都不具有内在的本质。同时，说日语还有一种极为上扬的特殊声调。这不是为了与上帝谈话，而是为了谈天皇和想天皇。这不是说天皇是人。他是或曾是一位超人——日本和日本人的化身。但是他属于这个世界，就是说，上帝变成了不是超验的了。这说明日语具有佛教的两个基本特征：无灵和无神，即没有人格化的神。

用欧洲民族的语言传达灵魂的特性是十分容易的。还有一种专门与上帝进行交谈的语言，如英语中的 thou art 和 thou host。当然，这在日语中也是完全可能的。但就今天的状况而言，语言中的社会集体主义和非超验的纵向倾向与大乘佛教相一致。集体主义或曰反个人主义阻碍着西方宗教特别是个人化的新教基督教的传播。

三 结论

欧洲民族的语言：在空间和时间结构上是比较僵硬和简单的。认识的结构是表语型的，同时又是抽象和精确的。这种语言适合于原子论、二分法和演绎的思维。自然界与人是不同的（虽然不是十分明确的），上帝与人也是不同的。人具有灵魂，他与这样或那样的一个神发生关系。就是说，存在着一个以神为首的等级制度，在神之下是人，然后是自然界。神是抽象的、本质的，但又具有人的特征。在人与人的关系方面，这些语言是灵活的，虽然具有个人主义的倾向，但横向、纵向均可渗透，无内向和外向的严格区分。这与欧洲人的普遍主义思想相一致，它们将“其余的世界”吸收到自己的社会形态中来。

日语：从某种程度上说，日语是一个相反的模式。在空间、时间和认识方面，日语具有极大的灵活性，但是没有一个明确的中心。这是因为它不适合于演绎思维。超人、人和自然被置于同等地位，至少在语言上是这样。在人格化的神和超验的神之间、在人与无生命的自然界之间没有大的鸿沟。社会制度表现出极为明显的纵向性，这反映到日语中来并且达到了登峰造极的地步。在内、外之间有一条明显的界限，从而使日语不易成为通用的语言。

汉语：汉语也许更适合于作为一种通用的语言。在世界上说汉语的人最多，它在空间、时间和认识方面是灵活的。就人与自然界、人与人和人与超人的关系而言，它也显示出同样的灵活性。这三种语言，汉语是最丰富的，它提供种种选择而不作明确论断。从某种意义上说，汉语之于社会宇宙如同俄语之于语音。它只有一个缺陷——不易为人掌握。因此，汉语具有停留在一种内向的语言水平的倾向。至于汉语的模糊和模棱两可，这不一定是不好。就像中国人常爱做的那样，我们可以说，现实本身就是多义的，所以极为精确的语句不足以反映现实。

语言与宗教、技术、体育、艺术以及其他社会的产物一样都是社会宇宙的基础。在语言共同体内，语言制约人们的思维但决定不了它。语言给予文化一种结构性的网络。文化和结构又制约着语言——从而一切

（并非没有一点缝隙）都结为一体，构成关于事物的设想。

表 1　　作为社会宇宙基础的语言比较结果

	欧洲民族的语言	汉语	日语
空间	直线 僵硬 明确	灵活 多义 具有超含义	灵活 多义 具有超含义
时间	直线 僵硬	灵活 具有超含义	灵活 具有超含义
认识	表语型 抽象 精确	关系型 具体 模糊	关系型 具体 模糊
人与自然	自然与人不同	自然与人相同	自然与人相同
人与人	个人主义的 纵向和横向的 内向和外向的 符号“I”	集体主义的 纵向和横向的 内向的 符号“我们”	集体主义的和反个人主义的 主要是纵向的缺乏横向性 内向的 符号“はい”
人与“超人”	灵魂与肉体两分 神与人两分	无灵魂 无神	无灵魂 无神

（选自《国外社会科学》1985 年第 8 期）

英美语用学研究的新进展

韩　震*

语用学（Pragmaties）的研究领域处于语义学的外部，主要研究语境（context）起作用的方式。语言哲学自兴起之日始就重视语境的作用，弗雷格和维特根斯坦都曾提出过有关的方向性原则。不过，弗雷格的语境似乎指语言内部的结构要素，是后期维特根斯坦关于命题的意义在于语言的用法的观点，明显地把语境扩展到语言结构的外部。

在语用学中，语境包括说话者或听话者的身份、话语的时间、谈话参与者假定的背景信息以及大量对“话语”解释有作用的非语言学的意义决定成分。尽管这可能要走出语义学之城的中心，但它显然仍使人们处在近郊，在这里划定严格的界限是不可能的。没有语用学的信息，人们不能解释实际的话语（或至少一大系列的话语），而且，如果语义学是有关说明意义的语言学的相关学科，那么它至少必须对语用学也有足够密切的注意。对于这一点，安纳贝尔·科马克和鲁思·肯普森在《论特性》（On Speeifieity）中开宗明义地指出：他们的研究课题是关于不定名词短语——例如，奎因在“我想要个单桅小帆船”中说的“一个单桅小帆船”——的有特性与无特性解释的对立。特性化解释把“一个”之短语（“a”——pharse）当作有关一个特殊的事物或人。他们争辩说，特性化解释是语用学的，是听者用来寻求证实说的是什么的方式。证实不像真理，因为它的信息来源出自纯语义学之外，尽管有语义学的某些特征。

* 韩震，北京师范大学哲学系。

根据某种比喻的或非文字的用法，这个问题也是哈罗德·斯库尔斯基和梅丽·伯格曼各自研究的主题。

科马克和肯普森说，不定式不是特性化和非特性化阅读之间的语义学上的歧义。当这单桅小帆船在人的欲望之外时，“一个单桅小帆船”是一个存在量词，但是当这单桅小帆船符合人的欲望时，它就是一个特殊的单桅小帆船的一个（非量化的）严格的指示者。实际上，区别在于听者得以把握被表达命题的真值条件的方式。诸如这些问题，涉及意义的说明，但要求比对单个词语的意义和句子组成的形式给予更多的注意，要求注意言说者和听话者赖以理解的东西传统地指向语用学。科马克和肯普森对明显的、隐晦的和反事实的语境中的不定式和其他限定词广泛、详尽而内容丰富的阐释和讨论，不仅有助于他们的哲学分析，也有助于文学评论。

隐喻的主题广泛地吸引了语言学的理论家。在促进语言学的变化上，在日常用语扩展到词的技术性的使用上，以及在古老的语言艺术上，它的重要性，无论如何，都需要冷静的和细心的评估。在比喻和文字意义之间的区别被界定或被当作真正的课题内容，尽管其真正的语用特征是那些语用学的差别，但语义学对之也不能忽视。人们很可能对大多数语义学家文章中的语义学资料感到疑惑：指示错误构成性的东西真的被证实了吗？语义直觉中一种变化的原因是比喻性，比喻是唯一在某些时候被严格地称为隐喻的东西。我们可以发现一个句子在文字上是错误的，甚或是错误地构成的，可是在“隐喻的”阅读中，可以被认为是良好地构成的，甚至是真的。

斯库尔斯基精通隐喻的古代用法，尤其精通那些精心构造的文艺复兴时期关于比喻性转义的分类，并以此来告诫那些患隐喻癖的人。他和伯格曼对有关这一课题明显流行的文献进行了十分出色的评论，并提出了理解比喻意义的性质的极有特色的建议。

斯库尔斯基在《隐喻》（Metaphorese）一文中说，“比喻的说话者是想用来……指示新的语言；充实说话者，并以预期的补充来建立精妙的诉说”（参见 *Nous*，vol. 20，1986，pp. 364—365）。斯库尔斯基在有关比喻话语的小说语言理论方面取得了很大进展，与标准的语义学理论——如凯特莱（Murray Kiteley）提到的句法学转义——相比，它允许更多的形象性，如“公园中徘徊的孤独丈夫”。如果新规则被反复灌输，就没有理由认为它们都单独与个别字词适用的标准相关。凯特莱建议，扼式搭配法是合成的形象，据此连接的语法结构迫使动词同时具有两种不同的意义。

另一方面，在《隐喻断言》（Metaphorical Assertions）一文中伯格曼争辩说，隐喻的话语常常是断言；用约翰·奥斯汀（John Austin）的术语说，这是它们的以言行事的能力；而且，认为可以分离地谈论比喻的观点是错误的。这是一种方式，断定一个命题的非文字方式，这种断定就像斯塔尔奈克所理解的一样。将这种理解与斯库尔斯基的隐喻概念作比较是有趣的。人们可以在同时既指示用法也指示对用法的运用（方式），例如，既命名也在介绍中给予名称。因此，这两种论述并非是水火不相容的。人们可以既通过隐喻述说事物，同时又反复重述这种新语言。

伯格曼对隐喻方法的讨论还转向了有趣而重要的突显（salience）概念，用以强调这个语义学角落的语用学特征，她在详尽制定隐喻断定的成功条件时运用了格拉思（Grice）谈话蕴含理论中的思想。格拉思和伯格曼都探讨了技术语义学理论的许多问题。

斯坦福大学教授约翰·佩里的《本质的索引词的问题》（The Problem of the Essential Indexical）一文，似乎把命题态度的结构视为信念而不是语言，但是，弗雷格、罗素和奎因已表明，对其中一种的考虑必然引向对另一种的考虑。现代语义学可能会合理地追溯到关于信念语句中反常（anomalies）的知觉，反常只是借助于康托尔、皮亚诺和弗雷格的新逻辑才显露出来。此在、自我意识，植根于反身代词的语义学中，这些代词是自我识别的特殊的方言手段。这些代词是索引词的范例。在“我”（I）的例子中，正如佩里注意到的，这个现象是明显令人困惑的。“我”永远指称其言说者。因而人们可以指望，可以用言说者的名字必然真地（salva veritate）取代“I”的任何出现——索引词总是可以排除的，以利于非索引词的表达，因而索引性是为了语言学上的方便，是语言的非本质方面。

然而，在其产生了巨大影响的这篇论文中，佩里反而争辩说，在许多语境中，索引词是根本的。去掉索引词，就会引起结构上的缺失，从而造成理解上的困难。有些陈述只能用索引词表达式才能构成，有些知识只能用索引词表达式才能表述。因此，佩里写道："这些索引词是根本的，据此如果用其他词取代它们就会摧毁解释的力量，或至少要求制定特定的假设来维持这种力量。"（《本质的索引词的问题及其他论文》，英文版，第 35 页）显然，对语义学和语用学的关系来说，本质的索引词蕴含的意义是巨大的。因为索引词指谓的固定必然是语用学的，而且如果索引词对广泛系列的语言表达式是根本的，那么语用学的考虑对语义学的工作来说就必定是根本的。而这一点对语义学来说是不情愿的，可正是这种情况使这个学说变得如此令人兴奋。

佩里的论文发表后，引出了许多讨论和大量研究与评述的文献。笔者访美期间，在与佩里教授的交往中，能亲身体会到他对这篇论文的重视和由此而来的自豪感。笔者准备另有机会翻译或介绍这篇在英语国家广为转载的长文。

（选自《国外社会科学》1995 年第 7 期）

符号学的认识论转向

——从自然和文化世界中的记号到学术话语的语义学制度*

李幼蒸**

全球性符号学或者符号学全球化的趋向显示，目前符号学研究正在向比较学方向发展。其结果是，全球化符号学可以相当于广义的比较符号学，从而导致对一般符号学或理论符号学身份、方向、对象的再反省。符号学运动在全球化时代将获得一种新的动力。新时代的符号学在理论上应该同时与欧美的和非欧美的学术—文化传统相联系，它也将与一切人文社会科学相联系。实际上，符号学将成为对人类全体人文科学进行重组和改造的理论基础之一。记号一直是符号学史上意义研究中使用的主要概念单元。然而过去几十年来，意义问题越来越扩大到全体人文科学话语的结构和构成。换言之，我们今日对符号学进步的关注，与整体人文科学进步的努力密切联系。因此，符号学可以被看作全球人文科学

---

* 本文是在芬兰依马特拉“全球符号学”大会（2005 年 6 月）上宣读的论文的基础上修改而成。本文提出的观点与当前西方学界有关人文科学认识论的讨论多有联系，如有关真理、指示者、现实、客观性等等，但因篇幅所限无法直接在此展开讨论，读者可以参照作者在《人文科学认识论的基本问题》（Peter Lang，1997）一书中的相关论述。本文英文原稿已刊载于《符号学》（*Semiotica*）2006 年第 4 期。

** 李幼蒸，男，1936 年生，国际符号学学会副会长，中国社会科学院世界文明比较研究中心特约研究员，国际比较哲学学会顾问，旅美独立学人。

认识论和方法论现代化的主要路径之一。随之，符号学运作的主客体域，也将逐渐从现实世界向学术话语世界转移。

一 全球化符号学的三个层次和作为多元比较研究的符号学

1. 全球化符号学的三个层次：地理的、文化的和学术的

在学术全球化时代，一种扩大的符号学概念可以按人类历史上出现的三个层次或维度来构想，即地理扩展、文化沟通以及学术机构的重组。符号学全球化概念涉及这三个不同的维度。首先，它是已经确立的欧美符号学向非欧美地区的地理上的扩展。这是目前国际符号学活动的基本部分，这也是欧美符号学向其他地区的单向扩展。在文化的维度，它表示一种更复杂但也许是更具创造性的方面，即不同符号学传统之间思想互动或交锋的学术实践。第三个维度也意味着传统的符号学遗产和现代人文科学理论结构之间的理论互动。全球化符号学包含的这三个层次也可以描述为符号学在社会学的、文化的以及学术理论诸层次上的不同学术实践。

在这个意义上，符号学全球化与一种重组当前人文科学“地形图”的全面规划相联系。事实上国际符号学运动的上述三个维度研究已蕴含于我们常用的说法之中——跨学科和跨文化的理论实践。这些理论目标的追求和实践，与符号学全球化的学术目标紧密相连。

2. 作为多元比较研究的符号学

符号学运作在性质上是比较的。比较方法可应用于不同的学术方面，如领域、学科、学派和文化传统。全球化相当于其“空间”整体的地理扩充。符号学全球化的上述三种类型，应当用操作性词语表示为：广义的比较学实践。任何比较的学术运作都意味着超越单学科的框架，与在不同文化和学术环境中形成的其他学科相联系的一种研究程序。[①] 因此，

① 在2002年浙江大学举办的“符号学和人文科学”研讨会上，作者提出了三类比较研究类型观：在个别主题上应用多种学科的方法（学科内部施行的比较法）；基于一个学科的一般符号学理论（与一个学科整体相关的比较研究）；涉及多个学科的一般符号学理论（在多个学科之间施行的比较分析）。因此，作者认为，所谓跨学科方向，本质上就是一种泛比较研究的方向。参见李幼蒸《历史符号学》，广西师范大学出版社2003年版，第250页。

符号学全球化可归结为一种普遍比较符号学，后者在本质上对立于任何学科中心主义的符号学。此外，比较研究表示具有不同背景的学者之间的对话，由此产生了一种为进行不同类型学术话语之间有意义的沟通而确立共同基础的必要性，此不同类型的学术话语是由不同的学术构成和制度所决定的。符号学全球化意味着拥有不同学术修养和文化背景的学者之间的对话和合作。首先，记号概念似乎可为不同学术语言之间的沟通提供一种概念“公分母”。然而不言而喻，不同的文化和学术传统的差异性将使得符号学交流中形成这类概念公分母非常困难。在此意义上，欧美符号学中心主义反而给比较研究造成了一种操作性限制。我们不可能直接地或现成地把在欧美学术传统中确立的概念系统和推理模式应用于非欧美传统中产生的学术课题，因此在全球符号学活动中存在着两种不同的研究方式：欧美知识向世界其他地区的扩展，以及后者在比较学框架内展开进一步的创造性研究。全球符号学对每一方来说都意味着一种双重努力：现代符号学研究首先来源于欧美学术资源，随后在上述不同比较学层次上创造性地研究跨学科和跨文化的课题。[①]

二　符号学的理论身份和符号学作为跨学科运作的调节者

1. 跨学科多元主义对哲学中心主义

符号学全球化的一个深层意义与两个方面相关：（1）今日符号学研究的更好的模式是什么；（2）如何最合理地“使用”作为学术课题方法论组织者的“符号学”一词。对前者而言，最重要的问题是认识论性质的：一般符号学或符号学理论，在理论策略选择上，应该以某种哲学为基础，还是应该是跨学科理论朝向的。从认识论角度看，符号学理论研究中的跨学科方向和哲学中心主义，在原则上是相互对立的。符号学的

---

① ［意］艾柯（Eco）指出：“符号学的新系统化的时代至今尚未到来。”（参见 Eco，1999，p. 8）在我看来所设想的这个系统化任务，也必须与跨文化符号学联系起来。后者应被视为今日符号学之前沿之一。参见李幼蒸《历史符号学》，广西师范大学出版社 2003 年版，第 92 页。

许多理论结论都来自非哲学学科，如语言学、人类学、历史学和心理学等等。[①] 此外，符号学理论的哲学中心论必定涉及不同的哲学流派，它们彼此以各种不同方式相互差异，这样就会使相关的符号学讨论卷入错综复杂的传统哲学争论之中去。上述差别，进而因人们对一般知识的，特别是人文科学知识的性质的各种不同解释而变得更为复杂。这种差异性也与有关当前人文科学现状的不同意见有关：在历史过程中形成的人文科学的当前状态是自然合理的，还是说应当予以更合理地改造？符号学理论的跨学科性是与任何哲学还原主义对立的。符号学的这一不可避免的跨学科性还会进一步被跨文化的这种“二度跨学科”的倾向所强化，相应地，人文科学理论形态将同样经受这一双重跨学科方向的冲击。跨文化因素在此的介入使得人文科学和哲学的相互关系更为复杂，例如中西哲学的构成和功能之间的差异，足以使学术全球化发展中的任何哲学中心论主张面临着更难处理的局面。[②] 不过也要看到，这种跨文化哲学形态上的分歧在跨学科理论方向的实证的学术实践符号学的认识论转向——从自然和文化世界中的记号到学术话语的语义学制度中，却可以有力地促进符号学理论的发展。

上述问题也可转化为这样的问题：如何适当地、富有成效地理解和使用“符号学”一词？我们不妨说，符号学可以在学术操作实践上用作“学术组织战略”的总名称。为了论证社会人文科学现状的合理性，符号学当然被纳入前者之内而作为其组成部分。为了改造人文科学或使其现代化，一般符号学首先可被解释为一种重组人文科学的工具。如接受这一扩大了的任务，一般符号学就应当首先调整自身的结构或功能。如果换个方式提出这个问题，即符号学应按其当前实际状况被理解和接受呢，还是应当相对于所有其他现存学科的理论发展来重新加以定位？全球化符号学将可以被强化，以作为实现一种新型元理论的基础，用以处理符号学所面临的一般理论问题：这就是人文科学内部的一种多元跨学科理

---

① 西方符号学界内的许多理论争论，都是源于某种哲学中心主义，据此，符号学理论往往被最终归结为某种哲学理论，如英美分析哲学或者欧陆存在哲学。

② 本文作者指出：“对中国哲学的完整理解，远非仅限于哲学性讨论。实际上，它涉及多个方面，如语义学组织、社会与学术制度、学者的动机、读者的思维条件、文化的结构、政治历史环境，以及传统学术在中国历史中的功能。”

论实践。在此意义上，符号学应当与人文科学整体理论结构问题挂钩，并参与后者的整体重组过程。当符号学全面扩展到非欧美地区以后，这一愿望将会进一步强化。在此扩大意义上的符号学，将可被视为人文科学整体现代化过程的主要推动力之一。不言而喻，跨文化符号学的发展将使得上述过程变得更为重要和更为丰富。符号学方法论无疑将成为一切比较研究的主要理论资源之一。符号学家一方面是专业领域内的跨学科课题研究的组织者，另一方面是（对于那些有一般符号学的志向者）在学际边缘地带负有创造性学术目标责任的探索者。

2. 多元跨学科理论对话的中介和调节者：职业专门化与思想自由

由此我们看到两类相对照的学者：学科专业型和跨学科调节型。符号学和其他学科之间关系的研究也应该包括在符号学领域内。符号学倾向于关注不同学科系统的理论之间的互动关系；符号学家是处理多学科之间理论关系问题的“专家”。如果确实如此，国际符号学学会应该充分运用符号学的这一形象和资源，以更具多元性的方式组织国际符号学活动。根据对理论的和应用的符号学的这一新解释，一位理论符号学家除了在某个或某些学科内从事专业课题研究外，还应“专长于”各个学科内所蕴含的认识论和方法论理论之间的关系问题。当今，在对世界人文社会科学进行理论重组的共同事业中，没有任何类型的学者比符号学家更适合于担任中介调节的工作。由此，学科中心的学术活动和跨学科的学术活动彼此可以在扩大的学术环境内相互补充。这两种理论活动也可以简称为：单一学科的方法论理论研究和跨学科的认识论理论研究。后者可以被看作前者的使用者或应用者。跨学科符号学认识论是以各门学科本位方法论研究之间的关系为研究对象的。

三 西方基础：欧美的经验

当前欧美符号学研究日趋专业化和学科化，这一倾向固然有助于提高具体课题中的分析技术水准，但与现代符号学传统所具有的宏伟理想却渐行渐远。学者们往往批评理论家的不切实际和好高骛远，但忽略了以下事实：偏重符号学的宏伟理想可能与学者关心人文科学更深远的目标相联系。符号学作为关于记号思考的历史源远流长，其丰富的成果早已逐渐积淀于各门科学之内。记号思想特别在前科学时代的诸历史阶段发挥着独立的激发科学发明的作用，并显著地促进了科学技术的进步。但直至现代，随着自然科学、社会科学和人文科学的发展，符号学作为一种学术思想潮流才最后形成。符号学从 20 世纪 60 年代以来成为一种学术思想运动，国际上成立了国际符号学学会，在此过程中，法国结构主义所起的作用是最大的。在现当代的符号学大家中，不少人都在自己的符号学研究中表现出对人类知识全局的关心态度，而并不仅满足于作为具体课题的单纯专业研究者。当代符号学运动的生命力和吸引力均与符号学创始者的原初学术理想主义分不开。[①] 因此，今天的国际符号学运动不应放弃这一思想的热情。70 年代，中国学者注意到了法国结构主义运动，不仅是因为它所包含的人文科学整体论目标具有吸引力，还因为它深入人文科学的理论基础问题（而不是什么泛论人类知识进步等等），其跨学科的理论眼光对社会和文化现象提出了更有效的新型解释方法论。尽管随着研究经验的积累，我们也客观地认识到法国结构主义所具有的正反两个方面，但结构主义始终富有成效地帮助我们更准确地发现传统人文科学中的欠缺所在。大致而言，人文科学中存在有两种欠缺，即逻辑推理薄弱和对象脱离现实。正是法国结构主义较恰当地刺激了中国符号学方向的定位，其中特别是思想的整体观和思想与现实的多元关系性。这样，以法国结构主义为主的符号学理论可成为人文科学现行结构分析和革新的主要动力。而对于中西人文科学交流的认识论和方法论基础来说，符号学显然应占据主要地位。那么，为什么符号学特别与人文科学有关系呢？首先，对于一切自然科学学科，甚至对于某些社会科学学科，我们已经有非常可靠和稳定的知识系统可资运用了。而对于不同思想、文化、学术传统来说，有关价值和信仰的问题，彼此没有共同可接受的“对话公分母”。对于促进不同文化传统之间的相互理解这样的实际需要而言，我们也需要探讨对话的理性基础（例如，各种不同宗教信仰之间

---

① 作者于中国社会科学院召开的座谈会（2000 年年底）上的讲演指出，当代中国符号学研究的起步是受到一系列现代西方大学者学术思想的启发的。所有这些伟大的名字都有一个共同特点：他们都关注一个与全体思想世界相联系的广大符号学视野。参见李幼蒸《历史符号学》，广西师范大学出版社 2003 年版，第 240—242 页。

是难以在各自信仰的基础上进行对话的，因为它们在此问题上大多数是“唯一真神主义的信奉者”）。传统的中西人文学术，特别是各自的哲学都是讨论价值和信仰问题的，但如前所述，它们难以理清人文科学话语内盘根错节的语义世界。

符号学的跨学科策略在两个层次上得以实现：学科本位层次和跨学科层次。两个层次的交互运用（部门的和一般的）无疑有助于人文科学整体重组的任务。

四 中国符号学的潜力：中国符号学对于符号学全球化的含义

中国符号学的世界意义在于，其发展也将会影响到欧美符号学传统知识的构成。如果它有在全球水平上形成一种学术运动的抱负的话，中国符号学的发展将使前述人文科学中的问题有更清晰、更丰富地呈现。

1. 中国符号学的特色

在世界一切非欧美符号学实践中，中国符号学别具特色。但我们应当在三个层次上描述目前中国的符号学研究：（1）与西方类似的符号学研究情况；（2）在现存各学科中蕴含的符号学式思想潜力；（3）在传统中国人文科学和中西比较研究中的理论性的和实用性的符号学潜在资源。

上述第一点正在形成和发展之中，但还谈不到具有什么影响。我们不应该以此表面性观察中获得的了解来作为对中国符号学进行评估的根据。反之，第二个层次的重要性可能会大大超过第一个，不只是因为其潜力易于实现，而且因为理论研究学者具有更富创造性的学术能力。然而，中国符号学的最大潜力存在于第三个层次。如果第二个层次可以为符号学研究提供更多的理论知识，那么第三个层次则具有更富创造性的思想创造力，不仅对于中国人文科学的未来发展来说是如此，而且对于世界人文科学未来发展来说，其可能的贡献亦不容小觑。因为只有第三个层次才最有条件为中国传统学术思想与世界其他传统思想，特别是当代西方主流理论思想在理论上进行对话提供技术性工具。

2. 中国符号学作为当前跨学科和跨文化符号学实践的主要发展之一

值得注意的是，当中国古典学术话语的符号学转述完成之后，中国传统学术有可能参与到全球符号学和世界人文科学中去。这一过程应当实现于中西传统学术话语的对话之间。中国传统文化中的文学、史学、哲学和艺术的话语，提供了不同的人类思想方式和源泉，可以补充、丰富甚至改进欧美人文学术知识。但如果不经过符号学的和解释学的“转换”，中国传统学术思想话语不仅只能为少数有语言训练者在“初级”层次上把握，而且仅通过这种直接的语言把握，并不能使中国传统学术话语有效地参与国际人文科学的理论交流。而只有当中西交流得以在理论的层面上进行时，才有可能使中国传统话语蕴含的潜在理论性资源影响到现代西方人文科学的主流思想。

3. 中国符号学和非哲学中心主义

在上述第三个层次意义上的中国符号学的发展，对于任何哲学中心主义的方法论都持警惕态度。除了前述传统哲学本身的语境局限性之外，中西哲学结构与功能的差异增加了其抵制的理由。当代所谓中西比较哲学就包含有这种概念的符号学的认识论转向——从自然和文化世界中的记号到学术话语的语义学制度混乱性，其影响反映在两个方面：首先，多数中西哲学概念不具有互比性；其次，它因此妨碍了认识中国哲学内含的真正价值。不过实际上，中西比较哲学研究对于理想中的中西哲学理论对话，是一种积极的准备步骤。

五 符号学作为全球人文科学不同学科理论间关系结构研究的标称

从全球人文科学元理论的层次上看，符号学远非仅仅是拥有具体个别性而存在的学科，而应被形容为人文科学“交响乐”的总指挥，它特别关注于与一切理论性资源有关的多元学科理论间的关系性问题。现存学科是自然地在历史过程中形成的，只要在学术市场上有需求，它们就可以照此方式继续存在下去。① 现行从事学术的方式当然可满足职业学者

① 在作者最近的中文著述中，讨论了很多人文科学的科学方向和学术市场压力之间的张力关系。市场化机制严重影响着人文学术的方向和学者的志向。自从真理和实在等概念被后现代主义抛弃后，学者个人的学术动机被“物化”为纯市场“利润”的追求。

的精神兴趣要求，但是一种新型的、处理不同理论资源间关系问题的任务，必定要求学者首先摆脱其主导性的学科职业限制。因此我们才说，如果符号学是一种学科或专业，它就是来自不同学科的各种理论之间的关系学。这一立场使其呈现出一种典型的、经验的和理性的性格，后者朝向种种不同的“现实域”。任何科学的研究都应朝向某种现实。后现代主义在现实和理性运作与虚构和艺术性运作之间的故意混淆，反映了当今西方主流理论思维的混乱性。符号学作为学术和符号学作为创作是两件必须严格区分的事情。由德里达、艾柯、罗蒂在各自领域里倡导的这类非理性主义主张，表明了当代西方人文学者理论思维能力的降低，而非提升。在科学的和艺术的运作之间的区别，仍然是基于学术理性主义的，后者与所谓后现代主义或认识论的虚无主义是根本对立的。各种后现代主义思想均反对实际上来自分析哲学传统的语义清理原则。符号学语义学与分析哲学的不同则在于扩大了、多元化了现实和意义的所指关系，但是符号学理性主义保持着追求现实朝向性和语义明晰性的基本科学目标。

六　扩大的符号学对象域：学术话语的泛语义学机制

在西方符号学史上，记号曾是对涉及自然、文化、逻辑、语言的符号学思想进行统一处理的概念工具。事实上，在由索绪尔和皮尔斯开创的现代符号学运动之前，逻辑学和语法学一直是促进符号学思维的主要学科。无疑，现代符号学学术仍然在相当程度上依赖两位现代主要符号学创始人的学术遗产。然而新世纪带来的符号学全球化目标，提出了对符号学研究方式进行战略性扩展的要求，后者将导致符号学基本对象的双重结构的出现：自然、文化、语言诸领域内的记号现象；学术话语的语义学制度。这一战略性转变，是与从传统的“记号学科”向全球人文科学的语义学机制分析目标扩展相一致的。

符号学的全球化发展甚至导致对符号学—语义学单元的新的规定。当前西方艺术符号学对作品制度的分析，将为跨文化符号学中的学术制度分析提供范例，结果可以形成一种扩大的符号学形态，而后者相关于多元形式的语义学制度分析，当然也包括传统的记号和记号过程的语义学功能。所谓学术语义制度，就是学术书写话语的语义学制度，它涉及三个不同层次：社会文化条件层、外部学术制度层以及内部学术制度层。我们此处强调的是第三种，即一种狭义的学术语义学制度分析法。归根结底，符号学语义单元必须加以扩大，以包括决定着学术话语构成和功能的语义机制之种种层次。

1. 作为记号研究的传统符号学模式

尽管记号概念的确表现于各种不同的文化传统中，但符号学作为有关记号的思想是植根于西方哲学传统的。当结构语言学出现后，记号被一般化为一种双重概念：语言学的和哲学的。记号的这一双重身份沿着两个方向继续发展——法国结构主义的和美国分析哲学—实用主义的方向。简而言之，前者更多相关于人文科学，特别是史学；后者更多相关于自然和社会科学。这两个符号学运动均使用着同一个概念词“记号”，却各自赋予其不同意义和所指者（referent）。当然，二者对于今后国际符号学学术的发展都是重要的。不过40年来符号学运动的发展，特别是21世纪跨文化符号学的发展，要求我们重新检视国际符号学运动中的这个二元概念词。我们试问，记号对于统一语义学的和实用学的符号学思想表现，是否仍然可以作为基本的概念加以使用呢？记号被用作处理语义分析的基本单元，而语义分析却须涉及社会文化“世界”以及学术“话语”内多种类型的表达性和解释性机制。一门学术话语符号学，要求一套更适当的语义单元来描述此多元语义机制。换言之，一门学术符号学必定要相关于一种符号学——解释学程序。于是，解释性单元可以更多地相关于某种“组织性单元”，较少地相关于自然性（语言的和物理的）知觉性单元。

2. 学术话语中语义制度的一般概念

本文并不打算详论尚未成型的学术符号学制度分析本身，而只是指出这一符号学认识论变迁在全球化符号学发展中的必要性。简而言之，我们可以采用一种二元学术策略学：科学的和符号学的。理论符号学的目的并不是直接研究自然和社会的问题，这是自然和社会科学本身的任务；符号学的任务是研究学术话语的意义构成和不同学科的理论形式之间的关系。为此，符号学和各种知识类型的关系是多种多样的。例如，目前，符号学与自然科学关系最少（或者说，符号学需要学习自然科学的相关知识，但非反之），与社会科学关系次少，却极大地相关于人文科学。人文科学知识的特点是其传统上的表述模糊性和推理任意性。符号学方法首先有助于分清传统人文科学的意义构成和语用学功能。这一研究使我们更多涉及人文科学的现实构成，而较少涉及其历史发展线索。同理，当代符号学史溯源学也就相对地降低了其重要性。今日一般符号学或理论符号学的主要任务绝不在于纵向地塑造符号学的光辉历史，而应横向地探讨它与当前各种知识和社会制度的互动关系。[①] 符号学全球化的上述三个方面，可以进一步归结于相应的三个层次上的制度性分析：社会—政治的、文化—历史的和学术—学科的。

3. 制度语义学和学科方向的以及跨学科方向的理论互动

这一非哲学基要主义的和跨学科理论的方法，显然与世界现行学术理论系统的规范和规则不符。符号学对目前全球人文科学提出的深层的认识论——方法论的挑战，正表现于它企图解剖和重组内外学术制度。“制度”的意思在此可含有“硬体”和“软体”两个部分，分别对应着社会—经济—教育系统和相关知识运作系统。这一扩展的符号学，绝非意在采取所谓“符号学帝国主义”策略，企图胡乱干预学科领域的知识活动，而是试图在这类常规学术系统“之外”和“之上”另行组织独立的科学规划。符号学正是要发现与常规科学系统合作的更有效的新渠道和新方式。符号学必然首先充分学习常规学科内的知识成果（而非参与其创生，因为这是专家们的任务），然后在另一学术层次上重新将来自各学科专业的知识成果予以再分析和再组合，以施行另一套科学运作程序合理论的目标。也可以说，符号学运作的性质是多元综合性的。正是在此新的科学运作层次上，符号学创造性地运用其特有的跨学科认识论和方法论，以创造性地达成相关于个别学科和全体学科发展的新的学术目标。如果这样理解，从理论发展功效考虑，符号学就是互补于而非对立于常规知识系统的。符号学不仅不可能、不应该破坏学科专业的知识成果，反而要积极支持并不断吸收其知识进展，因为符号学就是专业知识

① 对符号学和人文科学联系的强调，不同于对其历史溯源学的关注。后者当然更多地关联于自然世界和文化世界中的记号问题。相比之下，前者更多地与现代科学话语的构成有关。

的谦虚而积极的“使用者”。在同样的意义上，理论符号学、学术制度符号学、一般符号学等偏于战略性探讨的研究，与各种部门符号学研究的关系也是一样，二者之间也是互补互惠的。

我们再次重申，作为理论制度性分析的符号学概念暗示，一般符号学在逻辑上是与整体人文科学的结构相联系的，其科学目标也必然要相应地扩大。同样再次强调，这一认识论的转变，在学术运作上伴随着学科中心主义向问题中心主义的转变。

七 促进符号学全球化事业中的一些实际问题

符号学全球化的令人鼓舞的目标只有在互联网时代才有可能实现。如何在互联网时代组织国际符号学学会的活动和制订规划，对于符号学界来说是一个全新的任务。

1. 互联网通信

过去40年国际符号学学会（IASS）的成功经验，使其在组织世界跨学科学术交流活动中成为非常有用的和包罗广泛的比较研究模式。在全球化和互联网时代，学会应该与时俱进，彻底调整其运作方式，以满足21世纪符号学发展的需要。首先，它应该努力创建多地区、多领域、多学科、多课题之间广泛学术对话的有效平台。这个对话平台应当使不同的学术兴趣和不同的研究方法之间的自由对话成为可能。但是，若想实现这一目标，还存在两个方面的困难。首先，大多数非欧美国家的符号学尚未建立学术组织；其次，由于经费的限制，大多数非欧美地区的符号学家没有条件参加IASS组织的学术活动。这两个困难成为IASS发展的障碍所在。在此情况下，建立和推动国际的互联网符号学交流平台的活动是极其必要的。

2. 英语作为一种普遍语言

符号学的互联网事业面临着一个十分具体的问题，即国际同行必须使用统一的交流语言，也就是唯一具有全球普遍性的英语。这一交流语言的选择完全应该从国际交流的可行性角度考虑，而不应该涉及任何民族情绪，否则就会形成自我矛盾。但是目前仍有很多符号学家，不是因为英语的障碍，而是由于把在国际符号学论坛上的发言看成是表现民族自尊的机会，因此坚持使用本国或本地区的语言，以“维持民族自尊心”，结果形成一种虚荣的、自相矛盾的学术浪费行为。

我们充分承认民族语言对于思想创造的必要性，但学术思想的表达是完全可以用不同语言转译的。当今，语言问题已成为 IASS 促进其国际交流活动的技术性要件之一。总之，一方面是 IASS 应为其成员提供所需的英语编辑服务，另一方面，学会成员应理解使用英语的必要性。

3. 符号学家个人的双重角色：组织者和研究者

一位学者的学术荣誉可以由两种不同的标准来衡量：学术研究的成就和组织工作的成就。二者不可混淆，也就是一位组织者应当中立、公正地服务于符号学领域内不同学术方向的学者，不应采取任何歧视性的和自我利益优先的行为方式。学术组织工作的公正性，已成为 IASS 今后有成效地开展创新性工作的先决条件。全球化符号学规划因此提出了一种国际交流间的学术伦理态度转变的要求。学会组织者尤其不应该利用学术组织权力来为本人和本派的学术利益服务，而应把学术组织工作看作服务于 IASS 集体事业的一种荣誉，即服务性荣誉。

4. 伦理学态度和学术的方向调整

伦理的（动机的）、内部的（学术的）和外部的（社会性的）三元制度性分析（triple-institutional analysis）将为全球化时代的符号学发展预示着一个更富学术成效性的前景。一位研究者的学术利益基于其专业知识，而符号学的方法则倾向于使此社会性价值或学术专业的保护主义去中心化：对于同一课题，在现存主流的专业学术方式之外，可能存在有不同的方法。专家学者可能对于此学术“异他者”参与本人组织的学术活动中的“竞争”感到不快，因为后者的学术方法可能超出自己的知识范围，从而“有损于”自己的学术“利益”。学科的形成是与众多制度性特权联系在一起的，所有这些外部因素都在支持学者的功利主义学术运作风格和策略。这在商业化时代对于商人来说是正当的动机，但如果全盘移入人文学术界，势必系统地影响人文学术理论的发展方向，这是与启蒙时代的精神理想，与古典时代学者朝向真理追求的精神背道而驰的。符号学家一定要将两件事区别开来：追求公共性（学术内部）真理和追求个人性（学术外部）利益。具体来说，如果没有治学的理想主义，符号学倡导的跨学科、跨文化的学术策略方向是不可能成功的，而没有后者，公正的符号学的学术活动机会也难以形成。当然，法律和规范可以提供基本制约，但那是外部性制约，与动机层面无关，也就是与学者的治学动机和目标无关。在此意义上，全球化符号学的发展也是与学者个人的伦理学态度直接相关的。

（选自《国外社会科学》2007 年第 2 期）

全球化背景下的世界诸语言：使用及分布格局的变化

黄长著*

一　总的特点

当前世界诸语言及其使用人口的分布非常不平衡，少数语言的使用人口相当多，而大多数语言的使用人口则很少。如为数不少的语言少到只有几百、几十甚至几个人使用。按著名的世界语言研究专家戴维·克里斯特尔（David Crystal）的说法，多达96%的语言只有占全世界人口4%的人在使用。世界上最主要的15种语言的使用人口加在一起，竟占了世界人口的一半左右。① 其实这还是一种比较保守的估计，另外一些语言学家的统计则显示，这15种语言的使用人口加在一起，远远超过世界总人口的半数以上。比如根据多林·金德斯莱（Dorling Kindersley）所编的《千年纪家庭百科全书》（*Millennium Family Encyclopedia*，1997）的说法，全世界有一半人左右使用我们这个星球上最广为通行的8种语言。它们是：汉语（使用人口约12亿）、英语（约4.78亿人）、印地语（约4.37亿人）、西班牙语（约3.92亿人）、俄语（约2.84亿人）、阿拉伯语（约2.25亿人）、葡萄牙语（约1.84亿人）和法语（约1.25亿人）。若加上

---

* 黄长著，男，1942年生，中国社会科学院学部委员。

① U. Upchurch, Sounding the Alarm about Extinction of World's Languages, in *Seattle Times*, Aug. 27, 2000, http://seattletimes, nwsouce. com/entertain…/chur27 – 2000827. htm.

作为第二语言的使用者人数，那么单是英语和印地语的使用人口就会大幅度增加（英语人口将增加到10亿以上，而印地语人口也可达9亿）。[1]有意思的是，这一说法竟然与瑞典学者埃里克·V. 古纳马克（Erik V. Gunnemark）在其书中列举的8种“国际性语言”（international languages）[2]有某种异曲同工之妙，只在个别语言上有出入。在埃里克·V. 古纳马克的著作中，有7种语言与前者完全一样，只是少了印地语，而代之以德语。这一划分是符合实际的，因为印地语的使用人口虽然多达2.5亿以上，但它基本上只使用于印度本土。在其他一些国家和地区，印地语主要是作为印度移民的家用语言，尚不足以成为一种国际性语言。德语就不同了，尽管把它作为官方语言和家庭成员之间的语言使用的人加在一起也不过2亿左右，但它除了使用于德国外，还是奥地利和列支敦士登的官方语言，并和法语、意大利语和利托－罗曼语并列为瑞士的官方语言。此外，在其他许多国家，它也是许多人的家用语言。今天，虽然德语在世界上的地位与其六七十年前的情况相比已不可同日而语，但它仍然是十几个国际组织的工作语言之一，它作为国际性语言之一的地位仍然是不可撼动的。

目前全世界尚在使用的语言加在一起可达6000—7000种。美国夏季语言学院出版的第15版《从文化人类学的角度看世界诸语言》（*Ethnologue*：*Languages of the World*，2005）按语言诞生地所作的世界诸语言及其使用人口的地理分布统计，为我们提供了世界诸语言及其使用人口分布不平衡的有力佐证：非洲的现用语言2000种略多，约占世界语言总数的30.3%，这些语言的使用人口约占世界人口的11.8%；美洲的现用语言约1000种，约占语言总数的14.5%，其使用人口占总人口的0.8%；欧洲的现用语言239种，约占语言总数的3.5%，其使用人口占总人口的26.3%；亚洲的现用语言2200多种，约占世界语言总数的32.8%，其使用人口占总人口的61%；太平洋地区的现用语言1300多种，约占语言总数的19%，其使用人口仅占总人口的0.1%（参见该书第15页）。这是

① A. Goonasekera (ed.), *Cultural Rights in a Global World*, Eastern University Press, 2003, pp. 177－178.

② E. V. Gunnemark, *Countries, Peoples and Their Languages*, Lanstryckeriet, 1992, p. 172.

当前世界诸语言总的分布状况及使用格局。

从上面的统计我们可以看出，在有的国家和地区，语言数量虽然不多，但每种语言的平均使用人口却很多，欧洲便是一例，这主要是因为欧洲有英语、法语、俄语、德语等使用人口众多的国际性语言；反观太平洋地区，语言数量虽然很多，但其中许多语言的使用人口却很少。通过简单分析，我们可以看出，欧洲地区的语言状况总体上比较稳定，相比较而言，语言的生存状况要好一些，但也不是完全没有问题（这留待下面再讨论）；而像亚太地区（特别是印度、印度尼西亚的西伊里安地区、巴布亚新几内亚等），虽然语言众多，但平均使用人口却很少，显然其生存状况不容乐观。

我们必须认识到，语言作为传递信息的工具，它们都执行着相同的职能，即实现人类的相互沟通。因此，就语言本身而言，绝无孰优孰劣之分，人类应该平等地看待它们。这是一个非常重要的问题。但是由于历史形成的原因，确实有一些语言使用人口多、通行地域广，而另一些使用人口少、通行地域狭小；有些语言有悠久的文化和文学传统，从而影响较大，而另一些则可能缺乏这样的传统，从而影响较小；有些语言甚至可能只有口语而没有书面语，根本就没有文字和书面文献保留下来。这是我们必须承认的另一个现实。

二　全球化与语言:英语走向世界性通用语言的步伐进一步加快

全球化的趋势使世界发生着深刻变化，这一趋势的影响所及当然首先是经济和社会，但是对语言和文化的影响也已逐渐显现出来。交通及通信事业的不断改善，以电视为主的传播媒体的快速发展，特别是近年来，以互联网为媒介的越境数据及越境信息流动的日益频繁，都极大地促进了英语和英语文化的世界性传播。到今天为止，90% 以上的互联网信息仍然使用英语表述，这种状况在相当长的时间内难有根本变化；有 60 多个国家把英语用作官方语言或半官方语言；英语还是某些国际组织和外交、国际贸易、国际学术交流、旅游、机场、空中管理、国际比赛、广告等众多领域的主要语言。这些因素，加上一股遍及全球的“英语学习热”，无疑都正在起着一种“催化剂”的作用，使英语走向世界性通用语言（world lingua franca）或国际性通用语言（international lingua franca）的步伐进一步加快，与此同时也加速了弱势文化系统向影响较大的强势文化（主要是英语文化）靠拢的进程。在这一进程中，不同民族之间的语言和文化多样性无疑会遭到弱化。政治和经济上处于强势地位的民族的语言和文化，通常会对政治上和经济上处于弱势地位的民族的语言和文化产生大的影响。在全球化时代，这一影响尤为明显。

英语在全球化环境下传播速度之快、传播范围之广，足以令世人惊异。即使是在一些多语言并存的国际组织中，英语也在静悄悄地，然而却是迅速地扩大着它的地盘。在遍及全世界的许多国家和地区——无论是在俄罗斯、中东欧、中南美，还是在亚太地区——英语越来越多地成为学校教育的首选外语，而法语等语言的竞争和对手地位则遭到了很大的削弱。

长期以来，人类确实怀有一个美好的人文主义梦想，即期望有一种能使全人类自由交流的共同语言，消除使人类睽隔的语言“巴别塔”。英语作为一种全球广泛使用的语言，自然成为许多人心目中的首选。平心而论，它具有的有利条件无疑也最多。但无论如何这是一件利弊互见的事情。英语和英语文化无限制的侵袭，必然会殃及文化和语言的多样性，并最终殃及人类文化遗产的完整性。就像我们今天在不断强调甚至大声疾呼的：物种消失和生物多样性受损会导致生态失衡，从而使人类的整个生存环境遭到破坏。遗憾的是，这个语言和文化的生态问题却远未像环境问题那样受到应有和普遍的关注。

在有些情况下，处于弱势地位的文化和语言甚至有被同化到处于强势地位的文化和语言中去的危险。一方面，经济大国的成就会诱使经济较落后国家的民众放弃自己的语言，而转向经济大国的语言；或者在多民族和多语制国家中，处于弱势地位的少数民族语言的使用者倾向于转而使用居于主导地位的优势语言，这种情况在北美的英语与印第安语之间，在澳大利亚的英语与原住民语言之间，甚至在中、南美的西班牙语或葡萄牙语与印第安语之间都很常见。另一方面，经济成就本身会使出版物的问世和就学、师资条件的改善变得更加容易，特别是使广播、电视、互联网等与语言和文化密切相关的媒体的普及率变得更高。这些都非常有利于强势语言和强势文化的大范围传播。英国语言学家戴维·克里斯特尔（D. Crystal）曾经在他的一部影响很大的书的前言中措辞尖锐地写道：“如果英语继续像现在这样发展，那会是一种什么情景？也许有一天我们就只剩下一种语言可以学了。如果这种情况真的发生，我敢说这将是我们这个星球上前所未有的‘最大的知识性灾难’（greatest intellectual disaster）。”① 一位以英语为母语的知名学者发出了这种警示，是值得我们深思的。捷克学者埃娃·库什纳（Eva Kushner）也根据自身的体验忧心忡忡地指出：“英语的无所不在远不能预示一个更加友爱的世界的降临，虽然它未必会导致西方的文化和政治统治，但这样的危险还是存在的，或者说人们认为存在着这样的可能性。”② 为了表示对英语和英语文化日益增长的影响的不满情绪，有的法国人甚至情绪化地把英语讥讽为“可口可乐的语言”（une langue du coca-cola）。

但是，这些似乎都不能阻止英语快速走向世界性通用语言的步伐。对英语而言，现在的情况基本上是“你批评你的，我传播我的”。即使是像在亚洲的越、老、柬这样的前法国殖民地国家，由于英语被规定为东盟（ASEAN）唯一的官方语言，这几个国家也立即把英语确定为继母语之后的第二语言。作出这种选择还因为这几个国家看到，英语是东南亚地区最重要的商贸语言，又是信息技术、计算机软件和众多互联网网站采用的主要语言。广泛推行英语，无疑将给这些国家的年青一代带来许多实质性的好处。为此，这几个国家已作出许多努力来推进从早先法语作为第二语言过渡到目前英语作为第二语言的进程。一个颇具典型意义的例子为这一进程提供了佐证：老挝的副总理和外长“忙里偷闲”，专门挤出4个月的时间赴新西兰接受强化英语培训；而越南外长则努力在所有东盟的会议上用足够好的英语发言。在越、老、柬的政府机构中，英语的熟练程度现在已成为工作人员职务晋升的一个重要衡量标准。③

谁都无法否认，在当代全球化进程中，英语和英语文化特别是美国

---

① David Crystal, *Language Death*, Cambridge University Press, 2000, p. viii.

② Eva Kushner, English as Global Language: Problems, Dangers, Opportunities, *Diogenes*, No. 198, 2003, p. 22.

③ Dr. Termsak Chalermpalanupap, ASEAN – 10: Meeting the Challenges, http://www.aseansec.org/2833.htm.

文化是最大的受益者。当然，除了上面提到的那些原因外，美国经济、科学技术、军事等领域的高度发达，也起到了有力的促进作用。不管主观愿望如何，使用人口众多的强势语言的发展，往往是以牺牲少数民族语言的生存条件作为代价的。比如在北美，占统治地位的英语的发展，不可避免地对许多印第安语言的生存造成了威胁。在澳大利亚，英语无可争辩的优势地位同样对原住民的语言构成了威胁。在使用人数上的明显劣势，使这些原住民的语言在与使用人口众多的优势语言的竞争中一开始就处于不利地位，加之原住民的后裔为了争取更好的工作和生活条件，他们往往走出保留地而去往大城市。在就业和生存的双重压力下，他们逐渐抛弃了父辈教给他们的母语而转用英语。

这种情况还不只是发生在英语和一些使用人口很少的非通用语种之间，有时也发生在其他通用语种和非通用语种之间。例如，在南美的亚马孙河流域地区，外来的探险者对那里的开发，带去了现代文明和经济的发展，同时还发现了一些以往人们所不熟知的新的印第安语，但是在现代文明和西班牙语或葡萄牙语的冲击下，情况不久就发生了变化：那些本来还在家里使用这些语言的年轻人，发现外面的世界“很精彩”，于是纷纷外出，到大、中城市学习西班牙语或葡萄牙语，或干脆学习英语，以便谋生或求得一份更好的工作。他们以讲所在地的通用语言为荣，逐渐不再讲自己的母语，况且在他们周围也没有懂这些语言的交谈对象，久而久之母语便被淡忘了。而在他们的故乡，在外来者带去的电视、广播等现代文明的冲击下，余下的年轻人不再愿意学习父辈的语言，等到老一辈去世后，这些本来使用人口就很少的语言不是名存实亡便是彻底消亡了，这种情况在世界上其他许多地区都反复出现过。

总之，“当代全球经济的现实给少数民族语言带来了前所未有的财政压力”。从市场利益出发，电视、电影和视频娱乐资料的生产者总是乐于采用很少的几种通用语言来进行大批量生产。① 在西方经济、文化和语言本来就占据优势地位的全球化大背景下，这种情况无疑使得世界诸语言的使用格局朝着更加有利于以英语为代表的那些使用人口众多的通用语

---

① L. A. Grenoble and L. J. Wholey (eds.), *Endangered Languages: Current Issues and Future Prospects*, Combridge University Press, 1998, p. 53.

种倾斜，从而也更加不利于大批使用人口稀少的非通用语种的生存。于是，濒危语言的问题很自然地就成了全球化时代语言学家和人类学家，甚至全人类关注的重要问题之一。

三 关于濒危语言

濒危语言通常指那些使用人口很少、不能有效履行语言的交际职能、其生存受到威胁的语言。关于世界上大批语言正面临生存危机的警示已见诸许多语言学家的论著，也有新闻媒体作过报道，但似乎并未引起公众足够的关注。诚如语言学家戴维·克里斯特尔所说："大多数受过教育的公众（他们通常也关心语言和生态问题，并为此大声疾呼过）却仍然不清楚这个世界正面临一场前所未有的语言危机。"① 美国语言学家 K. 黑尔（K. Hale）则干脆用数字为我们解读了全球化背景下世界诸语言的生存状况，使我们对这场语言危机的认识更加切实、具体。他指出："据可靠估计，在 21 世纪中现存的 6000 种语言中的一半将会消亡，而且还有 2400 种接近消亡，只剩下 600 种尚属'安全'之列，这仅限于那些使用人口不少于 10 万人的语言。因此，世界上 90% 的语言的生存都会有问题……这些语言的生存危机和连续不断的消亡，对人类的知识多样性和文化多样性而言无异于一场灾难。这场灾难并不亚于人类的生存环境所遭遇的灾难。"② 实际上，有的语言学家对这一危机的估计比 K. 黑尔的分析还要严重，迈克尔·克劳斯（Michael Krauss）便是其中之一。尽管围绕消亡语言的具体数字有一些争议，但在当代世界面临严重的语言消亡危机这一点上，许多语言学家是有共识的。频频发出类似警告的，不单单是语言学家，还有像联合国教科文组织这样的国际组织。他们的警告应该不是空穴来风，因为据可靠的统计，在过去的一个世纪中，已经有数以千计的语言消亡。在 19 世纪，仅巴西一地的印第安语就不下 1000

---

① D. Crystal, *Language Death*, Cambridge University Press, 2000, p. viii.

② Ken Hale, On the Endangered Languages and the Importance of Linguistic Diversity, in L. A. Grenoble and L. J. Whaley (eds.), *Endangered Languages: Current Issues and Future Prospects*, Cambridge University Press, 1998, p. 192.

种，可是现在仅剩下不到200种了。在全球化背景下，如果人类不采取切实可行的措施，语言消亡的速度只可能加快，而不可能减缓。

总体而言，那些使用人口众多的通用语种，尽管相互之间也在为争取自身的更大发展而进行竞争，但生存是绝无问题的；而那些使用人口很少的非通用语种，虽然情况不尽相同，但在其生存受到威胁这一点上，它们面临的问题却是共同的。联合国教科文组织在其2000年4月面世的出版物《联合国教科文组织信使》（*UNESCO Courier*）中列举了学者们作出的以下预言。这些预言用简洁的文字勾勒出了当代世界濒危语言的整体状况。

（1）在非洲，其使用者不足500人的语言就有200种以上，这些语言可能很快就消亡。

（2）在北美，原住民的语言（此处专指美洲印第安语）和克里奥耳语受到的威胁最大。除了那伐鹤语（Navajo或Navaho）、克里语（Cree）和奥杰布华语（Ojibwa）等语言外，美国和加拿大的约200种印第安语均属濒危语言。

（3）在拉美，约500种印第安语中将近一半面临生存危险。

（4）在东南亚，在600—700种语言中，约有40种语言的命运须仰仗政府的支持政策。

（5）在东北亚，面对俄语的竞争态势，在47种语言中只有6种语言有生存的机会。

（6）在欧洲123种语言中，有9种接近消亡（nearly extinct），26种处于高度濒危状态，38种处于濒危状态。①

2009年年初，联合国教科文组织（UNESCO）公布了由30多位专家完成的最新版的《世界濒危语言地图集》（*Atlas of the World's Languages in Danger*）。该地图集称，世界上现用的6900种语言中，近2500种已成为濒危语言……其中有199种语言的使用者竟然不足10人，另外178种语言的使用人口也仅在10—50人之间，说这些语言危在旦夕，丝毫也不为过。这近2500种濒危语言按其生命力（vitality）程度被分为5个级别：

① Anura Goonasekera (ed.), *Cultural Rights in a Global World*, Eastern Universities Press, 2003, p.177.

（1）不安全的语言（unsafe），约607种；（2）确定无疑的濒危语言（definitely endangered），约632种；（3）严重濒危的语言（severely endangered），约502种；（4）极其濒危的语言（critically endangered），538种；（5）已消亡的语言（extinct），约200种。[①] 与2001年编纂的上一本《世界濒危语言地图集》列出的900种濒危语言相比，当前的濒危语言数量又增加了好几倍。联合国教科文组织的上述警示性描述，滥觞于20世纪90年代初在加拿大魁北克举行的世界语言学家大会。那次大会通过的一项共同声明指出："任何一种语言的消失，对于人类来说都是一个无法弥补的损失。有鉴于此，联合国教科文组织的一项十分紧迫的任务，便是通过以下措施来回应这种状况：推动并资助（如果可能的话）语言学团体的计划，即用语法、词典和包括口述文献录音在内的其他文献形式来描写迄今为止尚未研究过或文献记录尚不充分的濒危语言和正在消亡的语言。"[②]

这项声明发出的前后，许多语言学家根据语言消亡的历史纷纷发表意见，对大批境遇不佳的语言的现状表示出了极大的忧虑。语言学家迈克尔·克劳斯发表在有影响的《语言》（*Language*）杂志上的著名论断震惊了语言学界，继之是全世界。各国媒体纷纷转载，包括中国的报刊。克劳斯称，到21世纪末，世界上现用语言中的4000种以上将不再使用。[③]

语言学家们的意见受到了联合国教科文组织的重视。不久以后，在联合国教科文组织的一次全体会议上，包括《濒危语言红皮书》在内的"濒危语言计划"出台。几个月后，一份进展报告进一步指出："虽然准确的规模尚不清楚，但我们知道，世界上许多地区的语言正在快速消亡，因此必须加快语言描写工作，这一点对语言学工作者来说是极端重要的。"

随后，国际社会相继作出了回应。20世纪90年代中期，在联合国教

① Davyth Hicks, International Mother Language Day: UNESCO Launches New Atlas of Endangered Languages, http://www.eurolang.net/index.php? option = com - content&task = view&i d = 3143&Itemid =0 2009 -3 -9.

② David Crystal, *Language Death*, Cambridge University Press, 2000, p. vii.

③ M. Klaus, World's Languages in Crisis, *Language*, No. 68, 1992, pp. 4 -10.

科文组织的支持下，日本率先在东京大学建立了“国际濒危语言信息交流中心”（International Clearing House for Endangered Languages）。该中心建立以来，在有关濒危语言的数据交换和拯救濒危语言方面做了大量工作，在国际上具有较大知名度；差不多就在同一时期，美国设立了“濒危语言基金”（Endangered Languages Fund），英国也建立了“濒危语言基金会”（Foundation for Endangered Languages）。包括中国在内的其他许多国家和一些区域性的机构也以不同形式对世界语言学家大会的共同声明和联合国教科文组织的呼吁作出了积极回应，如中国语言学家开展了对濒危语言的调查研究，并对中国境内新发现的几十种少数民族语言进行了系统整理和逐一描写。中国社会科学院将这项研究列为重大课题予以支持，出版了系列相关成果，取得了明显进展。目前这项研究仍在向纵深发展。

国际社会为保护濒危语言和非物质文化所作的努力称得上是紧锣密鼓。除了上面提到的各项努力外，还有一些值得注意的事件：语言问题被确定为2008年“国际语言年”（the International Year of Languages）的主题；联合国教科文组织在2009年2月举行活动，庆祝“国际母语日”（International Mother Language Day）10周年。上面提到的最新版的《世界濒危语言地图集》的面世，便是一系列保护活动的最切实的体现之一。

语言是文化的载体，也是文化的重要组成部分。一种文化的传承主要是靠语言来实现的（不管是书面语还是口语），所以我们说，语言本身就是一种文化遗产。一种语言的消亡，往往会连带地导致该语言所传承的文化的消亡。“皮之不存，毛将焉附”？这一点，已经不再是“狼来了”的空喊，而是被反复证明过多次的活生生的历史事实。这里我们仅举几例。

（1）达尔马提亚语（Dalmatian）曾经使用于巴尔干半岛的沿海和内陆地区（包括马其顿、阿尔巴尼亚和希腊部分地区），是一种罗曼语言。随着该语言的最后一个使用者于19世纪末在南斯拉夫克尔克岛（Krk，又称“韦利亚岛”）去世，该语言彻底消亡，达尔马提亚文化也随之消亡。[①]

（2）彭特拉奇语（Pentlatch）曾经使用于加拿大不列颠哥伦比亚省温哥华岛的南部地区，是一个很小的印第安部族（约40人）的语言，属萨利什语系（Salishan）。随着彭特拉奇语的最后一个使用者在1945年前后去世（一说是20世纪70年代），该语言彻底消失，[②] 独特的彭特拉奇文化的传承从此中断。

（3）乌布赫语（Ubykh或Ubuh）是1998年在爱丁堡召开的英国濒危语言基金会第二次会议上一位叫奥利·斯蒂格·安德森（Ole Stig Andersen）的学者提到的一种高加索西部语言。1992年10月8日，他见证了该语言的消亡。那天早上，乌布赫语著名的最后一个使用者陶菲克·埃森斯（Tevfik Esen）去世，从而永远地带走了该语言。作者本来是打算当天去采访他的，不幸的是迟到了两个小时。[③]

美洲印第安语（Amerindian Languages）是人类语言宝库的重要组成部分，通过它们，人类得以窥见语言中的许多独特现象，同时得以认识多姿多彩的印第安文化。但是，人类也许永远都无法准确地说清楚，到底有多少种印第安语在我们生活的这个世界上存在过。根据多数语言学家的估计和分析，我们知道北美印第安语最初可能有300种左右，但现在多一半已不复存在。我们所知道的一个语言消亡的最新的例子发生在刚刚过去的2008年，阿拉斯加的埃雅克语（Eyak）随着它的最后一位使用者马里·史密斯·琼斯（Marie Smith Jones）的去世，已经不复存在了；南美印第安语最初可能多达2000种以上，现在仅存的不过500多种。问题是，绝大多数印第安语的使用人口都很少，在现代文明的冲击下（北美面临英语和英语文化的冲击；南美则主要面临以西班牙语和葡萄牙语为代表的拉丁文化的冲击），其生存前景很不乐观。虽然历史上语言学家、人类学家和传教士曾对它们作了许多抢救性的描写工作，但总的来说，人类对这些语言的认识还是很不够的。有大批语言，在人类还没来

① C. F. Voegelin and F. M. Voegelin, Classification and Index of the World's Languages, Elsevier, 1977, p. 295.

② R. G. Gordon Jr. (ed.), Ethnologue: Languages of the World, SIL International, 2005, p. 241.

③ D. Crystal, *Language Death*, Cambridge University Press, 2000, p. 2.

得及对它们作出最低限度的记录和描写之前，就已经消亡了。美洲印第安语与欧洲的语言不同：大多数欧洲语言都属印欧语系，而美洲印第安语数量繁多，彼此差异很大，不能互通，分属多个语系；有许多语言甚至与其他任何语言都没有亲属关系，独自构成单独的一支，如祖尼语（Zuni）等。其中许多非常独特，在语言学和文化方面有很大的研究价值。它们的不断消失，将会对人类文化遗产造成不可估量的损失。

问题在于，这些例子并不是全部。人类语言受到生存威胁的情况在世界上几乎随处可见，甚至欧洲也不例外。当然受威胁最大的除了美洲以外，还有澳大利亚、巴布亚新几内亚、印度尼西亚等国那些使用人口不足千人的语言。非洲本土的一些语言当然也有生存的问题，但它的情况与美洲等地还是有相当大的不同，总的来说其生存状况略好于美洲。这是因为西方殖民者虽然在19世纪末20世纪初大批涌入非洲，但他们在整个非洲人口中还是只占很小一部分，西方人从来就没有在数量上占过优势。他们的语言也很难对大多数非洲本土的语言构成实质性的威胁。所以在非洲，特别是在撒哈拉沙漠以南的大片非洲土地上，对当地濒危语言造成直接威胁的往往并不是过去欧洲殖民者的语言，反而是当地语言。使用人数很少的那些语言，其生存有时会受到双重威胁：既可能有来自外部的威胁，也可能有来自语言社团内部的威胁。比如在一些小社团中，有些父母可能不愿意把他们的本族语传给他们的孩子，这就足以危及他们语言的代代相传；况且城市化的发展促使不少人迁居城市，以及与其他部族通婚等，这些更使他们的语言雪上加霜，促使其逐步走向衰落。外部威胁对小社团的语言的打击有时也是致命的，如严重的自然灾害、传染性疾病等。已知的唯一一个例外是南非讲科依桑诸语言的人，他们早在1700年左右就开始放弃自己本来的语言，转而采用由荷兰语加上当地语言成分构成的阿非利堪斯语（Afrikaans）的一种变体。在非洲，显然这是一个比较独特的例子，它跟大多数非洲本土的语言采取的固守“阵地”的态度完全相反。在非洲其他许多地区，尽管欧洲移民（特别是法国人和葡萄牙人）也在努力传播他们的语言，但人口数量上的劣势根本无法形成语言选择上的优势。法语、英语和葡萄牙语也还只是极少数非洲人的母语，而且他们中大多数人都居住在城市地区，属于知识分子精英阶层。他们从使用一种语言变换为使用另一种语言，远不足以造成非洲语言的损失……因为在广袤的非洲农村，占人口绝大多数的本地居民通常不可能放弃祖祖辈辈使用的语言而去转用一种只有少数人使用的欧洲语言。直到今天，我们也没有听说过有哪一种欧洲语言已经取代了某种非洲语言。如在近5个世纪的统治中，葡萄牙殖民者既没能成功地把葡萄牙语和葡萄牙文化强加给安哥拉人民，也未能取代当地的各种语言。[①] 加拿大社会语言学家罗纳德·沃德豪（Ronald Wardhaugh）告诉了我们一个有关沃洛夫语（Wolof）的例子：在塞内加尔，尽管法语是官方语言，但当地语言沃洛夫语的传播和发展比法语要快得多。它的广泛用途使它成为一种族际“交际媒介语”（lingua franca），以法语和当地其他语言为母语的人也不得不学它。无形之中它就限制了法语和当地其他语言的发展。[②]

另外，非洲的语言密度相当高，当地的语言占全世界现用语言的1/3以上。尼日利亚和喀麦隆等国是世界上语言密度最高的国家之一，这就决定了本土语言间的接触会非常密切，从而直接导致了双语现象或多语现象。因此我们说，双语和多语现象是非洲的一个常态，而且这种情况已维持多年。在非洲，显然欧洲语言与当地语言之间的矛盾不及美洲、澳大利亚等地欧洲语言与当地原住民语言之间的矛盾那样突出。在制定相关的语言政策时，应该有所区别，发展双语和多语教育也许永远是一项值得鼓励的政策。

四　国际组织中的语言

我们这里所说的国际组织既包括地区性组织，也包括跨地区的各种专业性组织，为叙述方便，我们统称为国际组织，特此说明。国际组织的语言问题是一个很复杂的问题。因为从某种意义上说，国际组织就是一个浓缩了的世界。近年来，这样的组织越来越多，来自不同国家和地区的大批雇员在其中工作。但由于许多国际问题趋于地区化（如欧洲、

① Matthias Brenzinger, Langues minoritaires, unhé ritage culturel, *Diogène*, No. 161, 1993, p. 16.

② Ronald Wardhaugh, *Languages in Competition*, Basil Blackwell Ltd., 1987, p. 191.

中东、非洲、拉美、东北亚、东南亚等），与使用不同语言的地区和国家打交道的机会日益增多，语言问题以及由此引起的交际困难、行政管理和财政上的麻烦等也日渐突出，以致引起了国际组织内外许多有识之士的忧虑和关注。

在各个国际组织建立之初，情况远不及今天复杂。国际组织的数量不多，工作人员比较少，任务比较单一，因此语言问题相对比较简单。先后起过重要作用的语言仅有拉丁语、法语和英语。当然也发生过法语和英语争地盘的情况，但问题并不突出。今天的情况与过去迥然不同：国际组织的数量大大增多，据20世纪80年代中期的统计，各类国际组织的总数就达2500个以上，其中90%以上是在20世纪初到50年代中期这段时间建立的。仅第二次世界大战后就建立了近800个，这个数字还包括100多个政府间机构。在这些组织中工作的人员具有不同的语言背景和不同的外语水平，而工作的范围也比过去广泛得多。这一切，使得原本就存在的语言问题变得更加尖锐和复杂。由于不精通外语而造成许多误解甚至笑话，为在什么场合使用什么语言而发生争执，以及对称职的译员需求越来越大而又难以满足需要等问题始终存在。一个不争的事实是，熟练掌握几种外语在国际组织中就会游刃有余而大获好处，而没有外语才能的人在国际组织中的发言权和社交作用就会大打折扣。这说明，在国际组织中掌握尽可能多的外语知识会在交往中自然增加许多亲和力，对工作是极为有利的。

下面我们仅列出联合国和部分地区性组织（含专业性组织，下同）的工作语言（正式语言）供参考：联合国［UN，6种（以拉丁字母为序），使用最多的是英语、法语］：阿拉伯语、汉语、英语、法语、俄语、西班牙语；

世界卫生组织（WHO，6种，与联合国的6种工作语言完全相同；使用最多的是英语）：阿拉伯语、汉语、英语、法语、俄语和西班牙语；

欧盟（EU，23种，使用最多的是英语、法语、德语）：保加利亚语、捷克语、丹麦语、德语、爱沙尼亚语、希腊语、英语、西班牙语、法语、爱尔兰语、意大利语、拉脱维亚语、立陶宛语、匈牙利语、马耳他语、荷兰语、波兰语、葡萄牙语、罗马尼亚语、斯洛伐克语、斯洛文尼亚语、芬兰语、瑞典语；

国际奥委会（IOC，2 种）：法语、英语；

北约（NATO，2 种）：英语、法语；

经合组织（OECD，2 种）：英语、法语；

非统组织（OAU，5 种，使用最多的是英语、法语、阿拉伯语）：英语、法语、阿拉伯语、豪萨语、斯瓦希利语；

美洲国家组织（OAS，4 种，使用最多的是英语）：英语、法语、葡萄牙语、西班牙语；

东盟（ASEAN，1 种）：英语；

欧佩克［石油输出国组织（OPEC），1 种］：英语；

上海合作组织（SCO，2 种）：汉语、俄语。

从上面列举的情况中可以看出，在国际组织的工作语言中，一方面英语和法语（特别是英语）的作用继续加强，另一方面除了原有的一些正式语言外，现在又采用了一些新的正式语言，如国际劳工组织（ILO）除了使用英语、法语、西班牙语等语言外，又增加了德语和阿拉伯语，而且还有继续增加的趋势。除了作为联合国的工作语言外，汉语也开始走进地区性组织工作语言的行列。2002 年，上海合作组织（SCO）宪章规定："汉语和俄语" 为其 "官方和工作语言"。国际组织中的工作语言呈多元化的趋势，体现了越来越多的民族语言在国际大家庭中的地位和作用得到更多尊重的事实，使英语、法语一统天下的局面得到一定程度的改观，是一件值得高兴的事情。但随之也出现了一个两难的问题：一方面要尊重地区、国家和民族的平等；一方面不得不去应对翻译问题和由此而产生的相关费用的大幅度上升这一问题。如根据欧盟最新公布的信息，其正式语言竟多达 23 种（几年前仅十几种），花费在翻译和出版多语种文件方面的费用超过其业务费用的 13% 以上。为此，一些专家正在另寻出路，如考虑采用机器翻译或机助翻译（machine-aided translation），认为这些措施最终有可能节省 50% 的翻译费用。当然这中间还有大量的技术细节需要解决，并非短时间就能奏效的。又如国际法院（IC）的正式语言为法语和英语，当事方可使用其中任何一种。以其中任何一种提出的申诉和口头辩词均须翻译成另一种语言，判决书和意见书也要同时提供法文和英文文本。

"八国集团"（G8）的情况也许是一个少有的例外。严格讲，八国集团没有自己的正式语言。个中缘由不清，但一个可能的解释是，八国集团只是一种协商和议事形式，并非严格意义上的国际组织。在其年度高峰会议上，各有关国家的元首或政府首脑均用各自的语言发言，会议内容通常被译成好几种语言，但并不固定是译成哪几种语言，不过一定要译成英语和法语，常常也译成德语。高峰会议的公告总是要译成英语和法语。尽管如此，八国集团近年来确有把英语用作正式语言的考虑。①

从以上所列情况中我们可以看出，英语在国际组织中的重要作用几乎是不可替代的。特别有意思的是“欧佩克”（OPEC，石油输出国组织），尽管在它的 11 个成员国中，多达 7 个国家（伊拉克、科威特、利比亚、阿尔及利亚、卡塔尔、沙特阿拉伯和阿联酋）都是以阿拉伯语为官方语言，只有一个国家（尼日利亚）的官方语言是英语，但是在这个阿拉伯国家占大多数的国际组织中，却匪夷所思地选择了英语作为唯一的正式语言。东盟的情况也与此大同小异，让我们不能不感觉到英语在国际社会中无所不在的步步紧逼。② 其他许多国际组织或地区性组织的情况与此大同小异，如在经合组织（OECD）的文件中虽然规定，应“出色地掌握 OECD 的两种工作语言之一，并能用另一种语言进行工作”，但同时强调指出，“出色地掌握英语肯定会有好处”。③

紧接着的另一个问题是，在国际组织众多的工作语言中，尽管英语的地位和作用越来越突出，通常远远超过其他工作语言，但是推广任何一种自然语言来担当国际通用语言职责的尝试都将是一个极易引起争议的敏感问题，因此许多专家又在旧话重提，即再次探讨推行某种超越民族界限和国家界限的人造语言或半人造语言的问题，世界语（Esperanto）的推广问题于是再次被提到了各国政治家和语言学家的议事日程上，但两种尖锐对立的意见依旧是争论不休。反对世界语的人认为它不利于传统的民族文化的维护；而赞成它的人则相信它将成为一种有活力的语言，并将具有自然语言所拥有的一切特点。世界语的支持者甚至责怪联合国

---

① http：//www. g8. fr/evian/english/navigation/the – 98/questions – about – the – 98. html.

② The Organization of the Petroleum Exporting Countries（OPEC），http：//en. wikipedia. org/wiki/opec.

③ Hei Summer Program on WTO Studies，http：//www. heisummer. ch/discussion/index. php? showtopic.

教科文组织长期以来在解决人造语言问题上的不作为。但这只是表象，围绕世界语所进行的长期争论，其深层次的原因要复杂得多。

以世界语为代表的人造语言的出现，其实是反映了人类为追求语言上的理想主义的一次探索。平心而论，这种探索还有许多考虑欠周全的地方，因而并未达到其创造者们最初所期望的成功。由于他们没有从根本上摆脱欧洲语言的束缚和影响，因此对占世界人口多数的东方人而言，也许学习起来并不容易，至少比以某种欧洲语言为母语的人要困难得多。加之这些语言不是某个民族的母语，所以在非罗曼语族的说话人中普及并不易。今天我们可以批评以世界语为代表的人造语言的每一个缺点，但是我们永远都不能否认，这些人造语言的创造者的初衷非常好，他们试图通过人造语言的“无根无源”和“中立性”创造一种超越民族、超越国家和政治，具有人类普适性的语言，从而避免自然语言使用者之间“王婆卖瓜，自卖自夸”的倾向，也可以避免自然语言间难以回避和无休止的“孰优孰劣”的争论。因此我们说，以世界语为代表的人造语言是人类追求语言和民族平等的一次伟大而可贵的探索。

综上所述，我们可以看出，即使是在国际组织这样一个有限的范围里，语言上的“巴别塔”也仍然存在。人类知识和先进设备只能为改善目前的状况提供某种希望和可能性。目前，各个国际组织都在努力解决这个问题，但迄今尚无一种自然语言或人造语言堪称大家都心甘情愿地接受的国际性通用语言。国际组织中的语言问题，可以说是世界范围内的语言问题的一个缩影。在一个小小的范围里解决使用不同语言的人之间的沟通问题尚且如此困难，那么在一个大得多、复杂得多的环境里解决纷繁得多、尖锐得多的类似问题，其难度就可想而知了。

五　结语：外语能力的培养和未来世界语言使用格局的展望

在一个划分为许多民族和社团，使用着数千种不同语言的世界，人类理所当然地会欢迎某种能为人普遍接受的传递信息的手段——世界性的通用语言，如果能找到，或者能够创造出来的话。问题在于，出现这样一种前景的可能性到底有多大。约半个世纪以前，语言学家马里奥·

佩（Mario Pei）提出过一个著名的论断，他预言："如果全世界的所有孩子都跟他们的母语一起学会另一种语言，那会是一种什么情景？这里说的不仅是简单的'另一种'语言，而是另一种同样的语言。30年后，我们可能就不再需要翻译人员了。我们的孩子们走遍全世界并能直接地、轻而易举地和很自然地学习异国他乡的民族习俗和思想。当今世界的最大需要之一便是有一种人人都能说、人人都听得懂的语言。但这一需要离我们明天的世界——我们子孙的世界——尚远，还很远很远。那么未来的这一共同的语言是否像世界语那样，必须是人造的语言？它是否必须是像英语、法语或俄语那样的大国语言？未必！无论什么语言（whatever language）都可以。不管是民族语言还是人造语言，都可以作为候选语言。只要大家达成共识，由全世界的民族来选择即可。为了有更好的效果，应该从小学一年级开始就跟母语一起讲授，如从幼儿园开始则更好。"①

应该说，马里奥·佩的这个想法不无可取之处，愿望也很好。这个想法的最聪明之处是没有否定母语，从而避开了敏感的民族感情因素。他既着眼于民族内部交流的方便和维护语言的多样性，又充分考虑到简化不同民族间的交流途径，因而一度在西方世界产生了较大影响。如果能实现，固然很好，但是仔细想想，他的这个想法，其实跟人造语言的创造者们的想法并没有多大区别，依然是理想化的成分大大多于现实。道理很简单，谁有那么大的权威把全世界各个不同的民族都发动起来参加这么一场前所未有的大讨论？难道选择语言这种极复杂的问题是通过投票和少数服从多数这样极简单的程序就能决定的吗？再说，要实现这么一项超庞大的计划，到哪里才能找到那么多称职的教师呢？几乎每走一步，都会面临无法克服的困难。因此，马里奥·佩的想法可能永远都只能停留在无法实现的愿望上。

早在17世纪，一位捷克的教育家就提出过用几种主要的欧洲语言来解决欧洲的语言问题。20世纪50年代，有人提出过类似的想法来解决更大范围的语言问题，即东欧用俄语、远东用汉语、南亚用印度斯坦语

① Mario Pei, *One Language for the World*, New York, Bible & Tannen, reprinted in 1968, p. xiii.

[Hindustani，印巴分治前印地语与乌尔都语的合称，现不常用，今通用“印地—乌尔都语”（Hindi-Urdu）]、近东用阿拉伯语、西半球用西班牙语，再加上英语、法语通行全球。这些想法虽然都代表了人类为了解决彼此的交流问题所作的不懈探索，但存在的共同问题都是理想多于现实。如提出南亚用印度斯坦语就不现实，单是在印度一地，就有800多种语言，各邦曾为语言选择问题发生过多次纷争，甚至引发冲突。若在整个南亚地区选择一种语言作为通用语，其困难之大可想而知。

又如，东欧地区推行俄语也困难重重，在苏联时期情况要好一些，俄语的普及率很高，但苏联解体后，情况就大不一样了。许多东欧国家的语言教育呈现多元化的特点，英语和其他一些西方语言往往成为外语学习的首选，而苏联的各加盟共和国本来就有自己的民族语言，在苏联政府大力推行俄语的情况下，部分矛盾被掩盖起来了。但解体后，各加盟共和国成为独立国家，都要发展自己的民族语言，对过去俄语享有的地位不满，于是围绕语言发生的矛盾此伏彼起，一度十分尖锐，类似情况在波罗的海沿岸国家不止一次发生过，甚至影响到国家关系。在这种情况下扩大俄语的使用范围也有不小的困难。

在语言和文化多样性已成为当代世界主要特点之一的情况下，选择任何一种自然语言来作为世界性的通用语言，都必然会引起使用其他语言的民族在政治上、文化上、心理上等多方面的抵抗，尚且不论由于各个民族在受教育程度等多方面存在着千差万别，硬性推行一种异文化的语言实际上是否可能？这里起作用的因素太多、太复杂了！

学习别的民族的语言，提高外语水平，不是一朝一夕的事情，要创造多方面的条件。在语言能力方面，欧洲的平均水平可能是最高的。2006年，欧盟开展了一项调查，称为“2006欧洲‘晴雨表’调查”（2006 Special Eurobarometer Survey），旨在了解欧洲公民的语言能力，以及他们对语言学习的态度。调查表明，欧洲公民明确支持欧洲的语言学习计划；56%的欧盟成员国公民表示，除母语外，他们还能用另一种语言进行会话；28%的受访者说，他们可用两种外语进行熟练会话。在整个欧洲，英语仍然是最广泛通行的语言，而德语是最广泛使用的母语。[1]

---

① http：//ec. europa. eu/education/policies/lang/language index – eu. htm.

可是在一些英语国家，公民的外语能力反而不能令人满意。这可能是由于他们过分满足英语既有的国际性语言的地位，感觉不到外语学习的压力所致。如在美国，一个称作“外语和国际问题研究委员会”（Commission on Foreign Language and International Studies）的专门机构在考察美国的外语状况后得出结论说：美国在外语方面的无能已经达到对国家安全和经济发展构成威胁的程度。比如，美国科学家中能读懂俄语文献的仅占2%。该委员会于是不得不呼吁国家采取措施以加强中学和高校的外语教育和外语学习。英国的情况虽然稍微差强人意，但在中学的外语教育方面问题也不少，学生的实际外语能力较弱。① 这些情况都说明，人类在提高外语能力方面还有很长的路要走。

综上所述，我们可以看出，自从人类分化为一个个使用不同语言的社团以来，始终梦想有朝一日能在全世界范围内讲一种共同的语言。这是一种美好的愿望。我们虽然不能说这个愿望永远实现不了，但我们更不能说它在不久的将来就能实现，因为它毕竟与现实相距太远。至于在非常遥远的将来会是什么情况，我们不是预言家，目前难以作出言之有据的预测，即使作出，也没有多少实际意义。重要的是承认现实。在世界仍然划分为强大民族和弱小民族、发达国家和发展中国家的情况下，在实现真正的民族平等之前，应当充分尊重各国、各民族的语言和文化，支持这些语言和文化的发展，像保护濒危动物和生物多样性那样去保护濒危语言，保护语言和文化多样性；与此同时，对世界上影响大、使用范围广、使用人口多的语言，如联合国的6种工作语言和其他几种国际性语言，我们应该有计划、有步骤地培养更多的人掌握。有些语言虽然使用人口很少，甚至已消亡，但有重要学术研究价值或文化价值，也应培养专门人才去掌握它们。这样做，并非人为地制造多语社会，而是从文化角度培养更多的外语人才，也为促进和加强不同民族间的友好交流进行更充分的准备。越来越多的国家都已意识到这个问题的极端重要性，从国家整体利益的角度制订了完整的外语人才培养和外语研究计划，并付诸实践。美国在第二次世界大战后长期为英语的优越地位感到自负，

---

① D. Crystal, *The Cambridge Encyclopedia of Language*, Cambridge University Press, 1988, p. 369.

不再重视外语人才的培养，结果在阿富汗战争和伊拉克战争中，以及在跟伊朗的交道中痛感阿拉伯语、普什图语、达里语（Dari）和波斯语（又称法尔西语，Farsi）人才的奇缺，从而吃了大亏，才不得不重新调整外语人才培养计划。最近中情局也痛感某些外语语种人才的稀缺给情报工作带来的巨大不利影响，从而调整外语培训计划，加强对中东、西亚、南亚及东亚某些语言的培训工作。这虽然是一个反面的例子，但却说明了一个道理：人无远虑，必有近忧。前车可鉴，外语人才培养问题，不只是一个学术问题，也不仅仅是教育部门和研究部门的事，应该从国家的发展战略和国家安全的高度来通盘规划，力避短视和实用主义。我们在20世纪五六十年代拥有一些外语语种的人才，今天由于种种原因形成了人才断层。还有一种现象更加让人匪夷所思：不知是由于知识缺乏，还是由于概念混乱和词汇贫乏，抑或是其他什么原因，连德语、阿拉伯语，甚至法语、俄语和西班牙语等一批在当今世界广为通行且使用人口超过一亿（有的甚至超过五六亿）的国际性语言，在一些正式文件和媒体中经常被称作“小语种”，似乎只有英语是“大语种”，而非英语的外语语种则一概被划为“小语种”。这些缺乏基本语言学常识的说法除了贻笑大方，造成负面影响外，不会有任何积极作用，是非常不应该的！语言作为人类交流思想和传递信息的工具，作为民族文化的载体，其职能都是一样的，就此而言，并无大小之分；另一方面，语言当然有使用人口多寡及通行区域广窄之分，就算在这种意义上可以将它们区分为大语种和小语种，那么所谓“大语种”与“小语种”也并非泾渭分明，拥有多少使用人口的语言算大语种，多少又算小语种，并无一定之规，如果简单、粗疏地把英语算作大语种，英语以外的所有语言都划归小语种，那就错上加错了。这件事情本身也说明，在公众中普及语言学知识是何等重要！为此，我们郑重建议，今后凡涉及这类问题，请慎用大小语种的提法，如拟区分英语和其他语言，建议采用“英语语种和非英语语种”或“通用语种和非通用语种”的说法。

我们的世界是一个多姿多彩的世界。保持文化和语言的多样性，是文化生态建设和语言生态建设向人类提出的要求，更是维护和促进和谐世界的重要条件之一。一个人的本族语，可以继续作为本民族内日常生活和工作用语；一种或几种外语，可以作为本族语的国际辅助语，用于与其他国家人民的交流活动。如果世界各国、各民族都努力这样做，那么大家离最终确立一种或几种国际通用语的目标就不是越来越远，而是越来越近了。让我们为之努力。至于在遥远的将来，全人类到底是使用一种还是几种国际通用语，就不是一个至关重要的问题了。

（选自《国外社会科学》2009年第6期）

语言研究的可能进路：索绪尔和乔姆斯基所带来的方法论启示

吕长竑*

语言在人类世界的中心地位是毫无疑问的。但语言的中心性并不一定确立语言学在各门学科中的中心地位。这一方面是因为语言学本身流派纷呈且处于不断构建过程中；另一方面，促成语言中心性的因素涉及面太广，目前语言学无论何种方法都还不能将它们纳入其中。对这些因素的纳入或排除形成了不同的语言学流派或方法，并给它们各自带来不同程度的誉与毁。语言学史表明，这些主要因素在语言学理论中经历了一种“格式塔”式转换：在前景和背景之间交换位置。例如被索绪尔（F. de Saussure）排斥出去的语言使用的社会和情景语境被布龙菲尔德（Bloomfield）、派克（Pike）和弗斯（Firth）毅然纳入中心地位，随后又被乔姆斯基学派推到了后台，再后又被韩礼德（Halliday）、范迪克（van Dijk）和金西（Kintsch）恢复到显著的地位。①

从语言使用的社会和情景语境在不同语言学流派中的这种“格式塔”式转换，我们不禁要问：为什么语言学史上具有伟大或革命性意义的语言学理论均要将它们排除在外呢？如索绪尔和乔姆斯基。前者被誉为现代语言学之父，后者则带来了一场“乔姆斯基革命”。在本文这里无意暗

---

* 吕长竑，女，1964 年生，四川大学外国语学院教授，西南交通大学外国语学院在读博士。

① R. Beaugrande, *Linguistic Theory*: *The Discourse of Fundamental Works*, Beijing: Foreign Language Teaching and Research Press, 2001.

指其他语言学理论不具有伟大或革命性意义，但索绪尔和乔姆斯基理论在语言学史上的影响无疑是空前的。难道这仅仅是一种历史巧合？还是存在着某种合理性？故此，本文拟从分析索绪尔和乔姆斯基的理论共性入手，并从科学方法论的角度对上述问题予以讨论，以探讨语言学研究的可能进路。

一 索绪尔语言理论的建立

1. 索绪尔的理论目标

有感于当时历史比较语言学在自身理论和方法上的局限性，索绪尔要解决的问题是明确语言学的研究对象，使语言学成为一门名副其实的科学。

索绪尔曾说："别的科学都是对预先确定了的对象进行工作，接着就可以从不同的观点去加以考虑。在我们的领域里，情况却不是这样。"① "我们无论从哪一方面去着手解决问题，任何地方都找不到语言学的完整对象；处处都会碰到这样一种进退两难的窘境：要么只执着于每个问题的一个方面；要么同时从几个方面研究言语活动（langage），这样，语言学的对象就像是乱七八糟的一堆离奇古怪、彼此毫无联系的东西。"②

为了抓住语言现象的本质，明确界定语言学的研究对象，索绪尔在面临"语言学的两条分岔路"③ 时：语言（langue）与言语（parole）、共时与历时，分别做了明智的选择，由此将语言学研究引入了一条康庄大道。

2. 索绪尔语言研究模式的建立

（1）将同质的语言从异质的言语活动中抽象出来。

索绪尔在言语活动所代表的整个现象中分出两个因素：语言和言语。这是索绪尔遇到的"语言学第一条分岔路"。可以用如下两个公式来形象

---

① ［瑞士］索绪尔、费尔迪南·德：《普通语言学教程》，高名凯译，商务印书馆 1980 年版，第 28 页。

② 同上书，第 29 页。

③ 同上书，第 114 页。

地说明索绪尔语言和言语的区分:

语言:$1+1+1+\cdots\cdots=1$(集体模型)

言语:$1'+1''+1'''+\cdots\cdots=\infty$

即语言是潜存在语言共同体成员脑子里的语法体系、一种符号系统,是每个人都具有的东西,同时对任何人又都是共同的。[①] 语言公式中的"1"表示这个存在于集体中的共同性,每个人的言语活动中都包含这个同质的"1"。而"言语是人们所说的话的总和。在言语中没有任何东西是集体的;它的表现是个人的和暂时的"。[②] 言语公式中的 $1'$、$1''$、$1'''$……分别表示不同人的言语,它们是异质的、各不相同的,构成一个开放的无穷大集合。

这样通过区分语言和言语,索绪尔将言语活动中特殊的、偶然的、与个人有关的异质因素统统抛弃,如物理的、生理的和心理的因素,抽象出一个基本的、普遍的、同质的东西——语言。

(2)将语言的内部要素从语言系统中切分出来。

索绪尔认为语言的外部要素不受系统的钳制,其改变对于系统无关紧要,而内部要素不容许随意安排,其变化会深深地影响到系统。[③] 这些外部要素包括:语言学和民族学、语言史和种族史或文化史的关系,语言和政治史的关系,语言和各种制度的关系,语言在地理上的扩展和方言分裂等。因此,在第一条分岔路口过后,索绪尔又把外部要素从语言系统中切分了出去,进一步纯化了语言系统。

(3)将语言的共时现象从语言内部要素中分割出来。

对共时现象和历时现象的区分是索绪尔遇到的"语言学第二条分岔路"。索绪尔认为"任何共时事实都有一定的规律性",而"历时事实没有任何一般的(指共性的)东西"。[④]"如果语言学家置身于历时的展望,

---

① [瑞士]索绪尔、费尔迪南·德:《普通语言学教程》,高名凯译,商务印书馆 1980 年版,第 35、41 页。

② 同上书,第 42 页。

③ 同上书,第 46 页。

④ 同上书,第 137 页。

那么他所看到的就不再是语言，而是一系列改变语言的事件。”[①] “由此我们可知，所谓语言既是历时的又是共时的，所以必须把两个方面结合起来进行研究这种说法只是庸人的高论。”[②] 在这个岔路口上，索绪尔抛弃了通往历时现象的研究道路，而选择了那条通往共时现象的研究道路。

由此，索绪尔建立起了“语言研究应该采取的合理形式”（见图1）：

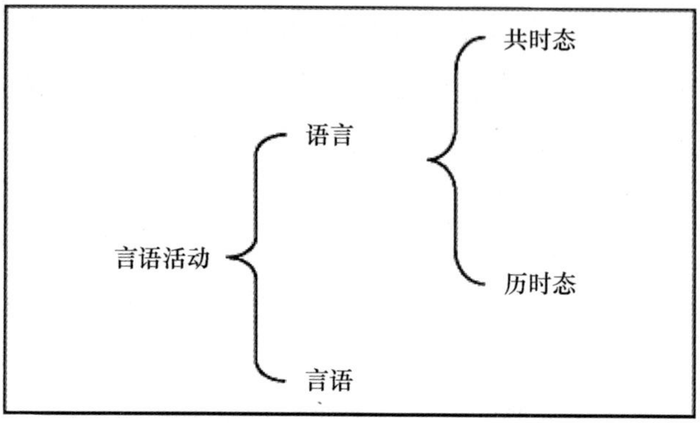

图1 语言研究的合理模式

资料来源：［瑞士］索绪尔、费尔迪南·德，1980年，第142页。

索绪尔在语言学两条分岔路口所做的选择，是出于方法论的需要，其目的是要从一堆乱七八糟、离奇古怪、彼此毫无联系的语言现象中抽象出语言研究的对象，建立起语言研究的合理模式。在第一个岔路口所做的选择是最关键的一步，它已逻辑地预设了在第二个岔路口处应做的选择，或者说第二步选择（共时态）是第一步选择（即语言——符号的形式关系）的必然的逻辑结果，其原因在于“形式关系天然就是从其脱时间性的方面来界定的”[③]。索绪尔的伟大贡献在于，他“透过色彩斑斓的言语现象看到了任何语言骨子里是个符号系统这个本质”[④]，并以一种

① ［瑞士］索绪尔、费尔迪南·德：《普通语言学教程》，高名凯译，商务印书馆1980年版，第130页。

② 同上书，第195页。

③ 陈嘉映：《语言哲学》，北京大学出版社2003年版，第72页。

④ 顾曰国：《当代语言学的波形发展主题一：语言、符号与社会》，《当代语言学》2010年第3期，第198页。

严格的理性方式，把这个普遍现象从某一支族的语言所独具的现象中剥离出来[①]，故此他在两个岔路口均做出了正确的选择。

二 乔姆斯基语言理论的建立

1. 乔姆斯基的理论目标

乔姆斯基不满于以结构主义语言学为代表的传统语言学研究，他认为“语言学的主要工作不应当是收集语言素材加以归纳，而是要解释语言的创造性”。[②] 他认为，人脑是一个具有不同交互功能的复杂系统，其中一个功能他称之为语言官能（faculty of language）。在语言官能作用下，语言的产生过程如下（见图2）：

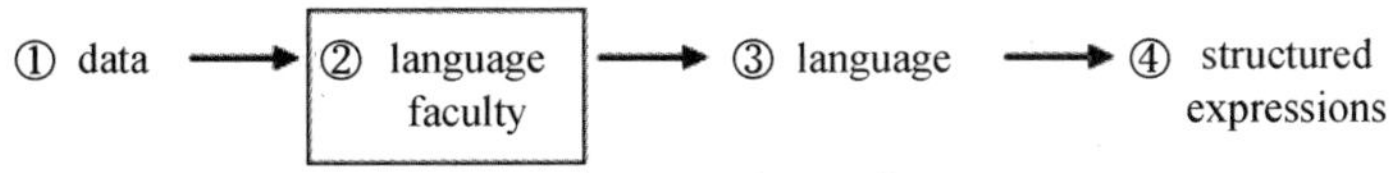

图2 乔姆斯基的语言观

资料来源：N. Chomsky, *Language and Problems of Knowledge*, Cambrige, MA: The MIT Press, 1988, p. 35.

乔姆斯基认为语言官能可以看作是一个“语言习得机制”（language acquisition device），它的初始状态应该包括人类一切语言共同具有的特点，可称为“普遍语法”（universal grammar）。对乔姆斯基来说，其理论目标就是要建立一种能解释语言创造性的、能揭示语言本质的普遍语法。

针对人脑中这个看不见、摸不着的语言官能黑箱，乔姆斯基与索绪尔类似，也区分了几组重要范畴：普遍语法与个别语法（particular grammar）、语言能力（competence）与语言运用（performance）、内化语言（I-language）与外化语言（E-language）。

2. 乔姆斯基的理论构建过程

（1）提出研究假设：个别语法是从普遍语法中通过经验的触发而派

---

① ［瑞士］索绪尔、费尔迪南·德：《普通语言学教程》，外语教学与研究出版社2001年版，第5页。

② 陈嘉映：《语言哲学》，北京大学出版社2003年版，第257页。

生出来的

乔姆斯基认为，尽管儿童天生具有一种学习语言的能力，即具有一种语言习得机制，但是这一语言官能并不能使普遍语法自动过渡到某个具体的个别语法，还需要客观经验的触发：如果用 α 表示后天经验这个变量，则通过参数 α 的变化（即儿童的出生地不同，周围的语言不同），可以得出各种具体的语言。①

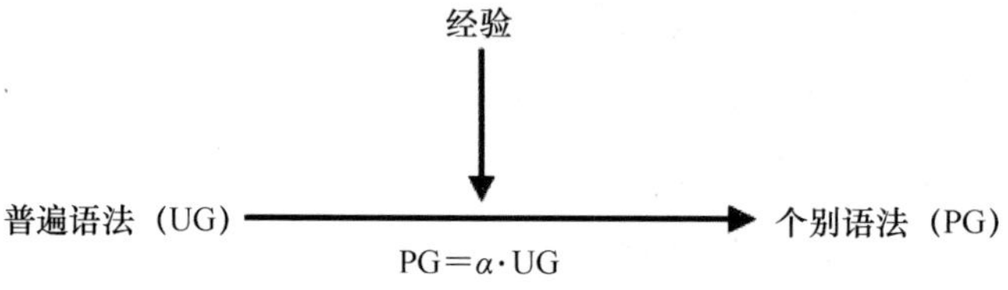

图 3　普遍语法与个别语法关系图

图 3 实际上是图 2 中①②③步的另一种表现形式，图 3 中的经验、普遍语法、个别语法分别对应于图 2 中的①data②language faculty③language。从图 3 可见，个别语法是通往普遍语法的一条可行的路径。

（2）建立推论基础一：在知识层面和语言层面上做二元区分，抽象出同质的语言能力和内化语言

但是如何对个别语法进行研究呢？为达到此目的，乔姆斯基在不同时期划分了两组重要范畴：语言能力与语言运用、内化语言与外化语言。据顾曰国的研究，“第一对区分最早见于乔姆斯基，第二对区分最早见于乔姆斯基。② 约瑟夫指出，第一对区分自 1986 年以后乔姆斯基就不再用了”。乔姆斯基的语言能力指同质言语社团条件下理想说话人/听话人所掌握的母语语言知识。③ 内化语言指“语言习得机制跟有限的外部言语数

① 刘润清：《西方语言学流派》，外语教学与研究出版社 1995 年版，第 213 页。

② 顾曰国：《当代语言学的波形发展主题一：语言、符号与社会》，《当代语言学》2010 年第 3 期，第 204—205 页。

③ H. Bussmann, *Routledge Dictionary of Language and Linguistics*, Beijing: Foreign Language Teaching and Research Press, 2 000, p. 86.

据互动后，心智/人脑生成的一个内化了的语言规则”。[①] 由于语言运用及外化语言是“泥沙俱下、什么都有的”东西，所以尽管乔姆斯基认为外化语言或语言运用可以为揭示心理现实的本质提供依据，但是它们不能构成语言学的实际研究对象，假如语言学要成为一门严肃的学科的话，故乔姆斯基通过二元划分，将异质的语言运用和外化语言抛弃在了一边，留下了完全纯净齐一的、同质的、抽象的语言能力和内化语言。[②]

被乔姆斯基抽象出来的语言能力和内化语言，即说话者头脑中的语法规则，就是有关说话者本族语的个别语法，只不过它们从不同层面对个别语法进行了描述：前者从知识层面，后者则从语言层面（见图4）。因此通往普遍语法之路转向进入语言能力和内化语言之道。

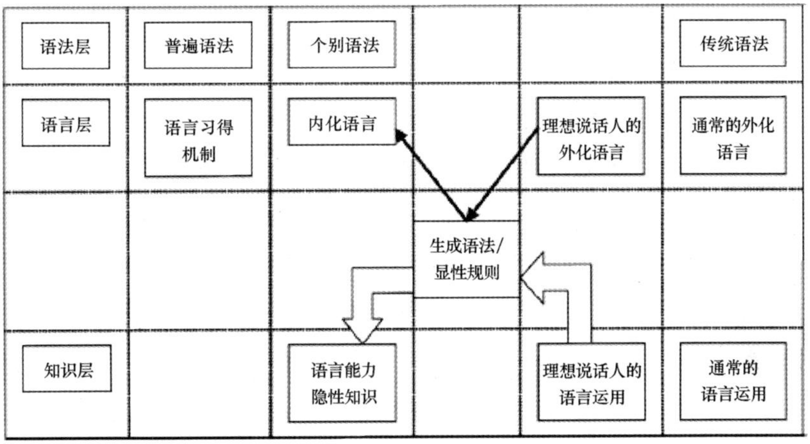

图4 乔姆斯基的语言哲学观

说明：图4从不同层面对乔姆斯基语言哲学观进行描绘的思想借鉴自顾曰国，但与他不同之处在于：（1）在语法层面上，图4采用个别语法替代了顾曰国的生成语法；（2）在知识层和语言层上，明确区分出理想说话人的外化语言/语言运用与通常的外化语言/语言运用，顾曰国称后者为实际的潜在的言语事件；（3）本文的生成语法只指命题知识。

---

① 顾曰国：《当代语言学的波形发展主题一：语言、符号与社会》，《当代语言学》2010年第3期，第206页。

② N. Chomsky, *Aspects of the Theory of Syntax*, The Massachusetts Institute of Technology, 1965, p. 4.

（3）建立推论基础二：以处于完全同质语言社团下的理想说话人的外化语言或语言运用为研究对象

语言能力和内化语言仍然是说话者头脑中的无法直观观察的抽象实体，乔姆斯基的解决办法是：建立生成语法，用一套显性的规则来说明语言的隐性知识。那么这套显性规则应基于什么建立起来呢？乔姆斯基的答案是完全同质语言社团下的理想说话人的外化语言或语言运用。这个理想的说话人对所说语言已达到完美的了解，并且在使用语言知识实施语言行为时，不会受到那些与语法无关的条件的影响，如有限的记忆力、干扰、注意力分散、兴趣改变、语误等。乔姆斯基认为，只有在理想说话人的假设下“语言运用才是语言能力的直接反映”。①

（4）构建出语言研究模式：以理想说话人的外化语言或语言运用为出发点，用形式化的生成语法来反演抽象的语言能力和内化语言，借此拟合出个别语法，达到对普遍语法的刻画

在上述研究假设和研究基础之上，乔姆斯基构建出了他的语言研究模式。图 2 更加清晰地反映了他的理论推论过程：乔姆斯基认为语言学家的研究过程应从图 2 的右端开始，即从第 4 步结构化的表达（structured expressions）开始，经由第 3 步 language，逆向回推到第 2 步 language faculty，以揭示人类的普遍语法。② 不过，这里乔姆斯基的结构化的表达是指理想的“说话人的判断（或其他证据），这些判断至少能部分说明表达式的形式和意义，以及部分说明其结构”③，即上文所述理想说话人的外化语言或语言运用。

由此，乔姆斯基以理想说话人的外化语言或语言运用为出发点，把人们头脑中的内化语言或语言能力，借助一套显性的规则——生成语法表达出来。通过用生成语法反演出的语言能力和内化语言来拟合个别语法，最终达到揭示人类普遍语法的目的。

乔姆斯基在“Approaching UG from Below”一文中更加明确地表明了

① N. Chomsky, *Aspects of the Theory of Syntax*, The Massachusetts Institute of Technology, 1965, p. 4.

② N. Chomsky, *Language and Problems of Knowledge*, The MIT Press, 1988, p. 60.

③ Ibid.

上述观点。他说在生成语法的现代历史中，对语言官能特征的确定采用的都是自上而下（from top down）的方法，即对语言习得的解释必须在多“大”程度上（how much）归因到普遍语法。而他最近提出的最简方案（minimalist program）试图以自下而上的方式来解决这个问题，即能够在多“少”程度上（how little）归因到普遍语法，同时仍解释已获得的内化语言的变化。① 他所谓自下而上的方式采用一种称作合并（merge）的运算。他认为在其最基本的形式上，生成系统是一种利用已有结构合成新结构的运算，这种运算就是合并。合并使结构化的表达产出离散的、无限的表达。② 乔姆斯基的这段论述无疑是对本文推论的支持。

三 索绪尔和乔姆斯基理论建构的共性

通过前文对索绪尔和乔姆斯基理论建构过程的分析，我们可以看出，尽管索绪尔和乔姆斯基的理论目标不一样，但是二者在解决问题的方法上却存在着一些共性的东西：将研究对象理想化、同质化。索绪尔从言语活动中剔除言语，抽象出语言，从语言中剔除外部语言要素，切分出内部语言要素，从内部语言要素中剔除历时现象，分割出共时语言系统。③ 通过这一系列步骤，言语活动中的异质成分被统统排除出去，色彩斑斓的言语现象被理想化、同质化为语言符号系统。乔姆斯基在其理论建构中，同样采取了理想化、同质化步骤。他将其理论关注的对象直接设定为理想的说话人和听话人，基于理想说话人所产出的结构化的表达建立生成语法，以此反演出被排除了异质要素（即语言运用和外化语言）的语言能力和内化语言，并用这个理想的、同质的语言能力和内化语言来拟合某种语言的个别语法，最终达到刻画从中触发出这个个别语法的普遍语法的目的。

---

① N. Chomsky, Approach UG from Below, in Uli Sauerland & Hans-Martin Götner (eds.), *Interfaces + Recursion = Language? Chomsky's Minimalism and the View from Syntax-Semantics*, Berlin: Walter de Gruyter GmbH & Co. KG, 2007, p. 4.

② Ibid., p. 5.

③ 陈保亚：《20 世纪语言研究中的同质化运动——索绪尔语言观与博爱士方法论的殊途与同归》，《北京大学学报》（哲学社会科学版）1997 年第 2 期，第 55 页。

也就是说，索绪尔和乔姆斯基在追求不同理论目标、面临不同研究对象时，采用了相同的研究方法，即都“把语言置于一种无时无空的理想环境中进行研究”，以“揭示语言单位之间的内在联系”。“这种理想状态的特点是：（1）封闭的，与周围环境没有任何联系；（2）同质的，排斥任何异质的因素，不理睬各种变异；（3）静态的，排斥任何‘动’的因素。”[①] 在这一点上尽管索绪尔和乔姆斯基的着眼点不同，但实质一样。索绪尔抽象定义的是一个理想化的语言社团，乔姆斯基的是一个理想化的个人。索绪尔所说的集体共有的语法系统，只能由这个理想化语言社团的每个个人头脑中的语法系统共同谱写。乔姆斯基所说的这个理想化个人头脑中的语法，只能是说这一种语言的所有人头脑中都有的共同的语法。他们共同的实质是追求对语言系统内在本质的描述。正是为了达到此目的，他们都暂时撇开了语言纷繁芜杂的表面现象，都不把自己的研究对象（索绪尔的符号，乔姆斯基的句法）与外部世界联系起来加以解释，只有这样才能至少在有限范围内获得有一定深度的解释性理论，如索绪尔理论被雅克布森运用于音位研究时所取得的成就，乔姆斯基以《句法结构》为代表的古典理论所带来的革命性冲击以及对相关学科的影响，如计算机科学中形式语言理论的产生等。[②]

四 索绪尔和乔姆斯基理论共性的科学观照

索绪尔和乔姆斯基语言研究方法所表现出的共性不是历史的巧合，而是语言学要确立其科学地位时，语言学家应采取的一种科学的研究态度。它表现在以下几点。

1. 重视形式理性

形式理性（formal rationality）是科学家用以建构科学微世界的一种方式。“形式理性强调的是做一件事时方法和程序的可计算性，它所重视的是不具任何价值色彩的事实。这与生活世界中，人们所重视的实质理性

① 徐通锵：《结合——语言理论研究的发展趋向》，《语文研究》1991 年第 2 期，第 4 页。

② 陈保亚：《20 世纪语言研究中的同质化运动——索绪尔语言观与博爱士方法论的殊途与同归》，《北京大学学报》（哲学社会科学版）1997 年第 2 期，第 58 页。

（substantive rationality）不同，它是根据某一清楚界定之立场所判定的目标或结果的价值。前者重视方法和程序，任何人都可以用同样的方法和程序来追求自己的目标；后者重视目标或结果，对达到目标之方法或程序却不作明确交代。”[①] 形式理性强调的是跟特定时空人物无关的抽象事实，即事实的共性或共相。科学的结论只能从共相事实中得出，从具体事件中得出的只能是事理，而“对事件的原因和意义铺言陈词加以解释的事理，在很多场合是随心所欲的一家言”。[②] 索绪尔的存在于集体意识中的语言，乔姆斯基的理想说话人和听话人所拥有的语言知识都是形式理性的表现。

2. 运用宰制式的建构

宰制式的建构（dominative construction）是近代西方基于笛卡儿的“主/客”二元对立观建构科学微世界的一种方式。“这是科学家为了要达到控制自然并利用自然的目的，针对人类所关切的不同层面而建构出来的。这样建构出来的每一个‘微世界’都具有独特的任务，它们既不是永恒的，也不是绝对必然的；当其任务不再当令，或人们面临新的任务时，科学家们便要再努力制作出新的建构”。[③] 上文所述索绪尔和乔姆斯基的理论建构就是宰制式建构的绝好例证。索绪尔宰制式建构出来的“微世界”就是他的共时语言符号系统，乔姆斯基的则是其生成语法。乔姆斯基对生成语法的不断修正和完善也正是宰制式建构的一种表现。

上述两点与美国未来学家阿尔文·托夫勒在《从混沌到有序》的前言中所述有异曲同工之处。他说“在当代西方文明中得到最高发展的技巧之一就是拆零，即把问题分解成尽可能小的一些部分。[④] ……在科学中，我们不仅习惯于把问题划分成许多细部，我们还常常用一种有用的

---

① 黄光国：《社会科学的理路》，中国人民大学出版社2006年版，第9页。

② 朱晓农：《方法：语言学的灵魂》，北京大学出版社2008年版，第19页。

③ 黄光国：《社会科学的理路》，中国人民大学出版社2006年版，第9页。

④ 阿尔文·托夫勒此处要强调的是“把这些细部重新装到一起”。他说“我们非常擅长此计，以致我们竟时常忘记把这些细部重新装到一起”。“伊·普里戈金却不满足于仅仅把事情拆开。他花费了一生的大部分精力，试图去‘把这些细部重新装到一起’。”尽管如此，但他却明白无疑地表达了“拆零”是科学方法论的要求之一。

技法把这些细部的每一个从其周围环境中孤立出来。这种技法就是我们常说的 ceteris paribus，即‘设其他情况都相同’。这样一来，我们的问题与宇宙其余部分之间的复杂的相互作用，就可以不去过问了”。[①] 阿尔文·托夫勒在这段话中所表达的“拆零”就是根据关切的不同层面而做的宰制式建构；他所说“把‘拆’出来的‘零’放在这种理想状态中进行研究”就是一种形式理性。这两点是科学方法论的共同要求，只有如此才可能建构出一种自洽的、简单的（“奥卡姆剃刀”原则）理论体系。

3. 具有可检验性

除自洽性、简单性之外，科学的逻辑基础还要求“可检验性”。这是笛卡儿“主/客”二元对立的认识论（epistemology）和本体论（ontology）上的实在论（realism）预设下所必然采取的方法论立场。“所谓可检验性是指一个理论在原则上可以用经验来检验，即当一种理论解释了一类经验现象以后，根据这个理论加上某些初始条件，应该可以推知某种未来客观事实的存在，而这种推断可与观察、实验的结果相比较，即至少存在一个与这个理论相容的、可以预见的事实供人们进行普遍检验。如果不能提出任何预言，或提出的预言不能被检验、不能被普遍检验，则这个理论就不能被认为是科学的。”[②]

索绪尔的同质的语言符号系统，乔姆斯基古典时期的纯形式范围内的句法分析无不是可检验性的前提。其原因在于：只有研究存在于集体意识中的语言规则，才有可能在研究者之间形成共同评价标准，有了共同评价标准，才可能有可检验性的条件。同理，“乔姆斯基的古典理论之所以比较成功，和乔姆斯基把古典理论的研究范围限制在纯形式范围内有一定的关系，因为形式部分比较容易同质化，比较容易实证。很多人文科学之所以被看成是前科学学科，很大程度上就是没有经历过同质化运动，研究者之间没有共同参照的评价标准，没有达成共识的途径”。[③]

---

① ［比］伊里亚·普里戈金、［法］伊·斯唐热：《从混沌到有序》，曾庆宏、沈小峰译，上海译文出版社 1987 年版，第 5 页。

② 杨建军：《科学研究方法概论》，国防工业出版社 2006 年版，第 55 页。

③ 陈保亚：《20 世纪语言研究中的同质化运动——索绪尔语言观与博爱士方法论的殊途与同归》，《北京大学学报》（哲学社会科学版）1997 年第 2 期，第 58 页。

缺乏研究者之间的共同参照标准，充其量只能自成一家之言或聊备一格。这样的所持之言通常难以在整个系统中找到合适的位置，“按科学的标准来看，尽是些无法验证的‘特设性假设’”。[①]

五 结语

索绪尔和乔姆斯基的理论建构方法告诉我们，不可把研究对象（语言现象）的性质和研究本身（语言学）的性质混为一谈。诚然，“语言是一个具有时间性、地域性、社会性、民族性、人文性的系统，但是语言学却只有科学一个性。把研究对象的属性跟研究本身的性质等同起来是一个错觉，在逻辑上是讲不通的”。[②] 要确立语言学的学科地位，对语言进行科学研究是必要的。反之，若夸大语言学作为人文学科的个人性，仅满足于各种仁者见仁、智者见智的“特设性假设”式研究成果，则会使语言学研究陷入缺乏科学精神和专业品格的地步而日益边缘化。

由此看来，外部世界在索绪尔和乔姆斯基理论中的位置也许不是偶然的。由于语言的“外部化”（externalized）造成了语言现象的“不完美”（imperfect）和“杂乱”（messy）[③]，使其与其他相关学科的界线难以划清。任何一项科学研究都不可能把一个边界界定不清的、开放的无穷大集合设定为研究对象，因此“去外部化”、对研究对象的理想化和同质化就是科学研究的必要前提条件之一，语言学研究同样如此。

索绪尔和乔姆斯基的理论共性，也许能对语言学研究的可能进路带来一些启示，特别是不同语言学家对下面几个问题的回答更值得借鉴：语言的基本单位和结构是什么？语言的哪些方面应当着重研究？哪些方面较为次要？应该推崇或摒弃什么样的研究方法？

（选自《国外社会科学》2012 年第 3 期）

---

① 朱晓农：《方法：语言学的灵魂》，北京大学出版社 2008 年版，第 18 页。

② 同上书，第 20 页。

③ C. Werry，Reflections on Language：Chomsky，Linguistic Discourse and the Value of Rhetorical Self-Consciousness，*Language Sciences*，No. 29，2007，p. 76.

后　　记

“《国外社会科学》精粹（1978—2018）”丛书为中国社会科学院信息情报研究院主办的大型学术期刊《国外社会科学》创刊40年来所发表论文的精选集。1978—2018年，《国外社会科学》共出版330期，发表文章1万多篇。编辑部力图从中精选能够反映各个学科发展的综述性文章，介绍新学科、新流派、新理论且有助于我国哲学社会科学领域学科构建和理论创新的文章，在发表当时具有创新性意义、当前仍具有重要意义的理论或方法论文章；涉及我国政治经济社会生活重点关注领域和重要问题的文章；以及能够反映刊物栏目设置特色等方面的文章，以期能够从中窥见我国哲学社会科学发展40年之路。丛书共分为八卷，分别为：社会科学总论卷（张静、赖海榕主编）、国外马克思主义卷（陈永森、张静主编）、政治与治理卷（祝伟伟、傅慧芳主编）、经济与社会卷（高媛主编）、国外中国学卷（赖海榕、高媛主编）、生态与环境卷（陈云、张静主编）、人文卷（高媛主编）、文化教育卷（祝伟伟主编）。此外，中国社会科学院冯颜利研究员、唐庆博士后，清华大学吴兴德博士，中国社会科学院大学赵斌博士、魏士国博士、李怀征博士、张丹博士、陈兴亮博士、杜利娜博士，以及福建师范大学的郑丽莹、任远、宁鑫、杨臻煌、林林、霍文娜、李震、郭斌慧、周晨露、肖巧玲、刘伟琼、钟亮才、任秋燚、马秀秀、陈倩倩、艾群、林佳慧，王莉、唐付月、凡欣、杨晶晶等人参与了丛书的编选和校对工作，特此致谢！

最后需要说明的是，因篇幅所限，还有许多优秀文章未能入选。且由于收录文章时间跨度大，编辑体例和格式差别较大，有些作者信息不全或者已发生变化，本丛书所注明的作者信息（包括职务、职称、工作单位等）皆以文章发表时所注为准。另外，本丛书在编辑排版过程中如有疏漏之处，敬请学界同仁批评指正。

《国外社会科学》编辑部

2020 年 2 月